BFL 총서 5

자산유동화의 현상과 과제 (제1권)

BFL 총서 5

자산유동화의 현상과 과제 (제1권)

박 준 · 정순섭 편저

小花

BFL 총서 5

자산유동화의 현상과 과제 (제1권)

초판 3쇄 발행 | 2014년 2월 20일

지은이 | 박 준 · 정순섭 편저
발행인 | 고화숙
발행처 | 도서출판 소화
등록 | 제13-412호
주소 | 서울시 영등포구 영등포동 7가 94-97
전화 | 02-2677-5890
팩스 | 02-2636-6393
홈페이지 | www.sowha.com

ISBN 978-89-8410-367-2 94080
ISBN 978-89-8410-284-2 (세트)

값 20,000원

:: 머리말

1998년 외환위기의 와중에서 부실채권의 정리를 위한 수단으로서 자산유동화에 관한 법률이 제정된 이후 국내 자산유동화시장은 괄목할 만한 성장을 보여 주고 있다. 그러한 성장의 배경에는 외환위기의 극복이라는 국가적인 과제에 대한 사회적 합의를 전제로 한 정책당국의 적극적 지원과 함께 실무가들의 헌신적인 노력이 있었음은 물론이다. 국내에서 자산유동화거래가 시작된 이후 약 10여 년을 거치면서 자산유동화는 단순한 부실채권정리방안에 그치지 않고 문자 그대로 구조화금융(structured finance)의 형태로 발전해 가고 있다.

금융분야의 다른 주제와 마찬가지로 자산유동화는 이론적인 연구와 조사에 앞서 실무의 발전이 눈에 띄는 분야라고 할 수 있다. 그럼에도 그동안 금융규제법분야는 물론 민법 등 거래법적인 측면에서도 다양한 연구가 이루어진 것은 매우 바람직한 현상이라고 할 수 있다. 그러나 자산유동화의 법률문제에 대한 종합적이고 체계적인 연구는 아직 부족하다고 평가할 수밖에 없을 것이다.

최근 발생한 미국발 금융위기의 원인 중의 하나로 서브프라임모기지와 관련한 자산유동화가 지적되면서 자산유동화에 대해서는 종래보다 더 다양한 관점에서 문제 제기가 이루어지고 있다. 그러나 금융위기의 발발과정에서 자산유동화의 역할을 이해하기 위해서는 자산유동화 자체의 구조적 · 기능적인 위험뿐만 아니라 각국의 금융규제법상 자산유동화에 대한 규제체계의 차이를 명백히 인식할 필요가 있다고 생각한다. BFL에서는 이러한 간극을 메우기 위한 노력의 일환으로 자산유동화에 관한 다양한 규제법적 그리고 거래법적 이슈를 다루어 왔다. 이제 그중의 일부를 '자산유동화의 현상과 과제'라는 제목으로 묶어서 발간하기로 하였다.

그동안 서울대학교 금융법센터에서는 「지주회사와 법」, 「새로운 금융법체제의 모색」, 「적대적 기업인수와 경영권 방어」, 「국제금융법의 현상과 과제」 등 4권의 BFL 총서를 발간하였다. 이 책은 다섯 번째 BFL 총서로서 발간되는 것이다. 이 책에서의 논의내용이 국내에서의 자산유동화에 관한 이론과 실무의 밑거름이 되기를 기대한다.

이 책이 만들어지기까지 많은 분들의 노력이 있었음을 밝혀 두고자 한다. 먼저 각 장의 옥고를 작성해 준 필자들께 깊은 감사의 말씀을 드린다. 특히 필자들은 모두 자산유동화의 실무와 이론의 발전에 다양하게 기여하고 있는 분들로서, 고귀한 경험과 지식을 공유하게 해주신 점 다시 한 번 감사드린다. 그리고 서울대 법대의 김건식 학장님을 비롯한 BFL 편집위원님들께 깊이 감사드린다. BFL 발간을 비롯한 금융법센터의 실무를 담당하고 있는 이경희 씨에게도 감사드린다. 아울러 이 책의 출간을 맡아 준 도서출판 소화의 관계자 분들에게도 깊은 감사의 말씀을 전하고 싶다.

2009년 9월

박 준 · 정순섭

차례

제1장 [좌담회 I]

자산유동화 10년의 회고와 전망*

박 준** · 김용호*** · 이미현**** · 정순섭***** · 황호석******

I. 도입

1. 좌담회의 취지와 범위

사회자(박 준) : 2008년 9월은 자산유동화에 관한 법률(이하 '자산유동화법')이 법률 제5555호로 제정된 지 만 10년이 됩니다. 또한 서울대학교 금융법센터가 설립되고, BFL 창간호가 발간된 지 만 5년이 됩니

* 이 글은 BFL 제31호(2008. 9)에 게재되었다. 좌담회는 2008년 8월 26일 행해졌다. 따라서 이 글에서의 시점은 모두 이에 준한 것임을 밝혀 둔다.

** 서울대학교 법학대학원 · 법과대학 교수

*** 김 · 장법률사무소 변호사

**** 법무법인 광장 변호사

***** 서울대학교 법학대학원 · 법과대학 조교수

****** 법무법인 세종 변호사

다. 이런 뜻 깊은 달을 맞이해서 이번에 금융법센터에서는 지난 10년간의 자산유동화의 성과를 살펴보고, 앞으로 더 발전하기 위한 과제가 무엇인지를 찾아보기 위하여 (2008년) 9월 26일에는 자산유동화에 관한 세미나를 개최할 예정이고 이 자리에는 좌담회를 마련하였습니다. 자산유동화는 법과 실무가 매우 밀착되어 있는 분야로서 오랫동안 자산유동화 실무를 담당해 온 세 분 변호사님과 금융제도를 폭넓게 연구하고 있는 정순섭 교수님을 모시고 같이 이야기를 나누어 보도록 하겠습니다.

II. 자산유동화 10년의 의의

1. 자산유동화 10년의 성과와 과제

(1) 성과

사회자 : 국제적으로 1985년경 최초로 이루어진 것으로 알려진 자산유동화는 20여 년 동안 양적 · 질적으로 많은 성장을 거듭해 왔습니다. 우리나라에서 자산유동화에 관한 법률이 제정되기 전에도 시도한 적이 있었습니다만, 자산유동화는 법 시행 이후 본격적으로 이루어졌습니다.

김용호 : 자산유동화가 10년간 어떻게 발전해 왔는지 개관할 필요가 있을 것 같습니다. 개관하는 과정에서 자산유동화가 어떤 성과를 거두었는지 자연스럽게 추론될 수 있을 것으로 생각됩니다.

자산유동화법이 제정되기 전인 1997년 초 · 중반경부터 종합금융회사를 비롯한 금융기관들을 중심으로 자산유동화에 대한 관심이 크게 높아지고 유동성 문제를 해결하기 위한 방안으로서 다수의 유동화거래가 본격적으로 시도되었습니다. 그런데 1997년에 IMF위기를 맞이하여 그동안 추진되던 자산유동화거래가 모두 무산되고 말았습니다. 한편 1997년 말 외환위기에 직면해서 은행 등 금융기관들로부터 다량의 부실채권(NPL, Non Performing Loans)을 인수하게 된 성업공사가 부실채권처리방안을 고심하게 되었고 그 방안으로서 자산유동화를 추진하고자 하였습니다. 그때 1997년에 좌절된 자산유동화거래의 경험에 비추어 자산유동화거래를 뒷받침할 수 있는 법제도 확립의 필요성이 부각되었습니다. 이러한 요구에 부응하기 위하여 제정된 법률이 바로 1998년 제정된 자산유동화에 관한 법률입니다.

법 제정 이후 1998년 말 유동화전문회사가 최초로 설립되고 1999년 초 유동화증권이 발행되었습니다. 초기의 유동화는 성업공사를 비롯한 금융기관의 부실채권(NPL) 처리를 위한 자산유동화가 중심을 이루었습니다. 이 시기는 1998년에 마련된 유동화제도가 제대로 작동하는지를 시험하는 과정이라고 할 수 있겠습니다.

이듬해인 2000년도는 자산유동화거래가 폭발적으로 증가하게 되는 해입니다. 투자신탁계정, 금융기관의 고유계정이 보유한 회사채를 유동화자산으로 하여 CBO(Collateralized Bond Obligation)를 발행하는 것이 유동화거래의 주류를 이루게 되었습니다. 그 당시 전체 발행 ABS 중 약 60%를 CBO가 차지하게 되었습니다. 2000년의 자산유동화거래는 그 이전의 거래와 비교하여 거래구조 면에서 특별히 발전된 면은 없으나, 거래규모 면에서 급격한 증가를 보이고 있습니다. 2000년에는 회사채시장이 아주 침체되어 있었습니다. 신용도가 극히 우량한 일부 기업을 제외하고는 일반 기업들이 자신의 신용으로 회사채를 발행할 수 없는 어려움을 겪었습니다. 그래서 이에 대한 타개책으로 나온 것이 바로 발행시장 CBO, 소위 primary CBO라는 상품이었습니다. 그리고 한편으로는 1여 년간의 시험과정을 거쳐 일반 기업의 자산보유자 자격을 관리종목, 투자유의종목을 제외한 모든 주권상장법인 및 코스닥등록법인 등으로 대폭 확대하는 조치가 취해졌습니다.

한편 2000년 말부터 신용카드채권유동화가 시작되었습니다. 2001년에 와서 신용카드채권 및 매출채권 등의 장래채권을 기초자산으로 한 유동화거래가 매우 활발하게 진행되었습니다. 이 시기의 유동화거래 중에서 신용카드회사가 자산보유자인 유동화거래가 차지하는 비중이 전체 발행 ABS(Asset Backed Securities) 중에서 약 40.5%에 달했습니다. 이 시기는 거래규모 면에서는 그 이전과 비교하여 큰 변화가 없지만 장래채권을 유동화하는 거래가 활성화됨으로써 거래구조가 매우 복잡해졌고, 그러한 경험을 바탕으로 새로운 구조의 유동화거래에 대한 가능성과 자신감을 획득한 시기라고 할 수 있습니다.

2002년도에 와서는 은행권을 중심으로 1999년도부터 활발히 추진되어 왔던 NPL정리가 어느 정도 마무리되면서 부실채권처리를 위한 자산유동화거래가 크게 감소하고, 투기등급회사채 등을 기초로 정부보증을 받아 발행되는 primary CBO가 기업자금 사정 개선 등의 영향으로 감소함에 따라 전체 유동화거래 규모가 다소 감소하였습니다.

2003년도에 들어와서는 신용카드사 부실 우려에 따른 두 차례에 걸친 카드채 사태를 계기로 카드사ABS에 대한 투자자 불안심리가 확대되어 ABS 전반에 대한 신뢰성에 의문이 제기되기에 이르렀습니다. 그래서 유동화시장 참여자들 사이에 상당한 위기감이 팽배하였고, 이에 대한 대책으로 감독기관을 비롯한 관계자들이 유동화제도의 개선에 대하여 광범위한 논의를 시작하였습니다. 그리하여 2004년도부터 자산유동화법 개정에 관한 논의가 본격적으로 이루어졌습니다.

한편 2004년도에 들어와서 카드사 위기에 따른 대안을 모색하게 되는데, 그 대안으로 master trust가 등장하였습니다. 카드사 위기가 어느 정도 진정이 되고 ABS에 대한 신뢰성에 상당한 의문이 제기되는 와중에 2005~2007년까지는 비전형유동화거래가 활발해지면서 자산유동화법에 의한 유동화거래의 관점에서는 상당한 정체기를 맞았습니다.

2005~2007년 사이는 자산유동화법에 의한 등록유동화 쪽이 아니라 비전형 · 비등록유동화 쪽에 치중하게 되었습니다. 가장 대표적인 예가 부동산PF(Project Finance)유동화가 되겠습니다. 물론 그 와중에 2005년도에 합성(synthetic) ABS가 등장했지만, 전반적으로 등록유동화는 상당한 정체기를 거쳤습니다.

2008년도에 들어와서는 자산유동화법의 개정작업에 박차를 가하고 있는 한편, 은행들이 2008년 들어 특히 외화유동성에 상당한 압박을 받아 그에 대한 타개책으로서 cross-border ABS에 눈을 돌리고 있는데 은행들이 보유한 주택저당대출채권(mortgage loan)을 유동화자산으로 하는 RMBS(Residential Mortgage Backed Securities)발행에 관심을 집중하게 되었습니다. 그런데 기존의 주택저당대출채권은 유동화를 전제로 만들어진 상품이 아니었기 때문에 주택저당대출채권을 유동화자산으로 한 유동화거래에서 그러한 자산의 특성으로 말미암아 여러 가지 실무적인 어려움에 봉착했습니다. 그러한 어려움의 타개를 위해 생각하게 된 것이 커버드본드입니다. 유럽에는 커버드본드에 대한 특별법을 가진 나라들이 많이 있으나 우리는 그에 대한 특별법이 없기 때문에, 기존의 자산유동화법의 테두리 안에서 커버드본드를 발행할 수 있도록 허용할 것인가를 심도 있게 논의하게 되었고, 한편으로는 커버드본드발행을 지원하기 위한 입법방안에 관한 논의도 시작되었습니다. 2008년도는 자산유동화법의 개정작업과 더불어 여러 면에서 변화를 모색하는 시기라고 할 수 있습니다.

위와 같이 개괄적으로 살펴본 우리나라 자산유동화 10여 년의 발전과정을 그해의 특징에 맞추어 압축하여 본다면 다음과 같이 말씀드릴 수 있겠습니다. 1997년은 자산유동화법이 없는 상황에서 여러 가지 자산유동화거래를 시도를 하였으나 모두 실패함으로써 시행착오를 겪은 시기였고, 1998년은 자산유동화거래를 지원하기 위한 자산유동화법을 만드는 등 자산유동화의 태동을 위한 준비시기입니다. 1999년은 NPL처리를 위한 자산유동화를 통한 시험의 시기였으며, 이를 통해 얻은 자신감을 바탕으로 2000년도는 CBO의 폭발적 증가에 힘입어 유동화거래가 도약의 시기를 맞이하였고, 2001년도는 카드사ABS를 중심으로 여러 가지 복잡한 거래를 성공시킴으로써 성숙의 단계에 도달하였습니다. 그러나 이후 유동화거래는 2002년도의 다소 위축시기를 거쳐 2003년도에 이르러 카드사의 실패로 말미암아 자산유동화가 위기를 맞게 됩니다. 이에 2004년도에 들어와 대안을 모색하기에 이르렀고, 이후 2007년도까지 소위 비전형 · 비등록유동화거래에 치중함에 따라 자산유동화법에 따른 유동화가 정체기에 들어가게 되었는바, 2008년도에 들어와서는 자산유동화법의 개정 및 커버드본드에 관한 입법추진 등 큰 변화를 적극적으로 모색하는 시기를 맞았습니다.

이미현 : 김용호 변호사님께서 말씀하신 바와 같이 우리 유동화의 발전역사는 좀 특이합니다. 자산유동화법이 유동화대상을 부실채권으로 한정하고 있지는 않지만, 적어도 자산유동화법의 직접적 입법동기는 1997년도 외환위기 직후 발생한 부실채권의 처리가 가장 주된 목적이었고, 실제로 ABS를 통하여 그 당시의 절체절명의 과제인 부실채권의 처리 및 외화조달이라는 두 가지 목적을 일거에 달성함으로

써 당시 외환위기 해결에 지대한 공헌을 하였습니다. Kamco 등 금융기관이 가지고 있던 부실채권을 해외 투자자들에게 매각하여 부실채권도 처리되고 동시에 외화도 유입되었기 때문입니다. 출발은 그렇게 하였지만 금융위기가 극복되고 부실채권 물량이 줄어들면서 유동화에서 부실채권이 차지하는 비율은 대폭 축소되었고, 유동화자산이 다양해져 정상적인 채권 위주의 유동화가 늘어났습니다. 한편 외환위기를 극복하는 과정에서 유동화에 대한 특별한 수요가 새로이 발생하였는데, 그 이유는 외환위기를 겪으면서 사채시장이 변화하였기 때문입니다. 외환위기 이전의 사채시장에서 유통되는 사채는 대부분 보증부사채였습니다. 보증사채는 신용등급이 다소 낮은 기업이더라도 보증만 잘 받으면 사채발행이 가능했습니다. 그런데 외환위기를 겪는 과정에서 우리 금융기관이 사채보증을 꺼리기 시작하자, 사채시장의 주요 상품이 보증사채에서 무보증사채로 전환되었습니다. 이로 말미암아 아주 신용도가 우량한 기업이 아니면 사채를 발행할 수 없는 상황이 되었습니다. 이러한 상황에서는 신용도가 다소 떨어지는 기업의 경우에는 ABS가 사채를 대체할 수 있는 좋은 자금조달수단이 될 수 있습니다. 다소 안타까운 부분은 자산유동화법이 자산보유자의 자격을 제한하고 있기 때문에 그 혜택이 ABS를 필요로 하는 모든 기업에게 미치지 못하고, 혜택을 받지 못하는 기업은 비등록유동화라는 다소 비정상적 방법을 택하고 있다는 점입니다. 비등록유동화까지 우리의 논의 대상인 자산유동화라고 본다면, 어쨌든 자산유동화는 자산유동화법상 자산보유자 자격을 갖춘 기업은 물론이거니와 그렇지 못한 기업들에게도 주요한 자금조달수단으로 자리 잡았다고 생각합니다. 그 결과 현재 자산유동화시장은 주식시장, 채권시장과 함께 자본시장의 3대 축을 형성하고 있습니다.

김용호 : 제가 볼 때는 비단 외환위기 극복뿐만 아니라 금융시장에 상당한 위기가 올 때마다 그때그때 그것에 대한 해결책의 하나로서 자산유동화가 활용되었다고 볼 수 있는 측면이 있습니다. 물론 처음에는 NPL처리와 관련하여 외환위기 극복에 일조하였고, 2000년에 많은 기업이 회사채를 발행할 수 없게 되었을 때는 primary CBO를 통하여 자금조달을 할 수 있게 되었으며, 카드사가 위기에 처했을 때는 master trust를 돌파구로 삼고자 하였고, 현재는 외화유동성에 압박을 받고 있는 은행들을 위해서 자산유동화법 테두리 안에서 구조화커버드본드(structured covered bond)를 발행할 수 있도록 지원하는 방안을 모색하는 등 위기 때마다 위기를 극복하는 하나의 수단으로 유용하게 활용되었다는 측면을 말씀드릴 수 있겠습니다. 그 밖에도 ABS, ABCP(Asset Backed Commercial Paper), MBS(Mortgage Backed Securities), CBO 등 다양한 새로운 금융상품을 만들어 투자자들에게 제공하였을 뿐만 아니라 구조화금융에 대한 인식 제고와 선진화에 기여하였고, 자산유동화를 위한 실사 및 평가과정을 거치면서 기존의 리스크관리체계를 되짚어 보는 계기가 되어 기업과 금융기관의 리스크관리체계 정비에도 기여한 바가 큰 것으로 생각됩니다. 다소 거창하게 표현하자면 자산유동화는 금융거래의 패러다임에 변화를 가져왔다고도 할 수 있겠습니다.

한편 법제도적 측면에서는 기존의 법체계가 대량거래를 법적으로 뒷받침하기에 부족한 점이 많다는 점을 인식하고 반성하는 계기가 되었으며, 외국에서 자산유동화 관련 입법시 한국의 자산유동화법을 참고하고 연구하는 등 우리 법의 독자성에 대한 자존심도 어느 정도는 높여 주지 않았나 하는 생각이 듭니다.

황호석 : 자본시장이 본격적으로 발전을 하는 것에 자산유동화가

상당한 계기가 된 것 같습니다. 이 변호사님 말씀대로 종전의 전형적인 보증부회사채의 시대에서 각 금융기관이 새로운 금융기법을 도입하려고 노력하고 시장참가자들에게 마케팅을 하면서 회사채시장 자체가 상당히 성숙하고 범위도 넓어지고 다양한 금융상품이 나오게 된 계기가 되지 않았나 싶습니다.

(2) 과제

사회자 : 지난 10년간 자산유동화가 여러 면에서 성장하고 자본시장에 기여한 측면도 많습니다. 하지만 성장에 부응할 정도로 금융기법, 가령 자산평가 · 분석기법 · 구조화금융의 설계 등이 성장을 같이 하였는지, 법적 쟁점에 대한 검토가 충분히 이루어지고 있는지, 규제가 적절한지 등 생각해 볼 과제가 상당히 많을 것 같습니다.

황호석 : 자산유동화법 제정 이전인 1994년부터 자산유동화에 대한 시도가 많이 있었습니다. 리스회사는 단기로 자금조달을 해서 장기로 운영하기 때문에 유동성이 없는 자산에 유동성을 부여하는 것에 관심이 대단히 많았습니다. 그래서 종합금융회사, 리스사들이 자산유동화법 제정 전인 1994년경부터 자산유동화거래를 시도했습니다. 특히 IMF 직전에는 상당히 많은 시도가 있었습니다. 하지만 당시 추진되던 자산유동화는 대부분 성사되지 못했는데, 그때 우리나라 법에 대한 전반적인 외국의 신뢰가 가장 큰 문제였던 것 같습니다. 유동화가 증권발행의 측면에서 법률도 검토되지만 한편에서는 자산양도에 관한 민법법리가 기본이 되어야 하는데, 영 · 미법계 국가에서 한국이라는 나라의 법시스템 자체에 의구심이 상당히 있었기 때문에 외국 신용평가기관(rating agency)들이 상당히 까다롭게 법적 문제를 체크하였습니

다. 이에 따라 좌절도 상당히 많았습니다. 이후 정부에서 자산유동화법을 제정하고, 규제라고 볼 수도 있겠지만 유동화계획등록제도가 구조화된 금융상품의 사전심사기능을 하고, 정부당국에서 인증해 주는 것으로 투자자들이 받아들인 것 같습니다. 금융시장이 발전하는 데 있어 중요한 대외적 신뢰확보라는 측면에서 순기능을 했다고 저는 판단합니다. 제3의 공적 기관이 스크린 · 모니터해 주는 절차를 거쳐 금융상품으로서의 신뢰도를 높였고, 그 결과 빠른 시일 내에 자산유동화시장이 형성되었습니다. 성숙기에 들어선 이후 당초 사전심사제도가 거래를 지원하는 쪽으로 포커스를 맞추었던 것에서 점점 감독하는 방향으로 유동화계획등록제도가 운영되어 가고, 상당히 포괄적 조항에 근거하여 감독되다 보니 2005년부터 비전형유동화로, 심사를 안 받는 쪽으로 시장이 움직이는 것으로 바뀐 것 같습니다. 자산유동화법의 원래 제정취지는 규제산업(regulated industry)이라고 불리는 금융산업에서 최초로 거래를 지원하는 법으로 만들어졌습니다. 오늘날에는 자산유동화법의 운영이 감독 쪽에 초점이 맞추어지는 것 같습니다. 최근에 와서 금융기관의 자금조달이 어려워지자 다시 지원하는 쪽으로 움직이는 경향도 있습니다. 앞으로는 자산유동화법이 시장을 감독하는 법규로 기능하도록 하는 것이 타당한지, 아니면 당초 입법목적처럼 거래를 지원하는 법규로 기능하도록 하는 것이 타당한지 검토가 필요한 것 같습니다. 애초의 입법목적, 즉 금융기관 및 일반 기업의 자금조달의 원활 및 장기적인 주택자금의 안정적 공급이라는 목적은 이미 충분히 달성되었다고 봅니다. 향후 과제는 파생상품이 결합된 자산유동화거래, 나아가 다양한 금융거래 특히 구조화금융의 토대가 될 수 있는 법률로 확대 발전할 수 있는지에 대한 검토에 달린 것이 아닌가 싶습니다. 최근 개정 논의에서도 제1조 목적조항에 대한 논의가 있는 것으로 알고 있습니다.

정순섭 : 지금 황 변호사님께서 말씀하신 바와 같이, 현재의 단계에서 자산유동화에 관한 규제체계와 관련하여 두 가지 정도를 과제로 이야기할 수 있을 것 같습니다. 첫째는 황 변호사님께서 말씀하신 것처럼 현재의 자산유동화에 관한 법률은 1997년의 위기를 극복하는 과정에서 일종의 비상입법으로서 매우 짧은 기간 내에 만들어졌기 때문에 다소 지나치게 엄격하거나 과도한 규제가 들어가 있는 부분이 있다고 생각됩니다. 황 변호사님께서 말씀하신 것처럼 구조화금융에 관한 일반법으로 발전시키는 방향이 필요하지 않을까 생각이 듭니다. 두 번째로는 지난 2005년부터 이루어졌던 자본시장과 금융투자업에 관한 법률(이하 '자본시장통합법')의 제정작업과정에서도 비교적 초기에 논의가 되었던 문제입니다만, 자산유동화를 금융상품으로 인식할 때 현재는 유동화증권으로만 인식을 하고 있는데, 그 자체를 집합투자의 일부, 현재의 간접투자의 일부로 기존의 규제체계에 통합하는 방법이 있는지에 대한 검토가 필요하다고 생각합니다. 일부에서는 집합투자를 전통적인 운용형과 자산유동화를 의미하는 유동화형의 두 가지로 구분해서 규제체계를 만들어 갈 수 있지 않느냐 하는 논의가 있습니다. 지난번 자본시장통합법 제정과정에서는 추후과제로 미루어 두었습니다. 향후에는 검토가 필요할 것으로 생각됩니다.

사회자 : 감사합니다. 발전을 위한 과제의 큰 틀은 두 분이 말씀해 주신 내용이 되겠습니다만, 구체적으로는 논의할 부분이 많을 것 같습니다. 그동안 자산유동화가 시장에서 참여자가 경제원리에 따라 자산유동화하는 경우도 많이 있지만 정책적으로 활용된 측면도 많지 않았나 하는 생각이 듭니다. 가령 primary CBO 같은 경우에는 정책적 목적으로 이용되고, 그것이 가지고 있는 긍정적 효과도 상당히 있었지

만 결국 신용보증기금의 부실화를 초래하였고, 그만큼 비용을 지불한 것으로 생각됩니다. 결국 정책적으로 활용한 부분에 대한 공과는 더 검토 · 연구가 되어야 하지 않겠나 하는 생각이 듭니다.

황호석 : 위기를 맞아 만들어진 법률이다보니 조문이 많지 않은 간단한 법률이었습니다. 나머지 부분은 시장에 맡겨져 있는 부분이 많았습니다. 하지만 현실은 시장참가자들이 감독기관의 눈치를 보고 감독기관과 협의를 하기 때문에 감독기관의 의사판단 및 정책방향이 반영되지 않을 수 없었습니다. 그런 부분이 순기능도 있었다고 판단은 됩니다. 하지만 문제는 감독기관의 개입기준에 일관성이 없다는 것입니다. 행정지도의 형식으로 이루어진 부분도 많고, 행정지도가 일관적으로 이루어진다면 하나의 관습법처럼 시장에 받아들여지게 될 것입니다. 그런데 감독기관의 담당자들이 바뀌면서 자의적으로 바뀌는 경우가 분명히 있었습니다. 이런 상황이 보이지 않는 행정규제라는 형태가 된 것 같습니다.

이미현 : 황 변호사님 말씀처럼 유동화계획의 등록이 정부의 사전심사에 따른 신뢰도 향상이라는 순기능을 수행한 점은 분명히 있습니다. 그런데 바로 그 점 때문에 오히려 감독기관이 필요 이상으로 개입하는 결과가 초래된 것 같습니다. 시장에서 그렇게 인식을 하고 있기 때문에 감독기관이 책임을 느끼고 있는 것 같습니다. 본래 감독기관에게 부여된 역할은 유동화계획을 등록시켜 유동화계획의 내용을 공시함으로써 투자자를 보호하고, 등록과정에서 법을 위반하는 것이 없는지를 확인하는 것이었는데, 유동화계획 등록절차를 통해 금융당국이 구조화된 금융상품의 사전심사기능을 하여 금융당국이 사실상 유동화상품에 대하여 인증해 주는 것이라는 시장의 인식을 의식하다 보니 금융당국이 위험검증을 통한 투자자보호라는 역할을 스스로 떠맡

음으로써, 조금이라도 리스크가 높은 구조의 상품이 등장하면 법의 근거규정이 없음에도 여러 방식으로 제동을 거는 경우가 종종 발생하게 되었습니다. 그런 점에서는 오히려 새롭고 진전된 자산유동화상품의 발전을 저해하는 면이 없지 않았다는 생각이 듭니다.

김용호 : 이런 상황은 자산유동화법이 가진 본질적인 측면이라기보다는 그것을 어떻게 운용하는가의 측면인 것 같습니다. 사실 자산유동화법은 그 자체로는 중립적인 것인데 이것을 상황에 따라 정책적 수단으로 활용하였기 때문에 문제였던 것 같습니다. 비전형유동화가 폭발적으로 늘어난 것은 감독기관에서 이를 자산유동화법 틀 속에 포섭하기를 거부하였기 때문에 그쪽으로 갈 수밖에 없었다는 점이 그 전부의 원인은 아니겠으나 일부 원인이 되었고, 이런 부분이 풍선효과를 발생시킨 측면이 있는 것 같습니다. 균형 있고 일관되게 규제를 다듬는 노력이 다소 부족하지 않았나 하는 생각이 듭니다. 비전형유동화로 상당 부분 빠져나가자 등록유동화에 대한 시장에서의 관심도 그만큼 줄어들었습니다. 그래서 2004년부터 법개정 논의가 시작되었지만 아직까지 개정작업이 완료되지 않고 있습니다.

황호석 : 우리가 자산유동화법을 입법할 당시에 일본에서도 자산유동화법 제정작업이 추진 중이었는데 일본 법은 대단히 내용이 자세했습니다. 그런데 조기에 제도가 시행되고 자리를 잡는 데는 우리 법이 더 적절했던 것 같습니다. 규제체계가 많고 조문이 많을수록 거래에 대한 제약이 된다는 측면에서 우리 자산유동화법은 대단히 간략하면서 기본 틀만 제공하였고 나머지는 시장에 맡겨 움직였기 때문에 장점이 많았습니다. 반면 그만큼 행정지도에 의한 규제가 많아지고 이에 따라 시장의 신뢰를 잃어 가면서 시장의 흐름이 비전형유동화를 선호하는 방향으로 간 측면이 있습니다. 구소화금융상품은 사본시장

통합법에서 규정하는 판매단계에서의 투자설명만 가지고는 투자자보호에 충분하지 않으며 구조가 적절한지에 대한 판단이 필요한 것 같습니다. 공적 기관에 의한 구조의 적격성에 대한 심사가 적절하게만 운용된다면 긍정적인 효과가 분명히 있습니다. 왜냐하면 유동화상품은 일반 투자자들이 투자할 수 있는 상품입니다. 금융기관에서 일반인을 상대로 유동화증권을 팔고 있습니다. 일반 투자자들은 구조 및 자산에 대한 관심은 거의 없고, 금리위주의 투자를 하고 있습니다. 이를 판매창구에 있는 금융기관 직원들이 설명하는 데는 한계가 있는 것 같습니다. 구조의 적격성에 대한 관점에서는 어느 정도 사전심사가 필요하지만, 그 운용은 균형이 맞아야 할 것 같습니다. 그에 대한 기준이 필요할 것 같습니다. 2005년에는 너무 규제 위주로 가서 비전형유동화가 활성화되기도 하지만, 또 지나치게 완화된 기준으로 심사하면 결국 투자자들이 투자위험에 과다하게 노출되는 상황이 발생하는 것 같습니다. 그 결과 굉장히 위험한 상품이 시장에 나오게 되는 것 같습니다. 가령 부동산PF ABS 같은 경우에는 금융감독원이 규제를 강화하기 전에는 상대적으로 신용위험이 큰 상품이 유동화증권으로 나왔습니다. 금융기관이 사업성이 좋고 위험이 적은 프로젝트에 대한 대출상품은 자신이 보유하고, 금융기관으로부터 대출이 안 되는 프로젝트들이 증권사를 통해 유동화증권으로 발행되어 일반 투자자에게 오게 되었습니다. 감독기관이 이에 어느 정도 제동을 거는 조치를 한 것은 적절했다고 봅니다. 그렇지만 행정지도에 관한 일관된 기준은 있어야 합니다. 감독기관에서 노력을 해서 시장참가자들이 준수해야 하는 best practice를 만들었지만 실무자 입장에서는 감독기관의 감독정책 운용에 대한 best practice도 필요하다는 불만이 있었습니다.

사회자 : 황 변호사님께서 말씀하신 부분은 자본시장통합법에서 다

루려고 하는 위험고지, 적합성의 원칙 등 자본시장통합법에서 강화하고자 하는 부분과 밀접하게 관련 있는 것 같습니다. 정순섭 교수님께서 새로운 자본시장통합법의 태도 및 자본시장통합법과 자산유동화의 관계에 대해 말씀해 주십시오.

정순섭 : 황 변호사님께서 말씀해 주신 바와 같이 유동화계획의 등록단계에서 감독기관이 일정한 심사기능을 수행해 줄 수 있는 장점 및 단점이 있다는 부분과 관련해서 유사한 체계로 거래가 이루어지는 집합투자증권의 경우를 보면, 집합투자기구를 설정하는 단계에서 등록이 필요하고 두 번째로 그를 통하여 발행된 집합투자증권을 판매하는 단계에서 증권신고를 비롯한 판매규제 · 투자권유규제가 이루어지는 단계로 구성되어 있습니다. 유동화증권의 경우에는 그 자체로 증권이기 때문에 자본시장통합법상 판매단계의 규제는 그대로 적용받게 됩니다. 등록에 관한 문제는 현재 집합투자에 대하여 만들어 놓은 것 이상의 규제가 필요한 것인지에 대한 검토가 필요한 것이 아닌가 생각됩니다. 투자자와의 접점에서 생각해 본다면, 현행 법에서는 집합투자의 경우에도 등록하는 것을 조건으로 유가증권신고 등을 모두 면제하였지만 자본시장통합법에서는 두 가지 모두 병행하도록 되어 있습니다. 지금 말씀하신 위험에 관한 문제는 판매단계에서도 충분히 검증될 수 있는 체제가 아닌가 생각됩니다. 시장 전체적으로는 규제체계가 더 일관성이 있게 되지 않을까 생각됩니다.

III. 자산유동화의 현황과 과제

1. 비전형유동화의 현황과 과제

사회자 : 자산유동화 10년의 의의에 관하여는 이 정도로 정리하도록 하고 과제의 구체적인 내용으로 들어가도록 하겠습니다. 먼저 김용호 변호사님께서 비전형유동화의 증가원인 및 법적 쟁점에 대해 말씀해 주십시오.

김용호 : 우선 비전형유동화가 활발하게 이루어지게 된 배경을 말씀드리겠습니다. 자산유동화법 틀 속에서 유동화거래를 할 경우 제약적인 여러 요소가 있습니다. 먼저 자산보유자의 자격을 갖추어야 하는 문제가 있습니다. 등록유동화의 경우 등록절차 및 일정상의 제약 문제도 있습니다. 등록유동화의 경우 감독기관에 의한 유동화계획의 검토에 10영업일이 소요되고, 특히 공모발행을 위해서는 유가증권신고서 효력발생기간 5일이 더 소요될 뿐만 아니라 발행분담금을 부담하여야 하는 등 시간과 비용부담의 문제가 따릅니다. 이러한 과정에서 부동산경기가 호황을 맞게 되자 부동산PF대출유동화의 수요가 크게 증가하는 한편, 초기에는 그에 대한 등록유동화가 활발히 이루어지다가 이후에는 감독기관의 부동산 PF대출 유동화에 대하여 엄격한 기준을 설정하여 적용하게 됨에 따라 자산유동화법을 이용한 부동산 PF대출 유동화가 매우 어려워지는 상황이 발생했습니다. 감독기관 실무담당팀의 가이드라인에 따라 규제하게 됨으로써 등록유동화거래 대신 비등록 · 비전형유동화방식의 거래로 대체하게 된 것입니다.

비전형유동화거래는 유형적으로 살펴보면 크게 ABL(Asset Backed Loan) 및 ABCP로 나누어 볼 수 있습니다. ABL은 상대적으로 규모가 작고 이에 대한 정확한 통계도 파악된 것이 없는 것으로 알고 있습니다. ABCP는 신용평가기관을 통해 공시가 되고 통계도 나와 있는데, 비전형유동화거래가 활성화된 2005~2007년도의 통계를 살펴보면, 2005년 비등록유동화가 전체 유동화시장에서 차지하는 비중이 발행건수 기준으로 약 32% 정도입니다. 2006년도에는 약 51%, 2007년도에는 약 74%로 폭발적으로 증가됩니다.

비전형유동화를 위한 vehicle로서의 SPC의 형태를 보면 유한회사와 주식회사가 있습니다. 한편 유동화를 단일거래로 하는지, 반복거래로 하는지에 따라 단일SPC방식의 비전형유동화와 conduit방식의 유동화로 나누어 볼 수 있습니다. 기초자산의 유형에 따라 나누어 보면 부동산PF대출유동화, 최근에 많이 등장한 것으로는 CDS(Credit Default Swap), 신용파생결합증권(CLN) 등 신용파생거래를 기초로 한 유동화 등이 있습니다. 2005년도에 합성ABS가 처음으로 자산유동화법상 인정을 받았는데 그 후에는 감독기관의 입장이 바뀜에 따라 등록유동화거래로서는 허용되지 않게 되었습니다. 결국 시장은 자산유동화법의 틀 바깥에서 이를 시도하게 되었고, 이에 따라 합성ABCP가 등장하게 되었습니다.

왜 자산유동화법 바깥에서는 ABS가 아니라 ABCP밖에 되지 않는지 말씀드리겠습니다. 우선 상법상 주식회사의 경우 순자산액의 4배라는 사채발행 한도가 적용되기 때문에 ABS bond를 발행하고자 할 때, 위 사채발행 한도요건을 충족하기 위한 SPC의 자본금 마련이 어려워서 사실상 사채로 발행하는 것은 현실적으로 불가능합니다. 반면 CP(Commercial Paper)발행을 위해서는 SPC가 최저자본금요건만 맞추면 되므로 CP거래가 활성화되었습니다.

CP거래의 폭발적 증가에 따라 나타난 부작용이 너무 많은 CP가 시장에 범람하면서 시장의 교란요인이 되고 금리상승요인이 되었다는 것입니다. 결국 이후 금융기관, 특히 CP매입보장약정을 통한 신용보강을 제공한 은행들의 수익구조 및 자금조달에 영향을 미치는 결과를 초래하기까지 하였습니다. 이와 관련하여 과연 정책적 측면에서 위와 같은 비전형 · 비등록유동화거래가 자산유동화법 바깥에서 급속도로 팽창하는 것에 대하여 보다 적극적인 제도적 관리가 있었어야 하지 않았는가 하는 점과 관련하여 상당히 비판적 견해가 제기될 수 있겠고, 혹자는 비전형 · 비등록유동화거래를 상당 부분 등록유동화거래의 틀 안에 수용했더라면 2007, 2008년의 여러 가지 신용경색 측면이 어느 정도는 완화되었을 수도 있지 않았겠는가 하는 견해를 조심스럽게 제시하고 있는 것 같습니다.

사회자 : 비등록유동화의 경우, 투자자보호의 관점에서 생각해 볼 점이 있는 것 같습니다. 첫째는 투자자가 일반 투자자인가 전문 투자자인가 문제됩니다. 가령 ABL의 경우에는 은행이 투자하는 것이므로 이는 은행감독의 차원에서 검토하면 충분할 것입니다. 그런데 ABCP가 일반 투자자에게 판매되는 경우, 공시 등의 면에서 현재의 법제도가 충분하고 적절한 투자자보호장치를 가지고 있는지를 생각해 보아야 할 것 같습니다. 둘째는 자산유동화법에서는 진정한 양도(true sale)에 대한 기준을 정하고 있으므로 진정양도에 대한 예측 가능성을 부여하고 있는데 비등록유동화의 경우에 진정양도에 대하여 어떻게 정리를 하고 있는지, 세 번째로는 비등록유동화의 경우 SPC의 법적 성격의 면에서 생각해 보아야 할 점들이 있습니다. 자산유동화법에 따른 유동화전문회사는 자산유동화법에 근거를 두고 있으므로 다른 법 위반 여부의 문제에 있어 보장을 받을 수 있는데, 비등록유동화의 경우에는 집합투자기구적 성격이 있는 것 아닌가 하는 우려 혹은 공정

거래법상 자회사 내지 계열회사적 성격이 있는 것이 아닌가 하는 문제가 있을 것으로 생각됩니다. 실무를 처리하시면서 어떻게 논의가 되고 정리가 되고 있는지 말씀해 주시면 감사하겠습니다.

이미현 : 제가 경험해 본 바로는 비전형유동화를 택하는 원인은 김변호사님께서 말씀하신 것처럼 자산유동화법상 자산보유자 자격이 되지 않아 할 수 없이 비등록유동화로 가는 경우와, 자격은 되지만 금융당국의 규제를 피하기 위해 비전형으로 가는 경우의 두 가지가 있습니다. 자산유동화법의 경우에는 사채발행한도를 없애 주었기 때문에 유동화증권을 사채형태로 발행하더라도 상법상 사채발행한도를 초과할 수 있습니다. 그러니까 비전형유동화를 택한다는 것은 이러한 혜택을 포기하고 대출형태로 자금을 조달하는 것이므로 비전형유동화의 경우에는 일반 투자자가 투자하는 경우는 상당히 드문 것 같습니다. 즉 ABL의 투자자는 대체로 금융기관입니다. 또한 ABCP로 발행되더라도 불특정 다수인에게 균일한 조건으로 매각하는 것은 다소 문제가 있습니다. ABCP로 발행하더라도 균일한 조건으로 불특정 다수인에게 발행한다면 그 성격은 사채로 볼 여지가 있으므로 조심해야 한다고 생각합니다. 현재로서는 그 법적 성격이 사채로 볼 여지가 없도록 하기 위하여 어음용지를 사용하여 전형적인 어음의 형태로 발행하며, 발행매수도 제한하고 금액도 다르게 해서 기관투자자들에게 매각하는 경우가 대부분입니다. 즉 아직까지는 ABCP에 일반 투자자들이 많이 투자하는 것 같지는 않습니다. 하지만 그 여지는 있습니다. 따라서 이러한 금융상품을 제도권 밖으로 내모는 것이 일반 투자자의 보호를 위한 것인지 정말 생각해 볼 여지가 있는 것 같습니다. 한편 진정양도(true sale)와 관련된 문제는, 대체로 비전형유동화상품에 투자하는 기관은 금융기관이며 자신의 투자목적상 진정양도요건을 충족할

것을 요구하는 경우가 상당히 많습니다. 즉 진정한 양도에 부합하는지에 대한 감독당국의 심사는 없지만 법률의견서를 요구하기 때문에 어느 정도는 짚고 넘어가고 있습니다. 하지만 감독기관이 한 번 더 심사하는 것과 단순히 법률의견서만 붙이는 것은 실제로는 차이가 있습니다. 아무래도 더 느슨한 기준이 적용되는 경우가 발생합니다. 어쨌든 현재로서는 주된 투자자가 기관투자자이고, 기관투자자들은 투자전문가로서 그 부분에 대해서는 자신의 책임으로 투자하는 것으로 인식하고 투자하는 것이니까 다행입니다만, ABCP에 일반 투자자가 투자하는 형태로 발전하면 문제가 될 것 같습니다.

황호석 : 비전형유동화의 투자자 면에서는 일반 투자자들이 투자하는 상황이 많지는 않지만, 증권사들이 영업장에서 채권상품의 조건을 게시한 것을 보면 ABCP의 금리조건을 게시한 경우가 많이 있습니다. ABCP를 개인에게 일반 CP나 채권 팔듯이 팔고 있는 것으로 보입니다. 물량은 김 변호사님 말씀대로 많지 않고 아는 사람들만 사는 건데, 대부분은 명확한 위험 인식 없이 사기 쉬운 것 같습니다. ABCP발행에서 투자자보호라는 차원에서의 검토를 신용평가기관이 일부 수행하는 측면은 있습니다. 신용평가기관이 ABCP가 적기에 지급되어야 한다는 측면에서 위험을 분석하고 그런 면에서는 투자자의 이해와 일치하는데, 신용평가기관이 분석하고 매번 리포트하는 것이 공시되는 것이 아니어서 ABCP를 매입하는 일반 투자자는 신용평가기관의 분석결과를 보지 못한다고 합니다. 결국 투자자는 ABCP의 기초자산이나 거래구조를 보지 못하고 대부분 금리 위주로 보고 투자하는 것 같습니다. ABCP의 기초자산은 장기자산인데 CP라는 단기증권을 발행하는 것입니다. 따라서 CP가 판매될 수 있는 신용등급을 부여받기 위해서는 신용보완이 들어가지 않을 수가 없고, 결국 신용보완은 은행

의 신용공여약정에 의하여 이루어지는 경우가 많은 것 같습니다. 결국 프로젝트금융을 기초자산으로 한 ABCP는 경제적으로는 은행이 해당 프로젝트에 대출하는 것과 마찬가지고 ABCP는 은행이 위 대출 재원을 펀딩하는 경제적 효과가 있는 것 같습니다. 그런 면에서 은행이 신용공여하여 은행이 백업하는 형식으로 ABCP가 발행되었기 때문에 사실은 구조의 적절성, 기초자산의 부도로 인한 문제가 일반 투자자에게까지 미치지 않은 것 같습니다. 그렇지만 이 부분이 결국 은행의 부담으로 돌아가고, 장기적으로 기초자산인 부동산프로젝트가 망가지면 은행이 결국은 그 신용공여로 막아야 하므로 금융기관에게 충격이 갈 소지가 있는데, 감독기관은 이 상황에서 손을 떼고 있는 상황이므로 가능하면 유동화시장 내지 자산유동화법에 따른 유동화의 틀 안으로 들어오게 해서 금융감독 측면에서 걸러질 수 있도록 하는 것이 안전하지 않은가 생각합니다.

사회자 : 현행 증권거래법상 CP는 상당히 제한적으로 증권의 개념에 들어가는데 자본시장통합법상 이런 ABCP가 증권으로 인정될 가능성에 대해 정순섭 교수님께서 말씀해 주십시오.

정순섭 : 현행 증권거래법에서는 재정경제부고시를 통해 일정한 CP만 유가증권으로 한정하고 있습니다. 하지만 자본시장통합법에서는 기준을 형식적 기준, 즉 조폐공사에서 발행하는 어음용지를 이용해서 발행하는 경우에는 기간을 불문하고 모두 증권으로 규정하는 형태를 취하고 있습니다. ABCP가 은행도어음의 형태로 발행된다면 자본시장통합법상 증권으로 분류될 것이고, 증권의 발행 및 판매규제를 그대로 적용받는 형태가 될 것입니다. CP를 증권으로 분류하는 것에 반대하는 두 가지 시각이 있었습니다. 하나는 회사채시장에 부정적 영향을 미친다는 것입니다. 또 하나는 기업어음이 증권신고라는 공식적

절차를 거치고 나면 일반 투자자들이 어음을 안전한 상품으로 인식할 가능성이 있다는 것입니다. 그렇다면 일반 투자자들이 참여할 수 없는 시장이라는 전제가 달라지지 않을까 생각됩니다.

이미현 : CP가 증권 중에서 어떻게 분류되어야 하는지 궁금합니다. 가령 CP 수만 장을 똑같은 조건으로 일시에 발행하는 경우에 이는 사채와 무엇이 다른지, 여전히 사채발행한도가 적용되는 것은 아닌지 궁금합니다. 현재 실무상으로는 ABCP는 사채가 아니라는 전제로 발행되고 있습니다. ABCP의 경우에는 발행한도가 적용되지 않더라도 문제가 없을 수 있습니다만, 일반 CP를 사채가 아니라면서 그런 식으로 발행하게 되면 사채에 관한 규제를 완전히 무력화시키는 것입니다. 이런 부분에 대한 입법적 해결이 필요할 것 같습니다. 사채에 대한 정의가 없는 것이 문제인 것 같습니다.

황호석 : 상법 개정안에는 사채발행한도를 없애기로 하고 있으므로 큰 문제는 없을 것 같습니다.

이미현 : 현행법이 유지되고 있는 한에서는 문제가 있다고 생각합니다.

사회자 : ABCP발행시 관행적으로 만기는 어떻게 되나요?

김용호 : 경우에 따라 다르지만 1개월짜리, 3개월짜리 등이 있습니다. 증권사들이 취급하는 ABCP는 증권거래법상 유가증권의 요건에 해당되기 위하여 만기가 1년 이내이어야 합니다. ABCP는 크게 보면 두 가지가 있습니다. 하나는 증권거래법상 유가증권으로서의 CP가 있고, 두 번째는 실무상 종금법상 CP라고 해서 재정경제부 고시의 요건을 충족하지 못하는 CP가 있습니다. 시장에서 거래되는 대부분의 CP는 증권회사가 관여하기 위하여 증권거래법상의 유가증권인 CP로 발행됩니다. 그런데 6개월 동안 50매 이내로 발행하여야 사모요건을 충족할 텐데, 실제로는 그보다 더 발행하는 경우가 허다하고, 그런 경우

에도 유가증권신고서를 제출하는 경우가 없는 것으로 보입니다.

사회자 : 실무에서 변호사들이 이 점을 지적하지 않나요?

김용호 : 저희들은 6개월 이내에 50매 이내로 발행되어야 한다고 분명히 고지하고 있습니다.

황호석 : 증권회사 입장에서는 CMA계좌 등 간접적으로 판매할 수 있는 방법이 많이 있어서 그러는 것 같습니다.

김용호 : 현실적으로 문제가 안 되는 이유는 은행이 신용보강기관으로서 매입보장을 해주기 때문입니다. 따라서 CP 투자자 입장에서는 은행의 신용을 보고 투자하는 것이지, CP의 기초자산(underlying asset)을 보고 투자하는 것은 아닌 것 같습니다. 그래서 현실적으로 문제가 안 되는 것 같습니다.

이미현 : 기본적으로 기초자산은 만기가 길고, CP는 짧게 발행되면서 중간에 계속 차환발행을 하게 되는데 차환발행이 안 되는 경우, 바로 금융기관이 이를 매입하는 방법으로 유동성을 제공하니까 말씀하신 것처럼 금융기관의 신용을 보고 투자하는 것이 되므로 현실적으로 문제가 안 되는 것은 사실입니다. 그런데 BASEL II하에서는 이와 같은 금융기관의 신용공여가 줄어들 수밖에 없으므로 이러한 변화는 앞으로 ABCP시장에 많은 영향을 미칠 것 같습니다.

사회자 : 자산유동화법에 따르지 않은 유동화의 경우 진정양도(true sale) 여부 판단시 실제로 어떤 기준을 적용하십니까?

황호석 : 저희들이 자산유동화법 제정 전에 진정양도와 관련해서 외국 신용평가기관(rating agency)에게 조언을 할 때, 민법 등 국내 판례 및 미국의 기준을 참조하여 만든 기준이 있습니다. 실무상 비전형유동화의 경우 그 기준을 많이 활용합니다. 사안에 따라서는 자산유동화법에 준하여 판단하기도 합니다. 자산유동화법상의 기준이 우리 민

법 판례에 따른 기준을 요약한 측면이 많아 자산유동화법 제정 이전에 검토한 기준과 자산유동화법상의 기준이 서로 크게 벗어나지 않는 것 같습니다. 다만 비전형유동화에서 민법 판례의 법리를 활용하다 보니 조금 넓어지는 부분도 있습니다. 가령 우리 대법원은 어음의 환매조건부거래에서 매매로 판단한 사례가 있습니다. 자산유동화법은 금융감독원과의 협의에 따른 기준, 불문율 같은 것이 있으므로 비전형유동화의 경우와는 조금 다르지만 대체로 거의 같은 기준을 사용하고 있습니다.

이미현 : 제가 적용하는 진정양도의 기준은 비전형유동화나 전형유동화의 경우나 다르지 않습니다. 다만 저는 진정양도라고 생각하는데 금융감독원은 아니라고 생각할 때 전형유동화의 경우는 아예 유동화가 불가능하겠지만, 비전형유동화의 경우에는 제가 진정양도 의견을 제시하고 유동화거래가 이루어지는 경우는 있습니다.

황호석 : 비전형유동화의 경우 진정양도가 현재 실무상 큰 문제가 되고 있지 않습니다. 왜냐하면 비전형유동화의 경우 PF대출이나 자산을 매각하기 위한 거래가 많습니다. 진정양도가 주로 문제가 되는 것은 장래채권이나 금융기관이 계속 관리하는 자산 등인데, 비전형유동화의 경우는 대개 실제 장부상 떨어 버릴 자산을 가지고 유동화를 많이 합니다. 이에 따라 진정양도의 문제는 많이 발생하지 아니합니다.

사회자 : 실질적으로 ABCP는 신용보강기관의 신용에 기하여 발행되는 것이지 도산위험의 절연을 통하여 투자자를 보호하는 효과를 이용하여 발행되는 것은 아니라고 할 수 있나요?

이미현 : 예 그렇습니다. 그리고 ABCP를 하는 자산 중 독특한 것으로 주식이 있는데, 주로 M&A거래에서 많이 사용합니다. M&A거래에서 M&A financing을 제공한 금융기관은 M&A가 일단 성사되면, 자신

이 공여한 신용의 exit방법으로 유동화를 사용하기를 원하는 경우가 많은데, 기초자산이 주식이어서 등록유동화가 안 되므로 비전형유동화인 ABCP를 많이 사용합니다. 그런 경우에는 진정양도 이슈는 없습니다. 자산보유자인 금융기관의 장부에서 완전히 털어 버리는 거래이기 때문입니다.

사회자 : 그런 경우에는 이런 ABCP발행 회사의 성격이 사모증권투자회사 내지 PEF(Private Equity Fund)의 자회사와 구분이 되나요?

이미현 : 논란의 여지가 전혀 없지는 않지만, 실무에서는 일단 간접투자자산운용업법 적용대상은 아니라고 보고 일반 회사로 설립합니다. 하지만 솔직히 발행회사 설립시 실무적인 애로사항은 아주 많습니다. M&A financing 제공 후 exit하고자 하는 금융기관 입장에서는 이러한 SPC를 자회사로 설립하기를 원하지 않습니다. 그래서 외관상으로는 독립적인 형태로 SPC를 설립합니다. 하지만 실제로는 이런 SPC에 사원으로 투자할 사람이 없기 때문에 애로사항이 많습니다.

사회자 : upside gain은 누가 가져가나요?

이미현 : 선순위는 제3자에게 매각하지만 해당 금융기관이 후순위 ABCP를 가지고 있으므로 upside gain은 해당 금융기관이 가집니다.

황호석 : 비전형유동화에서 가장 큰 어려움이 초과 잉여수익을 받아 가는 부분입니다. 요즘은 매우 어렵습니다. 예전에는 후순위대출이자를 높게 해서 해결하기도 했으며 당시 후순위대출이자율이 30%까지 된 적도 있지만, 최근에는 이자율을 15% 정도로 하더라도 세무상 부인의 우려가 있다고 자문하고 있습니다. SPC에 대한 법인세로 인하여 발생하는 이중과세의 문제 등 때문에 자산유동화법에 의한 경우와 달리 초과잉여수익을 받아 가기가 어렵습니다. 최근에 듣기로는 부동산PF를 기초자산으로 한 상품의 경우 현금흐름에 대한 예측이

맞지 않아 SPC에 배당가능이익이 남는 것이 문제된 경우도 있었다고 합니다.

이미현 : M&A financing을 하면 컨소시엄에서 주식을 인수합니다. 컨소시엄은 기업들이 인수의 주된 주체가 되고 금융기관은 자금만 제공하며 컨소시엄 멤버끼리 put-call을 가지고 있습니다. 결국 금융기관이 가지고 있는 현금흐름은 고정된 현금흐름이 되므로 사전에 구조를 잘 짜면 생각지도 못한 upside는 거의 발생하지 않습니다.

사회자 : 국제회계기준 도입 등에서 논의를 하겠습니다만, 비전형유동화를 하는 SPV를 금융기관의 자회사로 인정하는지 아니면 금융기관의 재무제표에 내용을 모두 포함시켜야 하는지가 문제될 것 같습니다. 현재는 어떻게 하고 있습니까?

이미현 : 자회사가 아닌 것과 같은 외형을 취하므로 현재는 재무제표에 자회사로 표시하지 않는 경우가 대부분입니다. 외형적으로는 지분을 5% 이상을 안 가지고 있기 때문입니다. 나머지 95%는 외관상으로 보기에는 전혀 관계없는 사람이 가지고 있습니다.

정순섭 : 참고로 ABS와 집합투자의 관계 때문에 자본시장통합법은 특칙을 하나 가지고 있습니다. 자산유동화법에 따른 유동화는 집합투자로 보지 아니한다는 규정입니다. 이를 엄격하게 해석하는 경우, 유동화구조를 취하면서 법을 따르지 않은 유동화에 대해 의문이 제기되는 것 같습니다.

사회자 : 비등록유동화의 경우 유동화자산의 교체 및 운용, 즉 매니지먼트가 존재하는 유동화의 경우 문제가 제기될 수 있을 것 같습니다.

황호석 : 사실 ABS가 간접투자자산운용업법상 집합투자기구에 해당하는지 검토한 적이 있었습니다.

김용호 : 서면질의는 아닙니다만 초기 conduit프로그램 설정 당시 재정경제부에 질의를 한 적이 있습니다. 당시 재정경제부로부터 확인 받은 것은 간접투자자산운용업법상의 펀드는 수익을 그대로 돌려주는 것인 데 반하여, ABCP는 확정적인 이자를 주는 것이기 때문에 성격이 다르다는 것입니다. 운용수익을 다 주는 것이 아니라 fixed income을 주는 것이므로 conduit은 간접투자자산운용업법상의 간접투자기구와는 성격이 다르다는 구두 확인을 받고 일을 진행하였던 것입니다.

2. 자산유동화와 신탁법리

사회자 : 자산유동화와 신탁법리에 대해 이야기를 나누어 보도록 하겠습니다. 유동화 자체가 회사형태의 SPC를 사용하지 않고 신탁을 이용할 수도 있는 등 담보목적 신탁을 이용하여 투자자보호를 도모할 수도 있는 등 신탁과 자산유동화는 밀접한 관계가 있습니다. 유동화에서의 신탁의 활용, 그에 따른 법적 쟁점, 개선이 필요한 사항에 대해 황 변호사님께서 말씀해 주시겠습니다.

황호석 : 제가 보기에 신탁의 가장 큰 장점은 신탁법상 도산절연에 관한 규정입니다. 수탁자 및 위탁자의 재산에서 분리되는 점은 유동화 내지 증권화에 가장 적절한 제도라고 생각됩니다. 또한 신탁의 수익권은 신탁계약으로 내용을 각 유동화거래에 맞추어 정할 수 있다는 점에서도 자산유동화에 편리합니다. 수익권의 종류는 선순위 · 후순위수익권을 분할하기도 하고, 파생금융상품의 실질이 결합된 수익권도 가능하기 때문에 거래구조에 가장 적절한 현금흐름을 표창할 수 있는 권리를 만들어 낼 수 있는 장점이 있는 것입니다. 따라서 신탁방

식은 유동화에서 가장 활용하기 좋은 법적 기구(器具)라고 볼 수 있습니다. 실제 자산유동화에서 신탁을 많이 활용하게 된 것은, 카드사의 신용카드대금채권 등 장래채권의 경우에는 현금흐름이 불확정적이고 유동화하고자 하는 부분을 넘어서 초과현금(excess cash)이 많이 발생하므로 이를 해결할 수 있는 구조로 신탁방식을 택하게 되었으며, 그때 신탁방식의 유동화가 국내에 많이 확대된 계기가 된 것 같습니다. LG카드의 경우에 해외 ABS발행시 처음으로 신탁방식을 사용해서 위탁자 지분(seller interest)으로 펀딩하고자 하는 채권액을 넘어서 발생된 장래의 채권액 부분으로 발생액 측면에서 변동이 많은 부분을 자산보유자가 흡수해 갈 수 있도록 했습니다. 몇 년 전에는 대법원이 획기적으로 도산절연의 효과를 인정한 판례를 냈기 때문에 더욱 신탁을 이용한 자산유동화가 늘고 있습니다. 담보목적의 신탁이더라도 타익신탁이기만 하면 신탁재산, 신탁수익권이 위탁자의 소유로서 파산재단에 속하지 않는다는 대법원 판례입니다. 이 판례로 인하여 어떤 의미에서는 자산유동화법상 진정양도보다 신탁이 확실한 도산절연효과를 가지게 되었습니다. 자산유동화에서 신탁은 이와 같은 두 가지 측면, 즉 도산절연이라는 점과 수익권 구성을 자유롭게 할 수 있다는 점에서 활용도가 높고 앞으로 계속 발전할 것이라고 생각이 듭니다. 다만 대법원 판례가 도산절연효과를 너무 강하게 부여한 것이 아닌가 하는 비판이 향후에 제기되지 않을까 싶습니다. 일본에서 실시된 유동화거래에서 법적 분쟁이 제기된 마이칼케이스에서 유동화신탁방식을 사용했지만 신탁법학회에서 그것이 진정양도에 대응하는 의미에서의 진정한 신탁인지에 대해 논의하는 것을 보았습니다. 저희도 자산유동화법상의 진정양도요건처럼 신탁에서도 진정양도에 준하는 진정한 신탁과 담보목적 신탁이 구별되어야 한다는 논의가 도산법 학자나 실무가로부터 제기될 수 있고, 향후에는 과연 대법원 판례가 계속 유지될지 도산법 학자 내지 도산회사를 관리하는 자의 입장에서 대법원 판례에 도전하는 케이스가 나올 가능성은 있는 것 같습니다.

사회자 : 실무에서 그동안 master trust도 많이 이용이 되었나요? master trust의 경우에는 여러 가지 시리즈가 발행이 될 텐데 그런 경우 투자자들 보호는 어떻게 하십니까?

김용호 : 그렇게 많지는 않습니다. 두세 건 정도의 실제 master trust의 경우에는 시리즈별로 기초자산을 분리(segregation)하는 것이 아니고 사실은 socialized structure 혹은 변형 socialized structure라고 해서 시리즈 간 기초자산을 share하는 구조를 취하는데, 분리 측면에서는 오히려 conduit구조에서 기초자산을 시리즈별로 분리하는 구조를 취합니다. conduit이 발행할 수 있는 것은 앞서 말씀드린 바와 같이 본드가 아니라 어음인 CP인데, 어음의 경우에는 어음의 성격상 limited recourse를 구현하기가 어렵습니다. 그래서 자산을 conduit 내부에 두고서는 분리할 수 있는 방법이 마땅치가 않습니다. 그것을 해결하는 방법으로서 담보신탁이라는 메커니즘을 활용하는데, 각 시리즈에 해당하는 기초자산을 신탁함으로써 도산절연을 구현하는 방법을 취하고 있습니다.

사회자 : 최근 신탁법 등의 개정논의가 있지 않습니까?

정순섭 : 내년에 신탁법 개정작업을 시작하는 것을 알고 있습니다. 우리 신탁법의 모델이 되는 일본이 80년 만에 대개정을 했고, 우리도 이를 반영하는 형태가 될 것 같습니다. 신탁법 이슈가 여러 가지 있겠지만, 한 가지만 말씀드리면 바로 다음에 이야기할 합성유동화와 관련해서 유동화 vehicle이 신용디폴트스왑(credit default swap)이라는 거래를 하게 될 경우, 제3자에 대한 책임문제가 따르게 될 것으로 보입니

다. 예컨대 수탁자가 제3자와 스왑거래를 했을 경우에 그 스왑거래에 따른 책임을 누가 부담하는지에 대한 논의가 있습니다. 현재 우리의 신탁법 해석으로는 수탁자가 자기재산으로 무한책임을 지고 신탁자산에 대하여 비용 청구하는 형태로 처리하게 됩니다. 과거의 영국·미국·일본의 해석론을 비추어 보면, 우리도 그렇게 해석될 것입니다. 그렇게 되면 수탁자의 책임재산 한정 문제가 있을 것으로 생각됩니다. 간접투자자산운용업법도 펀드가 스왑거래를 하는 경우에 똑같은 문제가 있어서 특칙을 두어 위탁회사와 수탁회사의 책임을 펀드의 자산으로 한정하는 특칙을 두었고, 일본의 경우에는 신탁법을 개정할 때 유한책임신탁이라고 하여 책임재산 한정특약을 넣는 신탁의 형태를 가능하도록 제도화시켰습니다. 수탁자의 제3자에 대한 책임범위를 신탁재산으로 한정한다는 특약이 유효한지 논의가 있었고, 실무적으로는 많이 이용이 되었던 것 같습니다. 영국이나 미국도 입법으로 해결한 것 같습니다. 자산유동화를 유연하고 탄력적 규제로 전환하게 되면 우리도 검토가 필요하지 않을까 생각됩니다.

사회자 : 이 변호사님께서는 실무를 처리하시면서 신탁과 관련하여 문제점은 없으셨습니까?

이미현 : 신탁 쪽 문제점은 황 변호사님께서 언급하신 것처럼 진정한 신탁이슈입니다. 신탁이라는 구조를 이용하기만 하면, 대법원 판례에 따라 자동적으로 도산절연효과가 인정되느냐 하는 것이지요. 선순위수익증권, 후순위수익증권으로 적당히 신탁재산의 현금으로 배분한 다음 위탁자가 후순위수익증권을 들고 있으면 실제로는 진정양도를 하지 않은 것과 동일한 효과가 발생하도록 구조를 짤 수 있습니다. 그런 경우에도 대법원 판례가 적용될 것인가 하는 점은 논란의 여지가 있는 것 같습니다. 제 개인적 생각에는 대법원 판례에 명시적인 언

급은 없었지만, 적어도 위탁자와 수탁자 간 신탁계약에 규정된 신탁재산의 처분에 관한 내용이 진정한 양도요건을 갖춘 매매에 준하는 내용인 경우의 신탁에 한해 절연효과를 인정해야지, 앞부분을 완전히 무시하고 신탁이라는 형태를 갖추었으면 무조건 절연효과를 인정하는 것은 문제가 있지 않은가 합니다. 그리고 법적인 것은 아니지만 제가 유동화하면서 재미있다고 느낀 것은 유동화구조에서는 신탁구조가 정말 많이 이용되는데, 즉 다른 어떤 금융분야보다 신탁이 많이 활용되는데 그럼에도 유동화증권이 수익증권으로 발행되는 경우는 거의 없다는 점입니다. 거래구조의 1차 단계, 즉 현금을 분할하는 단계에서 수익증권을 발행하여 수익증권 자체가 유동화자산으로 사용되는 경우가 대부분이지 실제로 유동화증권이 수익증권의 형태로 발행되는 경우는 별로 없습니다. 법적인 면에서 볼 경우, 유동화증권을 수익증권으로 발행하면 굳이 유동화회사를 설립할 필요가 없기 때문에 간단하고 비용도 적게 들고, 특히 유동화회사 설립과 관련된 복잡한 문제들을 피할 수가 있는데 시장에서 수익증권이 잘 안 팔리기 때문에 활용되지 않고 있습니다. 즉 수익증권형태의 유동화증권은 시장성이 없습니다. 이는 법적 문제가 아닌 것 같습니다.

황호석 : 저희가 한 번 시도해 본 적이 있었습니다. 그때 문제는 수익증권을 공모로 발행할 경우 증권거래법에 따라 제출한 유가증권신고서의 양식이 없다는 것이었습니다. 금융감독원과 이 문제에 관하여 협의했는데 어떤 기재사항 및 재무사항이 들어가야 하는지를 정하는 유가증권신고서 양식이 없기 때문에 심사할 수가 없다는 답변을 들었습니다. 결국 당시 유가증권신고서 양식이 없어서 공모수익증권을 발행할 수 없었습니다.

김용호 : 투자자는 있었습니까?

황호석 : 외국계 회사가 한 번 시도했습니다. 그런데 외국환거래법상 신탁에 대한 처리부분이 매우 모호합니다. 외국인 투자자들은 신탁에 대한 개념에 친숙하고, 투자수요가 있는데, 역외거래에서는 외국환거래규정이 이 신탁부분을 어떻게 취급할 것인지가 명확하지 않습니다. 이런 제약이 있어 신탁방식을 이용하는 것이 활발하지 않습니다. 그래서 수익권이 기초자산화되는 경우가 많습니다. 정순섭 교수님이 말씀하신 책임한정특약과 관련하여 실무상 신탁계약에 책임한정특약을 명시한 조항을 넣기도 합니다. 거래계에서는 책임한정특약이 유효할 것이라고 믿고 있고, 법원도 인정할 것이라고 믿으며 운영하고 있습니다. 다만 우발적 책임부분은 문제가 될 수 있다고 생각됩니다.

정순섭 : 저도 책임재산한정특약의 효력을 부인하는 결론이 나올 것으로는 생각하지 않습니다. 하지만 신탁법상 명시적 제도를 두는 것이 바람직하지 않은가 생각합니다. 간접투자자산운용업법에는 특칙을 만들어 놓았기 때문에 신탁법과 비교해석의 결과 반대해석의 가능성에 대한 우려가 있습니다. 자본시장통합법 체계하에서도 수익증권이라는 유형이 있고, 그 안에는 투자신탁 수익증권 · 특정금전신탁에 대한 수익증권 등 두 가지를 넣었습니다. 투자수익증권에 대한 양식으로 문제를 해결하는 등에 대한 논의는 없었나요?

황호석 : 투자신탁의 경우는 법상 유가증권신고서 제출이 면제되었으므로 양식이 없었으며, 투자신탁은 균일한 조건으로 발행되므로 큰 문제가 없습니다. 그런데 재산신탁은 내용이 다양하고 저희가 예전에 한 건 중에서는 형식은 신탁수익권인데 실질은 콜옵션인 것도 있었습니다. 그런 경우에 신탁수익권의 성격을 무엇으로 분류할 것인가에 대하여 재정경제부에 문의한 적이 있었습니다. 이것을 수익권으로 볼 것인가, 증권거래법상 파생결합증권으로 볼 것인가, 재산신탁의 경우

권리내용에 따라 논란의 여지가 될 부분이 많은 것 같습니다. 수익증권에 대한 새로운 형식으로 해결해야 할지, 자본시장통합법의 지분증권으로 가야 할지 문제가 될 것 같습니다.

정순섭 : 자본시장통합법상 증권분류는 6가지 세부분류를 합니다. 조문입안 담당자의 생각은 크게 두 가지로 나누겠다는 것입니다. 증권을 투자계약증권과 파생결합증권으로 나누고, 타인의 노력에 의하여 수익이 결정되는 경우는 투자계약증권으로 하고, 그 외의 외생적 요인에 의하여 수익구조가 결정된 경우에는 파생결합증권으로 크게 나눈다는 것입니다. 현재 우리나라에 존재하는 모든 증권을 이 두 개로 나눌 수 있다면 그 외의 증권은 왜 넣었느냐 하는 의문이 생기는데, 이는 이용자의 편의를 위해 그리고 중복적 개념이라는 것을 전제로 만들어 놓은 것입니다. 동시에 고려되어야 할 부분은 어디에 해당하든 규제상 차이가 없다는 것입니다. 수익증권에 해당하든 지분증권에 해당하든 투자계약증권에 해당하든 양식이 없어 공모발행하지 못한다는 것은 지금 이 제도의 취지와는 맞지 않는 것입니다.

이미현 : 그런데 한 가지 더 문제가 있습니다. 공모발행의 경우에는 양식이 문제될 수 있지만 사실 사모발행의 경우는 양식의 문제는 아닙니다. 기관투자자들이 투자해 주면 되는데 기관투자자들이 여기에 투자했을 때, 내부적 회계처리가 사채형태로 투자한 경우와 많이 다르기 때문에 제약을 많이 받는 것 같습니다. 증권사들이 수익증권형태로 발행하면 팔기가 참 어렵다고 합니다. 즉 시장성이 없다는 것이지요.

김용호 : 신탁의 도산절연과 관련하여 제 의견을 말씀드리겠습니다. 2001년도에 담보신탁의 도산절연에 대한 판례가 나왔습니다. 판결이 나오기 전에도 그랬지만, 판결 이후에는 그 판결에 의존해서 더 많은

거래를 했습니다. 거래의 신뢰 측면에서 대법원에서 그 결정을 바꿀 수 있을까 하는 부분에 다소 회의가 듭니다. 그 결정을 뒤바꾸려고 할 때, 담보신탁에 관한 판례의 결정을 신뢰하고 거래한 자와 신탁위탁자의 다른 이해관계자 사이의 이해관계균형이라는 관점에서 생각해야 될 것입니다.

회계제도 측면에서 보면 지금 담보신탁은 부외처리(book off)를 하지 않습니다. 그 자산은 법률적으로는 도산절연이 되어 위탁자의 자산이 아니고, 따라서 위탁자의 채권자들은 그에 대하여 권리행사할 수 없는 상황인데도 회계상으로 그 자산은 위탁자의 자산인 것처럼 되어 있으므로 상호 불일치하는 측면이 있습니다. 공시 · 회계적 측면에서 발상의 전환이 필요한 것으로 생각됩니다. 오히려 법의 실질에 맞게 부외처리를 하거나 적어도 적절히 실질을 공시해야 되는 것이 아닌가 하는 생각이 듭니다.

이미현 : 저도 김 변호사님 말씀에 동의합니다. 사실 진정양도 이슈라는 것이 기본적으로는 도산시 도산자의 채권자들 간 평등을 추구하고자 하는 것입니다. 사실상 채권채무관계임에도, 즉 소유권을 보유하는 것 같은 외형을 갖추고 있을 뿐 실제로는 소유권자로서의 위험은 부담하지 않고 평소에 채권자로서의 이익을 누리다가 막상 채무자가 도산하면, 소유권에 기하여 환취권을 행사하겠다는 것은 도산한 채무자의 다른 채권자 입장에서는 형평에 반하는 문제가 있습니다. 그러므로 진정양도라는 이유로 도산절연효과를 주려면, 핵심은 다른 채권자가 자산보유자와의 거래를 개시할 당시에 당해 자산을 채무자인 자산보유자의 재산으로 인식하고 거래하였을 가능성이 있었는가, 아니면 이것은 처음부터 채무자의 다른 채권자가 보기에 채무자의 재산이 아니었기 때문에 채무자와 거래할 때 이 자산의 존재에 대해 전혀 고

려를 하지 않고 거래하였느냐 하는 점이 되어야 합니다. 그런 관점에서 본다면, 김 변호사님께서 말씀하신 것처럼 부외처리가 안 된 자산이 도산으로부터 완전히 절연된다는 것은 다른 채권자보호라는 측면에서 문제가 있는 것 같습니다.

사회자 : 매매나 다른 방식의 양도와 신탁에 있어 진정한 양도의 기준이 다르게 된다는 점을 합리적으로 설명할 수 있을까요?

이미현 : 사실은 진정양도 논란이 미국에서 시작된 것입니다. 미국 법원에서 진정양도를 판단할 때 거래조건, 즉 당사자가 체결한 계약의 내용 자체가 매매에 해당하는지도 중요하지만 계약체결 이후 부외처리를 해서 다른 채권자들로 하여금 여전히 양도인의 자산이라고 오인하게 할 여지가 없도록 하였는지도 굉장히 중요한 판단요소입니다. 대법원 판례에서는 이런 부분은 고려하지 않고, 단순히 신탁재산의 소유권은 수탁자에게 속한다는 신탁의 기본법리만 따라가다 보니 매매의 경우와 신탁의 경우 다른 결과가 초래되는 것처럼 보이게 된 것 같습니다.

황호석 : 미국에서 진정양도 이슈가 나온 것이 미국 파산법의 형평법(equity) 법리가 적용되고 보통법(common law) 법리를 따르지 않으므로 민사계약상의 매매계약의 성격을 재구성(recharacterization)하기 때문입니다. 우리는 사실 그런 형평법 법리가 없고, 일반 민사 법리에 따른 판단만 있을 수 있습니다. 신탁에 대한 도산절연 부분은 민사 판단에 충실했던 것 같습니다. 자산유동화법상의 진정양도에 대해 논의하는 것은 민사법리상 대법원 판례가 말하는 매매에 도산법적 요소가 가미된 개념이고, 신탁 쪽은 도산법적 고려를 하지 않은 판례 법리인데 그런 판례에 대해 법원이 과연 법적 근거가 없이 법적 성격의 재구성을 시도할 수 있을지 의문입니다. 사실 미국과 같은 형평법이라는 근거

가 없는 우리 현실하에서는 저도 김 변호사님께서 말씀하신 것처럼 우리 대법원이 담보신탁에 대한 도산절연효과를 선언한 이 판례를 따르는 판례를 수차례 낸 상황에서 이를 번복하기는 상당히 힘들 것이라고 생각합니다.

황호석 : 다만 현실적으로 도산법인의 관재인 입장에서는 당황스러울 것 같습니다. 요즘은 담보신탁을 많이 사용합니다. 김 변호사님 말씀처럼 회계장부를 열어 보면 재무제표에는 있는데 신탁으로 다 빠져나가 도산회사에 남아 있는 재산이 없는 사태가 생길 가능성은 있습니다.

정순섭 : 사해신탁이나 이런 방향은 어떻습니까?

이미현 : 사해신탁에 걸리지 않도록 얼마든지 구성할 수 있을 것 같습니다.

3. 합성유동화의 현황과 과제

사회자 : 그럼 이제 synthetic securitization에 대해 이야기해 보도록 하겠습니다. 대출채권을 양도하지 않으면서 신용위험은 이전하는 효과를 가져오는 거래가 많이 발전하고 있습니다. 신용파생거래도 신용위험을 이전하는 거래의 한 유형인데, 신용파생거래를 활용해서 유동화시키는 합성유동화거래에 어떠한 법적 쟁점이 있나요?

이미현 : 말씀하신 것처럼 합성유동화라는 것은 신용파생상품의 일종입니다. 신용파생상품은 신용도가 민감한 기초자산으로부터 신용위험을 분리하여 거래 당사자 간에 이전하는 금융계약입니다. 준거자산의 이전 없이 신용위험만 분리해서 거래가 이루어지므로 준거자산을 보유한 기관 입장에서는 여전히 고객과의 관계를 유지하면서도 낮

은 거래비용으로 신용위험을 투자자에게 전가하는 효과가 있습니다. 가장 기본적 방법은 스왑계약(swap contract)에 의해 신용디폴트스왑을 하거나 총수익스왑(total return swap)을 하는 것입니다. 이 경우에는 단순히 스왑계약을 통해 위험을 이전하는 것이기 때문에 계약 당시 현금거래가 수반되지 않습니다. 나중에 결제만 하면 되므로 보장매도자의 신용이 매우 중요합니다. 스왑계약이 실제로 이행될 것인가의 문제이기 때문입니다. 그래서 계약방식에 의한 신용파생상품은 일반화되기는 힘든 것 같습니다. 그래서 나온 것이 신용연계채권, 즉 CLN입니다. CLN은 SPC와 신용파생계약을 체결한 후 SPC는 어음(note)을 발행해서 현금을 조달하고 조달된 현금으로 담보자산을 매입합니다. 이렇게 되면 형식적 보장매도자는 SPC이지만 보장매도로 인한 위험은 어음소지인(noteholder)에게 전가되니까 실질적 보장매도자는 어음소지인이 되는 셈입니다. 하지만 담보자산을 통해 스왑거래의 이행을 보장하니까 굳이 사실상 보장매도자인 어음소지인의 신용에 영향받지 않게 됩니다. 동일한 구조에서 단순한 어음 대신 사채가 발행되면 그게 소위 말하는 합성CDO입니다. 우리나라의 경우에는 합성CDO를 발행하려면 역시 사채발행한도 때문에 자산유동화법에 의하지 않고서는 어렵습니다. CLN은 물론 가능합니다. 합성CDO를 자산유동화법에 따라 발행한 사례로는, 2005. 5. 국내 최초로 에프엔파인유동화회사가 합성CDO구조를 이용하여 자산유동화증권을 발행한 적이 있습니다. 우리나라에서 발행된 에프엔파인유동화회사의 합성CDO는 전형적 합성CDO와는 좀 차이가 납니다. 외국회사에서 많이 판매하는 합성CDO의 경우에는 SPC가 직접 보장매입자와 신용디폴트계약을 체결하는 것이 일반적인데, 우리나라의 경우 유동화회사가 신용디폴트스왑을 체결하려다 보니 이것이 정말 유동화회사의 업무범위에 속하는 것이냐 논란이 있어서 자산보유자가 미리 신용디폴트스왑계약을 체결한 후 신용디폴트스왑계약 자체를 양도하는 방식을 취했습니다. 두 번째 차이점은 일반적인 CDO의 경우에는 SPC가 CDS를 체결하고 신용연계채권을 발행해서 조달된 자금으로 담보자산을 취득하는데, 이 역시 우리나라의 자산유동화법에 따르면 유동화자산은 자산보유자가 유동화회사에게 양도해 주어야 하므로 이 구조로 갈 수가 없습니다. 그래서 담보자산을 일단 자산보유자가 취득한 후 이를 유동화회사에게 넘겨주는 구조를 취했습니다. 이것이 우리의 자산유동화법에 따른 제약으로 인해 외국에서 행해지는 CDO와 좀 달라진 점입니다. 이러한 논의점 외에 합성CDO가 증권거래소에 상장될 수 있는가도 논란이 된 적이 있습니다. 유동화회사가 발행한 합성CDO가 공모로 발행되어 증권거래소에 상장되기 위해서는 파생결합증권으로 상장해야 할 것입니다. 과거에는 파생결합증권에 대한 상장규정이 미비하여 논란이 있었지만 이 문제는 더 이상 논란의 대상이 아닌 것 같습니다. 자본시장통합법 시행의 경우 정 교수님께서 말씀하셨던 것처럼 금융투자상품이 투자계약증권과 파생결합증권으로 나뉜다면, 이런 경우에 합성CDO는 어느 쪽으로 분류되는 것인지 궁금합니다.

정순섭 : 파생결합증권에 속할 것 같습니다.

황호석 : 변수가 운용이 아니라 외생적 요인이니 앞선 논의에 의하면 파생결합증권에 속하는 것 같습니다.

이미현 : 현재 자산유동화법상 제한의 타당성에 관하여 말씀드리겠습니다. 우선 현행법에 존재하는 유동화자산의 취득시점에 대한 제한이 정말 자산유동화에 꼭 필요한 개념인지 생각해 보았으면 좋겠습니다. 자산유동화라는 용어 자체가 "자산보유자가 가지고 있는 자산을 증권형태로 유동화한다"라는 개념으로 출발하다 보니 자산보유자로

부터 자산을 취득하는 것이 너무 당연한 것처럼 받아들여지고 있습니다. 하지만 발행된 증권을 기준으로 본다면, 즉 SPC가 보유하는 전 재산으로 담보된 ABS냐 하는 시각에서 본다면, 사실 유동화자산이 SPC의 기초자산으로 확보되고 이러한 기초자산이 발행된 유동화증권의 경제적 담보역할을 하는 구조가 확보되기만 하면 그것으로 충분하고, 그 자산이 누구로부터 왔는지 및 SPC가 어느 시점에 이를 취득하였는지는 그다지 중요한 이슈가 아닌 것 같습니다. 이렇게 생각하면 유동화증권발행 전에 유동화회사가 유동화자산을 취득하지 않더라도 투자자가 유동화자산 확보 전에 사채대금을 지급함으로써 증가되는 투자자의 위험을 완화할 수 있는 장치를 고안할 수 있다면 굳이 선취득을 고집할 필요는 없지 않은가 생각합니다. CDS를 직접 체결하는 문제에 대해 말씀드리겠습니다. 유동화회사가 체결할 수 있는 계약범위를 제한하는 이유는 결국 투자자보호를 위해 유동화회사는 도관으로만 기능하라는 취지입니다. 유동화회사는 유동화자산에 내포된 현금흐름을 그대로 투자자에게 전달해야 하는데, 유동화회사가 여러 가지 계약을 체결해서 다른 위험을 인수하면 이러한 취지에 방해가 되므로 계약체결의 범위를 법률로 제한하는 것이라고 생각합니다. 그렇다면 일단 유동화가 행해진 다음 체결하는 계약의 범위는 엄격하게 제한해야겠지만, 유동화증권발행 전 유동화회사가 유동화자산의 현금흐름에 영향을 미칠 만한 계약을 체결하고자 하는 경우 혹은 그러한 계약의 체결이 확정적으로 예정되어 있는 경우에는 그러한 계약내용을 유동화계획에 반영하여 사전에 투자자들에게 충분히 공시하면, 투자자들은 처음부터 그러한 계약이 유동화자산에 미치는 영향을 알 수 있으므로 이를 감수하는 투자자만 투자결정을 하게 될 것입니다. 즉 사전에 충분히 공시된다면, 유동화증권 인수시 존재하는 유동화자산에 내포된 현금흐름을 그대로 투자자에게 이전시키는 도관으로서의 유동화회사의 기능을 저해하는 것은 아니라고 생각합니다. 유동화자산의 개념을 자산보유자가 유동화회사에 양도하는 자산으로 정의할 것인가, 아니면 투자자가 유동화증권 취득시 그러한 유동화증권의 경제적 담보를 구성하는 기초자산으로 인식한 자산을 유동화자산으로 정의할 것인가의 문제에 불과하다고 생각합니다. 만일 후자로 정의한다면 유동화회사가 유동화증권발행 전 CDS를 체결하는 것을 금지할 필요는 없다고 생각합니다. 다만 이러한 계약은 유동화 관련 계약과 유동화계획에도 상세하게 반영되어 투자자에게 충분히 공시되어야 한다고 생각합니다.

사회자 : 그동안 합성유동화거래가 실제로 몇 번 이루어졌습니까?

황호석 : 등록유동화로서는 한 건 있었습니다.

김용호 : 비등록유동화로서 합성ABCP는 여러 건 있습니다.

사회자 : 2005년에는 금융감독원이 합성ABS거래를 허용하고, 그 이후에는 허용하지 않는 것으로 입장을 바꾼 이유가 무엇입니까?

황호석 : 처음 등록유동화로서 합성ABS를 발행하는 건을 제가 담당하였습니다. 업무를 담당할 당시에는 재정경제부에서 증권회사 장외파생업무를 계속 지원하는 상황에 있었습니다. 특히 신용파생결합증권(CLN)이 시장에 나올 수 있도록 그 발행을 지원하는 분위기였습니다. 그런데 당시 기업은행에서 내키지 않은 신용공여를 한 것이 있어서 그로 인한 신용위험을 이전하고 싶어 했습니다. 이와 같은 시장의 발행수요와 정책당국의 우호적 분위기가 잘 맞아서 금융감독원과 협의를 거쳐 자산유동화법의 틀에 가장 맞게끔 구조화해서 나온 것입니다. 처음 구조화할 때는 이 변호사님 말씀대로 자산유동화법 제22조 "유동화전문회사는 유동화계획 수행에 필요한 계약을 체결할 수 있

다" 라는 것에 입각하여 유동화전문회사가 직접 신용파생계약을 하는 것으로 시작했습니다. 합성ABS를 투자자 입장에서 보면, 즉 funded구조를 염두에 두면 기초자산으로 신용파생계약의 담보가 되는 담보자산(collateral)이 있고, 거기에서 발생하는 수익률(yield)에 CDS프리미엄이 좀 가미되어 통상의 CBO보다 좋은 수익률이 적용되는 증권에 투자하는 유동화거래라고 볼 수 있는 것입니다. 그런 의미에서 본다면 CDS계약이 투자자 입장에서는 유동화계획의 수행에 필요한 계약이라는 접근방식을 취했습니다. 그런데 금융감독원에서는 유동화의 사전적 의미 내지 목적에 초점을 맞추어 자산보유자가 가지고 있던 자산을 양도하는 거래로 구성하라는 것이 첫 번째 요구사항이었습니다. 따라서 먼저 주간사가 유동화할 담보자산을 매입했고, 그 매입한 자산을 양도하는 방식을 취했습니다. 그 다음 CDS계약 자체를 SPC가 체결하는 것이 외국의 일반적인 예이기는 한데 금융감독원에서 계약양도를 하는 방식을 선호한 이유는, 금융감독원에서 판단하기에 SPC는 본격적인 협상의 주체가 될 수 없으므로, CDS계약조건의 타당성에 대해 가교(bridge)로 낀 자산보유자가 보장매수자와 협상을 하고 해당 CDS계약을 잠깐이라도 보유해서 평판리스크(reputation risk)도 짐으로써 투자자에게 제대로 된 계약을 넘기라는 취지로 CDS계약을 먼저 체결하고 계약양도로 넘기게 되었습니다. 이러한 구조가 불편한 측면이 있지만 일면 타당성이 있는 것 같습니다. 특히 합성ABS에서는 실질적 자산보유자가 자신의 자산에 대한 위험을 증권투자자, 즉 대중투자자에게 이전시켜 버리고 자신은 편안한 입장이 됩니다. 합성ABS 및 CDO에서 가장 문제가 될 수 있는 부분은 위험이전(risk transfer)하는 주체가 자산관리를 할 때의 모럴 헤저드입니다. 자신은 위험을 넘겨버리고 자산관리라든가 이런 부분이 소홀할 수도 있고, CDS계약 체결과정에서 pricing이라든가 일정 부분 위험을 인수하는 부분(first loss)은 얼마로 할 것인가 이런 부분을 정할 때 투자자들이 협상의 상대방으로 참여할 수 없다는 것이 문제될 수 있는데, 그런 부분에서 우리는 유동화 틀 내에서 타협이 된 측면이 있습니다. 저는 괜찮은 구조라고 생각하고 향후에 계속 있을 것이라고 예상했습니다. 이후 금융감독원 자산유동화팀이 바뀌면서 담당자가 달리 보기 시작했습니다. 이 거래는 유동화 목적이 아니라고 판단을 하기 시작했습니다. 이는 자산매각을 통한 자금조달기능이 없고 위험이전에 초점을 맞춘 거래이기 때문에 허용할 수 없다는 것입니다.

사회자 : CDS계약의 당사자는 누구였나요?

황호석 : 위험이전의 주체를 실질적 자산보유자라고 본다면, 에프앤파인 유동화거래에서는 기업은행이 있었습니다. 중간에 자산보유자로 되는 가교 금유익관으로 증권회사인 삼성증권가 먼저 담보자산을 자기자금으로 매입을 하고, 담보자산을 지급재원으로 하는 CDS를 기업은행과 삼성증권이 계약체결을 하고, 기업은행이 protection buyer가 되고, 삼성증권이 seller가 된 이후 삼성증권의 지위가 자산유동화로 넘어가면 담보자산을 양도하는 구조가 되니까 자산유동화법상 자산보유자는 삼성증권이 되는 것입니다.

황호석 : 삼성증권이 평판위험도 있고 여신심사기능도 있으니까 한번 걸러 달라는 것이었습니다. 사실 SPC가 직접 체결하게 되면, 거래를 일단 성사시켜야 하는 arranger 입장에서 상대방인 보장매수인과 협상을 하게 되고 structuring을 하게 되기 때문입니다.

사회자 : 전형적인 이해상충의 문제가 있는 것 같습니다. originator는 자산을 SPC에게 양도하고 나면 거래가 끝나는 것이니까 CDS계약을 어떻게 협상하든 아무런 상관이 없습니다. originator는 CDS계약을

적극적으로 협상할 아무런 모티브가 없습니다. 그런데 삼성증권이 arranger로서 투자자보호를 위한 의무를 이행하여야 하는 것 아닙니까? arranger로서의 지위와 originator로서의 지위 간 이해상충 문제가 있지 않을까요?

이미현 : 저도 그렇게 생각합니다. 자산보유자와 투자자는 사실 대립적 관계에 있습니다. 그렇기 때문에 자산보유자가 항상 투자자의 이익을 보호하는 방향으로 행동하리라고는 기대하기 어렵습니다. 여기서 protection seller는 실제로는 투자자이므로 자산보유자에게 protection seller의 자격에서 협상하라고 하면, 투자자에게 물건을 팔고자 하는 사람에게 물건을 살 사람을 위해 협상을 하라는 셈이 됩니다.

황호석 : 투자자에게 잘 팔기 위해서는 가능하면 투자자에게 유리한 조건으로 하라, 그런 의미였습니다. 실제로 실무를 해보니까 증권사 법무팀에서도 계약서를 꼼꼼히 검토한 것은 사실이고, 단지 arranger 역할만이었을 때보다는 직접 계약당사자로서 위험을 더 체크했다는 느낌이었습니다. 그런 면에서 순기능 및 장점은 있는 것 같습니다.

사회자 : 그 상품은 실제로 어떻게 판매되었습니까?

황호석 : 저축은행 등으로 많이 판매된 것 같습니다. 만기가 얼마 전에 도래했는데, 발행 당시의 신용평가사의 예측과 거의 비슷하게 나왔습니다. 일부 손실이 있었지만 이는 환차손 때문에 생긴 손실로 볼 여지가 있었습니다. 우리 신용평가사가 그렇게 예측을 잘할 줄 몰랐습니다. 판매를 할 때 삼성증권 측에서 이는 국내 최초로 시도되는 것이고, 이 증권에 대해서 일반 사채로는 설명이 안 되므로 위험 고지를 충분히 했던 것으로 알고 있으며, 그 결과 무리 없이 종결된 것 같습니다.

정순섭 : 벤처기업들이 발행한 primary CBO에 대한 은행의 시급보

증이 기초자산이었던 상품이었지요.

황호석 : 전형적 의미의 합성CDO라고 보기는 어려운 점이 있습니다. 현존하는 자산이 아닌 것을 장래 자산화될 경우를 전제로 해서 만들어 바로 이해되기 어려운 점은 있었습니다.

정순섭 : 말씀하신 부분과 관련해서 2005년 특집으로 좌담회를 했고, 그때는 거래 직후였기 때문에 거래를 담당하셨던 변호사님이 참석하셨는데 이번 좌담회를 통해 더 구체적인 내용을 알게 되었습니다.

황호석 : 저희가 그 업무를 통해 얻은 성과는 앞서 말씀드린 바와 같이 모럴 헤저드에 대한 대처가 필요하다는 점을 알게 된 것입니다. 자산에 수반되는 위험을 넘긴 이후 자산을 관리하는 부분이 소홀해지는 부분이 있는 것 같습니다. 사실 CDS계약의 기초자산에 관한 채권회수 노력을 좀 등한시한 것 아닌가 하는 비판이 있었습니다.

정순섭 : 이번 서브프라임사건에서 이야기하는 모럴 헤저드와 유사하군요.

이미현 : 투자자보호를 위해 모럴 헤저드 문제가 방지되어야 하는 점은 맞습니다. 그 역할을 누구에게 부여하여야 하는지가 문제인데, 제 생각으로는 그 역할을 자산보유자에게 부여하는 것은 적절하지 않은 것 같습니다. 그것은 신용평가사가 위험을 정확하게 인식하고 이를 평가에 반영함으로써 담당하여야 할 문제가 아닌가 생각됩니다. 공모발행되는 ABS증권에 대해서는 신용평가사가 등급을 매기며 투자자는 결국 이 등급을 보고 투자하는 것입니다. 투자자의 위험이라는 것은 증권을 구성하고 있는 각 위험요소 하나하나도 중요하지만 결국은 종합적인 결과가 무엇인가, 즉 그 결과 상환 가능성이 어느 정도 확보되는가 하는 문제가 궁극적으로 가장 중요한 것 같습니다. 신용평가사가 신용등급을 매길 때, CDS로 인한 위험은 ABS상환 가능

성에 결정적 영향을 미치는 요소이기 때문에 당연히 이러한 위험에 대한 분석이 있어야 하고 그 결과가 등급에 반영되어야 한다고 생각합니다. 이러한 위험이 구체적으로 평가되어 반영되었음에도 AAA가 나왔다면 투자자는 안심하고 투자해도 되는 것입니다. 만일 CDS의 조건이 너무 위험해서 ABS의 상환 가능성이 우려된다면 AAA가 나오면 안 되는 것 같습니다. 협상과정에서 평가의 전문가도 아닌 거래의 상대방에게 그런 역할을 부여한다는 것은 법적으로는 좀 이상한 것 같습니다.

황호석 : 그 당시 신용평가사와는 논의를 많이 했습니다. 그 당시 신용평가사에서 본 것이 first loss 부분을 얼마나 부담하는가였습니다. first loss 부분이 결국 모럴 헤저드를 방지하기 위해 들어가 있지 않습니까? 그런데 그 first loss 부분으로 정한 비율이 상당히 정확했습니다. 이 변호사님께서 말씀하신 것과 관련하여 말씀드리겠습니다. 합성 ABS 거래 중 결국 모니터링을 누가 할 것인가, 주체에 관해 이 변호사님은 신용평가사가 모니터링 기능을 하여야 한다고 생각하시는 것 같습니다. 그 부분이 사실 좀 문제가 되는 것 같습니다. 물론 구조설정단계에서 적절한가의 문제도 있습니다. 그렇지만 그 다음인 운용과정에서 자산관리의 모니터링을 누가 할 것인지가 합성ABS에서는 명확하지 않은 문제가 있는 것 같습니다.

사회자 : 서브프라임사태에서도 드러났듯이, 국내에서도 7~8년 전 국내 시중은행이 대출연체에 대한 보험을 들고 자동대출을 하는 상품을 만들어 대출한 후 연체가 발생해서 보험회사 사이에 분쟁이 발생한 적이 있습니다. 그 당시 논의 중 보험을 안 들었을 때 은행의 대출심사수준과 보험에 가입한 대출상품에 대한 심사가 같았는가의 문제가 있었습니다. 신용위험의 이전에서도 같은 문제가 생기는 것 같습

니다. 합성CDO는 법에서 말하는 '자산'유동화가 아니라 '위험'유동화라고 해야 하는 것이 아닌가 하는 생각이 듭니다.

김용호 : 자산유동화법 개정 논의에서도 합성ABS를 현행 자산유동화법의 틀 속에서 수용할 것인가, 아니면 위험의 유동화라는 새로운 개념을 도입할 것인가의 논의가 있었던 것 같습니다.

4. 자산유동화에 관한 법률상 각종 규제의 현황과 과제

(1) 유동화전문회사의 설립과 청산

사회자 : 현행 자산유동화에 관한 법률상의 각종 규제 중 유동화회사의 설립과 청산과 관련하여 어떠한 문제가 있나요?

황호석 : 외국에는 소외 'nominee service company' 특수목적법인(SPC)의 주주 내지 사원과 이사로 되는 경우가 많습니다. 우리는 유동화가 회계상 off balance로 처리되고, 세법이나 공정거래법상 특수관계인 관계에 없는 것을 전제로 하는 경우가 많은데, 이를 충족시킬 수 있는 출자사원이나 이사 등을 구하기가 어려워 유동화전문회사의 설립에 애로가 있습니다. 유동화회사를 설립할 때 로펌에 그 소속 직원을 출자사원이나 이사로 해줄 수 없는지 문의하는 경우도 많으며, 법무사들이 하는 경우도 있습니다. 유동화전문회사를 설립할 때 자산보유자 등으로부터 독립된 출자사원이나 이사가 제공될 수 있는 제도적 장치가 필요하다고 봅니다. 예를 들면 해외 자산유동화거래에 있어서 SPC가 많이 설립되는 케이맨군도(Cayman Islands)는 자선신탁(charitable trust)이 출자자가 되고 위 자선신탁의 수탁회사가 이사를 소개하여 SPC가 신속하게 설립될 수 있습니다. 우리나라는 그런 의미의 공익신

탁을 설정하기는 힘듭니다. 이미 종료된 유동화거래 중 자산보유자가 출자사원으로 참여하지 않은 건에서 현금흐름에 대한 예측이 빗나가 유동화전문회사에 상당한 배당가능이익이 생긴 경우 그 처리가 문제된 사례도 있습니다. 따라서 향후에 법적 분쟁이 있을 수 있으므로 유동화전문회사의 출자사원이나 이사로 자산보유자의 통제를 받지 않는 자가 원활하게 제공될 수 있는 제도적 장치를 검토할 필요가 있다고 봅니다.

사회자 : 법에서 이런 것을 둘 필요가 있을까요? 자연스럽게 생길 수 있지 않을까요?

이미현 : 수요가 상당히 많은 것은 사실입니다. 청산은 사실 법적으로 큰 이슈는 없습니다. 다만 유동화에 대해 이해도 전혀 없고 관심도 없는 사람을 이사 및 사원으로 해서 유동화회사를 설립하다 보니 실제로 청산할 때 애를 먹은 적이 있습니다. 제가 담당했던 사건 중 하나는 퇴직 임직원이 사원인 경우였는데, 도장 하나만 찍어 주면 되는데 그 퇴직 임원이 "내가 다 이해하기 전에는 도장을 찍을 수 없다"라고 주장해서 일일이 설명해 주고 납득시키느라 시간이 너무 많이 걸려 청산절차 때 애를 먹은 적이 있습니다. 이런 업무를 담당하는 전문회사가 있어서 설립과 청산절차가 좀 더 편해질 수 있었으면 좋겠습니다.

김용호 : 최근 외국의 모 업체에서 한국에서 그런 비즈니스를 하려고 한국의 유동화 관련법에 대하여 문의해 와서 조언을 한 적이 있습니다. 저는 유동화 vehicle을 반드시 회사법적 관점에서만 접근해야 하는지도 진지하게 생각을 해야 할 필요가 있다고 봅니다. 유동화회사에 사원을 둘 필요가 있는지, 이사를 반드시 둘 필요가 있는지, 즉 법률적 도구로서 기능할 수 있는 새로운 개념을 도입할 수는 없는지 좀 더 전향적으로 이를 접근할 수는 없겠는가 하는 생각이 듭니다.

(2) 유동화전문회사의 활동범위 —포괄유동화—

사회자 : 다음으로 포괄유동화에 대해서 알아보겠습니다.

김용호 : 포괄유동화는 우리 자산유동화법상의 '1SPC 1유동화의 원칙'으로부터 시작되었습니다. 설립자금을 마련하고 이사 · 사원을 확보하는 등 SPC설립에 따르는 여러 번거로움 때문에 하나의 SPC를 가지고 계속적으로 유동화거래에 활용할 수는 없겠는가 하는 논의가 제기되었던 것입니다. 다만, 신탁의 경우에는 법에 명시적으로 1SPC 1유동화의 원칙에서 신탁회사를 제외한다고 되어 있어 2003년 카드사사태 때 우리가 master trust를 시도했습니다. 신탁의 경우에는 1SPC 1유동화의 원칙이 적용되지 않기 때문에 신탁회사는 다수의 유동화를 수행할 수 있는 것입니다. 신탁의 경우 원래부터 법상 하나의 신탁회사가 여러 개의 신탁을 설정할 수 있게 되어 있고, 구분관리 등 여러 가지 통제 메커니즘이 있어서 별 문제는 아니지만, SPC의 경우에는 그와 같이 여러 개의 유동화거래를 수행할 때 거래 간 구분관리 등의 통제문제 때문에 자산유동화법을 입법할 당시 1SPC 1유동화의 원칙을 채택하게 된 것입니다.

그러나 1SPC 1유동화의 원칙도 절대불변의 원칙은 아니고, 구분관리 또는 통합관리의 메커니즘만 확보한다면 우리가 위 원칙을 고집할 필요는 없지 않은가 생각합니다. 그래서 개정법 논의에서도 적극적으로 시장의 요구를 수용해서 포괄유동화, 즉 하나의 SPC를 통해 여러 개의 유동화거래를 수행할 수 있도록 허용하자는 논의가 있는 것으로 알고 있습니다. 사실 엄격히 따지고 보면, 포괄유동화가 1SPC 1유동화 원칙의 예외라고 생각할 필요도 없지 않은가 생각합니다. 왜냐하면 하나의 유동화거래에서 그 유동화거래에 관여하는 모든 당사자가 여러 시리즈의 거래를 모두 용인하고 있기 때문에 하나의 SPC가 각 당사자가 전혀 서로 관여하지 않는 완전히 다른 별개의 유동화계획을 수행하는 것과는 차이가 있지 않은가 생각합니다. 후자 쪽까지 수용할 것인가는 깊이 논의해야 할 문제이겠지만, 하나의 유동화회사가 여러 시리즈의 유동화거래를 하는 것을 허용할 필요성에 관하여는 시장이나 감독당국이나 모두 공감대가 이루어져 그 같은 방향으로 자산유동화법의 개정이 추진되고 있는 것으로 알고 있습니다.

다만, 처음에는 이런 포괄유동화를 전혀 예정하지 않았는데, 사후에 그런 필요가 생겨 포괄유동화로 바꾸는 것까지 허용할 것인지에 관하여는 위에서 논의한 각 당사자가 전혀 서로 관여하지 않는 완전히 다른 별개의 유동화계획을 수행하는 것을 허용할 것인지의 문제와 마찬가지로 여러 관점에서 생각해야 할 문제가 있는 것 같습니다. 처음에 유동화거래를 할 때 단일거래유동화를 전제로 투자한 투자자 및 유동화회사에 대한 신용공여자 등 이해관계자의 입장에서는 새로운 유동화거래가 들어오면 자신들의 권리에 영향을 받을 수 있습니다. 그렇다면 기존 투자자 등 이해관계자의 동의를 받아야 하는가, 100% 동의를 받도록 할 것인가 아니면 다수의 동의를 받는 것으로 충분할 것인가 하는 문제가 있을 것으로 생각됩니다. 그렇다면 추후에 포괄유동화로 변경하는 것까지 허용하는 것은 심도 있는 검토가 필요할 것으로 생각됩니다. 현재로서는 최초의 유동화계획에서 포괄유동화의 대상이 되는 유동화자산의 종류, 추가 발행할 유동화증권의 종류 · 한도 등을 미리 정해 한도 내에서 추가로 유동화거래를 하는 것을 인정하는 방향으로 논의되고 있는 것 같습니다. CP conduit을 통한 유동화거래가 자산유동화법 바깥에서 이루어지고 있는 것이 현실이고, 그에 따라 여러 법적인 불확실성과 투자자보호 및 적절한 감독의 불충분 등 문제가 제기될 수 있는 측면이 있는데 포괄유동화가 인정되면 그러한 거래가 자산유동화법의 울타리 안으로 들어와서 문제가 상당 부분 해소될 수 있지 않을까 생각됩니다.

사회자 : 하나의 SPC가 여러 개의 유동화 혹은 여러 시리즈를 유동화하고자 하는 이유는 무엇인가요? 거래비용을 감소하기 위한 것인가요?

김용호 : 예, 시간과 비용을 절감하기 위한 것입니다.

사회자 : 거래비용의 절감이라는 요소도 있겠으나, 하나의 SPC가 여러 개의 유동화 내지 여러 시리즈의 유동화거래를 하는 경우, 투자자 사이의 이해관계 충돌의 문제가 있을 텐데 이 문제는 어떻게 보완이 되면 되겠습니까?

김용호 : 미국 같은 경우에는 conduit이 기초자산을 시리즈별로 분리하지 않고 master trust처럼 share하는 경우가 더 많다고 들었습니다. 우리가 비전형유동화회사로 쓰는 ABCP conduit의 경우에는 담보신탁구조를 이용하여 firewall을 쳐서 시리즈 간에 서로 간섭이 없게 하는 구조인데 기초자산을 share함으로써 포트폴리오효과를 투자자들이 누릴 수 있고 또 투자자들이 그러한 기초자산의 혼장(commingling)을 신뢰할 수 있다면 반드시 우리가 시리즈별로 투자자들을 구별하는 것에 집착할 필요는 없지 않을까 하는 생각이 듭니다.

황호석 : 말씀하신 것처럼 외국에서는 대부분 혼장하는 conduit거래를 하는데 우리나라에서는 담보신탁이라는 제도에 의해 시리즈별 자산을 분별관리(segregation)하게 됩니다. 우리가 거래를 하게 될 때 시장에서 그런 요구를 한 것은 결국 CP채무의 이행과 지급재원이 되는 자산의 관리에 관한 신뢰의 문제가 아니었나 생각을 합니다.

사회자 : 혼장을 한다는 것은 유동화자산이 계속 변해 갈 수 있다는 것을 전제로 할 수 있는 것이고, 자산의 추가 · 변동시 준수할 기준 등에 대한 계획이 있고, 그것이 최초 투자자의 입장에서도 예측 가능하고 평가가 가능해야 한다는 것인데, 우리 시장은 그런 예측 가능성의 면에서 충분히 성숙되었다고 볼 수 있을까요?

황호석 : 진정한 ABCP거래가 되기 위해서는 유동화자산을 추가하거나 제외시키는 일정한 기준을 설정하고 이를 유지하는 계획이 전제가 되어야 하지 않을까 생각합니다. 실무 사례로 예를 들면 외국의 모회사에서 한국 카드사 ABS를 많이 사갔습니다. 그런데 그 다음에 질의한 것이 등급을 받아서 매각하는 것이었습니다. 매각의 이유는 CP conduit 투자자들이 한국물에 대한 exposure가 크다는 비판이 있었던 것입니다. 즉 우리 집합투자기구의 투자비율을 제한하듯이 보유비중이 과도한 자산을 팔고 나가라 하는 것이었습니다. 예컨대 ABCP conduit을 그런 각도에서 포트폴리오로 구성하게 되면 박 교수님 말씀같이 집합투자기구와의 구분이 문제될 수 있는 것 같습니다. 지금 우리 자산유동화시장에서는 ABCP conduit을 필요로 하는 수요가 있고 자산유동화법 내로 들어와야 되고, 김 변호사님 말씀대로 이것이 하나의 유동화계획으로 보아서 가능한 것 아닌가 저는 그렇게 이해했습니다. 시리즈로 발행할 수 있는 하나의 유동화계획이지, 전혀 성격이 다른 자산을 가지고 하는 유동화계획은 아니라고 생각했습니다. 가령 카드채 위주의 conduit이 될 수 있는 것이지, 카드채에다 부동산PF를 섞는 것은 투자자에게 위험분석을 힘들게 하고 곤란한 것이지만, 비슷한 유형의 자산 풀을 늘리고 추가 발행하는 그런 의미의 CP conduit은 지금도 감독당국이 허용해 주면 가능한 것 아닌가 하는 생각입니다.

이미현 : 혼장의 경우, 적격자산만 추가될 수 있도록 확보될 수만 있다면 분리하는 경우보다는 투자자에게 더 이익일 수 있습니다. 추가되는 자산이 균질성이 있고 어느 정도 적격에 맞는 자산만 추가된다는 전제가 확보된다면 사실 혼장하여 기초자산의 풀이 그만큼 커지므로 투자자에게 오히려 유리합니다. 투자자의 권리를 기초자산의 수익의 몇 % 이렇게 구성하면, 기초자산 풀이 커지는 만큼 상대적인 지분비율은 내려가겠지만, 대신 풀이 커지는 만큼 위험도 감소되므로 사실 균질자산의 추가라는 전제조건만 제대로 충족된다면 분리하는 것보다 오히려 투자자에게 훨씬 더 좋은데, 문제는 김 변호사님 말씀처럼 요건에 맞는 자산들로만 계속 구성된다는 점에 대한 신뢰가 없기 때문에 아직 우리나라에서는 논란의 대상이 되고 있습니다. 그래서 감독당국도 회의적 반응을 보이고 시장도 그런 반응을 보이는 것 같습니다.

사회자 : 유동화회사가 그렇게 유동화자산의 추가, 변경 등의 활동을 한다면 공시의 면에서도 지금까지의 유동화계획과는 달리 새로운 각도에서 보아야 할 필요가 있는 것 같습니다. 집합투자기구의 공시와도 유사할 수도 있고, 공시+자산관리자+업무수탁자에 대한 감독도 집합투자자에 대한 감독에 준할 정도로 필요하리라는 논의도 있어야 할 것 같습니다.

정순섭 : 매우 제한적인 현재의 자산유동화구조를 가지고 논의를 한다면 좀 전에 제가 말씀드린 집합투자규제와의 관계설정 문제는 별로 문제가 안 되는 것입니다. 지금 말씀하시는 상당 부분이 완화되거나 허용된 이후 단계에서 양자를 비교해 보면 차이를 찾기가 매우 곤란하고, 규제상 보호의 필요성이라는 측면에서는 상당히 근접하는 측면이 있습니다. 지금 말씀하신 구조도 집합투자규제가 일반적 증권규

제와 차이가 나는 부분이라면 업자규제 및 운용규제를 받는다는 부분이 될 것이고, 펀드의 설정에 관한 규제가 있다는 세 가지 정도의 정의를 할 수 있을 것입니다. 이러한 세 가지 문제에 거의 집합투자에 준하는 규제를 설정할 필요가 있지 않을까 생각합니다.

(3) 유동화전문회사의 활동범위 —managed CDO의 허용 여부—

황호석 : 저희가 예전에 유동화자산의 교체 등으로 적극적으로 운용(actively manage)하는 CDO 내지 CBO구조를 들고 금융감독원과 협의한 적이 있었습니다. 그때도 안 된다는 답을 얻었고, managed CDO의 경우에는 유동화자산의 집합(pool)을 관리 · 운용하는 운용관리자(manager)가 자산관리자여서 자본시장통합법에서 자산유동화를 배제해 준 취지와는 맞지 않고, 따라서 집합투자기구로 포섭되어야 할 거래가 아닌가 생각됩니다.

정순섭 : 그 유형에서 운용관리자는 누가 들어갑니까?

황호석 : 운용사가 들어갑니다. 운용사와 증권사가 같이 제휴해서 만든 상품이었습니다. 적극적으로 운용해야 하니까 그 운용기능을 전부 운용사가 해야 하고 운용사가 자산유동화법상의 자산관리자로서의 기능을 하겠다는 구조였는데, 저희가 문제가 있다고 자문했습니다. 집합투자기구로 볼 가능성이 많고 규제나 기능 같은 부분이 유동화와는 성격이 다른 것 같았습니다. 특히 CBO의 경우 채권형 펀드와의 차이점이 별반 없다는 문제가 있습니다.

(4) 유동화 계획 및 변경

김용호 : 카드사 위기를 겪으면서 유동화계획의 변경 가능성 및 절차에 대한 논의가 제기되었습니다. 사모의 경우에는 변경절차가 간단하지만 공모의 경우에는 어떻게 할 것인가에 대한 논의가 있습니다. 포괄유동화에서 제가 말씀드린 바와 마찬가지로 유동화계획을 변경하는 문제에서 유동화증권의 투자자 · 신용공여자 등 여러 이해관계인의 의사를 무시하고 변경할 수는 없을 것인데, 이런 상황에서 100% 동의를 받으라고 할 것 같으면 사실 그냥 동의 받아서 변경하면 되니까 논의할 필요가 없는 것이고, 논의의 실익이 있다면 100%가 아닌 일부 다수의 동의로써 변경할 수 있어야만 의미가 있게 됩니다. 이러한 경우에 반대하는 이해관계자의 권리보호를 어떻게 할 것인가의 문제가 있습니다. 가령 조기변제청구권이나 유동화증권 매수청구권 등의 권리를 줄 것인가 하는 논의가 전제되어야지 가능한 문제가 아닌가 생각됩니다.

사회자 : 사채권자집회에 관한 조항의 적용은 어떻게 되는 것입니까?

김용호 : 유동화증권이 사채이면 사채권자 집회에 관한 규정은 일단 적용될 것으로 생각됩니다.

황호석 : 결의사항 여부가 명확하지 않은 것 같습니다.

이미현 : 사채권자집회를 열기 위해서는 법원의 허가를 받아야 하는 등 절차가 너무 복잡합니다.

김용호 : 또한 유동화거래의 경우에는 이해관계자로서 단지 사채권자만 있는 것이 아니고, 그 외에 신용공여자 등 다른 이해관계자들이 있기 때문에 그들의 이해관계도 고려되어야 하지 않을까 싶습니다.

황호석 : 자본시장통합법이나 간접투자자산운용업법처럼 수익자총회같이 좀 쉽게 유동화계획을 변경할 수 있게 해줄 것이냐 말 것이냐는 정책적 판단 부분인데, 유동화는 적극적으로 운용하는 주체가 없기 때문에 쉽게 마음대로 바꿀 수 있게 하는 것이 타당한지는 잘 모르겠습니다. 의문이 좀 있습니다.

사회자 : 유동화에 대하여는 유가증권신고서와 유동화계획의 두 가지 공시가 이루어지고 있는데 중복되는 부분이 있습니다. 자본시장통합법 차원에서는 정비가 되었습니까?

정순섭 : 설정단계와 판매단계에서의 규제를 나누어야 할 것 같습니다. 유동화증권의 설정단계의 규제는 법 자체로 배제되어 있습니다. 유가증권신고서의 제출의무는 면제되지 않습니다. 이는 현행법에서도 마찬가지입니다. 이와 유사한 구조를 집합투자증권에서 볼 수 있습니다. 설정단계에서는 펀드등록, 증권의 발행단계에서는 증권신고를, 그리고 증권의 판매단계에서는 투자설명을 하게 되어 있습니다. 현행법에서는 펀드등록만 하고 뒤의 것은 면제시켜 놓았습니다. 자본시장통합법에서는 면제하지 않는 것으로 해두었기 때문에 등록과 신고와의 절차가 사실상 똑같은데 이중적인 것은 아니냐 하는 논의가 있어서 서류는 하나로 하는 것으로, 즉 절차는 단일화하는 것으로 정리되어 있습니다. 양식을 같게 한 것입니다. 다만, 목적은 다르기 때문에 두 번 제출하도록 한 것입니다. 그런데 이 경우에도 유동화계획을 펀드등록과 유사한 취지의 제도로 볼 수 있다면 비슷한 논의가 필요할 텐데 그 전제는 자본시장통합법의 규제대상으로 들어와야 한다는 것입니다. 그렇다면 아까 말씀드린 것 같은 업자규제부터 각종 규제가 문제가 될 수 있는 것 같습니다. 그래서 현 단계에서의 자산유동화의 허용 정도를 가지고 과연 그것을 업규제의 대상으로 할 정도인지

는 생각할 필요가 좀 있는 것 같습니다.

사회자 : 이 부분은 유동화시장의 발전 등과 관련하여 추가로 검토되어야 할 숙제로 남기겠습니다.

5. 자산유동화에 관한 법률상 투자자보호를 위한 장치의 현황과 과제

(1) (자산관리) 유동화자산의 구분관리, 고유재산과의 혼장

사회자 : 대부분 규제완화 내지는 자산유동화를 하고자 하는 업계의 시각에서 자산유동화의 활성화 등의 논의를 많이 하게 되는데 과연 투자자보호 차원에서는 법적으로 충분한 장치를 가지고 있는지 짚어 볼 필요가 있습니다. 유동화자산의 구분관리, 고유재산과의 혼장(commingling) 문제가 가장 우려되는 부분인 것 같은데, 법과 실무가 어떻게 되어 있습니까?

김용호 : 구분관리와 관련하여 입법 당시에 유동화자산으로부터 추심(collection) 즉시 바로 자산관리자로부터 구분하는 것은 실무적으로 어렵다는 측면에서 국회에서의 논의과정에서 업계로부터 며칠간의 유예를 달라는 요청이 있었습니다. 그런데 국회에서 그것은 절대 허용될 수 없다고 보고, 법에서 구체적 기준을 명시하고 있지는 않지만 추상적으로 구분관리할 것을 규정하였습니다. 한편 신탁법 제30조 단서에서는 신탁재산이 금전인 경우에는 고유재산 또는 다른 타 신탁재산에 속하는 금전과 각각 별도로 계산만 명확히 하면 된다고 하고 있지만, 자산유동화법에서는 이것도 명시적으로 배제하여 신탁회사가 유동화자산을 관리 · 운용함에 있어서는 신탁법 제30조 단서의 규정

에도 불구하고 신탁재산이 금전인 경우에도 고유재산 또는 다른 신탁재산에 속하는 금전과 구별하여 관리하여야 된다고 명시했습니다. 그것은 엄격하게 따지면 추심하는 순간부터 분리하라는 이야기가 되는데, 실무적으로는 한동안 현실적으로 분리하는 것이 가능하지 않다고 해서 2~3일간의 혼장은 실무적으로 허용해 왔습니다. 그런데 언제부터인지 정확한 기억은 없습니다만, card receivable의 경우에는 금융결제원 또는 자동이체를 통하여 처음부터 추심 자체를 SPV로 바로 하도록 하고 있습니다. 감독기관에서 지속적으로 이를 독려함으로써 조금씩 개선되어 왔습니다. 장래채권인 card receivable 유동화의 경우에는 그와 같이 실질적으로 SPV가 직접 추심하는 것과 같은데, 그 외 유동화의 경우에는 아직도 자산관리자가 그것을 추심하여 SPV로 송금하는 구조를 취하고 있으나 최근에 조금 더 개선되었습니다. 종래에는 자산관리자가 직접 추심을 해서 다음 날 SPV계정으로 송금했습니다. 그런데 최근에는 금융감독원의 요구에 따라 당일 추심금을 자산관리자 내부에 개설된 SPV명의의 계좌로 일단 입금하고, 그 다음 날 다른 은행에 개설된 SPV명의의 계좌에 입금하는 방식으로 처리하고 있습니다. 그런데 종전의 실무와 새롭게 바뀐 실무 사이에 법률적 측면에서 과연 차이가 있느냐 하는 점에는 의문이 있습니다. 왜냐하면 자산관리자 자신의 내부에 SPV명의의 계정을 설치해 보아야 자산관리자 내부에서는 금전이 혼장되어 버리기 때문에 자산관리자가 은행이면 SPV는 그 은행에 대한 일반채권자에 불과하게 됩니다.

이미현 : 그런데 자산관리자가 은행이 아닌 경우에는 현금이라도 이론상은 구분관리가 가능하지 않습니까? 은행에 구분관리를 위한 예금계좌를 별도로 설정하면 문제는 처음부터 그쪽으로 바로 입금시키도록 하는 것이 어려워 사실상 구분관리가 안 되고 있다는 점이지요.

자산관리자가 은행인 경우에는 예금채무 반환의무자가 곧 자산관리자이다 보니 또 다른 문제가 생기는 것이고요.

황호석 : 그 은행이 지급정지되면 똑같은 상황이라고 할 수 있습니다.

김용호 : 그렇죠. 그 은행이 모든 채권자들에 대하여 부담하는 전체 채무에 비해 가지고 있는 돈이 모자란다면 SPV에게 우선권을 주어야 하는가 하는 문제가 생기는 것이죠.

이미현 : 유동화법상 자산관리자가 구분관리를 한 경우에는 자산관리자의 고유재산과 분리되도록 규정한 것은 적어도 자산관리자 고유재산인지 SPV를 위하여 보관하고 있는 재산인지를 물리적으로 구분할 수 있음을 전제로 하는 것이라고 생각합니다. 은행이 자기 은행 내에 별도 계좌를 개설해 보아야 어차피 은행이 가지고 있는 돈으로 줄 수밖에 없으니까 구분이 안 되지 않습니까?

김용호 : 자산관리자가 유동화자산으로부터의 회수금을 물리적으로 구분관리하지 않고 단지 SPV명의의 계좌를 개설하여 계산만 하는 경우를 가지고 구분관리를 한 것으로 할 수 있는지가 문제인 것이겠지요.

이미현 : 자산관리자가 은행이 아닌 경우에도 실제로는 완벽한 구분관리를 하기는 어렵습니다. 실제로 card receivable과 달리 일반 매출채권 같은 경우는 유동화 이전부터 사용하던 기존의 추심계좌가 있습니다. 매출채권의 채무자가 다수인 경우에는 자산유동화법 특칙에 따라 금융위원회에 양도등록만 하고 채무자에게 양도통지를 하지 않고 진행하는 경우가 대부분입니다. 그런 경우 매출채권의 상대방은 자신이 알고 있던 기존 추심계좌로 보내게 되며, 그 계좌 외 다른 계좌로 송금하라고 요청하는 것은 채무자에게 일일이 양도통지를 하는 것과

다를 바 없어 현실적으로 대단히 어렵습니다. 구분관리가 되기 위해서는 자산관리자의 다른 현금도 함께 입금이 되는 계좌가 아니라 SPC를 위해 자산관리자로서 추심한 돈만 입금이 되는 별도 예금계좌를 설정해서 그곳에만 입금하도록 하여야 하고, 그렇게 하여야 자산관리자의 고유재산과는 구분관리가 되었기 때문에 그 계좌에 대해서는 파산재단을 구성하지 않고 자산유동화법상 특칙의 혜택을 받는데, 현실적으로 SPC만을 위한 계좌로 바로 입금하라고 하기가 어렵습니다. 그래서 김 변호사님께서 말씀하신 것처럼 일단 기존의 계좌로 받아서 넘겨야 하는데 어차피 기존의 계좌로 받아서 넘기는 것이라면 특별히 자기명의의 별도 계좌를 거쳐 보내는 것보다는 SPC의 계좌로 바로 보내는 것이 낫다고 생각합니다. 지금 금융감독원 방식은 위험을 줄여 준다는 측면에서는 별로 의미가 없는 것 같습니다. 현실적으로 구분관리가 되지 않은 기존의 추심계좌로 일단 추심이 된 다음에는 그것을 이체시키는 것이 가능한 가장 이른 시점에 바로 SPC계좌로 옮기면 되지 굳이 자기명의의 계좌를 한 번 더 거쳐 갈 필요는 없는 것 같습니다.

김용호 : 물론 그렇게 하면 가장 바람직한 것이기는 한데, 실무적 · 현실적으로 부담스러우니까 그렇게 하고 있습니다.

황호석 : 데이터 처리하는 데 시간도 걸립니다. MBS에서도 은행들 계좌에서 SPC계좌로 넣으라고 해서 그렇게 하고 있거든요

이미현 : card receivable은 바로 추심하는 것이 가능한 이유는 일반 매출채권 등과 달리 카드대금은 채무자가 가지고 있는 계좌에서 자동이체되기 때문입니다. 자신들이 자동이체 받는 계좌만 SPC계좌로 만들어 버리면 채무자에게 통보 없이 직접 SPC계좌로 이체를 할 수 있습니다. card receivable처럼 독특한 추심구조의 경우에는 SPC명의로

직접 추심하게 할 수 있는데 그렇지 않은 유동화의 경우에는 사실 어렵습니다.

황호석 : 최근에는 더 발달이 된 부분으로 가상계좌를 이용하는 경우가 있습니다. 대부업체 같은 경우에 채무자에게 가상계좌를 부여해 줍니다. 채무자에게는 자신의 고유계좌가 있고, 가상계좌의 뒤에는 은행에 개설된 대부업체 명의의 계좌가 있습니다. 그런데 우리는 이 대부업체 명의의 계좌를 SPC명의의 계좌로 바꾸어 버리니까 채무자들 입장에서는 똑같고, 실제 은행계좌에 입금된 돈은 자산보유자 계좌에 안 들어가고 유동화회사 명의로 들어가게 할 수 있습니다.

이미현 : 처음부터 가상계좌를 사용한 경우에는 그렇겠습니다만 매출채권 같은 경우에는 추심을 위해 가상계좌를 부여하는 경우가 드물지요. 그러다 보니 유동화거래 전부터 자산보유자의 통상계정에 그냥 넣어 왔고 그것을 쉽게 바꿀 수가 없어 문제인 것입니다.

황호석 : 금전을 구분관리한다고 하면 금전을 어떻게 해야 구분관리가 되는지 이 부분에 대해서는 견해대립이 있는 것 같습니다.

김용호 : 감독규정에도 보면 금전의 구분관리라 함은 별도의 계정을 설치하여 관리하는 것을 말한다고 하고 있는데, 별도의 계정이라는 것이 자산관리자 내부에 별도로 설치하는 것을 말하는 것인지, 다른 은행에 별도로 설치한 계정을 말하는 것인지가 분명치 않습니다.

황호석 : 실무해석은 다른 은행계정이라고 보고 있습니다.

김용호 : 그렇게 해야만 법의 취지를 살리는 것이라고 할 수 있죠.

정순섭 : 신탁을 이용하는 경우는 어떻습니까?

황호석 : 은행의 신탁계정은 따로 있습니다. 은행은 고유재산을 관리하는 계정 외 신탁재산을 관리하는 계정이 따로 있어서 구분이 확실합니다.

정순섭 : 신탁계정 간에는 구분하고 있습니까?

황호석 : 신탁계정 간에는 구분하고 있지 않은 것 같습니다. 최근에는 고유계정에 신탁회사가 특정 신탁을 위한 신탁회사 자기명의의 계좌를 열기도 합니다. 일반적인 신탁은 신탁계정에서 한 계정이라고 합니다. 그런데 유동화할 때는 은행 고유계정 예금계좌에 신탁부서 명의로 계좌를 열어 구분관리하는 식으로 하고 있습니다.

김용호 : 그 경우에 신탁법리상 구분관리한 것으로 인정할 수 있는가 하는 부분은 의문입니다.

황호석 : 전통적인 대륙법계에서는 금전은 취득하면 그 가치만 취득한 것이고 그것은 본질적으로 구분거래될 수 없는 것이지 않습니까?

이미현 : 그러니까 자산유동화법에서 특칙을 둔 것 아닐까요? 실제로는 별로 도움이 안 되고 있기는 합니다만.

사회자 : 자산유동화법 제12조 제1항에서 유동화자산은 자산관리자의 파산재산을 구성하지 아니한다, 이렇게 되어 있고 괄호 속에 금전 등의 재산권을 포함한다고 되어 있는데 이것이 과연 어떻게 작동되고 있는지 의문이 들 수 있습니다. 가령 창고 속에 현금을 넣어 놓되 A창고에 있는 현금으로 유동화자산인 현금은 B창고에 있는 현금은 고유재산으로 구분할 수 있을 텐데, 그게 아니고 금전채권형태로 바뀌었을 때 이 조항이 어떻게 작동이 될 것인지 상당히 의문이 있는 것 같습니다.

정순섭 : 실제로 아까 말씀하신 부분에 은행계정 · 신탁계정의 금고를 따로 두면 몰라도 금고를 하나로 썼을 때, 가령 계정상으로는 신탁에 50원, 은행계정에 50원이 있는 것으로 되어 있는데 파산하고 나서 금고를 열어 보니 60원밖에 없는데 그러면 그것이 어느 쪽으로 가는

냐에 대해 학설대립이 있는 상황이지 않습니까?

황호석 : 저희 실무 예는 보수적으로 접근해서 그것은 구분관리 되어 있지 않습니다. 돈은 포함한다고 되어 있는데 이는 기본적 법리에 반하는 것 같아요. 돈은 들어가 버리면 가치만 남는 것이고요.

김용호 : 미국의 경우 UCC(Uniform Commercial Code)상으로는 사실 현금이라고 하더라도 추적할 수 있는 것으로 보고 있는데 금전이 혼장되어 부족액이 발생하는 경우 추적하는 방법에 대해 여러 학설이 제시되고 있죠. 그런데 그런 개념을 우리 자산유동화법에서 도입한 것으로 볼 것인지는 의문입니다.

황호석 : 그건 아직까지 아닌 것 같습니다.

6. 금융감독규제의 변화와 자산유동화

(1) Basel II 시행이 자산유동화에 미칠 영향

사회자 : Basel II(신바젤협약) 시행이 자산유동화에 미칠 영향에 대해서 한 번 알아보도록 하겠습니다.

이미현 : 2008년부터 Basel II가 본격적으로 적용되면 유동화시장에 적잖은 영향을 끼칠 것 같습니다. 기존 Basel I에서는 은행의 소요 자기자본산출시 은행의 차주에 대한 신용위험을 신용등급에 따라 차등해서 적용하지 않았습니다. 규제자본차익거래에 대한 규제가 엄격하지 않았기 때문에 은행이 특정 자산을 유동화회사에 매각해서 부외처리로 인정받고 동시에 유동화회사에 부외 exposure를 제공하는 유동화거래에 참여함으로써 부외처리 이전에 비해 위험가중치를 낮게 적용받아 규제자본산정에 차익거래를 누릴 수 있게 되었습니다. Basel II

하에서는 은행의 실질적 신용위험을 반영하도록 요구하고 있어 규제자본차익거래가 쉽지 않습니다. 특히 자산유동화와 같은 새로운 금융기법 사용시에는 발생하는 위험을 인식하도록 요구하고, 은행이 자기자본규제 경감효과를 누리기 위한 위험인식 제외요건을 엄격하게 제시하고 있기 때문에 이전에 자유롭게 누리던 규제자본 경감효과가 요건에 부합되는 특정거래로만 국한되므로 규제자본차익거래가 차단되는 효과가 있습니다. 이러한 Basel II 내용은 은행에 적용되는 협약일 뿐 일반 자산유동화 참여자에게 적용되는 것이 아니라서 자산유동화 참여자들에게 직접적 영향은 없습니다만, 실제 우리나라 ABS현황을 보면 2000년 이후 ABS발행의 80% 이상은 금융기관이 보유하는 유동화자산을 기초로 행해진 것이고, 나아가 은행은 자산보유자로서뿐만 아니라 유동화증권의 투자 · 유동성공여 · 신용공여 등 여러 활동을 통하여 자산유동화의 중요한 당사자로 활동하고 있기 때문에, 실제로 Basel II가 은행의 이런 영업행위에 영향을 미치게 되면 그런 범위 내에서는 자산유동화시장에 간접적으로 영향을 미칠 것입니다. 은행에 미칠 영향에 대해 일부 연구소에서 발표한 연구결과에 따르면, Basel II 하에서는 신용등급이 낮은 유가증권에 투자하면 위험가중자산규모가 증가하나, 반대로 신용등급이 높은 유가증권에 투자하면 오히려 위험가중자산규모가 감소합니다. 그렇게 되면 BBB 이상의 유동화증권에 대한 은행의 투자수요는 증가하고, 투기등급의 유동화증권에 대한 투자는 감소할 것으로 보입니다. 그런데 현재 이런 것을 요구하지 않는 Basel I 하에서도 은행들은 후순위채 등 투기등급의 유동화증권에는 거의 투자를 안 하고 있었는데, 이제 앞으로는 이런 불이익까지 받게 되니까 Basel II 하에서 이런 경향은 더 심해질 것 같습니다. 결국 Basel II은 후순위채발행에 영향을 많이 미칠 것 같습니다. 다만 은행이 인수하는 후순위채는 두 종류가 있는데, 다른 자산보유자가 추진한 유동화거래에서 제3자로서 투자하는 경우가 있고, 자기가 자산보유자로서 유동화를 하면서 자기가 후순위유동화증권을 보유하는 경우가 있습니다. 후자의 경우에도 Basel II하에서는 위험가중자산이 크게 증가하기는 합니다만, 실제로는 별로 영향을 안 미칠 것으로 보입니다. 왜냐하면 실제로 자산보유자로서 은행이 후순위자산유동화증권을 보유하는 경우에는 2003. 9.부터 이미 Basel II 수준의 강화된 규제를 실행해왔기 때문입니다. 결국 2003. 9. 이전에 취득한 후순위자산유동화증권 정도가 문제될 수 있는데, 이는 이미 상당 부분이 상환되었기 때문에 그 잔액은 대단히 미미해서 Basel II가 시행되더라도 적어도 은행이 자산보유자로서 후순위채권을 인수하는 부분은 물량에 있어서 별 차이가 없을 것 같습니다. 하지만 투자자로서 후순위채권을 인수하는 부분은 분명히 영향을 받을 것입니다. 예상되는 또 다른 영향은 신용공여 부분입니다. 기존 Basel I에서는 신용공여에 대해 신용공여의 내용에 관계없이 약정만기의 장단에 따라 신용환산율을 일률적으로 정하고 있었으나, Basel II에서는 유동화거래에서 제공한 신용공여에 따른 위험에 상응하는 소정의 자기자본을 보유할 것을 요구합니다. 그 결과 AA- 이상의 유동화증권 관련 신용공여에 대해 은행이 부담하여야 하는 위험가중자산은 Basel II 적용시 오히려 감소하나 낮은 등급의 유동화증권 관련 신용공여에 대한 소요자기자본은 크게 증가합니다. 현재 은행이 제공하는 신용공여는 두 가지가 있습니다. 하나는 일시적 자금부족을 해결하기 위한 신용공여로 통상 유동성공여라고 불리는 경우이고, 다른 하나는 신용공여라고 불리는 장기대출인데, 다행히 유동성공여 부분에는 그 영향이 미미할 것으로 예상되나 신용공여의 경우는 그렇지 않을 것 같습니다. 은행 입장에서는 양질의 유동화에 대한 신용공여는 계속하겠지만, 그렇지 않은 유동화, 특히 BB- 이하의 신용등급의 경우에는 거의 기피하게 될 것입니다. 따라서 앞으로는 신용공여를 통해 유동화자산의 신용등급을 끌어올려 유동화하는 것은 어려울 것으로 예상됩니다. 자산유동화를 통해 자금을 조달하는 기업의 상당 부분이 신용도가 낮아서 회사채시장이나 은행대출을 통해 자금을 조달하기 어려운 상태에 있는 현실을 감안할 경우, 낮은 신용등급의 유동화에 대한 신용공여 위축으로 유동화시장마저 위축된다면 이들 기업에게는 매우 치명적 타격이 될 것으로 생각됩니다.

(2) 서브프라임위기 극복을 위한 규제강화가 자산유동화에 미칠 영향

정순섭 : 서브프라임위기에 관해서는 여러 논의가 이루어지고 있고 구체적인 대안과 대책이 확정적으로 발표된 것은 없습니다만, 그중에서 특히 자산유동화와 관련하여 가장 주목해야 할 부분은 증권화상품을 취급하는 은행에 신용위험이 완전히 전가되지 않는 측면이 존재하므로 일정한 자본유지의무를 부여할 필요가 있다는 것입니다. 제가 가지고 있는 자료에 의하면, 스페인의 경우에는 부외자산항목에 대해 8%의 자본금을 쌓도록 의무화를 시키고 있는 것으로 보입니다. EU에서도 동일한 논의를 하고 있고, 특히 런던시장의 시장참가자들은 상당한 반대를 하고 있는 것으로 보입니다. 이것이 궁극적으로 어떤 식으로 정리될지는 지켜보아야 되겠습니다만, 이것이 Basel II의 영향에 더하여 제약요인으로 작용하지 않을까 생각합니다.

(3) 부외거래를 위한 conduit 관련 회계기준 및 공시강화

사회자 : 서브프라임사태 때문에 나오는 문제 중 하나가 부외거래(off balance sheet)의 취급입니다. 과거의 형식적 기준에 따른 부외거래를 아무리 했어도 실제로 나중에 SPV가 원리 지급을 못하게 되면 나중에 평판위험 때문에라도 결국은 은행이 떠안을 수밖에 없는 현상들이 벌어지고 있습니다. 그렇다면 과연 부외거래라고 할 수 있는 것인가 하는 이야기가 나올 수 있습니다. 관련된 문제로 국제회계기준이 적용되었을 때 SPV취급에 어떠한 영향이 있는지요?

김용호 : 결론부터 먼저 말씀드리면 부외처리를 통한 재무구조 개선, 이것이 유동화거래의 중요한 목적 중 하나였는데 IASB(International Accounting Standards Board)가 제정한 IFRS(International Financial Reporting Standards)를 도입하게 되면 사실 그러한 목적을 달성하기가 매우 어려워질 것이고, 실제로 부외처리가 가능한 유동화거래가 업계에서는 거의 없어질 것이라고 전망하는 분들도 있는 것으로 보입니다. IFRS는 2005년부터 EU와 오스트레일리아가 전면 도입한 것을 비롯해서 OECD 가입국의 80%가 도입하였다고 하는데, 우리도 2007년에 발표된 로드맵에 따라 3년에 걸쳐 단계적으로 적용하도록 되어 있습니다.

그 내용을 보면 원칙적으로 IFRS는 상장기업에 한하여 의무적으로 적용됩니다. 다만, 비상장기업도 선택적으로 적용할 수 있지만 한번 적용하면 바꿀 수 없습니다. 2009년부터 금융기관을 제외한 상장법인은 원한다면 IFRS를 채택할 수 있고, 2011년부터는 모든 상장법인과 금융기관에 의무적으로 적용된다고 합니다. 그리고 금융기관의 경우에는 상장 · 비상장을 불문하고 모두 적용된다고 합니다. IFRS 및 자본시장통합법에 따르면 연결재무제표가 주 재무제표가 되는데, 2011년부터 원칙적으로 모든 상장회사에 적용됩니다. 다만, 최근 사업년도 말 자산이 2조 원 미만인 상장회사의 경우에는 기업의 선택에 따라 2012년까지 유예가 가능합니다. 비재무에 관한 사항도 연결기준으로 사업보고서와 분기 · 반기보고서에 공시하도록 되어 있습니다.

IFRS와 현행 한국 GAAP(Generally Accepted Accounting Principles)과의 주요 차이를 보면, 현행 GAAP에 따르면, 채권 등 금융자산의 양도 · 할인거래에 관하여는 채권 등의 양도 · 할인에 관한 회계처리기준(해석55-14, 1999. 6. 29)이 적용되는데, 이에 따를 때 금융자산에 관한 통제권을 상실한 경우에는 매각거래로 회계처리하고 그 외의 경우에는 금융자산을 담보로 한 차입거래로 회계처리하도록 되어 있습니다. 유동화거래를 할 때 담보책임을 부과하는 경우가 많습니다만, 그러한 담보책임은 양도판단에 영향을 미치지 않는다고 봅니다. 그리고 자산유동화법에 따른 자산유동화계획에 의하여 이루어지는 자산유동화는 일반적으로 매각거래에 해당하는 것으로 인식되고 있습니다. 그런데 IFRS에 따르면 담보책임이 있는 경우에는 차입거래로 회계처리된다고 합니다. 그리고 양도자가 양도자산의 채무불이행에 따른 손실을 보증할 경우, 양도자산의 소유에 따른 위험과 보상의 대부분을 보유한 것이기 때문에 양도자산 전체를 계속 인식하고 수취한 대가가 있으면 그것은 부채로 인식해야 한다고 합니다.

결국 IFRS를 적용하면 대부분의 유동화거래에서 부외처리가 어려워진다는 것입니다. 물론 IFRS가 부외처리를 금지하는 것은 아니지만, 그 요건이 너무 엄격해서 실제로 부외처리하기가 굉장히 어려워진다는 것이지요. IFRS가 유동화회계처리에 영향을 미치는 요소와 관련하여 크게 두 가지를 지적할 수 있는데, 첫째 IFRS하에서는 매우 엄격한 연결(consolidation)기준이 적용된다는 점과, 둘째 법적 권리의 이전이 아니라 위험과 보상의 이전에 초점을 맞추어 매각거래로 인식하기 위해서는 금융자산에 관한 거의 모든 위험과 보상(substantially all of the risks and rewards)의 이전이 요구된다는 것입니다.

우선 연결의 측면에서 보면, 주된 개념이 통제권(control)인데, 사실 현행 기업회계기준에도 통제권이라는 개념을 똑같이 쓰고 있지만, 사실 그 내용은 판이하게 다르다는 것입니다. IFRS하에서는 회사는 자신이 통제권을 가지고 있는 모든 회사를 연결해야 하고, 원칙적으로 IFRS는 소위 orphan company의 개념을 인정하지 않는다는 것입니다. 통제권을 판단하는 지표를 보면, SPE(Special Purpose Entity)의 활동으로부터 효익(benefit)을 얻도록 SPE의 활동이 조직화되어 있는지의 여부, SPE의 위험과 효익에 노출되어 있는지의 여부, 의사결정권의 유무, residual ownership을 가지고 있는지의 여부, 즉 최후의 잔여이익을 가지거나 손실을 부담하게 되는 요소가 있는지의 여부 등이 고려되는 바, 특히 SPE이 경우 지분을 전혀 가지고 있지 않은 경우에도 통제권을 가지고 있는 것으로 인정되면 연결하여야 합니다. 미리 정해진 대로 자동적으로 움직이는, 관여할 요소가 거의 없는 소위 auto pilot SPE까지 연결을 해야 되는가에 관하여 자동조정이 되면 연결을 하지 않아도 된다는 견해가 있는 반면, 그와 같이 SPE가 자동적으로 움직이도록 세팅해 놓은 자체가 이미 통제권이라고 인식하는 견해도 있는 것으로 보입니다. 결국 IFRS체제하에서는 거의 모든 SPE가 연결된다고 보아도 과언이 아닌 것 같습니다.

그리고 앞서 본 바와 같이 부외처리기준으로서 거의 모든 보상과 위험의 이전이 필요하다는 것인데, '거의 모든'이라는 것이 무엇을 의미하는지에 관하여 구체적으로 정해진 것은 없지만, 통상 90% 이상을 의미하는 것으로 인식된다고 합니다. 굉장히 엄격한 기준이 적용되어 유동화거래의 목적으로서 부외처리의 기능은 거의 상실되지 않겠는가 하는 생각이 듭니다. 그리고 실제 우리는 실무상 유동화거래의 요건이라는 점 때문에 부외처리를 하지만, 유럽 등 외국의 경우는 대부분의 유동화거래가 on balance 거래로 이루어진다고 합니다.

사회자 : 법적 차원에서 본다면, 자산유동화법상의 진정양도의 요건이 적정한지를 재검토할 단계에 이른 것 같습니다. IFRS의 도입으로 인해 회계적으로는 부외거래가 아닌데, 자산유동화법에 의하면 진정양도라는 결론이 나오게 되었을 때 혼선이 우려됩니다.

이미현 : 회계기준이 이렇게 변하는 상황에서 자산유동화법의 요건으로 진정한 양도를 요구할 필요가 있을까 하는 생각이 듭니다. 자산유동화에서 진정한 양도가 왜 필요한지에 관하여 다시 한 번 생각해 보자는 것이지요. 진정양도가 투자자보호를 위해 반드시 필요한 경우는 사실 자산보유자의 신용등급보다 높은 신용등급을 가진 유동화자산을 가지고 유동화하면서 유동화증권의 등급을 자산보유자의 등급보다 높게 받고자 하는 경우입니다. 신용등급을 끌어올려서 발행해 놓았는데, 이게 자산보유자와 단절되지 않아 자산보유자의 도산에 영향을 받는다면, 이 경우 투자자에게 미치는 영향은 투자자가 투자 당시 전혀 예상하지 않은 위험입니다. 따라서 신용등급 향상을 목적으로 하는 유동화의 경우 진정양도는 필수요소일 것입니다. 하지만 그렇지 않은 유동화의 경우, 가령 자산보유자의 등급이 유동화자산만 기초로 평가한 등급보다 오히려 높은 경우에는 진정양도를 한다고 해서 꼭 투자자가 더 보호되는 것은 아닙니다. 이런 경우라면, 유동화자산에서 회수가 안 될 때 자산보유자가 대신 지급하도록 하는 것이 투자자보호 측면에서는 더 나을 수도 있습니다. 제 생각에는 결국 진정한 양도냐의 여부는 그로 인한 위험을 신용평가에 적절히 반영하면

되는 문제 아닌가 싶습니다. 진정한 양도가 아니어서 다소 위험하더라도 그 위험이 충분히 공지되고 투자자가 위험을 감수하고 투자하겠다는데 금지할 이유는 없다고 생각합니다. 더욱이 회계기준이 바뀌어서 부외처리기준이 이렇게 엄격해진 상황에서 부외처리를 못하면 진정양도가 아니고, 그래서 유동화를 못한다는 것은 문제가 있는 것 같습니다. 꼭 필요하다면 그렇게 하겠지만, 그렇게 해서 얻는 실익이 무엇인가를 살펴보면 사실은 별로 없습니다. 제 생각에는 이는 신용평가의 문제로 남기고 적어도 자산유동화를 할 수 있는지 여부의 요건으로는 삼지 않았으면 좋겠습니다. 특히 자산유동화법이 진정양도에 관하여 규정을 한 것은 궁극적으로 자산보유자의 도산절차로부터의 절연을 염두에 둔 것이기는 합니다만, 사실 도산절연문제는 도산자의 다른 채권자들과의 형평성에 보다 초점을 맞추어야 하므로 계약내용 자체가 진정한 매매에 해당하는 내용을 담고 있느냐도 물론 중요하지만, 계약체결 이후에는 해당 자산이 자산보유자의 책임재산에서 제외된다는 점이 명확해짐으로써 자산보유자의 다른 채권자들이 이를 자산보유자의 책임재산에 포함되는 것으로 오인하고 거래하지 않도록 확보하는 것도 매우 중요합니다. 그런데 현재 자산유동화법상 진정양도의 요건은 전자에만 기준을 맞추고 있다는 느낌입니다.

김용호 : 유럽의 경우 유동화거래가 대부분 on balance 거래로 이루어지고 있다고 하는데, 그때에도 회계적으로는 on balance이지만 법적으로는 진정양도로 인정되고, 사실은 진정양도라는 용어를 사용하기보다는 도산절연(ring-fencing)되는지 여부를 기준으로 법적 문제를 따진다고 합니다.

이미현 : 그 개념이 우리가 자산유동화법에서 말하는 진정양도와 좀 다르지 않습니까?

김용호 : 투자자의 입장에서는 개념적으로 진정양도인지 여부가 중요한 것이 아니고 해당 자산이 자산보유자의 도산위험으로부터 절연되는지 여부가 중요하기 때문에 그것만 인정되면 된다는 것입니다. 그래서 제 생각에는 이 부분은 cost-benefit analysis가 필요할 것 같습니다. 왜냐하면 회계기준을 그대로 적용하여 회계적으로 off balance가 되지 않으면 법적으로도 진정양도가 아니다, 즉 절연되지 않는다는 것은 그만큼 펀딩 비용을 증가시킬 수 있는 요인이 되는 것 같습니다. 바꾸어 말하면 어느 투자자에 대해서 도산절연을 통하여 우선적 권리를 부여하면서 싼 비용으로 자금을 조달할 수 있는 경우, 그것이 다른 채권자에게 일반적 이익으로 돌아갈 수 있는 부분이 있을 수 있는데, 아예 그러한 통로 자체를 막아 버린다면 자금조달에 과도한 비용을 부담하게 되어 비경제적 결과가 될 수도 있다는 것이죠.

이미현 : 사실 ring fence 문제는 off balance 문제와 반드시 일치하는 문제는 아닌 것 같습니다. 도산절연은 거래구조 자체를 자산보유자의 도산과 절연되는 구조로 고안을 하거나 법규에 의해 자산보유자의 도산과 절연시킴으로써 성취하여야 하는 문제가 아닌가 싶습니다.

사회자 : 재무제표가 하는 역할은 무엇이며, 거래상대방이 무엇에 기초해서 거래할 것인가의 문제도 생각하여 보아야 할 것 같습니다.

황호석 : 이와 관련된 전반적인 느낌은 이렇게 되면 중소기업 등 신용도가 떨어지는 기업들의 유동화가 제약을 많이 받게 될 것 같다는 것입니다. 기존의 유동화가 담보부사채의 대체수단으로 이용된 거래가 많았고, 물론 지금 금융위원회에서 노력하고 있는 것 같은데, 담보부사채신탁법 개정이 절실할 것 같습니다. 담보부사채가 시장에 많이 나와서 커버해 주지 않으면, 중소기업은 앞으로 펀딩하는 데 제약을 많이 받게 될 것 같습니다.

7. 새로운 금융상품의 출현과 자산유동화

(1) 커버드본드
—일부 자산유동화를 대체하는지—

황호석 : 입법과정에서 담보부사채신탁법에 커버드본드를 넣자는 논의도 있었던 것 같습니다. 그런데 기본적으로 출발 자체가 커버드본드는 담보자산인데 증권발행자의 도산재단에서 절연된 자산을 만드는 것이어서 담보부사채신탁법에서 포섭될 개념은 아닌 것 같은 생각이 듭니다. 특별법에 따른 입법이 가장 바람직한 것 같은데, 커버드본드발행이 가능한 입법상의 수혜자가 금융기관에 한정되어 있고, 담보자산으로 제공될 수 있는 자산의 종류도 제한적이어서 입법화하는 과정에서 특혜시비 등 난항이 있을 것 같습니다. 업계에서는 구조화된 커버드본드를 시도하고 있습니다. 연말 혹은 내년 초에는 발행되지 않을까 생각됩니다.

사회자 : 담보부사채도 담보신탁을 이용한 담보를 하면 마찬가지의 효과가 생기지 않습니까?

황호석 : 예, 맞습니다. 그래서 초기의 구조화된 커버드본드를 논의할 때는 담보신탁구조를 쓰려고 하였습니다. 그런데 커버드본드의 담보자산 중 가장 주된 것이 주택저당채권인데 확정절차가 문제되었습니다. 근저당권확정을 좀 쉽게 할 수 있는 방법은 자산유동화법밖에 없기 때문에 지금 논의되는 것은 자산유동화를 이용한 커버드본드를 시도하고 있습니다.

사회자 : 커버드본드가 통상의 담보부사채와 차이가 나는 점은 앞서 말씀하신 도산절연도 있고, 그 이외에 풀 속에 있는 자산을 실제로

수시로 바꾸어 넣을 수 있는, ABS할 때 자산을 교체하는 것처럼 그런 기능을 같이한다는 것을 특성으로 잡고 있는 것 같습니다. 최근 미국 재무성에서 커버드본드 가이드라인을 발표하여 커버드본드제도의 도입을 시도하고 있습니다. 우리나라가 커버드본드제도를 도입했을 때, 상당 부분 은행이나 금융기관의 경우에는 자산유동화를 대체해 나가는 효과가 있지 않을까 하는 생각이 드는데 어떠십니까?

황호석 : 우선 은행이 하는 MBS는 거의 없어지지 않을까 생각합니다. 그렇지만 지금 시도되는 것은 자산유동화법하에서 하는 커버드본드이기 때문에 당초의 의도처럼 자산의 자유로운 교체 등은 여전히 제약이 있을 것 같습니다. 지금 시도하는 커버드본드는 일단 제가 듣기로는 큰 규모가 전제되는 것 같습니다. 유동화보다 5배 정도 큰 것이라서 수시로 발행될 수 있는 것은 아니고 1년에 1~2번 정도 있을 것 같습니다. 국내에서 커버드본드를 발행할 실익이 있는지와 관련하여, 국내 시장규모 등에 비추어 무리가 있는 것 같고 금융기관의 해외 자금 조달수단으로서 커버드본드발행을 추진하고 있는데, 시장에서 하고 있는 것은 자산유동화법하에서 하고 있는 것이라서 당초 커버드본드의 장점이 상당히 제약을 받고 있습니다. 성공하기는 쉽지 않을 것 같습니다. 제일 좋은 것은 입법을 통해 해결하는 것이 아닌가 생각됩니다.

김용호 : 커버드본드에 관한 논의는 크게 보면 두 가지 흐름으로 진행되고 있는 것 같습니다. 하나는 별도의 입법을 하는 것이고, 하나는 입법되기 전 단계에서 자산유동화법의 틀 안에서 유동화 메커니즘을 이용하여 커버드본드 소위, 구조화커버드본드를 발행하는 방향으로 진행되고 있는데, 현재로서는 자산유동화법을 이용하지 않고서는 커버드본드를 발행하기가 어렵습니다. 황 변호사님께서 말씀하셨듯이, 근저당권의 확정 및 이전 등에 관한 자산유동화법상의 특례의 적용을

받지 않고서는 현실적으로 불가능하다는 제약 때문에 유동화거래의 틀 속에서 커버드본드발행을 시도하는 것입니다. 바람직한 것은 입법을 통하여 커버드본드를 발행할 수 있도록 하는 것인데, 그것은 커버드본드를 정형화 · 규격화하는 것이 굉장히 중요한 요소이기 때문입니다. 유럽에서도 점보 커버드본드가 주종을 이루는 이유가 결국은 유동성 측면이 강조되기 때문입니다. 이쪽 커버드본드가 다르고 저쪽 커버드본드가 다르면 marketability가 떨어진다는 것입니다. 동일한 구조와 특성의 커버드본드가 시장에 대량유통되면 자기가 발행한 커버드본드의 유동성도 향상될 수 있는 것입니다.

이미현 : 현재 외국에서 발행 유통되는 커버드본드는 구조화커버드본드와 법정(statutory) 커버드본드의 두 종류가 있습니다. 하지만 EU의 UCITS Directive나 EU의 CRD(Capital Requirement Directive)에 따르면 커버드본드가 낮은 위험가중치의 적용, 특정 발행자가 발행한 채권에 대한 투자한도의 확대 등의 혜택을 받기 위한 요건으로 특정 법률체계에 의해 규제받을 것이 요구되고 있습니다. 따라서 투자자가 다른 자산에 투자하는 경우에 비해 커버드본드에 투자하는 경우에 적용되는 위험가중 자산요건을 완화시켜 줌으로써 자금조달비용을 줄이고 자금조달을 원활하게 하고자 하는 목적에서 커버드본드를 발행하고자 한다면 일단 커버드본드발행의 근거법에서 발행요건 및 covered pool의 구성 및 관리 등에 관한 사항을 규정할 필요가 있으므로 커버드본드법의 제정이 필요합니다. 나아가 커버드본드가 이러한 근거법에 따라 발행되더라도, 낮은 위험가중치의 적용 등에 관한 EU의 요건을 충족하기 위해서는 발행자가 금융기관이어야 합니다. 그러므로 이런 혜택을 염두에 두고 커버드본드법을 만든다면 이 법은 신용도가 낮은 기업들이 Basel II 도입으로 인해서 자산유동화의 길이 막혔을 때

활용할 수 있는 도구는 아닌 것 같습니다. 신용도가 낮은 기업들은 커버드본드보다는 유동화가 더 적절한 자금조달수단이라고 생각됩니다. 다만, Basel II하에서 유동화와 관련된 은행의 신용공여가 위축되는 문제는 신용공여를 전문적으로 제공하는 채권보증전문보험회사(monoline insurance company) 같은 전문적인 금융보증기관을 우리나라에도 도입해서 신용공여가 저렴한 비용으로 원활하게 제공될 수 있는 여건을 조성함으로써 유동화를 활성화시키는 것이 바람직하다고 생각합니다. 은행은 Basel II 적용을 받지만 금융보증을 전문으로 하는 채권보증전문보험회사는 Basel II의 적용을 받지 않으니까 채권보증전문보험회사는 Basel II하에서도 좀 더 자유롭게 신용공여를 할 수 있습니다. 우리나라도 그런 방법으로 해결을 해야 하지 않을까 생각합니다. 그렇다고 제가 커버드본드를 반대하는 것은 물론 아닙니다.

황호석 : 시장에서는 커버드본드 투자가들은 주로 일반회사채(straight bond)에 투자하는 투자가입니다. 그래서 구조가 조금만 복잡해지면 보기 싫어하는 경향이 있습니다. 유동화증권과 일반 회사채시장은 다른 시장입니다. 그런데 우리의 구조화커버드본드는 자산유동화법을 따른 커버드본드여서 당사자들이 상당히 어려워합니다.

(2) CAT bond

정순섭 : 현재 CAT bond는 재해, 재난 같이 전통적인 보험상품에 의해 헤지(hedge)되어 왔던 위험을 증권화하는 구조라고 단순하게 정리할 수 있다면, 우리나라의 금융규제법상 문제가 되는 부분은 세 가지로 구분할 수 있는 것 같습니다. 첫째로 CAT bond를 현행 법상 유가증권 혹은 자본시장통합법상 금융투자상품으로 볼 수 있을지 문제됩니

다. 현행 증권거래법상 파생결합증권의 기초자산을 유가증권, 통화, 신용위험, 일반 상품의 네 가지로 제한하고 있기 때문에 그 외의 자산에 해당하는 소위 보험성 위험에 해당한다고 볼 수 있는 것은 기초자산에 포함되지 않습니다. 그리고 현행 증권거래법 시행령을 개정할 때 보험성 위험에 대해서도 검토가 있었던 것으로 기억이 됩니다만, 수요가 없다는 이유로 제외된 것으로 기억하고 있습니다. 그런데 자본시장통합법에서는 제4조 제10항 제5호를 보시면 "그 밖의 자연적 · 환경적 · 경제적 현상 등에 속하는 위험으로서"라고 해서 재해, 재난과 같은 전통적으로 보험상품에 의해서 헤지되어 왔던 위험도 현금흐름의 객관적 확정이 가능한 한 모두 기초자산의 범위에 포함될 수 있는 것으로 되어 있고, 정리하면 자본시장통합법상 금융투자상품 및 증권의 개념에 포함될 수 있을 것으로 생각됩니다. 두 번째로 주로 보험회사가 재보험을 대체하는 위험관리수단으로 활용한다는 것을 전제로 보면, 보험회사가 직접 발행하는 경우와 유동화구조를 이용해서 발행하는 경우의 두 가지를 생각해 볼 수 있을 것 같습니다. 우선 직접 발행하는 경우를 보면 보험업법상 보험회사가 증권을 발행할 수 있는 경우를 유동성관리 등 목적으로 제한해 놓았습니다. 보험업법상 증권 발행범위에 속하는지의 문제가 발생할 것 같습니다. 유동화구조를 사용하는 경우 보험회사가 catastrophe를 기초자산으로 하는 스왑거래가 가능할 것인지의 문제가 첫 번째로 나올 것 같습니다. 이를 일종의 자산운용수단으로 인식한다면 현행 법 해석으로도 가능하게 볼 수도 있겠지만, 이에 대해서는 검토가 필요할 것으로 보입니다. 두 번째로 자산유동화법상으로는 합성유동화(synthetic securitization)와 관련하여 논의했던 유동화 vehicle이 대재해 스왑(catastrophe swap)을 당사자로서 할 수 있는지에 관한 문제가 똑같이 등장할 것으로 보입니다. 이는 앞에서 이야기했던 것과 동일하겠습니다만, 결국은 보험업법상 이슈가 남아 있는 것이 아닌가 하는 것이 제 생각입니다.

사회자 : CAT bond를 자산유동화의 측면에 맞추어 보자면, 자산의 유동화가 아니라 위험을 유동화하는 거래유형 중 하나가 아닌가 생각이 듭니다. 대재해본드(catastrophe bond)뿐만 아니라 생명보험본드(mortality bond), 즉 사망률 · 생존율에 기출한 증권발행이 최근 몇 년 사이에 일어나고 있습니다. 전통적으로 위험인수는 보험의 영역이었는데 증권화해서 자본시장의 기능을 이용하는 현상이 벌어지고 있는 것 같습니다. 이 부분도 원래 입법할 때의 자산유동화 개념과는 상당히 거리가 있기 때문에 현행 법으로 허용하기에는 쉽지가 않을 것 같은데, 김 변호사님께서는 이에 대해 어떻게 생각하십니까?

김용호 : 앞서 논의한 바와 같이 합성ABS의 경우에 이것을 자산유동화의 틀 속에 억지로 맞추어 넣을 것인지, 발상의 전환을 통해서 위험의 유동화를 직접적으로 인정할 것인지의 문제가 있듯이 이것도 마찬가지 문제가 아닌가 생각됩니다.

사회자 : 합성CDO의 경우에는 신용위험을 다룹니다. 통상의 대출채권유동화나 통상의 CDO나 CLO의 경우에도 결국은 신용위험을 가지고 있는 자산입니다. 그래서 합성CDO 같은 경우에는 그 기본선상에서 움직인다고 볼 수 있을 것 같습니다. 그런데 이런 재해, 생존율 등은 금융시장에서 거래되는 위험은 아니었습니다. 그런데 이런 위험들이 금융시장에서 거래되기 시작한다는 면에서는 훨씬 더 나아간 것이 아닌가 생각됩니다.

이미현 : 거래되는 위험의 내용이 금융과 관련되지 않는다는 면에서는 그렇습니다. 그런데 예측 및 통제가 사실상 불가능한 위험, 즉 재해라는 면에서 본다면 공통점은 있습니다. 사실 금융기관도 자기가

예측 가능하고 통제 가능한 신용위험을 가지고 유동화하지는 않기 때문에 합성CDO 발행대상인 신용위험은 사실 금융기관 입장에서 본다면 굉장히 큰 위험으로서 거의 재해수준이니까 예측하기 어려운 위험을 전가한다는 점에서 공통점은 있는 것 같습니다. 물론 금융에서 파생되는 위험이냐 일상생활에서 파생되는 위험이냐의 차이가 있기는 합니다.

황호석 : 증권화의 면에서 증권화를 하면 유통성도 좋아지고 투자자의 폭이 넓어지는 반면에 투자자의 보호 문제도 나오기 때문에 전반적으로 자산유동화법을 위험이전까지 가능한 법으로 발전시키는 것은 아직까지는 우리의 금융현실에서는 위험이 있는 것 같고, 합성 ABS의 경우에도 마찬가지지만, funded구조를 하는 타당한 이유가 사실은 '원금손실이 나더라도 많이 나지는 않는다', 이런 기대심리가 있어야 증권투자를 정상적으로 높일 수가 있는데, 그렇지 않은, 즉 시장이 순수위험만 이전한다든가 하는 것은 사실 계약 법리에 의해 그 위험을 분석할 수 있는 당사자들이 계약으로 해야 될 문제가 아닌지, 현재 우리의 금융시장에서 증권화가 타당한지는 의문이 있습니다.

이미현 : 자산유동화의 대상인지를 따지는 것보다는 그런 위험을 대상으로 거래하는 것을 금융상품으로 허용할 것인지 하는 본질적 문제가 중요한 것 같습니다. 일단 허용하는 것으로 방향이 잡힌다면, 자산유동화법을 개정해서 허용하든 다른 입법에 포함시키든 그것은 그 다음 문제인 것 같습니다.

IV. 맺음말

김용호 : 자산유동화법이 제정 · 시행된 이래 10여 년 동안 자산유동화법에 따른 자산유동화는 부침을 거듭하면서 성장 · 발전되어 온 한편, 자산유동화법 바깥에서도 비전형 또는 비등록유동화거래가 급속도로 확대되어 왔습니다. 비등록유동화거래의 경우 감독기관의 직접적 검증을 거치지 않기 때문에 한편으로는 자율성과 창의성을 누릴 수 있었던 동시에 일면 적절한 규제의 사각지대에 놓이게 되었던 점도 완전히 부정하기는 어려울 것으로 생각되고, 또한 그러한 비등록유동화거래의 급속한 팽창이 시장에서 장 · 단기증권의 수급상의 불균형을 초래함으로써 금융시장의 신용경색에 일조한 측면이 있는 것으로 보입니다. 따라서 법제도적인 직접적 개선이나 감독실무운영을 통하여 비등록유동화거래를 자산유동화법의 테두리 안으로 적극 수용하여 이를 지원하는 한편, 합리적 수준에서 적절히 감독하고 규율하는 방안을 신중히 모색할 필요가 있을 것으로 생각됩니다. 다만, 지나친 규제와 감독으로 시장의 자율성과 창의성이 과도하게 훼손되지 않도록 자율과 규제의 적정한 조화를 꾀하는 노력이 요구될 것입니다.

한편 대법원 판례가 인정하는 담보신탁의 도산절연효과를 그대로 긍정할 것인가의 문제라든가 담보의 성격을 가지면서도 도산절연효과가 부여되는 커버드본드의 개념을 도입할 것인가의 문제 등 법제도를 설계함에 있어서는 가령 담보인지, 또는 진정한 매매인지와 같이 단순히 거래의 성격이나 개념에 집착하기보다는 좀 더 법경제학적인 접근이 필요하다는 점을 강조하고 싶습니다. 분명히 그와 같은 제도는 회계제도와 맞물려 일부 채권자들의 배타적이고 우선적인 권리가 다른 채권자들의 희생 위에 향유되는 측면이 있지만, 그와 같은 사회적 비용은 앞서 말씀드린 바와 같이 cost-benefit analysis 측면에서 저렴한 자금조달수단의 제공을 통하여 다른 채권자들에게도 일반적인 이익으로 돌아갈 수 있기 때문에 적정한 선에서 상쇄될 수 있을 것으로 생각됩니다. 물론 그와 같이 순효용이 극대화되는 지점을 찾는 일은 매우 어려운 일이기는 하나 단순히 기존의 법개념과 원칙에 매몰되어 사회적 효용을 전체적으로 증가시킬 수 있는 기회를 상실하지 않도록 하는 노력이 필요하다고 하겠습니다.

황호석 : 앞에서 말씀드린 바와 같이 우리 자산유동화법은 조문이 많지 않은 간단한 규제체계를 가지고 자산유동화거래를 지원하는 성격이었기 때문에 단기간 내에 자산유동화거래 및 유동화증권시장이 자리를 잡게 된 것 같습니다. 지난 10년간 운용해 오는 과정에서 규제 · 감독에 대한 필요성이 많이 제기되고 있지만, 그렇다고 하여 규제법으로 기능하게 하기보다는 본래의 입법취지를 살려서 자산유동화거래, 나아가 자산유동화에 기반한 구조화금융거래를 뒷받침할 수 있도록 발전하기를 희망합니다.

이미현 : 자산유동화법은 우리나라 금융시장에 자산유동화라는 새로운 유형의 금융거래를 도입하는 계기가 되었다는 점에서 우리나라 금융시장의 발전에 매우 큰 기여를 하였다고 하겠습니다. 다만 1997년 갑작스럽게 들이닥친 외환위기를 겪으며 타개책의 일환으로 급히 제정된 까닭에 저당권이전의 특례와 같은 조항을 무리하게 규정하다 보니 자산보유자의 자격을 엄격하게 제한할 수밖에 없었지만, 이러한 제한은 자산유동화의 활성화에 심각한 걸림돌이 됩니다. 특히 저당권과는 전혀 무관한 자산을 가지고 유동화하고자 하는 경우에는 단지 자산보유자의 신용등급이 낮다는 이유만으로 유동화를 제한하여야 할 이유가 없습니다. 저당권부채권의 유동화의 경우에는 저당권이전

의 특례가 매우 유용한 규정인 것은 사실이나, 저당권부채권이 아닌 유동화자산이 점점 늘어나고 있는 현실을 고려할 때, 자산보유자의 자격을 제한해 가면서까지 유지하여야 할 규정은 아니라고 봅니다. 저당권이전과 관련된 문제는 부동산소재지 관할등기소에서만 등기신청을 할 수 있도록 요구하고 있는 현행 부동산등기법을 개정하여 등기신청서의 접수는 전국 어느 등기소에서나 할 수 있도록 하면 해결될 수 있습니다. 전국의 등기소가 하나의 전산망으로 연결되어 있는 현 상황에서 굳이 관할등기소에서만 등기신청을 접수하도록 제한할 이유는 없다고 봅니다. 이 문제만 해결되면 한 곳에서 일괄접수가 가능해지므로 굳이 자산유동화법에 저당권이전의 특례조항을 둘 필요가 없습니다. 그러므로 저당권이전의 문제는 부동산등기법을 개정하는 방법으로 해결하고, 자산보유자의 자격제한은 폐지하여 자산유동화법에 따른 자산유동화가 보다 활성화될 수 있는 방향으로 나아가기를 희망합니다. 문제는 부동산등기법은 금융당국의 소관이 아니다 보니 아직까지 해결이 안 되고 있는 것 같은데, 사실 하고자 하는 의지만 있다면 그다지 어려운 문제는 아니라고 생각합니다.

정순섭 : 자산유동화법은 1997년 일련의 위기를 극복하는 데 매우 중요한 기능을 수행하였고, 국내 금융시장에서 상품의 구조화에 관한 법리적 및 실무적 지식과 경험을 축적하는 데 중요한 역할을 했다고 생각됩니다. 다만 여전히 일부 남아 있다고 생각되는 형식적이고 소극적인 규정은 시급히 개선할 필요가 있다고 생각합니다. 최근 진행되고 있는 서브프라임 모기지위기와 관련하여 자산유동화의 개정에 우려를 표시하는 견해도 있는 것으로 알고 있습니다만, 보다 전향적 접근이 필요하다고 생각합니다.

제2장

자산유동화거래와 법적 과제[*]

김용호[**] · 이선지[***]

I. 머리말

자산유동화에 관한 법률(이하 '자산유동화법')이 1998년 9월 2일 제192회 임시국회에서 통과되고, 같은 달 16일 공포 시행된 이래 지금까지 우리나라의 자산유동화(asset-backed securitization, ABS)는 외국에 비하여 상대적으로 짧은 기간 동안 괄목할 만한 성장을 하였다. 우리나라가 외환위기에 처하였던 1997년도에 수많은 시행착오를 겪은 끝에 1998년도에 자산유동화제도에 관한 입법을 추진한 이래 약 5년 만에 자산유동화거래의 규모가 천문학적인 수치에 이르렀던 것이다. 특히

---

* 이 논문은 BFL 제5호(2004. 5)에 게재된 글을 수정 · 보완한 것이다.

** 김 · 장법률사무소 변호사

*** 김 · 장법률사무소 변호사

2000년도에는 자산유동화거래를 본격적으로 개시한 지 2년 만에 그 거래 규모가 세계 2위를 차지하였고, 2001년도에는 세계 3위를 차지할 정도로 급속히 성장하였다.[1] 다만, 최근 자산유동화거래의 주축을 이루었던 신용카드사들의 경영불안 문제의 대두로 자산유동화거래에 대한 전반적인 반성과 재정비가 시급히 요구되고 있기는 하나 자산유동화거래가 이미 우리나라에서 중요한 금융기법의 하나로서 자리매김하였음을 부정할 수는 없을 것이다.

자산유동화법에 의하여 대표되는 자산유동화제도가 시행된 지 5년이 경과한 시점에서 특히 신용카드사에 의한 자산유동화거래를 통하여 노정된 동 제도의 문제점을 살펴보고 그 개선방안을 생각하여 보는 것도 의미가 있을 것이다. 이하에서는 자산유동화제도의 도입에서부터 현재까지의 경과를 개관한 다음 현재의 제도가 안고 있는 중요한 법률적 문제점을 간략히 살펴보고 법제도적 개선방안을 생각해 보기로 한다.

II. 자산유동화제도의 도입과 경과

1. 자산유동화에 관한 법제도의 개관

우리나라의 자산유동화제도에 관한 법률로는 자산유동화법,[2] 주택

1) 현정근, "국내 자산유동화시장 현황 및 ABS신고서 처리방향," 국민은행 통합1주년 기념 〈자본시장 발전방향〉 세미나 주제발표 자료 중에서 재인용.

2) 제정 1998. 9. 16. 법률 제5555호 ; 최근 개정 2003. 5. 29.

저당채권유동화회사법[3] 및 한국주택금융공사법[4]이 있다.

각 법률에는 각각 시행령이 있고, 각 법률에 따른 유동화거래와 관련하여서는 금융감독위원회(현 금융위원회)가 제정한 자산유동화업무감독규정이 적용된다. 한편 주택저당채권유동화회사와 한국주택금융공사의 건전성 감독과 관련하여서는 각각 별도의 감독규정 및 동 시행세칙을 두고 있다.

한편, 자산유동화전문회사의 회계처리와 관련하여서는 금융감독위원회가 제정한 유동화전문회사회계처리기준이 있다.

또한 자산유동화거래에 따른 조세의 감면에 관하여는 조세특례제한법 등[5]이 규율하고 있다. 기타 해외 유동화거래(crossborder securitization)와 관련하여서는 거래의 구조 및 자산의 종류 등에 따라 외국환거래법, 외국인토지법, 조세조약 등이 적용될 수 있으나 이는 자산유동화

3) 제정 1999. 1. 29. 법률 제5692호 ; 최근 개정 2003. 5. 29.

4) 2003. 12. 31. 법률 제7030호로 제정 ; 2004. 3. 1.부터 시행.

5) 유동화전문회사, 주택저당채권유동화회사, 한국주택금융공사 등이 유동화계획에 따라 2006년 12월 31일까지 유동화자산을 양수하거나 양수한 유동화자산을 관리·운용·처분하는 경우로서 i) 부동산의 소유권이전에 관한 등기(주택저당채권유동화회사 및 한국주택금융공사의 경우 저당권의 실행에 따른 주택의 소유권이전에 관한 등기), ii) 저당권의 이전에 관한 등기, iii) 경매신청, 가압류, 가처분에 관한 등기 또는 가등기 등의 경우에 그 등록세 및 취득세를 면제(한국주택금융공사의 경우)하거나 그 100분의 50에 해당하는 금액을 감면(유동화전문회사 및 주택저당채권유동화회사의 경우)한다(조세특례제한법 제119조 제1항 제13호, 제16호, 제16의2호 및 제120조 제1항 제12호, 제15호, 제15의2호). 또한, 유동화전문회사 및 주택저당채권유동화회사에 대해서는 조세특례제한법상 등록세 및 취득세의 감면세액에 대하여 20% 부과되는 농어촌특별세를 면제하고 있다(농어촌특별세법 제4조 제8의2호). 한편 유동화전문회사가 대통령령이 정하는 배당가능이익의 100분의 90 이상을 배당하는 경우 당해 사업연도의 소득금액계산에 있어서 그 금액을 공제하도록 하고 있다(법인세법 제51조의2). 2006년 12월 30일 조세특례제한법 개정으로 등록세 및 취득세의 면제 또는 50% 감면 적용기간은 2009년 12월 31일까지 연장되었고, 주택저당채권유동화유동화회사에 대한 조세특례조항이 삭제되었다.

거래에 특유한 규제라고 보기는 어렵다.

자산유동화법은 주택저당채권을 포함한 모든 자산유동화거래에 관한 일반법이라고 할 수 있다. 한편, 주택저당채권유동화회사법과 한국주택금융공사법은 각각 주택저당채권유동화회사와 한국주택금융공사의 설립과 이를 통한 주택저당채권 또는 학자금대출채권의 유동화[6] 업무를 뒷받침하기 위한 것으로 주택저당채권 또는 학자금대출채권의 유동화거래와 관련하여서는 자산유동화법에 대하여 특별법적 지위를 가진다고 볼 수 있다.

2. 자산유동화거래의 발전과정 개관

자산유동화법이 제정되기 전인 1997년 초중반 경부터 종합금융회사를 비롯한 금융기관을 중심으로 자산유동화에 관한 관심이 높아지고 유동성 문제를 해결하기 위한 방안으로서 실제로 다수의 유동화거래가 추진되기도 하였다. 그런데 소위 IMF 위기로 대변되는 경제위기를 맞아 그동안 추진되어 왔던 모든 유동화거래는 좌절되고 말았다. 그러나 그 이유가 비단 금융 · 경제 환경에만 있었던 것은 아니었다. 자산유동화법 제정 이전까지의 우리나라의 법률은 자산유동화거래를 위한 대비가 전무하였으므로 자산유동화를 위한 법적 · 제도적 장치의 미비로 인하여 자산유동화거래에서 수많은 법률적인 장애에 부딪혔고, 이것이 그동안의 자산유동화거래를 좌절시키는 데 일조하였음을 부인할 수 없다. 한편 1997년 말의 외환위기에 직면하여 은행을 비

6) 주택저당채권유동화회사는 주택저당채권의 유동화업무를, 한국주택금융공사는 주택저당채권 및 학자금대출채권의 유동화업무를 할 수 있다.

롯한 금융기관들로부터 다량의 부실채권(non-performing loan, NPL)을 인수하게 된 성업공사[7)]가 동 부실채권의 처리방안을 고심하게 되었고, 그 방안으로서 자산유동화를 추진하고자 하였던바, 1997년도에 추진된 유동화거래 좌절의 경험에 따라 자산유동화거래를 뒷받침할 수 있는 법제도 확립의 필요성이 부각되었다. 이러한 요구에 부응하기 위한 법률이 바로 1998년도에 제정된 자산유동화법이다.[8)]

위와 같이 제정된 자산유동화법에 따라 1998. 11. 17. 유동화전문회사가 최초로 설립되었고 유동화증권은 다음 해인 1999년 1월 23일에 최초로 발행되었는바,[9)] 초기에는 성업공사를 비롯한 금융기관 부실채권(NPL)의 처리를 위한 유동화가 중심이었다. 이 시기는 1998년도에 마련한 유동화제도가 제대로 작동하는지를 시험하는 과정이라고 할 수 있겠다.

이듬해인 2000년도에는 투자신탁계정 또는 금융기관의 고유계정이 보유한 회사채를 유동화자산으로 한 CBO(collateralized bond obligation)[10)]가 주류를 이루고 있으며, 전체 발행 ABS 중 약 60%를 차지하고 있다.[11)] 이 시기는 그 이후의 시기와 비교하여 거래의 구조 면에서는 특

7) 현재의 한국자산관리공사.

8) 자산유동화에 관한 입법의 배경과 입법의 중점에 관하여는 자산유동화 실무연구회, 금융혁명 ABS, 288-295면 참조.

9) 동 유동화전문회사에 의한 최초의 자산유동화계획이 1998년 11월 28일 증권감독원에 등록신청되었는바, 동 자산유동화계획에 의한 자산유동화는 삼성할부금융(주)(삼성캐피탈로 변경되었다가 현재는 삼성카드와 합병함)가 보유한 자동차할부대출채권을 유동화하기 위한 것이었다. 증권감독원 기업공시국 1998. 11. 28.자 보도자료 참조.

10) 자산유동화증권의 종류와 내용에 관한 개괄적인 설명에 관하여는 반기로, "구조화상품의 도입과 전망," BFL 제1호(2003. 9), 14-20면 참조.

11) 금융감독원 2001. 1. 29.자 게시 보도자료 "2000년 중 자산유동화증권(ABS) 발행현황" 참조.

별한 발전이 없으나 거래규모 면에서 급격한 증가를 보이고 있다. 2000년도에는 회사채 시장의 침제로 신용도가 아주 우량한 일부 기업을 제외하고 일반 기업들이 자신의 신용으로 회사채를 발행하기가 매우 어려워 자금조달에 큰 어려움을 겪게 되었는바, 이에 대한 타개책으로 발행시장 CBO(primary CBO)[12] 상품이 개발되었고,[13] 한편으로 일반 기업의 자산보유자 자격을 관리종목이나 투자유의종목을 제외한 모든 주권상장법인 및 코스닥등록법인 등으로 대폭 확대하는 조치가 취하여졌다.[14]

2000년 말에 외환카드가 장래채권인 신용카드채권을 기초자산으로 하여 유동화거래를 시작[15]한 이래 2001년도에는 신용카드채권 및 매출채권 등의 장래채권을 기초자산으로 한 유동화거래가 매우 활발히 진행되었다. 이 시기의 유동화거래 중 신용카드회사가 자산보유자인 유동화거래가 차지하는 비중은 전체 발행 ABS 중 약 40.5%에 달한다.[16]

---

12) 이는 발행시장(primary market)의 회사채를 기초자산으로 한 유동화거래로서 일정한 그룹의 회사가 회사채를 사모로 발행하고 이를 증권회사가 인수한 후 증권회사가 자산보유자로서 동 회사채를 기초자산으로 하여 유동화거래를 하는 것을 말한다.

13) 이에 관하여는 금융감독원 2000. 6. 19.자 게시 보도자료 "자금조달 활성화를 위한 Primary CBO 발행 등 자산유동화 적극 지원" 참조.

14) 이에 관하여는 금융감독원 2000. 5. 2.자 게시 보도자료 "ABS 발행 가능 일반 법인의 범위 확대 등으로 자산유동화(ABS)제도의 활성화 도모" 및 2000. 6. 26.자 게시 "일반 기업의 자금조달 활성화 지원을 위한 ABS 발행 가능 일반 법인의 범위 확대" 참조. 이러한 자산보유자 자격 확대 조치가 있기 이전에 일반 법인으로서 자산유동화거래를 한 사례는 1건(현대산업개발의 아파트분양대금채권을 유동화자산으로 한 유동화거래)에 불과하였다.

15) 이에 관하여는 금융감독원 2000. 12. 6.자 게시 보도자료 "장래채권(신용카드채권)을 활용한 국내 최초의 ABS(자산유동화증권) 발행" 참조.

16) 금융감독원 2002. 2. 26.자 게시 보도자료 "2001년 자산유동화증권(ABS) 발행실적 분석" 참조.

이 시기는 거래의 규모 면에서는 그 이전 해의 거래규모와 비교하여 큰 변동이 없으나 장래채권의 유동화거래가 활성화됨으로써 거래의 구조가 복잡성을 띠게 되고, 그러한 경험을 바탕으로 새로운 구조의 유동화거래에 대한 가능성과 자신감을 획득한 시기라고 할 수 있다.

2002년도에 와서는 은행권을 중심으로 1999년 이후 활발히 추진되어 왔던 부실채권 정리가 2001년 이후 어느 정도 마무리되면서 자산유동화를 통한 부실채권 처리가 크게 감소하였고, 투기등급회사채 등을 기초로 정부의 보증[17]을 받아 발행되는 Primary CBO가 기업자금사정의 개선 등의 영향으로 감소함에 따라 전체 유동화거래 규모도 다소 감소하는 추이를 보였다.[18]

2003년도에는 신용카드사 부실 우려에 따른 두 차례에 걸친 카드채 사태를 계기로 카드사 ABS에 대한 투자자의 불안심리가 확대되면서 ABS 전반에 대한 신뢰성에 의문이 제기되기에까지 이르게 됨으로써 유동화거래 시장 참여자들 사이에 위기감이 팽배하게 되었다. 이에 대한 대책으로서 현재 감독기관을 비롯한 관계참여자들이 유동화제도의 개선에 관하여 광범위한 논의를 진행중이다.

앞에서 살펴본 자산유동화거래의 짧은 역사는 〈표 1〉과 같이 그 발전단계 및 공모회사채 시장에서 차지하는 비중을 통하여 간단히 정리해 볼 수 있을 것으로 생각된다.[19]

---

17) 신용보증기금 등에 의한 보증을 말한다.

18) 금융감독원 2003. 2. 11.자 게시 보도자료 "2002년 자산유동화증권(ABS) 발행실적 분석" 참조.

19) 자산유동화거래에 관한 통계적 자료에 관하여는 금융감독원 보도자료 "2003년 자산유동화증권(ABS) 발행실적 분석"(2004. 3. 9.자), "2002년 자산유동화증권(ABS) 발행실적 분석"(2003. 2. 11.자 게시), "2001년 자산유동화증권(ABS) 발행실적 분석"(2002. 2. 26.자 게시), "2000년 중 자산유동화증권(ABS) 발행현황"(2001.

〈표 1〉 발전단계[20)]

	시행착오단계	준비단계	시험단계	도약단계	성숙단계
연 도	1997년	1998년	1999년	2000년	2001년
특 징	외환위기 전	입법	NPL 처리	CBO	카드 ABS
건 수			32건	154건	194건
금 액			6.8조	49.4조	50.9조

	조정단계	위기
연 도	2002년	2003년
특 징	ABS의 위축	카드사의 실패
건 수	181건	191건
금 액	39.8조	39.9조

〈표 2〉 전체 공모회사채 중 공모 ABS가 차지하는 비중

1999년	2000년	2001년	2002년	2003년
14.5%	69.9%	45.4%	37.4%	44.8%

※ 1999년 및 2000년은 유가증권신고서가 면제된 금융채를 제외한 금액을 기준.

이하에서는 위와 같은 자산유동화거래의 발전과정을 통하여 노정된 법률적 문제점 중 주로 자산유동화법에 따른 자산유동화거래와 관련하여 제기된 문제점을 중심으로 논의하기로 한다. 다만 지면의 제약상 현재의 제도가 가지고 있는 모든 문제점을 망라하여 살펴보기는 어려우므로 지금까지 실무상 문제되어 온 법적인 문제점 중 몇 가지 중요한 것을 중심으로 하여 개괄적으로 살펴보기로 한다.

1. 29.자 게시), "자산유동화증권(ABS)의 발행현황(99년)" (2000. 2. 16.자 게시)을 참조하였음(http://www.fss.or.kr/kor/nav/framecheck.jsp).

20) 각 단계의 명명과 특징은 필자의 주관적인 견해를 반영한 것이고, 시장을 보는 각도에 따라 다른 견해가 있을 수 있을 것이다.

III. 법률적 문제점

1. 진정매매

(1) 진정매매(true sale)의 의의

자산유동화는 기본적으로 투자자가 양도인인 자산보유자의 신용도가 아니라 기초자산인 유동화자산의 신용도에 의존하는 거래이다. 따라서 자산유동화는 법률적인 관점에서 보면 유동화자산을 양도인인 자산보유자의 도산위험으로부터 분리하는 작업 그 자체라고 하여도 과언이 아니다. 자산보유자 도산의 경우 유동화자산이 여전히 양도인인 자산보유자의 재산으로 인정됨으로써 자산보유자의 채권자의 공동담보가 된다면 투자자가 의도하는 유동화거래의 안전성이 확보될 수 없는 것이다. 왜냐하면 자산보유자로부터 유동화자산을 양수하는 특수목적기구[21]로의 유동화자산의 양도가 매매의 형식에도 불구하고 자산보유자의 도산시[22] 담보권을 설정한 거래 즉, 담보목적의 양도거래로 인정되는 한 유동화자산은 도산절차에 구속되어 투자자는 유동화자산으로부터의 현금흐름으로부터 완전한 변제를 받을 수 없게 되

21) 자산유동화법상 특수목적기구는 유동화전문회사, 유동화업무를 전업으로 하는 외국 법인과 신탁이다. 자산유동화법 제3조 제1항 참조.

22) 자산보유자가 회사정리절차에 들어간다거나 기업구조조정촉진법에 따른 채무조정절차에 들어가는 경우를 생각할 수 있다. 자산보유자에 대하여 파산이 선고되거나 화의가 개시되는 경우에는 비록 담보권의 설정으로 인정된다고 하더라도 별제권이 인정되는 범위 내에서는 보호될 수 있다. 단, 별제권의 행사에 관하여도 절차상 약간의 제약이 있다(파산법 제193조 및 제194조 참조). 채무자 회생 및 파산에 관한 법률 제정으로 파산법이 폐지됨에 따라 파산법 제193조 및 제194조의 인용은 채무자 회생 및 파산에 관한 법률 제497조 및 제498조로 대체한다.

기 때문이다.

따라서 그러한 위험을 없애기 위해서는 자산보유자로부터 유동화자산을 양수하는 특수목적기구로의 유동화자산의 양도가 소위 '진정한 양도' 또는 '진정한 매매(true sale)'[23]가 되도록 하여야 한다.[24]

(2) 진정매매에 관한 법 규정과 실무상 문제되는 요소들

이와 관련하여 자산유동화법 제13조는 유동화자산의 양도는 동법 제13조에서 정한 일정한 요건을 충족할 것을 요구함과 동시에 동 요건을 충족한 경우 이를 담보권의 설정으로 보지 아니함을 명시적으로 규정하고 있다.[25] 이하에서는 동 요건과 관련하여 실무상 문제되고 있

23) 담보목적이 아닌 매매를 담보목적의 매매와 구별하기 위하여 진정한 매매라는 용어가 사용되고 있으나, 현행 법령은 진정한 매매라는 용어를 사용하고 있지 않고 담보목적의 매매와 진정한 매매를 구별하기 위한 일반적인 기준 또한 법령으로 규정되어 있지 아니하며, 이 점에 대한 확립된 판례도 없는 것으로 보인다. 다만, 아래 본문에서 보는 바와 같이 자산유동화법 제13조가 true sale을 인정하기 위한 요건을 규정하고 있으나, 이는 그러한 요건을 충족한 경우에 true sale을 인정한다는 취지이지 그러한 요건을 모두 충족하지 못한 경우에는 당연히 true sale이 아니라는 취지는 아니라는 점에서 이를 담보목적의 매매와 진정한 매매를 구별하기 위한 일반적인 기준이라고 하기는 어려울 것이다(이에 관하여는 자산유동화실무연구회, 앞의 책, 385면 ; 이미현, "자산유동화와 진정한 매매(True Sale)," 법조 Vol.565(2003. 10), 113면 참조. 진정매매(true sale) 또는 진정양도의 의미는 문제되는 관련 영역(가령, 회계 또는 조세)에 따라 내포하는 의미가 다소 다를 수 있으나, 이 글에서는 도산법적 관점에서의 진정매매 또는 진정양도를 의미하는 것으로 한다. 도산법적 관점에서의 진정매매 또는 진정양도는 양도인인 자산보유자의 채권자 또는 도산재단에 대한 관계에 있어서 당해 재산이 더 이상 양도인인 자산보유자의 재산으로 취급되지 않는 법적 효과를 가지는 매매 또는 양도라고 정의할 수 있을 것이다.

24) 진정매매 또는 진정양도의 일반적인 논의에 관하여는 이미현, 앞의 논문, 80-118면 ; 자산유동화 실무연구회, 앞의 책, 95-103면 및 367-386면 참조.

25) 자산유동화법 제13조(양도의 방식) : 유동화자산의 양도는 자산유동화계획에 따

는 거래 조건들에 관하여 살펴본다.

1) 자산보유자에 의한 후순위채의 인수

자산유동화법 제13조는 진정양도의 요건으로서 유동화자산에 대한 수익권[26] 및 유동화자산에 대한 위험[27]이 양수인에게 이전될 것을 요구하고 있다.[28]

그런데 유동화거래의 실무에서는 유동화자산에 대한 신용보강(credit enhancement)의 방법으로서 유동화증권을 선순위와 후순위로 나누어 발행하고, 유동화자산의 양도인인 자산보유자가 후순위 유동화증권의 전부 또는 일부를 인수하는 경우가 일반적인바,[29] 그 경우 자산보유자가 유동화자산에 대한 일부 수익권을 보유하거나 유동화자산에 대한 위험을 인수한 것이 아닌가 하는 의문이 제기된다. 다만 이

라 다음 각 호의 방식에 의하여야 한다. 이 경우 이를 담보권의 설정으로 보지 아니한다.

1. 매매 또는 교환에 의할 것.
2. 유동화자산에 대한 수익권 및 처분권은 양수인이 가질 것. 이 경우 양수인이 당해 자산을 처분하는 때에 양도인이 이를 우선적으로 매수할 수 있는 권리를 가지는 경우에도 수익권 및 처분권은 양수인이 가진 것으로 본다.
3. 양도인은 유동화자산에 대한 반환청구권을 가지지 아니하고, 양수인은 유동화자산에 대한 대가의 반환청구권을 가지지 아니할 것.
4. 양수인이 양도된 자산에 관한 위험을 인수할 것. 다만, 당해 유동화자산에 대하여 양도인이 일정 기간 그 위험을 부담하거나 하자담보책임(채권의 양도인이 채무자의 자력을 담보한 경우에는 이를 포함한다)을 지는 경우에는 그러하지 아니하다.

26) 자산유동화법 제13조 제2호.

27) 자산유동화법 제13조 제4호.

28) 동 요건의 일반적인 설명에 관하여는 자산유동화 실무연구회, 앞의 책, 367-383면 참조.

29) 신용보강에 관한 일반적인 논의에 관하여는 자산유동화 실무연구회, 앞의 책, 제5장 제2절 참조.

점에 관하여는 자산유동화법을 입안한 재정경제부가 위와 같이 자산보유자가 후순위유동화증권을 인수하는 것은 동법 제13조 제2호 및 제4호 위반이 아니라고 유권해석을 내린 바 있다.[30)]

다만 실무적으로 과연 그렇다면 자산보유자가 인수하는 후순위유동화증권이 전체 유동화증권 중에 차지하는 비중이 어느 정도까지 허용될 것이냐 하는 점이 문제된다. 실무상 금융감독원은 유동화자산의 채무자의 자력담보를 포함한 자산보유자의 신용보강 비율이 전체 유동화증권 금액[31)]의 50%를 넘지 않도록 지도하고 있으나 경우에 따라서는 그 비율을 넘는 경우도 전혀 없지는 않다.

이와 관련하여 그러한 후순위유동화증권의 인수한도를 법에 명시하거나 또는 한도를 정할 수 있는 권한을 시행령 또는 감독기관에 위임하는 방안을 생각해 볼 수 있다. 그러나 이 문제는 자산유동화법 제정 당시에도 논의된 바와 같이 진정양도의 요건이라는 관점에서 과연 그 인수한도를 어느 선에서 정해야 합리적일 것인가 하는 어려운 문제에 직면하게 된다. 자산보유자에 의한 후순위유동화증권의 인수는 아래에서 보는 유보금의 설정과는 달리 당초의 양도 또는 매매거래의 조건인 매매대금의 변경을 초래하지 않는다는 점에서 양도거래 자체와는 별개의 거래로 볼 수 있을 것으로 생각된다. 앞서 본 재정경제부의 유권해석 역시 같은 취지인 것으로 보인다. 따라서 진정양도의 관점에서는 자산보유자가 후순위유동화증권을 인수하는 것은 유동화자산의 양도가 이루어진 전제하에서 유동화자산 그 자체와는 다른 자산

30) 재정경제부 1998년 12월 2일자 질의 회신(금정41207-441).

31) 유동화증권의 발행총액은 양도받은 유동화자산의 매입가액을 한도로 하므로(법 제33조 참조) 유동화증권의 총액은 양도되는 유동화자산의 매입가액과 거의 일치한다.

으로서의 유동화증권을 인수하는 것으로 보아 자산양도거래와는 별개임을 명시적으로 선언하는 방안을 고려하여 볼 수 있을 것으로 생각된다.[32)] 이는 소위 paper company인 유동화전문회사의 독립적인 법적 실체를 인정함과 같은 맥락이라고 할 수 있다. 다만 후순위유동화증권을 인수하는 자산보유자의 건전성 감독 차원에서의 규제는 진정양도의 요건과는 별개의 문제로서 규율될 문제이다.

2) 유보금(reserve)의 설정

자산유동화거래에 있어서 신용보강의 한 방법으로서 양수인이 유동화자산의 매매대금 중 일부를 양도인에게 지급하지 않고 유보금 계정에 입금하여 두고 있다가 유동화자산으로부터 추심된 현금흐름이 투자자에 대한 지급에 부족한 경우 이와 같이 지급이 유보된 양도대금으로서 투자자에 대한 지급에 사용하도록 하고, 투자자에 대한 지급이 완전히 이루어진 후에야 양도인은 미지급 양도대금 잔액을 지급받도록 하는 경우가 있다. 그 경우 유동화자산으로부터의 추심이 원활히 이루어지지 못하는 경우 양도인은 이와 같이 지급이 유보된 양도대금을 지급받지 못하게 되므로 결국 양도인은 유보금 계정에 입금된 금액의 범위 내에서는 양도된 유동화자산의 위험을 인수한 것으로서 자산유동화법 제13조를 위반하였을 뿐만 아니라 진정매매라고 보기도 어려운 것이 아닌가 하는 의문이 제기될 수 있다. 다만 자산유동화법 제13조 제4호 단서[33)]는 양도인이 일정 기간 동안 양도된 유동화

32) 이와 관련하여서는 한 걸음 더 나아가 아래 주 54에서 보는 바와 같은 접근방법도 신중히 고려할 수 있을 것으로 생각된다.

33) 앞의 주 27 참조.

자산에 대한 위험을 부담하는 것을 허용하고 있는바, 유동화자산의 양도 후 유동화자산으로부터의 회수액에 잉여가 생기는 경우 유보금 계정 최소유지금액을 초과하는 금액으로서 미지급 양도대금 잔액을 지급받게 되는 경우에는 위 단서의 적용을 받을 수 있는 여지는 있을 것이다. 그러나 위 단서의 "일정 기간"이 어느 정도의 기간인지에 관하여는 명확한 기준이 설정되어 있지 않다. 법 개정시 이에 관한 구체적 기준을 정할 필요가 있을 것으로 생각된다.

3) 보증, 신용공여의 제공 또는 유동화기업어음의 매입보장

또한 경우에 따라서는 유동화자산으로부터의 회수액이 유동화증권의 상환에 부족한 경우에 대비하여 양도인인 자산보유자가 유동화증권의 지급을 보증[34)]하거나 양수인인 유동화전문회사가 유동화증권에 대한 지급을 할 수 있도록 유동화전문회사에게 자금을 대여하기로 하는 계약[35)]을 체결하고자 하는 경우가 있다. 그 경우 위에서 본 유보금 설정과 마찬가지로 양도인이 유동화자산에 대한 위험을 인수한 것이 아닌가 하는 의문이 제기될 수 있다.[36)] 왜냐하면 보증에 따른 구상금

---

34) 보증과 법적 성격이 동일하지는 아니하나 양도인인 자산보유자가 유동화전문회사와 신용파생상품거래의 일종인 credit default swap(CDS) 거래를 하는 경우도 생각해 볼 수 있다. 그 경제적 실질에 있어서는 기초자산의 채무자에 관한 신용위험을 자산보유자에게 이전하는 효과가 있다는 점에서는 지급보증과 동일한 목적을 달성할 수 있다.

35) 직접 자금을 대여하기로 하는 경우도 있을 수 있으나, 금융기관이 유동화전문회사에 대하여 신용공여를 제공하고 자산보유자가 유동화전문회사의 금융기관에 대한 채무를 보증하거나 신용공여기관인 은행과 credit default swap(CDS) 거래를 하는 경우도 생각할 수 있다.

36) 양도인의 자금대여약정도 양도인의 후순위유동화증권 인수와 같이 유동화자산의 양도거래와는 별개의 거래라고 보는 주장도 제기될 수 있겠으나, 자금대여약정에 따른 위험의 인수는 후순위유동화증권의 인수에 따른 양도 유동화자산에 대한 간

이나 위 신용공여계약에 따른 대여금은 선순위유동화증권에 대하여 후순위로 지급받을 것이기 때문에 양도인이 유동화자산의 회수에 관련된 위험에 노출됨으로써 그 위험을 인수한 것으로 볼 수 있기 때문이다.

단순한 보증은 결국 유동화증권 투자자에 대한 관계에 있어서 양도인이 유동화자산의 회수위험을 떠안은 것으로 볼 여지가 클 것으로 보인다. 다만 위와 같은 신용공여가 양수인의 부족자금을 지원하기 위하여 이루어지는 것이기는 하지만 이러한 부족자금이 발생한 원인이 유동화자산의 추심이 원활히 이루어지지 않은 사유 이외의 사유[37]로 인한 것이라는 특별한 사정이 있는 경우에는 양도인의 보증 또는 신용공여는 그 자체로서 유동화자산에 관한 회수위험의 인수라고 보기 어려운 측면은 있다. 그러나 회수위험에 관한 것인지 아닌지의 구별기준을 정하기는 그리 쉽지는 않다. 따라서 지금까지의 유동화거래에 나타난 거래조건의 유형을 고려하여 유동화자산에 관한 위험의 인수에 해당하는지의 여부에 관한 구체적인 기준을 마련하는 방안을 고려할 수 있을 것이나. 가령 신용공여에 따른 대출채권을 유동화증권에 우선하여, 또는 선순위유동화증권과 동순위로 회수하도록 하거나,[38] 금융기관이 자산보유자인 경우 다른 금융기관과 동일한 대출조

접적인 위험의 인수와는 달리 자신의 독립적인 거래에 따른 투자위험이 아니라 타인의 손실을 적극적으로 보전하기 위한 것이라는 점에서 차이가 있을 것으로 보인다.

37) 가령 cash flow의 mismatch를 생각해 볼 수 있다. 실무상으로는 대부분 유동화자산의 cash flow를 고려하여 유동화증권의 이자지급기일이나 만기를 정하기는 하지만 유동화자산의 회수가 그 변제기에 100% 이루어진다고 하더라도 유동화자산의 변제기와 유동화증권의 이자지급기일이 일치하지 않는 경우를 상정하여 볼 수 있다.

38) 선순위유동화증권 투자자에 대한 상대적인 관계에서 이는 유동화증권에 관한 위

건으로 신용공여하거나,[39] 또는 동일 또는 유사한 거래에서 그 자산보유자인 금융기관이 제공하는 신용공여와 동일하거나 더 불리하지 않은 조건으로 신용공여하는 경우에는 정상적인 거래조건에 의한 거래(arm' s length transaction)로 보아 유동화자산에 관한 위험을 인수한 것으로 보지 않는 방안을 생각해 볼 수 있다.

위와 같은 문제는 유동화전문회사가 발행하는 유동화기업어음의 매입보장약정과 관련하여서도 발생할 수 있다. 특히 양도인이 은행인 경우 동 은행과 양수인인 유동화전문회사는 유동화전문회사가 유동화자산을 기초로 발행한 유동화기업어음이 그 발행일에 매수되지 아니하여 대금이 납입되지 않고 남은 것이 있거나 그 매출금리가 일정한 할인율을 초과하는 경우 양도인인 은행이 기업어음매입보장약정에서 정한 바에 따라 일정한 매입한도 내에서 이를 매입하고 그 대금을 납입하도록 약정하고자 하는 경우가 있는바, 이러한 경우 양도인인 자산보유자가 양수인인 유동화전문회사에게 신용공여를 한 것, 즉 유동화자산에 대한 위험을 인수한 것으로 되어 유동화자산의 양도가 그 범위 내에서 자산유동화법 제13조 제4호에 위배되는 것이 아닌가라는 의문이 있을 수 있다. 위에서 논의한 신용공여에 따른 대출과 마찬가지로, 그 경우 기업어음의 매입은 은행의 정상적인 업무의 일환으로서, 양수인인 유동화전문회사가 발행한 기업어음을 양도인인 은

험을 인수하였다기보다는 유동화자산의 양도와는 별도로 (다만, 선순위유동화증권 투자자와 마찬가지로 유동화자산을 실질적인 담보로 하여) 수익을 얻기 위한 거래를 한 것으로 볼 수 있을 것이다.

39) 다른 은행과 공동으로 동일한 조건하에서 신용공여를 하는 경우 이는 소위 arm's length transaction이라는 하나의 징표라고 볼 수 있을 것이다. 또한 금융기관은 보증 또는 대출이 그 고유 업무에 속하는 것이라는 점에서 이는 유동화자산의 양도거래와는 별도의 거래로 보는 것이 합리적이라고 생각되기 때문이다. 다만 금융기관의 건전성 규제 측면에서 이러한 거래를 어떻게 규율할 것인가는 별개의 문제이다.

행이 매입하는 조건이 동 기업어음을 다른 은행이 매입하는 경우 또는 동 거래와 유사한 거래에서 기초자산의 양도인이 제3자일 때 은행이 동 기업어음을 매입하는 경우의 조건보다 특별히 유리하거나 불리하지 아니하다면 위와 같은 기업어음의 매입은 유동화자산의 양도와는 별개의 독립적인 거래로 보아 유동화자산에 관한 위험을 인수한 것으로 보지 않는 방안도 생각해 볼 수 있을 것이다.

4) 자력담보책임

자산유동화법 제13조 제4호 단서는 양수인이 양도된 자산에 관한 위험을 인수하여야 한다는 요건에 대한 예외로서 당해 유동화자산에 대하여 양도인이 일정 기간 그 위험을 부담하거나 하자담보책임(채권의 양도인이 채무자의 자력을 담보한 경우에는 이를 포함한다)을 지는 경우를 들고 있다.

이와 관련하여 실무상 가장 문제되는 것은 자력담보를 어떻게 정의할 것인가 하는 것인데 이는 주로 채무자의 연체시 어느 정도의 기간 동안 연체가 있는 경우를 자력담보책임의 대상인 채무자의 무자력으로 볼 것인가 하는 것이다. 실무상 보통 6개월 또는 3개월 정도의 연체가 있는 경우 채무자의 무자력을 일응 추정할 수 있는 것으로 보아 자산보유자에 대하여 담보책임을 물을 수 있는 것으로 정하고 있다. 그러나 연체기간이 채무자의 무자력을 추정하기에 합리적인 기간인지 여부는 유동화자산의 성질, 규모 기타 당해 거래의 구체적인 사정을 고려하여 판단하여야 할 것인바,[40] 과연 6개월 또는 3개월 정도의

40) 매도인의 담보책임에 관한 민법규정은 매수인의 보호를 위한 보충적 규정이며 강행법규는 아니므로 신의칙에 반하지 않는 한도에서 민법이 규정하는 매도인의 담보책임을 가중 또는 경감하는 당사자 사이의 특약은 원칙적으로 유효함을 전제로

연체가 있다는 사실만으로 채무자의 무자력을 추정할 수 있는지에 관하여는 의문이 전혀 없지는 않다. 다만 자산유동화거래는 통상적으로는 대량 자산의 거래라는 점을 고려하면 채무자 개개인의 무자력을 일일이 입증하는 것은 실무적으로 가능하지 않은 것으로 보이고,[41] 그러한 점을 고려하면 일정한 합리적인 기준[42]을 정함으로써 채무자의 무자력을 추정할 수밖에 없을 것으로 생각되고, 그러한 유동화거래의 특성을 고려하면 위와 같은 기준은 일응 합리적인 것으로 생각된다. 그러나 현재로서는 연체기간의 장단 기타 무자력을 추정하기에 합리적인 사유에 관하여 아무런 법상의 명시적인 근거가 없는 관계상 불확실성은 여전히 존재하고 있는 것이다.[43] 채무자의 연체와 관련하여서는 일정한 연체기간을 설정하든지 아니면 전국은행연합회에서 정한 신용정보관리규약에 따라 신용정보불량자로 등재되는 것을 무자력을 추정하는 사유로 정하는 방안을 고려하여 볼 수 있을 것으로 생각된다.[44]

한다. 이에 관하여는 자산유동화 실무연구회, 앞의 책, 380-381면 ; 민법주해XIV 채권(7), 박영사, 1997, 568면 ; 곽윤직, 채권각론, 박영사, 1995, 253면 참조.

41) 불가능하지는 않다고 하더라도 많은 시간과 비용이 소요됨으로써 자산유동화거래를 비경제적인 것으로 만들어 거래가 성사되기 어려울 것이라는 점에서 그러하다.

42) 채무자에 대하여 파산, 화의, 회사정리절차, 기업구조조정촉진법에 따른 채권금융기관공동관리절차 등의 도산절차가 개시되는 경우를 예로 들 수 있다. 한편 기한의 이익 상실사유와 같은 것은 무자력에 기인한 것일 수도 있고 무자력과 관계없는 사유일 수도 있는바, 이를 일일이 구별하여 규정하는 것도 쉽지 않다. 채무자회생 및 파산에 관한 법률 제정으로 파산법, 화의법 및 회사정리법이 폐지됨에 따라 각주 내용 중 '파산, 화의 또는 회사정리절차'에 관한 내용은 '파산 또는 회생절차'로 대체한다.

43) 다만 실무상으로는 이 점에 관한 법률의견서에 의존하고 있다.

44) 채무자의 자력담보책임의 강화와 관련하여, (일본)자산유동화실무연구회 편, "자산유동화의 법률과 실무—채권양도특례법과 SPC법," 신일본법규, 1998, 394-395면은 (일본 법상의) 채권양도특례등기제도는 다수 채무자에 대한 특정 채권의 일괄양도를 용이하게 하기 위한 것이고 그만큼 채무자의 자력에 대한 조사도 당연히 불충분한 경우가 많을 수 있으므로 그 점을 보완하기 위해서는 채권양도등기

그 다음으로 실무상 자주 논란이 되는 문제는 자력담보의 범위에 관한 것이다. 앞서 본 바와 같이 실무상 금융감독원은 유동화자산의 채무자의 자력담보를 포함한 자산보유자의 신용보강 비율이 전체 유동화증권 금액[45]의 50%를 넘지 않도록 지도하고 있으나 경우에 따라서는 그 비율을 넘는 경우도 전혀 없지는 않다. 이는 단지 감독기관의 지도사항일 뿐, 법상 명확한 근거가 있는 것은 아니다. 관련하여 자력담보책임의 한도를 명시적으로 규정하는 방안을 생각해 볼 수는 있으나 자력담보책임의 강화에 관한 외국의 논의[46]에 비추어 과연 그러한 한도설정이 합리적인지는 의문이 있다. 오히려 어떤 사유가 자력담보책임사유로 인정될 수 있는지에 관한 구체적인 기준을 설정하는 것이 더 중요할 것으로 본다.

(3) 임의규정화 여부

자산유동화법 제13조는 유동화자산 양도의 조건에 관하여 일정한 요건을 충족한 경우에는 이를 담보목적의 양도로 보지 않음으로써 자산보유자의 도산위험으로부터 유동화자산을 절연하는 법률효과를 부여하고자 하였다. 그런데 동 요건은 진정한 매매로 인정되기 위한 요건일 뿐만 아니라 동법에 따른 자산양도의 조건으로서 동법에 따른 자산유동화를 위한 자산양도에 관하여는 그 조건의 충족이 법상 강제되고 있다.

제도를 이용하는 경우에는 양도인은 채무자의 자력담보책임을 당연히 부담하는 것으로 하는 입법도 검토하여야 할 과제라고 하고 있다.

45) 앞의 주 33 참조.

46) 앞의 주 46 참조.

위와 같은 입법목적에도 불구하고 위에서 살펴본 바와 같이 구체적인 거래의 조건에 따라서는 그러한 거래의 조건이 동법 제13조의 요건을 충족하는지의 판단이 쉽지 않은 경우가 많이 있다. 이 점과 관련하여 과연 동법 제13조와 같은 요건을 법상 강제하는 것이 바람직한 것인가라는 관점에서 논란이 있는바, 대체로 폐지하는 것이 바람직하다는 견해[47]와 임의규정화하는 것이 바람직하다는 견해로 나뉘고 있다.

자산유동화법은 자산유동화를 촉진 · 지원하기 위하여 기존의 법체계와 조화될 수 있는 범위 내에서 가능한 한 필요한 절차를 간소화하고 각종 도산 관련 법률적 위험을 제거 내지 최소화하는 데 그 목적이 있으며 거래의 조건이나 내용을 직접 규제하는 데 그 목적이 있었던 것은 아니다. 이러한 목적을 위하여는 일정한 요건이 충족된 경우 그 법률적 효과를 예견 가능케 함으로써 법적인 안정성을 부여하는 것으로 족하고 거래의 구체적인 조건을 강제할 필요는 없을 것이다. 사적자치의 관점에서 보면 사회질시에 관한 사항이 아닌 한 구체적인 거래 조건에 관해서는 당사자자치에 맡길 일이지 법이 이에 간섭할 필

47) 이미현, 앞의 논문, 80-118면은 "진정한 매매인가 여부의 문제는 유동화증권의 신용등급평가문제로 남겨두는 것이 옳다고 생각한다. 여기에 법이 관여하여 특정 구조의 거래만 가능하도록 하는 것은 바람직하지 않다. 투자자의 보호를 위해서라면 유동화증권에 대한 신용등급평가가 부실한 평가가 되지 않도록 엄격한 신용평가기준을 확립하고 신용평가기관의 신용평가에 대한 관리감독을 강화하는 것이 더 효율적일 것이라고 본다. 그러므로 강행규정인 자산유동화법 제13조는 폐지하거나 아니면 임의규정화하여 동법 제13조 소정의 요건이 모두 충족되면 진정한 매매로 간주하는 일종의 "안전항 조항(safe harbor clause)"으로서의 역할만 충실히 하도록 개정하는 것이 바람직하다. 나아가 굳이 자산유동화법 제13조를 안전항 조항으로서 존치시키고자 한다면, 진정한 매매로 인정되기 위한 요건은 지금과 같은 애매하고 추상적인 문언보다는 좀더 분명하고 구체적인 기준을 제시하는 방향으로 개정되어야 할 것이다"라고 한다. 앞의 논문은 임의규정화를 논의하고는 있지만 기본적으로 폐지 쪽에 더 무게를 두고 있는 것으로 보인다.

요는 없다고 생각된다.[48)]

그러나 이를 완전히 폐지함으로써 모처럼 자산유동화거래에 관하여 최소한 진정한 매매라는 관점에서 법적 안정성을 부여하고자 하였던 입법목적에서 후퇴할 일은 아니라고 생각된다. 적어도 쉽게 자산유동화법 제13조를 충족시킬 수 있는 거래가 있음에도 불구하고 그러한 거래에 관하여서조차 불확실성으로 내던져 버리는 것은 결코 바람직하지 않을 것이다.[49)] 한편 폐지를 주장하는 견해는, 진정한 매매인지 여부의 문제는 신용등급평가의 문제라고 하나[50)] 신용평가에 있어서도 역시 법적 확실성 내지 안정성이 중요한 고려요소 중 하나인 점을 고려하면 당사자자치를 훼손하지 않으면서 가능한 한 구체적 기준을 제시함으로써 거래의 법적 안정성을 높일 수 있도록 뒷받침하는 것이 법의 역할이라 할 것이다. 이는 true sale의 보호를 명문화하고자 노력하였던 외국의 입법례를 보아서도 알 수 있을 것이다.[51)·52)] 다만

48) 자산유동화 실무연구회, 앞의 책, 383-386면 참조.

49) 법적 불확실성은 결국 거래비용의 증가로 귀결될 가능성이 높다.

50) 앞의 주 49 참조.

51) true sale의 명문화를 위한 미국 각 주의 노력과 관련하여서는 다음과 같은 입법례를 참고할 수 있다.
Delaware, Title 6, Section 2701A, 2702A, 2703A (2002) ; Alabama, Ala. Code §35-10A-1 to10A-5(2003) ; South Dakota, S.D. Codified Laws §54-1-9 (2003) ; North Carolina, N.C. Gen. Stat. §53-425 (2003) ; Ohio, Ohio Rev. Code Ann.§1109.75(C) (2003) ; Louisiana, LA. R.S. 10 : 9-109(e) ; Texas, TEX. BUS. & COMM. CODE §9.109(e) ; Michigan, M.C.L.A. 460.101 ; New Jersey, N.J.S.A. 52 : 18B-5 ; Rhode Island: Rhode Island Gen.Laws 1956, §39-1-59 ; Texas : V.T.C.A. UTILITIES CODE §39.301 to §39.309.

52) 한편 미국 연방파산법에 반영하고자 한 노력에 관하여는, Bankruptcy Reform Act of 2001, S. 220, 107th Cong. § 912 (2001) ; H.R. 333, 107th Cong. § 912 (2001) 참조. 이에 따르면 asset-backed securitization(별도의 정의 규정이 있음)과 관련하여 eligible entity(별도의 정의 규정이 있음)에게 양도된 eligible asset(별도의 정의 규정이 있음)은 양도인인 채무자의 파산재단(bankruptcy estate)에 속하는 재산의 범

자산유동화법에 따른 유동화거래에 관하여 각종 조세혜택이 부여되고 있는바, 유동화거래가 조세회피의 수단으로 이용되는 등의 부작용에 대하여는 조세정책 등 다른 측면에서 규율되어야 할 것으로 본다.

(4) 신탁방식 유동화에 있어서의 진정양도의 보호

자산유동화법 제13조 제1호는 양도계약의 형식이 매매 또는 교환일 것을 요구하고 있다. 한편, 동법에 따른 자산유동화를 위한 자산의 이전은 신탁계약에 의한 신탁으로써도 이루어질 수 있다. 동법 제13조가 매매 또는 교환만을 예정하고 있기 때문에 신탁에 의한 자산유동화에 대하여는 동조의 적용이 없는 것으로 보인다.[53]

그런데 위탁자가 어느 채권자에게 담보를 제공하기 위한 목적으로

위에서 제외된다. 이와 관련하여 한 가지 주목할 만한 사항은 i) 양도인이 양수인 또는 양수인이 발행한 증권에 대한 권리를 직접 또는 간접적으로 취득 또는 보유하고 있는지의 여부, ii) 양도인이 양도된 eligible asset에 대한 환매(repurchase) 의무를 부담하거나 관리 감독에 관한 의무를 부담하는지의 여부, 또는 iii) 조세, 회계, 규제상의 보고, 여타의 목적상 그러한 양도의 성격을 어떻게 규정하는지에 관계없이 위와 같은 안전항(safe harbor) 조항에 의한 보호가 주어진다는 점이다. 다만, 그러한 safe harbor 조항이 오랜 염원이었음에도 불구하고 Enron 회계부정 사건의 여파로 최종적으로 개정법안에서 삭제되었고, 나아가 반대로 유동화거래에 있어서의 true sale을 위협하는 내용의 입법까지 시도되었다고 한다. 그러나 그러한 입법의 시도 역시 결국은 철회되었다고 한다. true sale에 관한 safe harbor 입법의 좌절을 초래한 Enron에 의한 특수목적기구의 남용에도 불구하고 유동화거래에 대한 그러한 위협은 정당화될 수 없다는 논의에 관하여는 Steven L. Schwarcz, "Securitization Post-Enron," Cardozo Law Review Symposium Issue on "Threats to Asset-Based Finance", Vol.25(May 2003), (http://ssrn.com/abstract=386601) 참조.

53) 자산유동화 실무연구회, 앞의 책, 371면 참조. 이 점과 관련하여 신탁방식에 의한 유동화자산이 자산보유자의 도산으로부터 절연되는지의 여부에 관하여는 법률의견서에 의존하고 있는바, 대체로 자산유동화법 제13조의 요건을 유추 적용함으로써 결론을 도출하는 방식을 취한다.

수탁자와 사이에 신탁관계를 설정하고 그에 따른 수익권을 채권자에게 담보로 제공하는 이른바 담보신탁의 회사정리절차상의 취급과 관련하여 대법원은 담보신탁의 수익자가 가지는 수익권은 정리계획에 의하여 영향을 받지 않는다고 판시[54)]한 바 있어, 신탁방식의 유동화거래와 관련하여서는 진정한 양도(신탁)인지 여부의 중요성이 매매방식의 유동화거래와 비교하여 상대적으로 작다고 할 수 있다. 그러나 위 대법원 판례의 결론은 신탁자에 대한 회사정리절차가 개시된 경우 채권자가 가지는 신탁수익권은 회사정리법 제240조 제2항[55)]에서 말하는 '정리회사 이외의 자가 정리채권자 또는 정리담보권자를 위하여 제공한 담보'에 해당한다는 논리에 근거하고 있는바, 기업구조조정촉진법상으로는 회사정리법 제240조 제2항과 같은 조항이 없으므로 자

54) 대법원 2001. 7. 13. 선고 2001다9267 판결은 "신탁법상의 신탁은 위탁자가 특정의 재산권을 수탁자에게 이전하거나 기타의 처분을 하고 수탁자로 하여금 수익자의 이익을 위하여 또는 특정의 목적을 위하여 그 재산권을 관리, 처분하게 하는 법률관계를 말하므로, 신탁자가…채무에 대한 담보를 위하여 자기 소유의 부동산에 대하여 수탁자와 담보신탁용 부동산 관리 · 처분신탁계약을 체결하고 채권자에게 신탁원본 우선수익권을 부여하고서, 수탁자 앞으로 신탁을 원인으로 한 소유권이전등기를 경료하였다면, 위탁자의 신탁에 의하여 신탁부동산의 소유권은 수탁자에게 귀속되었다고 할 것이고, 그후 신탁자에 대한 회사정리절차가 개시된 경우 채권자가 가지는 신탁부동산에 대한 수익권은 회사정리법 제240조 제2항에서 말하는 '정리회사 이외의 자가 정리채권자 또는 정리담보권자를 위하여 제공한 담보'에 해당하여 정리계획이 여기에 영향을 미칠 수 없다고 할 것…"이라고 판시하였다. 대법원 2002. 12. 26. 선고 2002다4948 판결 및 대법원 2003. 5. 30. 선고 2003다1868 판결도 같은 취지.

55) 회사정리법 제240조(정리계획의 효력범위) 제2항 : 계획은 정리채권자 또는 정리담보권자가 회사의 보증인 기타 회사와 함께 채무를 부담하는 자에 대하여 가진 권리와 회사 이외의 자가 정리채권자 또는 정리담보권자를 위하여 제공한 담보에 영향을 미치지 아니한다. 채무자 회생 및 파산에 관한 법률 제정으로 회사정리법이 폐지됨에 따라 회사정리법 제240조 제2항의 인용은 채무자 회생 및 파산에 관한 법률 제250조 제2항 제2호로 대체한다.

산보유자에 대하여 기업구조조정촉진법에 따른 절차가 개시되고 유동화신탁이 담보신탁으로 인정되는 경우에는 유동화자산이 자산보유자의 도산위험으로부터 절연되지 않을 위험이 있다. 담보신탁과 담보목적이 아닌 신탁을 구별하기 위한 기준은 법상 명시적으로 규정되어 있지 아니하며, 이 점에 대한 확립된 판례도 없다는 점을 고려하면 자산유동화법 제13조를 임의규정화하는 경우 동 규정이 신탁방식에 의한 자산유동화에도 적용될 수 있도록 함으로써 유동화신탁의 경우에도 진정한 양도(신탁)로서 보호될 수 있도록 하는 것은 의미가 있을 것으로 생각된다.

2. 사해행위 취소 및 부인권

자산유동화법은 사해행위의 취소 또는 도산법상의 부인권과 관련하여 아무런 규정을 두고 있지 않다.[56] 따라서 자산유동화거래를 위한 자산의 양도에 관하여는 사해행위의 취소 및 부인권 행사에 관한 일반 원칙이 그대로 적용된다.

이와 관련하여 자산유동화거래에 있어서 가장 문제되는 것은 유동화자산의 양도 대가가 적정한 경우에도 사해행위 취소 또는 부인권 행사의 대상이 될 수 있는가 하는 점이다. 양도의 대가가 부당히 염가인 경우에 그러한 거래가 사해행위 취소 또는 부인권 행사의 대상이 될 수 있다는 점에 관하여는 별다른 의문이나 저항이 없다. 그러나 정

---

56) 사해행위에 관하여는 민법 제406조 및 신탁법 제8조, 부인권에 관하여는 파산법 제64조, 회사정리법 제78조 참조. 채무자 회생 및 파산에 관한 법률 제정으로 파산법 및 회사정리법이 폐지됨에 따라 파산법 제64조 및 회사정리법 제78조의 인용은 채무자 회생 및 파산에 관한 법률 제391조 및 제100조로 대체한다.

당한 대가를 지급하였음에도 불구하고 그러한 양도거래가 사해행위 취소 또는 부인권의 대상이 될 수 있고, 따라서 양수인이 양수자산을 양도인인 자산보유자에게 반환하여야 할 가능성이 남아 있다면 양수인의 입장, 유동화거래에 있어서는 궁극적으로 유동화증권에 대한 투자자의 입장에서 보면 이는 거래의 안전성을 심히 해하게 된다. 특히 재정적 어려움에 처한 자산보유자가 이를 극복하기 위한 방안으로 유동화거래를 하고자 하는 경우에 더욱 그러하다.

이와 관련하여 우리 대법원은 채무자가 유일한 재산인 부동산을 매각하여 소비하기 쉬운 금전으로 바꾸는 것은 특별한 사정이 없는 한 사해행위가 된다고 보고 있다.[57] 자산유동화거래와 같이 고정자산이 아닌 금전채권 또는 금전채권을 신탁재산으로 하는 신탁의 수익권 등을 금전으로 환가하는 경우에 대하여는 아직 판례가 없는바, 금전채권이나 수익권을 금전으로 환가하는 경우에 관하여 위 판례의 논리가

57) 대법원 1997. 5. 9. 선고 96다2606, 2613 판결 및 대법원 1999. 4. 9. 선고 99다2515 판결 등 참조. 다만 채무초과 상태에서 유일한 재산인 부동산을 신탁한 경우에도 그것이 채무자로서 최대한의 변제력을 확보하는 최선의 방법이었음을 인정하여 사해행위에 해당하지 않는다고 한 사례(대법원 2003. 12. 12. 선고 2001다57884 판결)가 있으나, 이는 구체적인 사실관계하에서 채무자의 사해의사를 인정하기 어렵다고 판단한 결과이고 동 판결이 채무자가 유일한 재산인 부동산을 매각하여 소비하기 쉬운 금전으로 바꾸는 것은 특별한 사정이 없는 한 사해행위가 된다고 한 종전의 견해를 변경한 것은 아닌 것으로 보인다. 더구나 동 대법원 2003. 12. 12.자 판결은 "채무자의 사해의사를 판단함에 있어 사해행위 당시의 사정을 기준으로 하여야 할 것임은 물론이나, 사해행위라고 주장되는 행위 이후의 채무자의 변제 노력과 채권자의 태도 등도 사해의사의 유무를 판단함에 있어 다른 사정과 더불어 간접사실로 삼을 수도 있다"고 판시함으로써 거래의 상대방의 입장에서는 스스로 통제할 수 없는 사정에 의하여 그 지위가 더욱 불안하게 될 가능성도 있을 것으로 보인다. 물론 거래의 상대방이 선의인 경우에는 보호받을 수 있으나 선의에 대한 입증책임은 거래의 상대방인 수익자에게 있다고 하는 것이 통설 및 판례이며(민법주해 IX 채권(2), 박영사, 1999, 827면 참조), 사해신탁의 경우에는 수탁자가 선의인 경우에도 취소할 수 있다(신탁법 제8조 제1항).

그대로 적용될 수 있는지는 분명하지 않다. 이 문제는 비단 자산유동화거래에 한정된 문제는 아니며 재정적 어려움에 처한 채무자의 자산처분과 관련하여 일반적으로 적용될 수 있는 문제이다.[58] 위와 같은 대법원 판례는 유동성이 낮은 자산을 유동성이 높은 자산으로 바꾸어 결국 은닉, 또는 산일되게 함으로써 채권자를 해하는 것을 염두에 둔 것으로 보이나, 거래의 상대방인 양수인, 특히 유동화거래에 있어서 선의의 투자자에 대한 관계에 있어서는 그러한 경우의 사해행위 취소 또는 부인의 가능성은 거래의 안전성을 심히 해하게 된다. 거래의 상대방이 선의인 경우에는 일반적으로 보호받을 수 있으나 그 경우의 입증책임은 대체로 선의임을 주장하는 상대방에게 있다.[59] 또한 유동화자산의 양수인인 유동화전문회사의 악의 여부와 관련하여 유동화전문회사는 일종의 특수목적기구로서 독립한 의사결정주체라고 보기 어려운 점이 있으므로 누구의 의사 또는 인식을 기준으로 악의 여부를 가려야 할 것인지에 관하여도 명확하지 않은 점이 있다. 양수인이 양도인의 은닉 기타 부정행위나 그 밖의 사해행위에 가담하거나 이를 적극적으로 용인할 의사를 가지지 아니한 이상, 단지 재정적 어려움에 처한 양도인으로부터 양수하였다는 이유만으로 그러한 거래가 취소 또는 부인될 수 있는 가능성은 불확실성을 증대시켜 거래를 위축시킴으로써 채무자의 회생노력을 좌절시킬 뿐만 아니라 거래의 안정

58) 자산매각 방법에 의한 자구노력과 부인권과 관계에 관하여는 전성인, "파산제도 중 부인권의 법적 · 경제적 제 측면," 한국경제의 분석 제7권 제2호(2001. 8), 222-225면 참조. 특히 유동성이 낮은 자산인 부동산을 유동성이 높은 현금으로 탈바꿈하는 행위의 사해행위 가능성과 부동산 매각의 부진과의 관계를 언급하고 있는바, 자산유동화와 관련하여 유동화자산 이전행위의 부인 가능성과 자산유동화거래의 안전성과 상관관계에 관하여도 비슷한 논의가 가능할 것이다.

59) 앞의 주 59 및 임채홍/백창훈, 회사정리법(상), 한국사법행정학회, 1998, 349면 참조.

성에 중대한 위협이 될 수 있다.

따라서 정당한 대가의 지급이 있는 경우, 즉, 단순히 자산의 유동성의 정도가 변화한 것에 불과한 경우에는 양수인이 양도인의 사해행위에 가담하는 등의 특별한 사정이 없는 한 그러한 양도거래를 사해행위의 취소 또는 부인의 대상으로 하지 않는 입법을 고려하여야 할 것으로 본다.[60)]

---

60) 이와 관련하여 미국의 연방파산법(The Code of the Laws of the United States of America, Title 11, Bankruptcy)의 아래 관련 조문을 참고할 수 있을 것이다.

§548. Fraudulent transfers and obligations :

(a)(1) The trustee may avoid any transfer of an interest of the debtor in property, or any obligation incurred by the debtor, that was made or incurred on or within one year before the date of the filing of the petition, if the debtor voluntarily or involuntarily-

(A) made such transfer or incurred such obligation with actual intent to hinder, delay, or defraud any entity to which the debtor was or became, on or after the date that such transfer was made or such obligation was incurred, indebted ; or

(B)(i) received less than a reasonably equivalent value in exchange for such transfer or obligation ; and

(ii) (I) was insolvent on the date that such transfer was made or such obligation was incurred, or became insolvent as a result of such transfer or obligation ;

(II) was engaged in business or a transaction, or was about to engage in business or a transaction, for which any property remaining with the debtor was an unreasonably small capital ; or

(III) intended to incur, or believed that the debtor would incur, debts that would be beyond the debtor's ability to pay as such debts matured.

한편 미국의 National Conference of Commissioners on Uniform State Laws (UCCUSL)이 제정한 Uniform Fraudulent Conveyance Act (1916) 및 Uniform Fraudulent Transfer Act (1984)도 표현은 다르나 기본적인 취지는 동일 또는 유사하다.

3. 장래채권의 유동화

(1) 장래채권의 개념과 양도성

장래채권은 채권의 성립요건을 완전히 갖추지는 아니하여 현재 채권으로서 성립하였다고는 할 수 없으나 장래에 그 요건을 갖출 것으로 예상되는 채권을 말한다. 대법원 판례에 의하면 이러한 장래채권을 양도하기 위하여는 두 가지 요건이 충족되어야 한다.[61] 즉, i) 양도 당시 기본적 채권관계가 어느 정도 확정되어 있어 현재 그 권리의 특정이 가능할 것이라는 권리의 특정가능성 요건과, ii) 그 권리가 가까운 장래에 발생할 것이 상당한 정도로 기대될 것이라는 발생가능성 요건을 충족하여야 한다. 한편 장래채권의 양도성에 관하여 학설은 대체로 대법원 판례가 요구하는 위 두 가지 요건 중 두 번째의 발생가능성 요건은 요구할 필요가 없는 것으로 보는 것이 현재의 대체적인 경향이다.[62] 대법원 판례는 최근 다소 유연한 태도를 보이고 있으나[63]

61) 대법원은 1982. 10. 26. 선고 82다카508 판결 이후 대법원 1991. 6. 25. 선고 88다카6358 판결, 대법원 1996. 7. 30. 선고 95다7932 판결, 대법원 1997. 7. 25. 선고 95다21624 판결, 대법원 2001. 9. 18. 고지 2000마5252 결정 등에서 일관되게 두 가지 요건을 요구하고 있다. 대법원 2001. 9. 18. 고지 2000마5252 결정은 장래 발생할 채권이나 조건부채권도 현재 그 권리의 특정이 가능하고 가까운 장래에 발생할 것이 상당 정도 기대되는 경우에는 이를 압류할 수 있다고 판시하였다.

62) 양창수, "장래채권의 양도," 저스티스 통권 제73호(2003. 6) ; 문홍수, "채권의 양도성과 압류가능한 채권의 범위," 인권과 정의 284호(2000. 4). 이와 관련하여 일본 최고재판소 平成 11년(1999년) 1월 29일 판결은 장래 발생할 채권을 목적으로 하는 채권양도계약의 체결시에 목적채권의 발생의 가능성이 적다는 것은 동 계약의 효력을 당연히 좌우하는 것이 아니라고 판시하면서, 의사가 1982년 12월부터 1991년 2월까지의 사회보험진료보수지불기금으로부터 받을 채권을 양도한 것을 유효하다고 판시하였다.

63) 대법원은 지방공무원의 명예퇴직수당채권 압류사안에서 "…공무원이 명예퇴직

발생가능성 요건 자체를 명시적으로 배제하고 있지는 아니하다.

(2) 자산유동화거래의 실무와 관련된 문제

현재 신용카드 사용대금채권, 현금서비스 이용대금채권 등 장래 발생할 채권 중 주로 5년 이내에 발생할 자산을 이용한 ABS 거래가 활발히 진행 중이다. 한편 master trust 구조[64]를 이용한 장기간(10~20년)에 걸친 ABS 거래를 하고자 할 때, 판례가 요구하는 두 번째 요건인 가까운 장래의 발생가능성(즉, "가까운 장래에 발생할 것이 상당 정도 기대될 것")이라는 요건이 충족되었는지 여부가 문제된다. 한편 카드론채권을 이용한 ABS 거래와 관련하여 장래 카드론채권의 특정 가능성 및 발생 가능성 여부도 문제되고 있다.[65]

한편 실무적으로 아직 구체적인 계약관계가 존재하지는 않지만 장

및 명예퇴직수당 지급신청을 할지 여부가 불확실하다거나 예산상 부득이한 경우 그 지급대상범위가 제한될 수 있다는 것 때문에 그것이 가까운 장래에 발생할 것이 상당 정도 확실하지 않다고 볼 것은 아니다"라고 판시하였다(대법원 2001. 9. 18. 고지 2000마5252 결정).

64) master trust는 하나의 신탁에서 당해 신탁에 신탁된 자산을 바탕으로 다수의 유동화증권을 발행할 수 있는 신탁을 의미한다. master trust의 기본 구조에 관하여는 김준근, "자산유동화에 있어서 Master Trust 방식의 이해," NICE CREDIT 2004. 4. 6.자(http://new_file.ratings.co.kr/research/20040406자산유동화.pdf) 참조.

65) 장래카드론채권을 유동화자산에 포함시킨 ABS 거래가 몇 차례 있었는바, 장래카드론채권의 양도가능성 여부에 관하여 법률사무소 간에 이견이 있었다. 이와 관련하여 감독기관인 금융감독원은 현재 카드론 잔고가 없는 신용카드회원에 대한 장래카드론 포괄양도와 관련하여서는 다음과 같이 처리하고 있다. 즉, 투자자에 미치는 영향이 미미하면 2개 이상의 법률사무소의 법률의견서를 제출함과 동시에 자산유동화계획 및 유가증권신고서에 그와 관련된 법률적 위험요소를 투자자 유의사항으로 공시하도록 하고, 투자자에 미치는 영향이 크면 법무부 유권해석 또는 통설임을 입증할 것을 요구하고 있다. 다만 투자자에 미치는 영향이 미미한지의 여부를 판단하는 기준에 관하여는 명확한 지침을 제시하고 있지 아니하다.

래의 특정 사업 또는 프로젝트로[66]부터 발생하는 수입을 대상자산으로 하는 유동화에 대한 수요가 발생하고 있다. 이와 관련하여 판례는 장래채권양도의 요건으로서 기본적인 채권관계가 어느 정도 확정되어 있을 것으로 요구하고 있는바, 그 기본적인 채권관계가 채권발생의 기초가 되는 법률관계를 의미하는 것인지, 아니면 장래채권의 발생의 가능성에 관한 사실상의 근거만 있으면 되는 것인지는 분명하지 않다. 또한 일본의 판례[67]와 학설은 대체로 제3채무자를 특정하지 아니한 채권양도의 효력을 부정하고 있다.

앞에서 살펴본 바와 같이, 장기간(가령 10~20년)에 걸친 ABS 거래를 하고자 할 때, 판례가 요구하는 두 번째 요건인 가까운 장래의 발생가능성(가까운 장래에 발생할 것이 상당 정도 기대될 것)이라는 요건이 충족되었는지 여부라든가, 장래카드론채권을 이용한 ABS 거래와 관련하여 장래카드론채권의 발생가능성 여부가 실제상 문제되고 있는바, 어느 정도의 기간이 가까운 장래에 해당하는 것인지 또한 어느 정도의 발생의 확률이어야 상당 정도 그 발생이 기대된다고 할 것인지는 매우 불명확하다. 발생가능성 즉, 가까운 장래에 발생할 것이 상당 정도 기대될 것이라는 매우 불명확한 개념은 유동화거래를 포함한 장래채

66) 가령 특정 토지를 개발하여 분양 또는 임대함으로써 발생하게 될 장래의 수입 같은 것을 예로 들 수 있다. 유료도로 통행료 수입 같은 것도 예로 들 수 있는바, 유료도로법상의 유료도로관리권 기타 특별법상의 관리운영권 같은 것은 그 자체로서 권리성이 인정되므로 그러한 권리 자체를 유동화자산으로 할 수는 있으나, 이 또한 각 관련 법상의 제약이 있을 수 있으므로 장래의 현금흐름 자체를 양도할 수 있는 법적 구성이 가능하다면 그러한 자산의 보유자에게 새로운 금융기법을 제공하게 되고 결과적으로 유동화가 촉진될 수 있을 것이다. 유료도로관리권의 유동화에 관하여는 금융감독원 전자공시시스템(DART)에 등록된 노공제일차유동화전문유한회사의 자산유동화계획 참조.

67) 東京地裁昭和 60. 1. 22 ; 東京高裁昭和 57. 7. 15.

권 양도거래에 있어서 걸림돌로 작용할 수 있다.

(3) 장래채권 양도성의 확장

이와 관련하여 국제 거래에서의 채권양도에 관한 UN협약(United Nations Convention on the Assignment of Receivables in International Trade, 이하 '국제채권양도협약')[68]을 검토할 필요가 있다. 동 협약은 양도의 대상인 채권이 양도와 관련된 것으로 개별적으로 또는 그 밖의 방법에 의하여 기술되고, 원계약 체결시(채권발생시)에 양도와 관련된 채권으로 특정될 수 있으면 효력이 있는 것으로 규정하고 있다.[69] 다수의 장래채

68) 유엔총회는 2001년 12월 12일 제85차 본회의에서 동 협약을 채택하고 서명 또는 가입을 위하여 이를 개방하였다. 이는 유엔국제상거래법위원회(United Nations Commission on International Trade Law, UNCITRAL)가 5년여의 기간 동안 작업하여 채택한 초안을 유엔총회에 제출함으로써 유엔총회가 이를 채택한 것이다. 동 협약은 다섯 번째 비준서(ratification), 수락서(acceptance), 승인서(approval) 또는 가입시(accession)가 수탁기관에 기탁된 날로부터 6월이 경과하는 달의 익월 초일에 발효하게 된다(협약 제45조). 2004년 4월 현재 룩셈부르크, 마다가스카르, 미국 3개국이 서명하였다. 동 협약의 원문은 United Nations General Assembly, 56th session, Agenda item 161, A/RES/56/81 (31 January 2002) (http://www.uncitral.org/stable/res5681-e.pdf) 참조 ; 협약의 내용에 관한 상세한 해설에 관하여는 석광현, 국제채권양도협약연구, 법무부 참조.

69) 협약 제8조 제1항 : An assignment is not ineffective as between the assignor and the assignee or as against the debtor or as against a competing claimant, and the right of an assignee may not be denied priority, on the ground that it is an assignment of more than one receivable, future receivables or parts of or undivided interests in receivables, provided that the receivables are described :

(a) Individually as receivables to which the assignment relates ; or

(b) In any other manner, provided that they can, at the time of the assignment or, in the case of future receivables, at the time of conclusion of the original contract, be identified as receivables to which the assignment relates.

권을 양도할 경우에도 개별 채권의 양도를 위하여 새로운 이전행위를 할 필요가 없다.[70] 채권의 등록 시점에 존재하는지의 여부와 관계없이, 하나의 등록은 양도인의 양수인에 대한 하나 또는 그 이상의 기존 또는 장래채권의 양도를 포괄할 수 있다.[71] 특히 채무자를 특정하지 아니하거나 금액을 확정하지 아니한 장래채권의 일괄양도도 가능한 것으로 해석된다.[72]

위에서 본 바와 같이 장래채권의 양도를 폭넓게 인정하는 것이 국제채권양도협약 등 장래채권의 양도성에 관한 입법 및 학설의 세계적인 추세이며 우리나라 학설의 최근 경향이다. 한편, 장래채권 양도거래의 수요 또한 세계적인 추세에 비추어 점차 증가할 것으로 보인다. 따라서 세계적인 입법의 추세와 학설의 경향 및 시장의 수요 등을 반영하여 장래채권의 양도를 폭넓게 인정할 필요가 있고 이를 입법화하는 노력이 필요할 것이다. 적어도 판례가 요구하는 두 번째 요건인 권리발생의 가능성이라는 모호한 요건은 조속히 포기하여야 할 것으로 본다.[73]

70) 협약 제8조 제2항 : Unless otherwise agreed, an assignment of one or more future receivables is effective without a new act of transfer being required to assign each receivable.

71) 협약의 부속서(Annex to the Convention) 제4조 제2항: A single registration may cover one or more assignments by the assignor to the assignee of one or more existing or future receivables, irrespective of whether the receivables exist at the time of registration.

72) 가령 자동차사업으로부터 발생하는 나의 모든 채권을 X에게 양도한다든가, 또는 A, B 및 C국에 있는 나의 고객에 대한 나의 모든 채권을 Y에게 양도하는 것도 가능하다. "Receivables Financing: Analytical Commentary on the draft Convention on Assignment of Receivables in International Trade," United Nations Commission on International Trade Law, 34th session, U.N. Doc. A/CN.9/489 (2001), paras.63, 90 (http://www.uncitral.org/english/sessions/unc/unc-34/acn-489e.pdf) 참조.

73) 김용호, "한국법적 관점에서 본 국제채권양도협약," 국제거래법연구 제12집(2003), 119면.

4. 혼장위험

(1) 자산관리자의 구분관리의무와 혼장위험(commingling risk)

자산관리자는 유동화자산 및 유동화자산을 관리 · 운용 및 처분함에 따라 취득한 금전 등을 그의 고유 재산과 구분하여 관리하여야 한다.[74] 신탁회사가 유동화자산을 관리 · 운용함에 있어서는 신탁법 제30조[75] 단서의 규정에도 불구하고 그 신탁재산이 금전인 경우에도 고유 재산 또는 다른 신탁재산에 속하는 금전과 구별하여 관리하여야 한다.[76] 유동화자산의 구분관리라 함은 유동화자산과 고유 재산을 물리적으로 구분하고 증빙서류를 별도로 보관하여 관리하는 것을 말하며, 금전의 구분관리라 함은 별도의 계정을 설치하여 관리하는 것을 말한다.[77]

한편 민법의 일반 원칙상 수임인은 위임사무의 처리로 인하여 받은 금전, 기타의 물건 및 그 수취한 과실을 위임인에게 인도하여야 하며, 수임인이 위임인을 위하여 자기의 명의로 취득한 권리는 위임인에게 이전하여야 할 의무가 있다.[78] 그러나 이는 수임인의 인도의무를 의미하는 것이지, 그 권리가 바로 위임인에게 법률상으로 귀속한다거나

74) 자산유동화법 제11조 제1항.

75) 신탁법 제30조(수탁자의 분별관리의무) : 신탁재산은 수탁자의 고유 재산 또는 다른 신탁재산과 구별하여 관리하여야 한다. 단, 신탁재산이 금전인 경우에는 고유 재산 또는 다른 타 신탁재산에 속하는 금전과 각각 별도로 그 계산을 명확히 함으로써 족하다.

76) 자산유동화법 제16조 제3항.

77) 자산유동화업무감독규정 제17조 제1항.

78) 민법 제684조 제1항 및 제2항.

위임인에게 당연히 우선권이 인정된다는 의미는 아니다.[79] 다만 자산유동화법은 이에 대한 일정한 예외를 규정하고 있다. 즉, 자산관리자가 파산하는 경우 위탁 관리하는 유동화자산 및 유동화자산을 관리 · 운용 및 처분함에 따라 취득한 금전 등은 자산관리자의 파산재단을 구성하지 아니하며, 유동화전문회사 등은 그 자산관리자 또는 파산관재인에 대하여 유동화자산의 인도를 청구할 수 있다.[80] 이는 화의법에 의한 화의절차 또는 회사정리법에 의한 회사정리절차가 개시된 경우에 준용된다.[81] 또한 자산관리자가 위탁 관리하는 유동화자산 등은 자산관리자의 채권자가 이를 강제집행할 수 없으며, 파산법 · 화의법 또는 회사정리법에 의한 보전처분 또는 중지명령의 대상이 되지 아니한다.[82] 주택저당채권유동화회사법에도 동일한 취지의 규정이 있으며,[83] 한국주택금융공사법도 마찬가지이다.[84]

이러한 규정은 아래에서 보는 "proceeds"의 개념을 정면으로 도입한 것으로 보기는 어렵고, 다만 자산유동화거래와 관련하여 그와 유사한 법률 효과를 부여한 것으로 볼 수 있을 것이다.

79) 석광현, 앞의 자료, 26, 150면.
80) 자산유동화법 제12조 제1항.
81) 자산유동화법 제12조 제2항. 채무자 회생 및 파산에 관한 법률 제정으로 화의법 및 회사정리법이 폐지됨에 따라 본문 중 '화의법에 따른 화의절차 또는 회사정리법에 따른 회사정리절차'에 관한 내용은 '채무자 회생 및 파산에 관한 법률에 의한 회생절차'로 대체한다.
82) 자산유동화법 제12조 제3항. 채무자 회생 및 파산에 관한 법률 제정으로 파산법, 화의법 및 회사정리법이 폐지됨에 따라 본문 중 '파산법, 화의법 또는 회사정리법에 의한 보전처분 또는 중지명령'에 관한 내용은 '채무자 회생 및 파산에 관하 법률에 의한 보전처분 또는 중지명령'으루 대체한다.
83) 주택저당채권유동화회사법 제9조 및 제10조.
84) 한국주택금융공사법 제30조 및 제45조.

(2) 자산유동화거래의 실무와 관련된 문제

1) 거래의 실제

유동화자산 등의 구분관리의 개념과 관련하여 구분의 방식 및 정도에 관하여는 어느 정도 다른 견해가 있을 수 있으나[85] 유동화전문회사를 이용한 확정채권의 단순양도방식의 ABS 거래에 있어서는 유동화자산으로부터의 회수금에 관하여 통상 2일 또는 3일 정도의 혼장(commingling)을 허용하고 있다. 즉, 통상 자산보유자가 자산관리자로서 유동화자산의 회수업무를 수행하게 되는바, 자산관리자는 회수금을 자신의 계좌로 회수한 후 2일 또는 3일 후에 이를 유동화전문회사에 인도하게 된다. 한편 신탁을 이용한 장래채권의 포괄양도 방식의 ABS 거래에 있어서는 자산보유자(originator)의 신용등급에 따라 1개월 이상의 혼장을 허용하는 경우가 많았다.

위와 같이 유동화자산으로부터의 회수금에 관하여 혼장을 허용한 이유는 크게는 다음과 같은 사정에 연유한다. 우선 자산보유자들의 전산 및 결제시스템이 유동화거래에 있어서의 구분관리를 법의 취지에 따라 저렴한 비용의 지출로써 완벽하게 구현할 수 있을 만큼 유동화거래 정합적으로 구축되어 있지 않아 이를 유동화거래에 맞게 시스템을 변경하는 데 많은 비용과 시간이 소요되기 때문에 신속하게 진행되는 유동화거래에 있어서 자산보유자가 단기간 내에 시스템의 변

85) 자산유동화업무감독규정 제17조 제1항은 "금전의 구분관리"를 "별도의 계정을 설치하여 관리하는 것"으로 정의하고 있는바, 그 의미가 반드시 분명하지는 않다. 즉, 별도의 계정이 자산관리자가 내부적으로 설치한 계정을 말하는 것인지, 아니면 은행 등 외부기관에 설치한 계정만을 의미하는지 의문이 있을 수 있기 때문이다. 이에 관하여는 자산유동화 실무연구회, 앞의 책, 357-358면 참조.

경을 추진하기가 실무상 어려운 점이 있었다. 또한 지금까지의 우리나라의 ABS 시장은 자산보유자가 주도하는 시장(originator's market)이었기 때문에 그러한 자산보유자의 사정과 요구를 완전히 무시하기가 어려웠던 점이 있다.

그러나 최근 신용카드회사들의 경영불안 문제가 대두됨에 따라 이러한 실무 운영에 대하여 근본적인 반성을 하게 되었고, 유동화거래에 참여하는 신용평가기관 기타 참여자들이 앞으로는 그와 같은 혼장을 허용하지 않으려는 방향으로 입장을 선회하고 있다.

2) 해결 방안의 모색

이러한 상황하에서 유동화거래 실무에 있어서는 유보금[86)]의 설정 등 기타의 방안도 채택되고 있으나 대체로 다음과 같은 세 가지 방안으로써 그러한 혼장위험에 대처하고자 하는 변화를 보이고 있다.

① 계좌의 분리

이는 채권의 양도인인 자산보유자가 자산관리자로서 유동화자산의 회수업무를 수행하되, 채무자가 직접 유동화전문회사의 계좌로 입금하도록 하는 방안이다. 이는 법의 취지에 가장 부합하는 방식이기는 하지만 앞서 본 바와 같이 전산시스템의 정비가 수반되어야 하는 사항이므로 유동화거래 당시 즉각 시행하기 어려운 실무상의 어려움이 있다. 따라서 유동화거래 관련 계약에서 일정한 유예기간(grace period)을 부여하는 경우가 있다.

---

86) 여기서 말하는 유보금은 매매대금 중 일부를 양도인에게 지급하지 않고 유보하여 두는 것이 아니라 유동화자산으로부터의 회수액으로서 적립한다는 점에서 III.1.(2)2)에서 논의한 유보금과는 성질이 다르다.

② 유동화회수대금채권의 신탁

이는 채권의 양도인인 자산보유자가 자산관리자로서 유동화자산의 회수업무를 제3자에게 위탁하고 있는 경우에 자산관리자가 그 제3자에 대하여 가지는 회수대금의 인도를 청구할 권리를 신탁하고, 그 제3자가 직접 수탁자에게 회수대금을 인도하는 방식이다. 위와 같이 회수대금인도 채권을 신탁함으로써 유동화자산의 회수대금을 자산관리자의 도산위험으로부터 절연시키는 것이다. 다만 이 방식은 자산보유자가 유동화자산의 회수업무를 제3자에게 위탁하고 있는 경우에만 가능하다.

③ 회수계좌에 대한 예금채권의 신탁

이는 유동화자산의 채무자가 자산관리자인 자산보유자의 일정한 계좌로 입금하는 경우 자산관리자가 그 계좌가 개설된 은행에 대하여 가지는 예금반환채권을 신탁하고 그 은행이 직접 수탁자에게 예금을 반환하는 방식이다. 이 방안은 위 ②의 방식과 유사하게 유동화자산의 회수금이 입금되는 예금계좌에 대한 예금반환채권 자체를 신탁함으로써 유동화자산의 회수대금을 자산관리자의 도산위험으로부터 절연시키는 것이다. 이 방식 역시 유동화자산의 채무자가 자산보유자의 일정한 계좌로 입금할 것이 전제가 되어야 한다.

(3) 새로운 개념의 도입 가능성

앞서 본 바와 같이 자산유동화법, 주택저당채권유동화회사법 및 한국주택금융공사법 등 자산유동화 관련 법률은 자산관리자 또는 채권관리자의 구분관리를 전제로 국제채권양도협약상의 대금(proceeds)의 개념에 유사한 법적 효과를 부여하고 있으나 전산시스템의 불비 등 현실적인 이유로 구분관리가 완벽하게 이루어지지 못하고 있는 실정에서 ABS 거래 등 대량 거래에서의 투자자보호를 위하여 유동화자산의 혼장위험에 관한 규정을 재정비할 필요가 있다. 이와 관련하여서는 국제채권양도협약이 채택하고 있는 대금의 개념을 검토할 필요가 있을 것으로 생각된다.

국제채권양도협약은 대금을 채권의 전부 또는 일부 지급이든 또는 기타 채권을 만족시키는 것이든 간에 양도된 채권과 관련하여 수령한 모든 것을 의미하며, 대금과 관련하여 수령한 모든 것을 포함하되 반환된 물품은 포함하지 않는 것으로 정의하고 있다.[87] 대금은 채권의 일종의 '가치변형물' 이라고 할 수 있다.[88] 국제채권양도협약은 양도인이 대금을 수령한 경우 양도인이 양수인을 위하여 대금을 별도로 보관하고, 대금이 양도인의 자산으로부터 합리적으로 특정될 수 있는 때에는 양수인에게 경합하는 권리주장자의 권리에 대하여 우선권을 인정하고 있다.[89] 양수인이 대금에 대해 우선권을 가지는 결과 양도인

87) 국제채권양도협약 제5조(j) : "Proceeds" means whatever is received in respect of an assigned receivable, whether in total or partial payment or other satisfaction of the receivable. The term includes whatever is received in respect of proceeds. The term does not include returned goods.

88) 석광현, 앞의 자료, 25면.

89) 국제채권양도협약 제24조 제2항 : If proceeds are received by the assignor, the right of the assignee in those proceeds has priority over the right of a competing claimant in those proceeds to the same extent as the assignee's right had priority over the right in the assigned receivable of that claimant if :

(a) The assignor has received the proceeds under instructions from the assignee to hold the proceeds for the benefit of the assignee ; and

(b) The proceeds are held by the assignor for the benefit of the assignee separately and are reasonably identifiable from the assets of the assignor, such as in the case of a

의 채권자는 대금에 대해 강제집행을 할 수 없고, 양도인의 파산시에도 대금은 파산재단을 구성하지 않는다.[90] 다만 양수인의 우선권이 인정되기 위해서는 양도인이 양수인을 위하여 대금을 별도로(separately) 보관하고, 대금이 양도인의 자산으로부터 합리적으로 특정될 수 있어야(reasonably identifiable) 하는바, 국제채권양도협약은 그 예로서 현금 또는 증권으로 구성된 대금만을 포함하는 별도의 예금 또는 증권계좌를 들고 있다(such as in the case of a separate deposit or securities account containing only proceeds consisting of cash or securities). 별도의 예금 또는 증권계좌는 하나의 예시인 것으로 보이나 별도 보관의 의미나 합리적인 특정의 기준이 반드시 명백한 것으로 보이지는 않는다. 그러나 대금이 별도로 보관될 것을 요구[91]하고 있는 점에서 대금이 양도인의 자산과 혼장되는 경우까지 우선권을 인정하고자 하는 취지는 아닌 것으로 보인다. 그러한 한도 내에서는 자산유동화법이 자산관리자의 구분관리를 전제로[92] 유동화자산을 관리 · 운용 및 처분함에 따라 취득한 금전 등에 대하여 부여하는 법률적 효과와 유사한 것으로 보인다.

한편 나아가 유동화자산의 대금이 자산보유자의 자산과 혼장되는 경우에 관하여도 일정한 요건하에 우선적인 권리를 부여하는 방안도

separate deposit or securities account containing only proceeds consisting of cash or securities.

90) 이에 대한 해설에 관하여는 석광현, 앞의 자료, 25-27, 147-152면 참조.

91) 다만, 이는 강제규정임을 의미하는 것은 아니고 동 조항에 따라 보호받을 수 있기 위해서는 그러한 요건을 충족하여야 한다는 의미이다.
"Receivables Financing : Analytical Commentary on the draft Convention on Assignment of Receivables in International Trade," United Nations Commission on International Trade Law, 34th session, U.N. Doc. A/CN.9/489/Add.1 (2001), para.42 (http://www.uncitral.org/english/sessions/unc/unc-34/acn-489e-ad1.pdf) 참조.

92) 자산유동화법이 이를 명시적으로 규정하고 있지는 아니하나 관련 조문의 전체적인 취지로 보아 그렇게 해석하여야 할 것이다.

고려할 수 있을 것이다. 이와 관련하여서는 미국 통일상법전(uniform commercial code, U.C.C.) Article 9 [93]에 따른 대금의 개념과 그 취급을 검토할 필요가 있을 것이다. U.C.C.는 proceeds의 정의[94]를 규정한 다음 담보권자(secured party)[95]에게 특정가능한 대금(identifiable proceeds)에 대한 추급권을 인정하고 있다.[96] 즉, 담보권(security interest)[97]은 특정가능한 대금에 대하여도 효력이 미치며, 추적의 방법(method of tracing)에 의하여 특정되는 경우에는 다른 재산과 혼장된 대금도 특정가능한 대금

93) U.C.C. Article 9은 담보거래뿐만 아니라 채권 등의 매매거래에도 적용된다. U.C.C. §9-109(a)(3).

94) U.C.C. §9-102. DEFINITIONS AND INDEX OF DEFINITIONS.
(a) 〔Article 9 definitions.〕
(64) "Proceeds" means the following property :
(A) whatever is acquired upon the sale, lease, license, exchange, or other disposition of collateral ;
(B) whatever is collected on, or distributed on account of, collateral ;
(C) rights arising out of collateral ;
(D) to the extent of the value of collateral, claims arising out of the loss, nonconformity, or interference with the use of, defects or infringement of rights in, or damage to, the collateral ; or
(E) to the extent of the value of collateral and to the extent payable to the debtor or the secured party, insurance payable by reason of the loss or nonconformity of, defects or infringement of rights in, or damage to, the collateral.

95) secured party는 채권 등의 매수인도 포함하는 개념이다. U.C.C. §9-102(a)(72).

96) 이는 proceeds에 대한 물권적 권리(property right, in rem right)를 부여한 것이다. U.C.C. §9-203(f), 9-607(a)(2) 참조. 국제채권양도협약도 마찬가지로 proceeds에 대한 물권적 권리를 인정한 것이다. "Receivables Financing : Commentary Commentary to the draft Convention on Assignment in Receivables Financing (Part II)," United Nations Commission on International Trade Law, 31st session, U.N. Doc. A/CN.9/WG.II/WP.106 (1999), paras.94, 95 (http://www.uncitral.org/english/workinggroups/wg_ıcp/wp-106.pdf) 참조.

97) security interest는 채권 등의 매수인의 권리를 포함하는 개념이다. U.C.C. §9-109(c), §1-201(37).

으로 인정하고 있다.[98] 다만, 추적의 방법에 관하여는 U.C.C. 이외의 다른 법상 허용된 추적의 방법이라는 일반적인 규정을 정하고 있을 뿐 그 구체적인 기준을 명시적으로 정하고 있지는 않다. 추적의 방법에 관하여는 common law tracing principles에 따른다고 한다.[99]

위와 같은 U.C.C.의 접근방식과 유사하게 자산보유자의 자산과 혼장된 유동화자산의 대금에 대하여도 일정한 요건하에 우선적인 권리를 부여하는 방안을 채택하고자 하는 경우에는 먼저 어떠한 경우에 특정가능한 것인가에 대한 검토가 선행되어야 할 것이다.

---

98) U.C.C. §9-315. SECURED PARTY'S RIGHTS ON DISPOSITION OF COLLATERAL AND IN PROCEEDS.

(a) 〔Disposition of collateral : continuation of security interest or agricultural lien; proceeds.〕

Except as otherwise provided in this article and in Section 2-403 (2) :

(1) a security interest or agricultural lien continues in collateral notwithstanding sale, lease, license, exchange, or other disposition thereof unless the secured party authorized the disposition free of the security interest or agricultural lien ; and

(2) a security interest attaches to any identifiable proceeds of collateral.

(b) 〔When commingled proceeds identifiable.〕

Proceeds that are commingled with other property are identifiable proceeds :

(1) if the proceeds are goods, to the extent provided by Section 9-336 ; and

(2) if the proceeds are not goods, to the extent that the secured party identifies the proceeds by a method of tracing, including application of equitable principles, that is permitted under law other than this article with respect to commingled property of the type involved.

99) "Lowest Intermediate Balance Rule (LIBR)" 기타 "tracing"에 관한 구체적인 원칙에 관하여는 Harris J. Diamond, Student Note, "Tracing Cash Proceeds in Insolvency Proceedings Under Revised Article 9," 9 Am. Bankr. Inst. L. Rev.385 (2001) ; William Stoddard, Student Note, "Tracing Principles in Revised Article 9 §9-315(b)(2) : A Matter of Careless Drafting, or an Invitation to Creative Lawyering?," 3 Nev. L. J. 135 (2002) 참조.

5. 1 SPC 1유동화 원칙

자산유동화법 제3조 제2항은 유동화전문회사가 등록할 수 있는 자산유동화계획은 1개에 한하도록 하고 있다. 다만 신탁회사의 경우에는 신탁법 및 신탁업법상 각각의 신탁계정에 속하는 자산을 구분관리하도록 되어 있으므로 각 자산유동화를 위한 각각의 신탁계정마다 자산유동화계획을 등록할 수 있다.

자산유동화법이 위와 같은 "1 SPC 1유동화" 원칙을 채택한 이유는 1개의 유동화전문회사가 다수의 자산유동화계획을 수행하는 경우에는 각 유동화계획에 속하는 자산의 구분관리 등 복잡한 법률 문제가 발생할 수 있고, 또한 그 경우 감독의 필요성이 높아지게 되는바, 자산유동화법 제정 당시에는 유동화에 대한 경험이 축적되지 아니한 점을 고려하여 가능한 한 유동화거래의 구조를 단순화하고자 한 결과이다.[100)]

그러나 머리말에서 살펴본 바와 같이 지금까지 유동화거래의 괄목할 만한 성장에 힘입어 이에 관한 충분한 경험이 축적되었고 감독체계 또한 상당히 정비되었으므로 이제는 동 원칙을 계속 유지할 것인지에 대한 재고가 필요한 시점에 이른 것으로 생각된다. "1 SPC 1유동화" 원칙에 따라 유동화계획의 수행이 완료되면 유동화전문회사는 해산[101)]하여 소멸하게 되고, 새로운 유동화계획을 수행하기 위해서는 유동화계획마다 유동화전문회사를 새로 설립하여야 하는바, 그에 따른 절차가 번거로울 뿐만 아니라 불필요한 비용이 소요되어 경제적이지 않다. 신탁의 경우에 하나의 신탁회사가 복수의 신탁을 설정할 수 있

100) 자산유동화 실무연구회, 앞의 책, 309면.

101) 자산유동화법 제24조.

는바, 유동화전문회사의 경우에도 같은 접근방법을 채택하지 못할 이유는 없을 것이다.[102] 자산유동화법의 "1 SPC 1유동화" 원칙이 채택된 것은 그러한 원칙이 자산유동화거래에 있어서의 논리필연적인 원칙이기 때문이 아니라 구분관리 등의 복잡한 법률 문제를 피하고자 하는 초기 입법정책의 결과일 뿐이라는 점을 고려하여야 할 것이다.[103] 다만 그 경우에는 신탁의 경우와 마찬가지로 자산의 구분관리에 관한 제도적 보완이 이루어져야 함은 당연하다.

또한 master trust[104]의 설정과 관련하여 신탁회사가 유동화계획마다 각각의 신탁계정을 설정하지 않고 하나의 신탁계정으로써 다수의 유동화계획을 수행하는 것이 자산유동화법 제3조 제2항에 따른 1 SPC 1 유동화 원칙에 반하는 것인지에 관한 논란도 자산유동화법에 명시적인 규정을 둠으로써 종식되어야 할 것으로 본다.

---

102) 자산유동화법 초안 작성 당시 현재의 주택저당채권유동화회사나 한국주택금융공사와 같이 복수의 유동화거래를 수행할 수 있는 유동화전문회사 형태도 고려되었으나 본문에서 본 바와 같은 이유로 채택되지 아니하였다.

103) 일본의 "SPC법" 즉, 특정목적회사에 의한 특정자산의 유동화에 관한 법률도 "1 SPC 1유동화" 원칙을 채택하고 있다. 다만 기존의 등록된 자산유동화계획에 기초한 업무가 종료한 경우에 새로운 자산유동화계획(에 관한 변경)등록을 함으로써 유동화업무를 계속하는 것은 가능하다(동법 제11조). 그러나 동시에 복수의 자산유동화를 행하는 것은 허용되지 않는다. 한편 일본의 "특정채권법" 즉, 특정채권 등에 관한 사업의 규제에 관한 법률에 따르면 (특정채권법에 의한) 특정채권 등 양수업자(SPC에 상당)를 설립하면 동시에 복수의 자산유동화가 가능하다. 다만 이 경우에는 실무적으로 "책임재산한정(limited recourse) 특약"을 부가하는 것이 실무라고 한다. 이상은 (일본)자산유동화실무연구회 편, 앞의 책, 276, 289, 290면 참조. 그렇다면 비록 일본의 SPC법이 "1 SPC 1유동화" 원칙을 채택하고는 있지만 이는 자산유동화거래에 있어서 논리필연적인 원칙이라고는 할 수 없을 것이고, 특정채권법과 같이 복수의 유동화를 가능케 할 것인지는 입법정책적으로 정할 수 있는 문제인 것이다.

104) 앞의 주 66 참조.

6. 기타

이상에서 논의한 자산유동화거래와 관련한 주요한 법률적 문제점 이외에도 지금까지 자산유동화거래 실무상 크고 작은 많은 법률적 문제점들이 노정되었다. 이하에서는 그동안 실무상 빈번히 제기된 문제점들 중 상대적으로 중요한 것들을 간단히 소개한다.

(1) 근저당권의 확정과 관련된 문제

자산유동화법, 주택저당채권유동화회사법 및 한국주택금융공사법은 각각 근저당권의 확정절차에 관한 규정을 두고 있다.[105] 동 규정들은 근저당권부 채권의 양도를 위한 전제로서 근저당권의 피담보채권을 확정하기 위하여는 일정한 사항을 기재한 통지서를 내용증명 우편으로 채무자에게 발송할 것을 요구하고 있다. 그런데 저당권부채권의 유동화거래는 통상 채권의 수가 수천에서 수십만 건에 이르는 대량자산의 거래인바, 그러한 통지는 비용 문제는 차치하고라도 반송되는 경우의 처리 등 실무상 매우 번거로울 뿐만 아니라 허다한 법률 문제를 야기하고 있다.[106]

이에 관련하여 피담보채권 원본의 확정 전에 근저당권을 양도할 수 있도록 하는 민법개정이 추진중인바, 그 이전에라도 유동화 관련 법

105) 자산유동화법 제7조의2, 주택저당채권유동화회사법 제6조의2, 한국주택금융공사법 제27조.

106) 이에 관한 구체적인 논의에 관하여는 김재형, "자산유동화에 관한 법률의 현황과 문제점," 금융거래법강의II, 법문사, 2001, 341-345면 ; 김용호, "자산유동화 실무상의 몇 가지 문제," 같은 책, 364-371면 참조.

에서 관련 문제의 해결을 먼저 시도하여 보는 방안도 적극적으로 고려할 수 있을 것으로 본다.

(2) 유동화증권의 종류

유동화증권의 정의와 관련하여 유가증권이 아닌 대출도 자산유동화법상 유동화증권의 개념에 포함될 수 있는지의 여부와 관련하여 논란이 있다. 입법의 의도는 포함하고자 한 것으로 보인다.[107] 그러나 자산유동화법상 유동화증권의 정의가 "증서"를 포함하고 있음에도 불구하고 실무상 금융감독원은 유가증권이 아닌 유동화증권을 인정하고 있지 않다.

이러한 사정으로 말미암아 현재 거래계에서 활발히 행하여지고 있는 ABL(asset-backed loan) 거래는 자산유동화법의 테두리 밖에서 이루어지고 있는 실정이다. 실제로 활발히 행하여지고 있는 거래임에도 불구하고 필요한 보호와 적절한 규제로부터 방치하는 것이 바람직한 것인지는 의문이다. 다양한 형태의 자산유동화거래, 나아가 넓은 의미의 구조화금융(structured financing)을 포섭할 수 있는 방향으로 유동화 관련 법령을 정비하고 이를 해석, 운영하는 것이 바람직할 것으로 생각된다.[108]

---

107) 자산유동화 실무연구회, 앞의 책, 306면 참조.

108) 이러한 형태의 자산유동화거래를 자산유동화법 테두리 내에 포섭하더라도 그러한 거래에 대하여 반드시 현행법상 인정되는 세제상의 혜택을 모두 누리도록 하자는 것은 아니며, 거래의 목적이나 유형별로 조세정책상 세제지원의 필요 여하의 판단에 따라 달리 규율할 수 있을 것으로 본다.

(3) 유동화전문회사의 청산절차 간소화

현행 자산유동화법에서는 유동화전문회사의 청산절차에 대하여는 따로 규정을 두고 있지 않다. 따라서 채권자최고절차 및 2개월 이상의 채권신고기간 등 상법상 유한회사의 청산절차가 그대로 적용되고, 그로 인하여 유동화전문회사의 청산에 필요 이상의 장기간이 소요된다. 그러나 유동화회사는 소위 paper company로서 유동화계획이 정하는 바에 따른 채무만을 부담하는 것이 원칙이므로 장기간의 최고기간을 둘 실익은 크지 않다.

한편 유동화전문회사가 선순위유동화증권의 상환을 완료하고 남은 재산으로써 후순위유동화증권을 상환하기에 부족한 경우에는 형식상 파산절차를 취하여야 하나 후순위유동화증권은 처음부터 상환부족분이 생길 가능성을 염두에 둔 것으로서 법원을 통한 파산절차는 오히려 이해관계자들에게 번거로움만을 가중시키는 면이 있다. 이러한 문제를 해결하기 위하여 경우에 따라 남은 채무를 면제하기도 하나 그 경우에는 그에 따른 조세 문제가 새로 제기되기도 한다.

위와 같은 점들을 고려하면 유동화전문회사의 청산절차를 간소화하는 방향으로 자산유동화법을 개선할 필요가 있을 것이다.

(4) 유동화전문회사의 지배구조

유동화전문회사는 상법상 유한회사로서 최소 자본금은 보통의 상법상 유한회사와 마찬가지로 1,000만 원이다. 유동화증권을 상환한 후의 잔여재산을 확보하기 위하여 자산보유자가 유동화전문회사의 지분을 취득하고자 하나 각종 관련 법령상의 제약으로 극히 일부의 지분만을 인수하는 것이 통상적이다. 그런데 나머지 지분을 인수하기 위한 출자금을 누가 어떻게 조달할 것인가의 문제와 관련하여 미묘한 회계처리 및 조세 문제 등이 야기되고 있어 이를 시정하는 문제가 시급하다.[109)]

또한 유동화전문회사는 소위 paper company로서 실제 업무는 유동화계획이 정하는 바에 따라 업무수탁자가 위탁받아 수행하게 되므로, 이사나 사원총회 등 상법상 회사의 기관으로서의 실제 기능은 형식적인 것에 그친다. 그럼에도 불구하고 자산유동화법상 그러한 기관의 기능을 간소화하기 위한 규정은 극히 일부에 불과하다.[110)] 관련하여 가령 유동화전문회사에 대하여 법인이사를 허용함으로써 업무수탁자가 이사의 기능을 수행하도록 하는 방안[111)] 등을 고려해 볼 수 있을 것이다.

IV. 맺음말

1998년도에 자산유동화제도가 도입된 이래 5년 만에 괄목할 만한

109) 최소자본금을 대폭 인하할 필요성에 대하여는 이미 대체로 공감대가 형성되어 있는 것으로 보인다. 2009년 5월 28일 상법 개정으로 주식회사의 경우 최저자본금 제한이 폐지되었으나 유한회사의 경우에는 최저자본금 제한이 그대로 존재한다.

110) 가령 서면결의를 일반적으로 인정한 자산유동화법 제19조 제1항.

111) 간접투자자산운용업법 제77조는 투자회사의 이사를 자산운용회사인 이사(법인이사)와 감독이사로 구분하고 투자회사로 하여금 법인이사 1인과 감독이사 2인 이상을 선임하도록 함으로써 법인이사를 인정하고 있다. 자본시장과 금융투자업에 관한 법률 제정으로 간접투자자산운용업법이 폐지됨에 따라 간접투자자산운용업법 제77조의 인용은 자본시장과 금융투자업에 관한 법률 제197조로 대체한다.

양적 팽창과 아울러 초기 외국의 거래구조를 모방하던 것에서 벗어나 자산보유자나 투자자 기타 다양한 시장의 요구를 수용하기 위한 각종 구조적 응용이 시도됨으로써 질적인 면에서도 한층 격상되었다고 할 수 있겠다. 최근 신용카드회사의 경영불안 문제의 대두로 자산유동화 거래의 신뢰성에 의문이 제기됨에 따라 ABS의 위기를 맞게 되었지만 한편으로 그간의 양적 팽창과 질적 성장의 경험을 토대로 한 현 제도에 대한 진지한 성찰과 전반적인 재정비의 기회를 얻게 된 것도 사실이다. 따라서 앞서 논의한 사항들을 포함하여 그 외에 현행 제도가 안고 있는 전반적인 문제점에 관한 광범위한 검토를 거쳐 면밀한 개선책을 수립하는 것이 무엇보다도 중요한 시점이라고 할 수 있겠다. 다만 이 과정에서 현행 제도가 가지고 있는 문제점에 지나치게 집착한 나머지 IMF 구제금융으로 대변되는 경제위기 이후 우리나라의 주요한 금융기법의 하나로 자리매김한 자산유동화제도의 역할이나 그 존재의의를 부정하는 우를 범하는 것은 경계하여야 할 것이다. 오히려 차제에 자산유동화법을 좁은 의미의 자산유동화거래만을 규율하는 것이 아니라 시장의 다양한 수요에 응하여 가능한 한 넓은 의미의 구조화금융(structured financing)을 포괄하는 방향으로 개선하는 방안도 적극 검토할 필요가 있을 것으로 본다.

제3장

비등록유동화거래[1]의 실태와 법적 문제[*]

김용호[**] · 이선지[***] · 유이환[****]

I. 서론

1998년 9월 16일 자산유동화에 관한 법률(이하 '자산유동화법')이 공포된 이래 10년이라는 시간이 지났다. 당시 별도의 입법으로 자산유동화거래를 전격적으로 도입하게 된 계기는 IMF 구제금융으로 대변되는 경제위기로부터 발생한 금융기관의 누적된 부실채권을 효율적으로 처리하기 위한 것이었다. 이를 위하여 이전에 자산유동화거래를

* 이 논문은 BFL 제31호(2008. 9)에 게재된 글을 수정 · 보완한 것이다.

** 김 · 장법률사무소 변호사
*** 김 · 장법률사무소 변호사
**** 김 · 장법률사무소 변호사

1) 자산유동화법에 따르지 않은 유동화거래를 의미하며, 자산유동화법에 따른 유동화거래의 경우 그 유동화계획이 금융위원회에 등록됨에 반해 자산유동화법에 따르지 않은 유동화거래의 경우 이러한 등록절차가 없는 점에 착안하여 이 글에서는 '비등록유동화거래'로 칭하기로 한다.

시도하면서 부딪혔던 수많은 법률적 장애를 제거하고자 자산유동화법은 유동화자산과 관련하여 채권양도의 대항요건[2]과 근저당권에 의하여 담보되는 채권의 확정[3] 등에 관한 민법상 특례를 인정하였고, 상법상 유한회사인 유동화전문 유한회사에 대하여 사채발행을 허용하는 한편,[4] 지분권 양도[5] · 이익배당[6] 및 자본변동[7] 등에 관하여 상법상 특례를 규정하고 있다. 한편 진정양도(true sale)의 요건을 규정하는 등 유동화자산의 도산절연을 확실히 하는 장치를 마련함으로써 유동화거래의 안전성을 제고하였다. 뿐만 아니라 등록세 및 취득세의 감면,[8] 농어촌특별세의 면제,[9] 금융자산의 이자수입에 관한 법인세법상 원천징수의 면제,[10] 배당금의 소득공제[11]와 국민주택채권 매입의무의 면제[12] 등 자산유동화법에 의한 유동화거래에 대하여 일정한 세제상의 혜택을 부여함으로써 부실채권의 효율적 처리로 대변되는 자산유동화법의 시대적 사명을 달성할 수 있도록 경제적 유인을 제공하고 있다.

이러한 자산유동화법의 시대적 사명은 1999년도 성업공사[13]를 비롯한 금융기관의 부실채권을 유동화자산으로 한 NPL(Non-Performing

2) 자산유동화법 제7조 참조.
3) 자산유동화법 제7조의2 참조.
4) 자산유동화법 제31조 참조.
5) 자산유동화법 제30조 제1항 및 제2항 참조.
6) 자산유동화법 제30조 제3항 참조.
7) 자산유동화법 제30조 제4항 참조.
8) 조세특례제한법 제119조 제1항 제13호 참조.
9) 농어촌특별세법 제4조 제8의2호 ; 조세특례제한법 제119조 제1항 제13호 참조.
10) 법인세법 제73조 ; 동법 시행령 제61조 제2항 및 제111조 제3항 참조.
11) 법인세법 제51조의2 참조.
12) 자산유동화법 제36조의2 참조.
13) 현재의 한국자산관리공사를 말한다.

Loan) 유동화거래 및 2000년도 투자신탁계정 또는 금융기관의 고유계정이 보유한 회사채를 유동화자산으로 한 CBO(Collateralized Bond Obligation)를 통하여 성공적으로 달성된 것으로 평가된다. 그후 발행시장 CBO(primary CBO) 상품이 개발되어 2000년도 회사채시장의 침체로 인해 자신의 신용으로는 회사채를 발행하기 어려워 자금조달에 큰 곤란을 겪고 있던 일반기업의 자금조달에 기여하였고, 2001년도 신용카드채권 및 매출채권 등의 장래채권을 기초자산으로 한 유동화거래가 활성화됨으로써 자산유동화거래는 부실채권의 처리라는 시대적 사명을 넘어 기업의 효율적 자금조달의 수단을 제공하는 주요한 금융기법의 하나로 자리매김해 오고 있다.

그러나 이러한 자산유동화법에 따른 유동화거래(실무상 '자산유동화거래'라고 칭하나, 이 글에서는 자산유동화법에 따르지 않은 유동화거래와 구별하기 위하여 이하 '등록유동화거래'로 칭하기로 한다)는 자산유동화법의 규정과 감독당국의 지도기준(guideline)에 의해 자산보유자 자격, 기초자산의 종류, 유동화증권의 종류, 거래구조 등의 측면에서 일정한 제약이 존재할 뿐만 아니라 유동화계획과 자산양도 등록절차 등 일정한 절차적인 요건을 충족하여야 하므로 거래계의 다양한 구조화금융(structured finance) 요구들을 모두 수용하기에 분명 한계가 있다. 특히 부실자산의 처리와 기업의 자금조달이라는 시대적 사명을 구현하기 위하여 제정된 자산유동화법은, 차익거래(arbitrage)를 통한 거래이익의 향유 또는 신용위험(credit risk)의 회피 등 금융기관들의 다양한 구조화금융거래의 유인 및 시장의 요구를 모두 구현하기에 부족한 것이 사실이다.

이러한 등록유동화거래의 내재적 한계를 극복하기 위하여 자산유동화법에 따르지 않은 유동화거래(이에 대하여 현재 실무계에서 통용되는 통일된 용어가 없는바,[14)]이하 '비등록유동화거래')가 출현하게 되었고, 이러한 비등록유동화거래는 차익거래와 같은 거래계의 다양한 구조화금융 요구를 현실화시키면서 양적 팽창과 함께 구조적 진화를 계속하고 있다.

이하에서는 i) 먼저 그동안 국내 금융시장에서 이루어졌던 비등록유동화거래의 실태를 살펴보고, ii) 이러한 비등록유동화거래가 출현하는 원인이 되었던 등록유동화거래가 가지고 있던 한계를 짚어 본 후, iii) 이러한 한계를 극복하기 위한 대안으로 국내 금융시장에 출현하였던 여러 형태의 비등록유동화거래의 구조를 소개하고 iv) 이러한 비등록유동화거래에 대한 법적 · 실무적 문제점을 검토하기로 한다.

II. 비등록유동화거래 실태

그동안 국내 금융시장에 출현했던 비등록유동화거래를 유형별로 살펴보면 i) 먼저 자금조달의 방식에 따라 자산담보부대출거래(Asset Backed Loan, 이하 'ABL거래')와 자산담보부기업어음거래(Asset Backed Commercial Paper, 이하 'ABCP 거래')로 나눌 수 있고, ii) 유동화회사(Special Purpose Company, 이하 'SPC')의 법적 형태에 따라 주식회사에 의한 유동화거래와 유한회사에 의한 유동화거래로 구분될 수 있으며, iii) 유동화거래의 반복 여부에 따라 단일유동화거래를 전제로 하는 경우와 복수의 유동화거래를 전제로 하는 경우(이른바 ABCP Program)로

14) 이를 '비정형유동화'라고 칭하는 이도 있다. 강희철/장우진/윤희웅, "자산유동화법에 의한 자산유동화의 한계와 이를 극복하기 위한 수단으로서의 비정형유동화에 관한 고찰," 증권법연구 제4권 제1호(2003), 1면 참조.

나뉠 수 있고, iv) 기초자산의 유형에 따라 부동산PF대출채권 등 부동산개발사업 관련채권의 유동화거래, 신용디폴트 스왑계약(CDS, Credit Default Swap) 또는 신용연계사채(CLN, credit linked note) 등 신용파생거래에 기초한 유동화거래, 기타 일반사채 또는 대출채권을 기초자산으로 하는 유동화거래 등으로 구분할 수 있을 것이다.

등록유동화거래와 달리 비등록유동화거래의 경우, 거래사실이나 규모가 직접적으로 공시되지 않아 정확한 실태나 현황을 파악하기 어렵다. 다만, 비등록유동화거래에서 발행되는 증권 중 신용등급이 부여되는 경우에는 신용평가사의 신용평가내용 공시 등에 기하여 발행규모를 간접적으로 가늠해 볼 수 있으나, 신용등급이 부여되지 않는 경우에는 전체발행규모에 대하여 대강의 실태를 가늠하기도 어려운 것이 현실이다. 이 항목에서는 등록유동화거래에서 발행된 유동화증권과 비등록유동화거래를 통하여 발행된 유동화증권의 현황을 살펴보고, 그에 기초하여 국내 비등록유동화거래를 통한 유동화증권 발행시장의 추이를 살펴보도록 한다.

1. ABCP 발행현황

2007년 말 현재 전체 유동화증권의 발행금액 중 비등록유동화거래로 발행된 유동화증권은 발행금액 기준으로 58.1%에 이르며, 발행건수 기준으로는 무려 73.9%에 달한다. 발행금액의 추이를 보면 2005년에는 비등록유동화거래로 발행된 유동화증권이 전체 자산유동화증권의 26.9% 수준이던 것이 2006년에는 39.1%, 2007년에는 58.1%에 이르러 전체 자산유동화증권의 절반을 상회하는 수준에 이르렀다.

이와 같이 비등록유동화거래의 증가 요인을 보다 구체적으로 살펴

〈표 1〉 전체 자산유동화증권 및 ABCP 발행실적[15)]

구분	2005	2006	2007	2006 1H	2006 2H	2007 1H	2007 2H
발행금액(억 원) ABS*	187,702	145,888	112,128	69,676	76,212	52,645	59,483
ABS/ABCP**(A)	26,717	32,100	26,117	17,190	14,910	6,682	19,435
ABCP(B)***	78,719	114,477	191,383	50,964	63,513	81,737	109,646
Total	293,138	292,464	329,628	137,830	154,635	141,064	188,564
B/Total	26.9%	39.1%	58.06%	37.0%	41.1%	57.94%	58.14%
발행건수(개) ABS	184	130	69	74	56	36	33
ABS/ABCP (A)	14	20	11	11	9	5	6
ABCP (B)	93	160	227	69	91	104	123
Total	291	310	307	154	156	145	162
B/Total	31.9%	51.6%	73.9%	44.8%	58.3%	71.7%	75.9%

* 수익증권형태로 발행되는 한국주택금융공사의 MBS와 SLBS 및 2007년 11월 Liquidity-Limited가 발행한 Series 3 FTD CLN 2,000만 US$ 등은 ABS에 포함.

** 자산유동화법상 ABS가 발행된 후 ABCP가 차환발행된 경우를 의미.

*** 상법상 주식회사 또는 유한회사를 통해 ABCP만 발행되는 경우를 의미.

보면, i) 2005~2007년 지속적으로 호황을 유지하여 온 부동산 경기와 맞물려 시행사가 부동산PF대출채권의 유동화[16)]를 통하여 자금을 조달하는 사례가 급속히 증가하였으나, 금융감독당국에서 부동산PF대출채권을 기초로 자산유동화법상의 유동화를 진행하는 것에 대하여 부정적인 입장[17)]을 견지함으로써 부동산PF대출채권 유동화거래가

15) 이 자료는 문현근, "2007년 ABCP 및 PF Loan 유동화시장 분석 (1)," Credit Rating Weekly(2008. 2. 25), 한국신용평가(주), 15면 [표 1]의 내용 중 이 글의 목적에 따라 일부분을 발췌 · 인용하였다.

16) 부동산개발사업의 시행사인 차주에 대한 대출채권을 기초자산으로 하여 유동화증권을 발행하는 것으로 의미한다.

17) 금융감독당국은, 부동산PF대출채권에 대한 유동화의 경우, 아래 III. 5.에서 언급한 입장 이외에도 그 유동화사채가 공모로 발행될 경우에는 i) 유동화증권 발행 시점에 사업

〈표 2〉 ABCP 발행회사별 구성[18)]

구분	2005	2006	2007	2006 1H	2006 2H	2007 1H	2007 2H
발행금액(억 원)							
유동화전문유한회사	26,717	32,100	26,117	17,190	14,910	6,682	19,435
상법상유한회사	23,046	33,590	14,219	18,894	14,696	10,824	3,395
상법상주식회사	55,673	80,887	177,164	32,070	48,817	70,913	106,251
Total	105,436	146,557	217,500	68,154	78,423	88,419	129,081
상법상SPC/Total	74.7%	78.1%	88.0%	74.8%	81.0%	92.4%	84.9%
발행건수(개							
유동화전문유한회사	14	20	11	11	9	5	6
상법상유한회사	36	54	26	27	27	19	7
상법상주식회사	57	106	201	42	64	85	116
Total	107	180	238	80	100	109	129
상법상SPC/Total	86.9%	88.9%	95.4%	86.3%	91.0%	95.4%	96.3%

대부분 비등록유동화거래로 이루어진 점, ii) 이러한 부동산PF대출채권 등의 자산은 기존의 소매금융자산에 비하여 채권양도 대항요건 등 자산유동화법상의 특례규정에 대한 의존도가 감소하여 등록유동화거래구조를 선택할 필요성이 줄어든 점, iii) 시장의 거래참여사들이 장 · 단기 금리차를 향유하고자 하는 차익거래의 목적으로 유동화거래를 활용하게 되면서 적절한 시점의 신속한 유동화증권의 발행과 거래비용의 최소화를 추구하게 된 점 등이 비등록유동화거래를 통한 ABCP발행의 계속적 증가추세의 원인으로 분석된다.

〈표 2〉에서 보듯, 비등록유동화거래에 의한 ABCP를 발행하는 상법상 회사의 형태는 유한회사와 주식회사가 모두 이용되고 있으나, 상

부지가 확보되어 있을 것, ii) 가까운 시일 내에 공사에 대한 인허가를 취득할 수 있을 것 등을 자산유동화계획등록의 승인조건으로 하고 있는 것으로 알려지고 있다.

18) 이 자료는 문현근, 앞의 논문, 18면 [표 5]를 인용하였다.

법상 주식회사가 발행주체가 되는 경우가 압도적으로 많다. ABCP의 발행회사가 주식회사가 되는 경우 및 유한회사가 되는 경우의 차이점은 별도 IV. 1 .에서 살펴보기로 한다.

2. conduit을 통한 ABCP 발행현황

일정한 자산을 기초로 ABCP를 발행하는 비등록유동화거래 중에는 추가 자산매입을 통한 추가시리즈의 ABCP 발행이 예정되어 있는 ABCP Program이 있다. 2007년 말 현재 이러한 ABCP Program을 실행하기 위하여 설립된 conduit은 20여 개에 이르나 이 중 3개의 conduit은 발행하였던 ABCP의 상환이 완료되어 추가발행이 중단된 상태이므로 실제 활동 중인 conduit은 17여 개에 이른다.

이들 국내 ABCP Program 설정현황은 〈표 3〉과 같으며, 이 표에 따르면 2007년 말 현재 이들 conduit이 발행한 ABCP 발행총액은 8조 3,000억에 이른다.[19] 한편 conduit이 ABCP발행시장에서 차지하는 비중은 2005년 24.9%를 기록한 이후 2006년과 2007년 각 23.1%와 22.0%를 기록하여 완만한 하락세를 나타내고는 있으나, 발행액 측면에서는 높은 성장세를 유지하고 있다.[20]

19) 문현근, 앞의 논문, 20면.
20) 문현근, 앞의 논문, 20면.

〈표 3〉 국내 ABCP프로그램 설립현황[21)]

(단위 : 억 원)

명칭	설립시기	프로그램관리자	기초자산	시리즈 수*	최종만기**	발행금액***
골**(주)	2003. 6.	(주)**은행	회사채, ABS, PF Loan	17/24	2021. 12. 29.	21,144
(주)에**	2004. 8.	**증권(주)	금전채권	0/1	-	-
미**(주)	2004. 8.	(주)**은행	회사채, ABS, PF Loan	8/10	2010. 7. 31.	5,936
(주)스**	2004. 11.	**회	대출채권	1/1	2010. 10. 13.	675
디**(주)	2004. 12.	**증권(주)	대출채권	0/2	-	-
프**(주)	2005. 3.	**은행	회사채, ABS	3/5	2008. 9. 23.	2,722
제**(주)	2005. 5.	**증권(주)	대출채권	4/4	2008. 12. 10.	4,050
아**(주)	2005. 7.	**회	회사채, ABS, PF Loan	11/12	2019. 9. 16.	7,115
마**(주)	2005. 7.	**증권(주)	회사채, PF Loan	4/7	2013. 1. 4.	1,509
(주)라**	2005. 8.	**증권(주)	PF Loan	0/2	-	-
(주)체**	2005. 11.	**증권(주)	회사채, ABS	3/3	2009. 12. 31.	1,550
퍼**(주)	2006. 3.	**증권(주)	회사채, PF Loan	2/2	2011. 12. 8.	2,975
우**(주)	2006. 6.	(주)**은행	회사채, ABS	5/5	2010. 7. 23.	5,360
마**(주)	2006. 11.	**증권(주)	회사채, ABS, PF Loan	2/3	2011. 2. 27.	1,031
마**(주)	2006. 12.	**증권(주)	CD	1/1	2009. 6. 26.	1,100
굿**(주)	2007. 3.	**증권(주)	ABS	1/1	2010. 7. 26.	1,030
아**(주)	2007. 8.	(주)**은행	ABS, PF Loan	4/4	2014. 12. 28.	6,729
빅**(주)	2007. 9.	**증권(주)	회사채, CD	6/6	2010. 11. 8.	14,650
그**(주)	2007. 11.	**증권(주)	회사채	4/4	2010. 12. 6.	5,300
우**(주)	2007. 12.	(주)**은행	FTD CDS 계약	2/2	2011. 6. 28.	520
합계	-	-	-	78/99	-	83,396

* 시리즈 설정 개수 대비 현재 잔존하고 있는 시리즈 비율.
** conduit 내 각 시리즈에서 발행한 ABCP 중 잔존만기가 가장 긴 ABCP의 만기일 또는 유동화자산의 만기일을 표시한 것.
*** 현재 시점에서 conduit 내 모든 시리즈가 발행한 ABCP의 발행한도를 합산한 금액.

21) 이 자료는 문현근, 앞의 논문, 19면 [표 6]을 인용하였다.

III. 등록유동화거래의 한계

1. 발행절차 및 일정상의 제약

자산유동화법은 유동화를 위한 여러 가지 법률적 특례를 부여하는 대신, 유동화증권의 발행을 위하여 일정한 절차를 거치고 일정한 방식으로 사후 관리할 것을 요구하고 있다. 즉 자산유동화법에 따르면, 유동화전문회사 등은 일정 사항을 포함한 자산유동화계획을 금융위원회[22]에 제출하여야 하며, 금융위원회로부터 자산유동화계획이 승인된 후 자산보유자 등은 유동화자산의 양도 또는 신탁 등에 대하여 금융위원회에 자산양도(신탁)등록을 제출하여야 한다. 따라서 등록유동화거래의 경우 통상 유동화계획 등록신청부터 유동화증권발행까지는 유동화증권 사모발행의 경우 약 14~15일 정도, 유동화증권 공모발행의 경우에는 약 19~20일 정도가 소요된다.[23]

22) 자산유동화법 제38조에 따라 금융위원회는 자산유동화계획의 등록 · 자산양도의 등록 및 등록서류 등의 공시 업무의 전부 또는 일부를 금융감독원장에게 위탁할 수 있으며, 자산유동화업무감독규정에 따라 이들 업무는 금융감독원장에게 위탁되어 있다.

23) 자산유동화업무규정 제7조 제1항에 따르면 자산유동화계획의 등록신청에 대하여 금융위원회는 등록신청서 제출일로부터 10영업일 이내에 자산유동화계획의 승인거부 또는 수정요구를 하면 되기 때문에 실무적으로는 통상 유동화계획 등록일로부터 10영업일 이후에 자산유동화계획에 대한 승인을 받게 되고 유동화사채가 사모로 발행되는 경우에는 유동화계획의 승인 당일에, 공모로 발행되는 경우에는 유가증권신고서를 제출하고 그로부터 5일 이후에 자산양도(신탁)등록절차를 진행하고 유동화증권을 발행하게 된다. 또한 자산유동화계획을 금융위원회에 제출한 이후에 관련 계약서조건의 변경으로 인하여 관련 계약서에 대한 수정계약이 체결되어야 하고, 그러한 수정내용이 이미 제출한 자산유동화계획에도 반영되어야 하는 경우에는 자산유동화계획에 대한 변경계획을 금융위원회에 제출하여야 하고, 금융위원회가 변경계획에 대한 승인 또는 거부 · 수정요구를 해야 하는 기한은 원칙적으로 그 변경계획의 제출일로부터 다시 10영업일이 계산된다.

자산유동화법에서 위와 같은 유동화계획 및 자산양도(신탁)의 등록 절차를 요구하고 그 과정에서 감독당국의 검토와 수정요구 및 거부 권한을 인정한 것은 자산유동화거래의 투명성을 제고하여 투자자를 보호한다는 측면에서 필요한 것임을 부인할 수 없으나, 신속하게 유동화거래를 진행시키려는 거래당사자들의 의도에 부합하지 않는 경우가 많은 것이 현실이다. 특히 시장의 상황에 따라 유동화증권의 발행금리 · 스왑금리변동 및 투자자들의 수요가 급격히 변동할 수 있다는 점을 감안할 때, 등록유동화거래를 위해서는 자산유동화거래 개시 시점부터 거래종결까지 상당한 기간이 요구된다는 점은 거래당사자들의 입장에서 볼 때 유동화거래의 중요한 장애요인이 되는 경우가 많다.

2. 단일유동화계획 원칙에 따른 제약

자산유동화법은, 하나의 유동화전문회사가 등록할 수 있는 자산유동화계획은 1개에 한한다고 명시하여 유동화전문회사에 대하여 단일유동화계획의 원칙을 고수하고 있다.[24] 이러한 입법태도는 1개의 유동화전문회사가 다수의 자산유동화계획을 수행하는 경우에는 각 유동화계획에 속하는 자산의 구분관리 등 복잡한 법률문제가 발생할 수 있고, 그 경우에는 감독의 필요성이 높아지는 점을 고려하여 유동화구조를 가능한 한 단순화하고자 하는 데 기인한 것으로 설명되고 있다.[25]

24) 자산유동화법 제3조 제2항 참조. 다만 자산유동화법 개정작업과 관련하여 이러한 단일 유동화계획원칙을 수정하는 방안이 논의되고 있다.

25) 자산유동화 실무연구회, 금융혁명 ABS, 한국경제신문사, 1999, 309면.

이러한 단일유동화계획 원칙으로 말미암아 거래 당사자들은 개별 유동화거래시마다 별도로 유동화회사를 설립하여야 하는데, 이 경우 자본금 등의 설립비용이 발생하고 현실적으로 매번 새로운 사원 및 이사를 물색하는 데 어려움이 있으므로 당사자들 입장에서는 하나의 유동화회사를 설립하고 그 회사를 통하여 반복적으로 유동화자산을 취득하고 특정 유동화자산과 대응되는 유동화증권을 발행하는 구조의 구현이 가능하다면 그러한 구조를 선호할 수밖에 없다.

3. 자산보유자 자격의 제한

자산유동화법은 자산유동화법에 따른 자산유동화구조를 이용할 수 있는 자산보유자의 자격을 제한하고 있다.[26] 이와 같이 자산유동화법상 자산보유자의 요건을 제한하여 놓은 취지는 자산유동화법이 규제법이 아닌 지원법적 성격을 갖고 있어 이 법의 적용을 받고자 하는 자에게 세제감면 등 여러 혜택을 부여하고 있는바, 이러한 혜택을 일반기업에게까지 확대 인정할 경우 탈세목적의 양도 등으로 악용되어 사

---

26) 자산유동화법 제2조 및 동법 시행령 제2조에 의하면 자산보유자의 자격은 은행법에 의한 은행, 보험업법에 의한 보험사업자, 증권거래법에 의한 증권회사 등의 금융기관 · 한국자산관리공사 · 한국토지공사 · 예금보험공사 등의 공공기관 및 신용도가 우량한 법인으로서 금융위원회가 미리 정하는 기준으로 당해 법인이 보유하는 자산에 대하여 자산유동화의 필요성이 있다고 금융위원회가 인정하는 일반법인으로 한정되며, 자산유동화감독규정 제2조에 따르면, 이러한 금융위원회가 인정하는 일반법인 역시 증권거래법 제3조에 따른 금융위원회 등록법인으로 자산유동화계획 등록신청서 제출일로부터 1년 이내에 일정한 신용평가회사로부터 투자적격의 평가등급을 받은 법인 · 주권상장법인 또는 코스닥상장법인 등 일정한 요건을 갖출 것이 요구된다. 2009년 2월 4일 자본시장과 금융투자업에 관한 법률 제정으로, 금융위원회가 인정하는 일반법인이 구증권거래법 제3조에 따른 '금융위원회 등록법인' 이어야 하는 요건은 삭제되었다.

회적 혼란을 야기할 우려가 있다는 것에서 비롯된 것으로 이해되고 있으며,[27] 이러한 취지는 충분히 공감할 만한 측면이 있는 것으로 생각된다.

그러나 한편으로 자산유동화는 자산보유자의 신용이 아니라 유동화자산의 가치에 기초하여 자금을 조달하는 기법이므로 당해 기업의 신용등급에 따라 자산보유자의 범위를 제한하는 것은 자산유동화제도의 취지에 부합하지 않고, 투자적격이 아닌 등급의 회사는 회사채 발행 또는 차입이 어렵거나 더 높은 조달비용을 지불하여야 하므로 자산유동화를 통하여 자금을 조달할 필요성이 더욱 크다는 측면에서 자산유동화법상 자산보유자의 범위가 확대되어야 한다는 비판도 존재한다.[28]

현행 자산유동화법하에서는 자산보유자의 자격을 갖추지 못한 일반법인들은 등록유동화거래에의 접근 자체가 차단되어 있으므로 이러한 법인들이 보유자산을 기초로 구조화금융거래를 도모하기 위하여는 필연적으로 비등록유동화거래구조를 선택할 수밖에 없다.

4. 합성유동화(Synthetic ABS) 거래구조의 제한

최근 채권을 가진 금융회사가 자금조달목적보다 신용위험의 관리를 위하여 채권과 관련된 신용위험을 제3자에게 이전하고자 하는 거래가 활발히 이루어지고 있다. 이는 채권을 매각하는 경우 채무자에게 대항요건을 갖추는 데 소비되는 시간과 비용을 절감할 수 있고, 포

27) 자산유동화 실무연구회, 앞의 책, 302면.

28) 황인석, ABS의 최근 현황과 과제, 고려대학교 법학연구원, 2004, 5면 ; 김재형, "자산유동화에 관한 법률의 현황과 문제점," 인권과 정의 제293호(2001. 1), 90면.

트폴리오를 그대로 유지함으로써 얻을 수 있는 이익을 누리면서 그로부터 발생하는 신용위험만 분리하여 관리할 수 있다는 장점이 있다.[29)]이러한 배경에서 기초자산의 이전 없이 신용위험만 거래상대방에게 이전하는 내용의 신용파생거래가 최근 증가하는 추세에 있다.

이러한 신용파생거래를 자산유동화구조에 접목시키기 위해서는 유동화회사가 보장매도자(protection seller)로서 보장매입자(protection buyer)와 신용디폴트 스왑계약[30)]을 직접 체결하는 것이 통상적인 형태의 합성CDO(synthetic CDO) 구조이지만, 이는 자산취득의 방법을 양도 · 신탁 등으로 한정하고 있는 현행 자산유동화법상 허용되지 않는 것으로 해석된다. 다만, 2005년 5월 유동화회사가 제3자가 보장매도자로서 체결한 신용디폴트 스왑계약을 담보자산과 함께 이전받는 방식으로 합성CDO를 등록유동화거래를 통하여 발행한 사례가 있다.[31)] 그러나 금융감독당국은 해당 거래 1건 이후 유사한 구조로 합성CDO를 발행하는 것을 허용하지 않고 있는데, 이는 유동화전문회사가 신용디폴트 스왑계약상 보장매도의무를 부담하는 것은 자산유동화법상 한정적으로 열거되어 있는 유동화전문회사의 업무범위[32)]에 포함되는 것으로 볼 수 없다는 해석 등의 이유에 기반한 것으로 이해되고 있다. 이러한

29) 김범석, 파생상품을 이용한 자산유동화 활성화방안, 한국상장회사협의회, 2004, 207면.

30) 특정 신용위험(준거기업)에 대하여 보장매입자가 보장매도자에게 프리미엄을 지불하고 보장매도자는 신용사건 발생시 신용위험에 따른 손실을 보장매입자에게 보상해 주는 위험이전계약을 말한다.

31) 김필규, "신용파생상품 활성화를 위한 제도개선 방안," BFL 제14호(2005. 11), 서울대학교 금융법센터, 42면 이하 참조.

32) 자산유동화법 제22조(업무)는 유동화전문유한회사가 행하는 업무를 1. 유동화자산의 양수, 양도 또는 다른 신탁회사에의 위탁, 2. 유동화사산의 관리, 운용 및 처분, 3. 유동화증권의 발행 및 상환, 4. 자산유동화계획의 수행에 필요한 계약의 체결, 5. 유동화증권의 상환 등에 필요한 자금의 일시적 차입, 6. 여유자금의 투자, 7. 제1호 내지 제6호의 업무에 부수하는 업무로 한정하고 있다.

자산유동화법의 규정과 감독당국의 해석에 따라 신용파생거래를 이용한 다양한 형태의 유동화거래들은 대부분 비등록유동화거래를 통하여 실현되고 있다.

5. 감독당국의 입장

앞서 살펴본 바와 같이, 자산유동화법에 의한 유동화에 대하여 금융위원회 및 금융감독원은 일정한 사유가 있는 경우[33] 자산유동화등록을 거부하거나 변경을 요구할 수 있으므로 유동화거래에 대한 금융감독당국의 지도기준은 거래당사자들에게 매우 중요한 의미를 지닌다. 자산유동화법이나 관련 규정에 명시되어 있지는 않으나 금융감독당국이 유동화거래와 관련하여 요구하고 있는 사항들이 실무적으로 존재하며, 그러한 사항들이 자산유동화법에 의한 유동화를 진행하는데 제약조건이 되는 경우가 종종 있다. 이러한 금융감독당국의 입장 중에서 실무적으로 주요한 사항으로는 다음과 같은 것들이 있다.

(1) 50%룰

금융감독당국은 자산보유자가 후순위사채의 인수 · 신용공여 · 담보책임의 부담 등 어떠한 형태로든 양도된 유동화자산의 위험에 대하여 50% 이상 부담하는 것을 엄격히 제한하고 있으며, 이러한 제한을 위반하는 경우 자산유동화법 제13조상의 이른바 진정양도 요건을 충족하지 못한 것으로 보고 있다.

33) 자산유동화법 제5조 제1항 각 호 참조.

(2) 주식유동화의 제한

자산유동화법상 유동화자산에 대하여 특별한 제한을 두고 있지 아니하나,[34] 금융감독당국은 주식을 주된 유동화자산으로 하는 자산유동화는 허용하고 있지 않다. 이는 주식은 이미 유동화된 것으로 볼 수 있고, 주식유동화를 허용할 경우 유동화회사를 통한 주식의 위장분산으로 기업지배구조가 왜곡될 우려가 있다는 점 등에 기인한 것으로 보인다. 그러나 공적 자금 회수를 위한 것이거나 금융산업 구조조정의 필요가 있는 경우와 부실채권 처리를 위한 유동화거래에서 주된 자산에 일부 주식이 포함되어 있는 경우 등과 같이 불가피한 사정이 있는 때에는 예외적으로 주식유동화를 허용하고 있다.[35]

(3) 단일자산유동화의 제한

금융감독당국은 부동산개발사업을 위한 대출채권과 같이 단일유동화자산을 기초로 한 자산유동화도 제한하고 있다. 이는 자산유동화거래는 유동화자산의 집합(pooling)으로부터 유동화증권 상환을 위한 현금흐름이 창출되는 것을 전제로 하는데, 단일유동화자산을 기초로 하는 유동화의 경우에는 단일자산으로부터의 현금흐름이 그대로 유동화증권 상환에 사용되므로 자산유동화법상 내재되어 있는 기본적인 유동화의 개념에 부합하지 않는다는 입장에 기인한 것으로 보인다.

34) 자산유동화법상 유동화자산이라 함은 자산유동화의 대상이 되는 채권 · 부동산 기타의 재산권을 말한다(자산유동화법 제2조 제3호).

35) 출자전환된 주식이 포함된 유동화자산을 기초로 등록유동화거래를 한 사례로는 2004년 11월에 자산유동화계획등록이 이루어진 우리에스비 제2차유동화전문유한회사 등을 들 수 있다.

(4) 일정기간 자산보유 요건

금융감독당국은 자산유동화법상의 자산유동화를 위한 유동화자산은 자산보유자에 의해 일정기간 보유되고 있는 자산이어야 한다는 입장을 견지하고 있는 것으로 이해되고 있다. 이러한 제한을 두지 않을 경우, 자산유동화법상 자산보유자 자격요건을 갖추지 못한 자가 자격요건을 갖춘 자를 통하여 유동화회사에 양도하는 방식으로 동 제한을 잠탈할 가능성이 높아지며, 당해 자산유동화거래만 위해서 이른바 브리지론(bridge loan)을 일으킨 후 이를 바로 유동화회사에 양도하는 경우 등 실질적으로 자산을 보유하고 있지 않은 자가 단지 자산유동화법상의 혜택을 이용하기 위하여 자산을 생성하는 것은 자산유동화법의 취지에 반한다는 견해에 기인한 것으로 보인다.

6. 기업구조조정촉진법의 적용

기업구조조정촉진법 제2조 제1호 및 동법 시행령 제2조 제5호에 따르면, 자산유동화법에 따른 유동화전문회사도 기업구조조정촉진법상 채권금융기관의 범주에 포함된다. 만약 유동화자산의 채무자가 기업구조조정촉진법상의 부실징후기업에 포함된다면 유동화회사 역시 기업구조조정촉진법상 각종 절차에 구속을 받는다. 이러한 점 때문에 자산유동화거래를 통하여 자산보유자의 도산위험을 절연하고자 하는 당사자의 의도를 완벽하게 실현하기 어려우므로 특히 채무자의 신용도가 높지 않아 부실징후기업으로 지정될 가능성이 높은 경우에는 등록유동화거래구조의 선택을 주저하게 만드는 요인이 될 수 있다.

IV. 비등록유동화거래의 구조

앞서 논의한 바와 같이, 비등록유동화거래구조는 유동화회사의 법적 형태에 따라 유한회사를 통한 거래와 주식회사를 통한 거래로 나눌 수 있고 자금조달방식에 따라 ABL거래와 ABCP거래로 나눌 수 있다. 아래에서는 i) 유동화회사 법적 형태와, ii) 일반적인 형태의 ABL거래구조를 먼저 살펴본 후, ABCP거래 중 iii) 기초자산별로 구분할 경우 가장 많은 비중을 차지하는 부동산PF대출채권을 기초로 한 유동화거래 구조, iv) conduit을 통한 ABCP Program의 구조 및 v) 최근 거래빈도 및 거래수요가 증가하고 있는 신용파생거래를 연계한 유동화거래구조에 대하여 구체적으로 살펴보기로 한다.

1. 유동화회사의 법적 형태

유동화회사가 유한회사의 형태를 취할 경우에는 i) 상법상 최소자본총액이 1,000만 원에 불과하므로, 5,000만 원의 최소자본금이 필요한 주식회사에 비하여 설립비용이 적게 소요되며, ii) 상법상 유한회사의 경우에는 주식회사와 달리 정관에 정하는 바에 따라 각 사원의 의결권, 배당 및 잔여재산의 배분에 있어 차별적 취급이 가능하여[36] 유동화회사의 지분구조를 설계하는 데 유연성이 부여될 뿐 아니라, iii) 이사회 및 주주총회의 서면결의가 인정되지 않은 주식회사와 달리 사

36) 상법 제575조, 제580조 및 제612조 참조. 예를 들어 정관상 회사가 출자지분의 종류를 구분하여 발행할 수 있도록 하고 특정 종류의 출자지분에 대해서는 배당에 있어 독점권을 가지며, 다른 종류의 출자지분을 가진 사원보다 우선적으로 잔여재산 분배를 받는다는 내용을 규정하는 것이 가능하다.

원총회의 서면결의가 가능하므로[37] 회사 내부의 의사결정이 간편한 방법으로 신속하게 이루어질 수 있다는 장점이 있다.

이러한 배경에서 ABL거래의 경우에는 대체로 유한회사 형태의 특수목적회사를 이용하는 경우가 많다. 한편 유한회사도 기업어음을 발행하는 데 아무런 제한은 없으나, 〈표 2〉에서 보듯 상법상 유한회사를 통하여 ABCP를 발행한 경우는 많지 않은 실정이다. 그 이유는 ABCP가 증권거래법상 유가증권에 해당하여야 증권회사[38]의 중개 · 인수 · 매매가 가능하며 ABCP를 취득할 수 있는 투자자들의 범위가 넓어진다는 점에서 대부분의 경우 ABCP는 증권거래법상의 유가증권으로 발행되는데, 유한회사는 증권거래법상 유가증권에 해당하는 ABCP를 발행할 수 없고 주식회사만이 보증사채를 발행하여 상장함으로써 증권거래법상 유가증권에 해당하는 ABCP를 발행할 수 있기 때문이다.[39]·[40]

---

37) 상법 제577조.

38) 종합금융회사업무에 대한 겸영인가를 받지 않은 증권회사의 경우를 말한다.

39) ABCP가 증권거래법상 유가증권이 되기 위해서는 증권거래법시행령 제2조의3 제4호의 규정에 의거 '기업이 자금조달을 목적으로 발행하는 어음 중 재정경제부장관이 정하는 어음'에 해당하여야 하는바, 이와 관련한 재정경제부 고시(제2001-20호)에 따르면 i) 그 발행자를 상장법인 · 협회등록법인 · 정부투자기관관리기본법에 의한 정부투자기관, 특별한 법률에 의하여 설립된 법인 및 공적자금관리특별법 제17조에 따라 경영정상화이행약정서가 체결된 금융기관으로 제한하고 있으며, ii) 2개 이상의 신용평가기관으로부터 B등급 이상의 평가등급을 받고, iii) 만기 1년 이내, iv) 액면금액 1억 원 이상의 요건을 갖추어야 한다. 이 고시에 따르면 증권거래법상 유가증권을 발행할 수 있는 자는 일정한 자로 제한되고 이들 중 유동화목적의 특수목적법인이 가장 쉽게 충족시킬 수 있는 방법은 사채를 발행하여 채권상장법인이 되는 것인데 사채를 발행할 수 없는 유한회사의 경우에는 채권상장법인이 될 수 없기 때문에 주식회사의 형태를 취하게 되는 것이다.

40) 이와 관련하여 투자자가 증권거래법상 유가증권에 해당하는 ABCP를 취득하여야 하는 제한이 없는 경우로서 종합금융회사를 통하여 ABCP를 판매할 경우에는 굳이 증권거래법상의 유가증권인 ABCP를 발행할 필요가 없으며, 따라서 유동화목적 특수목적

그러나 2009년 2월 4일부터 시행예정인 자본시장과 금융투자업에 관한 법률 및 동 시행령[41)]에 따르면, 기업이 사업에 필요한 자금을 조달하기 위하여 발행한 약속어음으로서 은행 · 한국산업은행 또는 중소기업은행이 그 지급을 대행하는 기관이 되고 이들 기관이 교부한 기업어음증권이라는 문자가 인쇄된 어음용지를 사용하기만 하면 동법상의 '기업어음증권'으로 인정되므로, 자본시장과 금융투자업에 관한 법률이 시행되는 2009년 2월 4일 이후에는 ABCP를 증권거래법상 유가증권으로 만들기 위하여 비등록유동화거래를 위한 특수목적회사가 보증사채를 발행하여 상장하는 절차는 사라지게 될 것으로 보이며, 따라서 주식회사보다는 유한회사에 의한 ABCP의 발행이 증가할 것으로 예상된다.

2. ABL거래구조

ABL거래는 일반적으로 양도방식의 ABL거래와 신탁방식의 ABL거래의 두 가지로 대별된다.

〔그림 1〕과 같은 양도방식의 ABL거래의 경우 i) 자산보유자는 자신이 가지고 있는 기초자산을 SPC[42)]에 양도하고, ii) SPC는 대주로부터 대출을 받아 그 자금으로 기초자산의 양도에 대한 양도대금을 지급하며, iii) SPC는 자신의 대출채무의 담보를 위하여 기초자산에 대하여 대주에게 담보권을 설정해 주는 거래구조를 취한다. 한편 자산

회사를 상장법인으로 만들 필요가 없고 그러한 경우 유한회사의 형태로 설립된 특수목적법인이 ABCP를 발행하는 구조를 취하기도 한다.

41) 자본시장과 금융투자업에 관한 법률 제4조 제3항 ; 동법 시행령 제4조.

42) VI. 1.에서 보듯 대체로 상법상 유한회사의 형태로 설립된다.

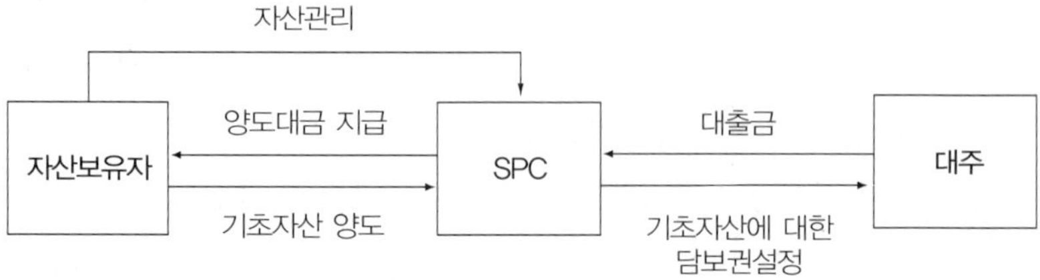

〔그림 1〕 양도방식 ABL구조

보유자는 SPC와 자산관리계약을 체결하고 SPC의 자산관리자로서 기초자산에 대한 추심 및 관리업무를 한다.

아래 〔그림 2〕와 같은 신탁방식 ABL거래의 경우 i) 자산보유자는 기초자산을 수탁자에 신탁하고, ii) 그 신탁의 선순위수익권자로 SPC를 지정하고 자신은 후순위수익권을 인수한 다음, iii) SPC는 선순위수익권을 대주에 담보로 제공하고 대주로부터 일정 금원을 차입하며, iv) SPC는 선순위수익권 지정에 대한 대가로서 수탁자를 통하여 자산보유자에게 선순위수익권 인수대금 상당을 지급한다. 자산보유자는 수탁자와 신탁재산관리계약을 체결하고 수탁자의 신탁재산관리자로서 신탁된 기초자산의 추심 및 관리업무를 한다. 이러한 ABL거래의

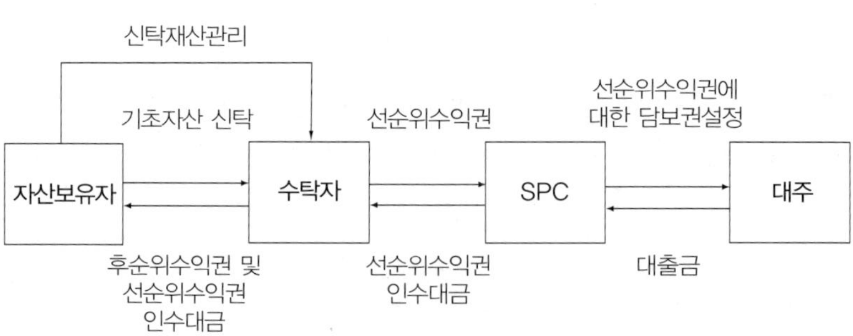

〔그림 2〕 신탁방식 ABL구조

기초자산으로는 물품대금채권 · 리스채권 · 대출채권 · 주식 · 회사채 · 유동화사채 등 다양한 자산이 활용되고 있으며, 그중 단일대출채권이나 주식 등 등록유동화거래가 일반적으로 허용되지 않는 자산을 이용한 ABL거래도 상당수 발견된다.

한편 자산보유자에 대한 동일자산 담보대출과 비교할 때, ABL거래의 경우 담보자산(ABL거래에서 기초자산)을 자산보유자의 파산위험으로부터 절연시킬 수 있으므로 대주의 입장에서는 자산보유자에 대한 무담보대출이나 일반 담보대출을 이러한 ABL거래로 대체할 유인이 있고, 자산보유자의 입장에서도 ABL을 이용하는 경우 무담보대출이나 일반담보대출보다 유리한 조건의 자금조달이 가능해진다.

3. 부동산PF대출채권을 기초로 한 비등록유동화거래의 구조

부동산PF대출채권 유동화거래는 아파트 · 상가 · 주상복합건물 등 부동산개발사업을 추진하는 시행사에 대한 대출채권을 증권화하는 것을 말한다. 부동산PF대출 유동화거래가 활발해진 2005년 이래 부동산PF대출 유동화거래는 자산유동화시장에서 가장 큰 비중을 차지하고 있다. 2006년 중반까지는 등록유동화거래와 비등록유동화거래의 비중이 어느 정도 균형을 이루다가 감독당국에서 부동산개발 관련한 자산유동화에 대한 기준을 강화함에 따라, 부동산PF대출채권을 기초로 한 등록유동화거래가 어려워진 데다가 상법상 회사를 통한 ABCP 발행의 신속성 또는 절차의 간편성으로 인하여 부동산PF대출채권을 기초자산으로 한 비등록유동화거래가 2006년 하반기부터 크게 증가하였다.

〔그림 3〕과 같은 부동산 PF대출채권을 기초로 한 비등록유동화거

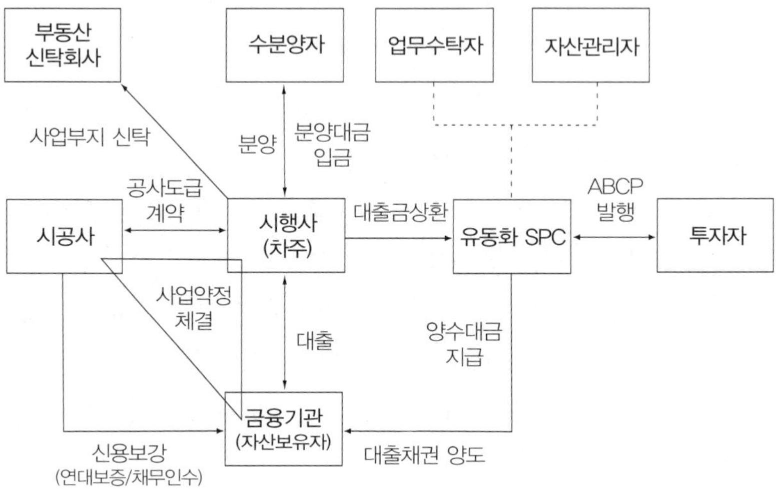

〔그림 3〕 부동산PF대출채권을 이용한 비등록유동화거래의 구조

래는, i) 금융기관이 자산보유자로서 부동산개발사업을 하는 시행사에게 금원을 대출하고, ii) 그 대출채권을 SPC에 양도한 후, iii) SPC는 이를 기초로 하여 ABCP를 발행하는 형태의 평이한 구조를 취한다. 부동산PF 유동화거래가 기타 다른 유동화거래와 비교하여 구별되는 점은 기초자산의 채무자인 시행사가 신용도가 그리 높지 않은 소규모 회사인 점을 감안하여 차주의 신용도를 보강하기 위한 여러 가지 채권보전수단이 취해진다는 것에 있다. 일반적인 부동산PF대출 유동화거래에서 취해지는 채권보전수단으로는 시공사의 연대보증 또는 채무인수, 사업부지 및 미분양건물에 대한 담보신탁, 분양수입금 관리계좌에 대한 질권의 설정, 시공사의 책임준공의무 부담, 시행사 대표이사의 연대보증 등이 요구된다.

4. ABCP Program의 거래구조

ABCP Program거래는 최초 설립 당시부터 계속적인 기초자산의 매입과 매입자금의 조달을 위한 추가 ABCP발행을 전제로 설립된 conduit[43)]을 통하여 복수의 ABCP거래가 수행되는 것을 말한다. ABCP Program거래구조는 시리즈 기업어음의 상환재원을 해당 시리즈자산으로 한정하는(segregated vehicles) 구조와 시리즈 기업어음 상환재원을 해당 시리즈자산에 한정하지 않고 모든 시리즈자산의 집합 전체로 확대하는 구조(combined vehicles)로 대별되나, 국내 금융시장에서는 시리즈별로 책임재산을 한정하는 구조가 압도적으로 우위를 차지하므로[44)] 이하에서는 이러한 구조를 중심으로 논의하기로 한다.

다음에 제시하는 〔그림 4〕와 같은 ABCP Program거래의 구조는 i) 상법상 주식회사로 설립된 conduit이 다양한 자산을 지속적으로 매입하고 각 자산을 기초로 ABCP를 발행하는 ABCP Program의 운용 및 관리를 포괄적으로 위탁하는 내용의 프로그램관리위탁계약[45)]을 프로그램관리자와 체결하고, ii) conduit은 향후 발행하는 기업어음을 증권거래법상 유가증권으로 만들기 위하여 보증사채를 발행하여 상장시

43) 문현근, 앞의 논문, 19면 주 4 참조.

44) 국내 최초의 conduit라고 알려져 있는 외국계 투자은행이 스폰서로 참여한 (주)매화케이스타스의 경우 기업어음 상환재원을 특정시리즈별로 한정하지 않았던 것으로 보이나, 그 후 국내 금융기관이 스폰서로 참여한 conduit의 경우 지금까지 예외 없이 특정 시리즈 기업어음의 상환재원을 해당 시리즈 기초자산으로 한정하는 구조를 채택하였다.

45) 프로그램관리위탁계약은 각 시리즈별 관련 계약에 대한 일종의 master agreement의 성격을 가지는 것으로서, 각 시리즈별로 사용될 수 있는 신용보완 수단 · 담보신탁의 설정 · 각 시리즈 기업어음의 발행방법 및 각 시리즈별 현금흐름의 설정방안 등에 대하여 규정한다.

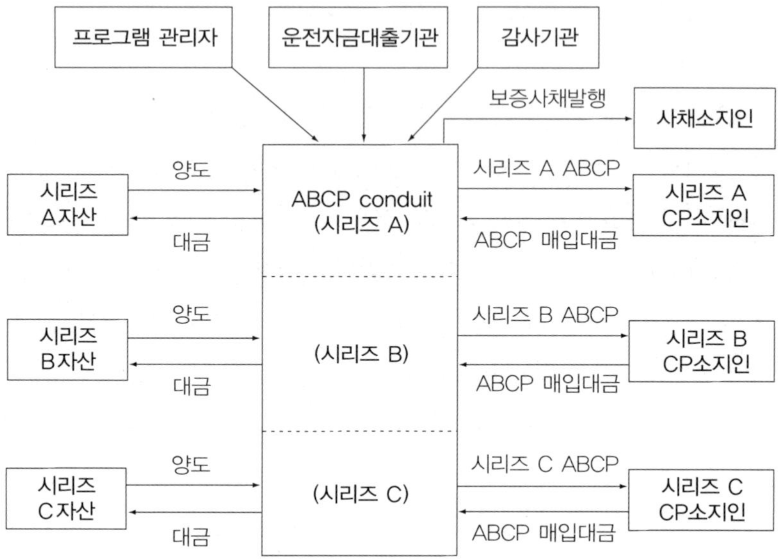

〔그림 4〕 ABCP Program 거래구조

키며,[46] iii) 각 시리즈별로 기초자산을 매입하여 이를 기초로 기업어음을 발행하고, iv) 기업어음 매입보장약정 등의 신용보완계약과 이자율 또는 환율 등의 변동위험을 헤지하기 위험헤지계약을 체결하며, v) 시리즈 기초자산과 신용보완계약이나 위험헤지계약상의 권리 등 conduit이 해당 시리즈와 관련하여 보유하게 되는 모든 권리를 담보신

46) 2009년 2월 4일 자본시장과 금융투자업에 관한 법률 제4조 제3항 및 동법 시행령 제4조에 따르면, 기업이 사업에 필요한 자금을 조달하기 위하여 발행한 약속어음으로서 은행, 한국산업은행 또는 중소기업은행이 그 지급을 대행하는 기관이 되고 이들 기관이 교부한 기업어음증권이라는 문자가 인쇄된 어음용지를 사용하기만 하면 동법상의 '기업어음증권'으로 인정되므로, 동법상 '기업어음증권'으로 인정되기 위한 목적으로 보증사채를 발행할 필요는 사라졌다.

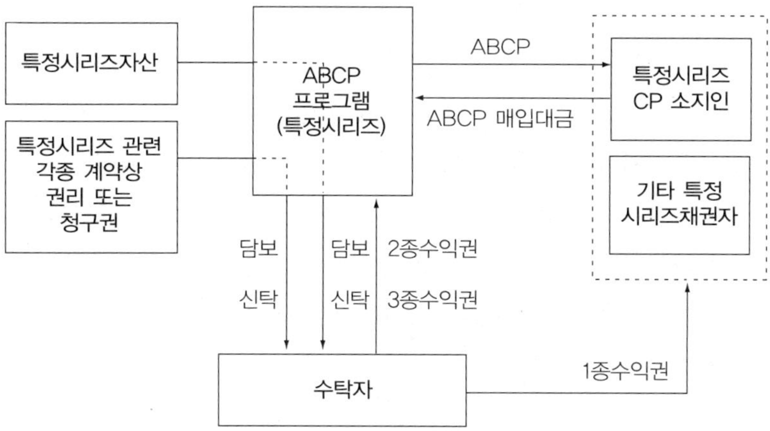

〔그림 5〕 시리즈별 담보신탁구조

탁하고 해당 시리즈 채권자를 제1종 수익권자[47]로 지정하고 conduit 자신을 제2종 수익권자[48] 및 제3종 수익권자[49]로 지정한 후, vi) 해당 시리즈 기초자산으로부터 발생하는 현금흐름으로 시리즈 기업어음을 상환하게 된다. 새로운 시리즈를 발행하는 경우 iii)~vi)의 절차는 반복적으로 이루어진다.

〔그림 5〕에서 보는 바와 같이 위 시리즈 기업어음 발행절차 중 v)의 절차에서 이루어지는 담보신탁구조는 각 시리즈별 기초자산뿐만 아니라 conduit이 해당 시리즈에서 보유하게 되는 모든 권리를 신탁함으로써, 각 시리즈와 관련하여 발생하는 모든 현금흐름이 각 시리즈별

47) 제1종 수익권은, 담보실행기간 중 제1종 수익자(시리즈채권자)가 각 시리즈채무 변제에 필요한 금액을 지급받는 것을 내용으로 한다.

48) 제2종 수익권은, 정상기간 중에 제2종 수익자(conduit)가 각 시리즈채무 변제에 필요한 금액을 지급받는 것을 내용으로 한다.

49) 제3종 수익권은, 제1종 수익권 및 제2종 수익권을 지급하고 남은 잔액을 제3종 수익자(conduit)가 지급받는 것을 내용으로 한다.

수탁자에게로 직접 지급되어 그 수탁자를 통하여 각 수익권의 내용에 따라 해당 수익자에게 지급하게 된다. 이러한 담보신탁구조를 통하여 conduit의 각 시리즈별 채권자는 해당 시리즈별 신탁재산에 대해서만 강제집행을 할 수 있게 되어 책임재산의 범위가 한정되는 효과가 생기므로 각 시리즈 간 장벽을 둘 수 있다. 그러나 어느 한 시리즈의 어음부도는 다른 시리즈 기업어음의 발행중단을 초래할 수 있다는 점에서[50] ABCP conduit거래에서 담보신탁구조를 채택하더라도 각 시리즈 간 독립성을 확보하는 완전한 장벽을 실현하는 데는 한계가 있다.

5. 신용파생거래를 기초로 한 비등록유동화거래의 구조

일반적으로 신용파생거래와 연계하여 이루어지고 있는 비등록유동화거래의 구조는 신용디폴트 스왑계약(CDS, Credit Default Swap) 또는 신용연계사채(CLN, credit linked note)를 기초로 하여 유동화회사가 보장매도자가 되는 방식(보상매도방식)과 보장매수자가 되는 방식(보장매수방식)으로 구별된다.

(1) 보장매도방식 CDS거래구조

먼저 뒤의 〔그림 6〕의 보장매도방식 CDS거래의 경우 i) 보장매도자로서의 SPC와 보장매수자로서의 CDS계약자가 신용디폴트 스왑계

50) 어음교환업무규약상 '부도'가 발생한 경우 그 어음을 발행한 발행회사에 대하여 거래정지처분을 하도록 되어 있다(어음교환규약 제18조 ; 동 규약 시행세칙 제121조).

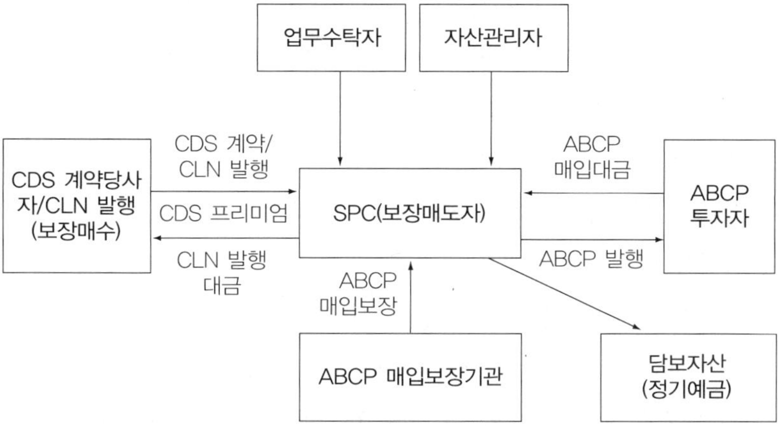

〔그림 6〕 보장매도방식 CDS거래구조

약[51]을 체결하고, ii) SPC는 ABCP를 발행하여, iii) 그 ABCP 발행대금으로 담보자산[52]을 매입한 후, iv) 담보자산으로부터의 이자수입 및 SPC가 보장매수자로부터 지급받는 프리미엄을 기초로 하여 차환발행되는 ABCP의 할인이자 상당액을 충당하고, vi) 만기시에는 담보자산으로부터의 현금흐름을 기초로 하여 최종적으로 ABCP를 상환하는

51) 특정 준거기업(reference entity)의 신용위험에 대하여 보장매입자가 보장매도자에게 프리미엄을 지불하고 보장매도자는 신용사건 발생시 신용위험에 따른 손실을 보장매입자에게 보상해 주는 위험이전계약을 의미한다. 준거기업에게 일정한 신용사건(Credit Event ; 2003 ISDA Credit Derivatives Definitions에 따르면, 신용사건의 종류에는 Bankruptcy, Failure to Pay, Restructuring, Obligation Default, Obligation Acceleration 및 Repudiation/Moratorium 등이 있고, 신용파생거래의 당사자들은 이들 신용사건 중 당해 신용디폴트 스왑거래에 신용사건으로 포함시킬 사항을 선택한다)이 발생하면, 보장매도자는 준거기업의 일정한 인도대상채무(deliverable obligation)를 미리 정해진 가격으로 매입하거나(physical delivery) 미리 정해진 가격과 인도대상채무의 당시 가치와의 차액을 현금으로 결제(cash settlement)함으로써 준거기업의 신용위험을 부담하게 된다.

52) 이러한 담보자산은 보장매입자에 대한 보장매도자의 신용디폴트 스왑계약상의 채무를 담보하기 위한 담보로 제공되는 것이 일반적이다.

구조를 갖게 된다. 일반적으로는 별도의 ABCP매입보장기관이 SPC가 발행하는 모든 ABCP를 매입하겠다는 내용의 ABCP매입보장약정을 체결하여 ABCP상환에 대한 위험을 부담하도록 하는 것이 일반적이며, 통상적으로 보장매수자로부터 지급받는 프리미엄과 ABCP 발행대금으로 매입한 담보자산[53]으로부터의 이자수입의 합계액은 ABCP의 할인이자액보다 높게 되고 그 차액 상당액은 SPC의 업무수탁자 · 자산관리자 및 ABCP매입보장기관의 수수료로 지급된다.

한편 SPC가 신용연계사채[54]를 매입하여 이를 기초로 ABCP를 발행하는 경우도 위 보장매도방식의 CDS거래와 유사한 구조를 취한다. SPC는 CLN을 매입함으로써 보장매도자로서 준거기업에 대한 신용위험을 부담하고 신용연계사채를 기초로 하여 ABCP를 상환하게 된다. 이 경우 ABCP 발행대금은 신용연계사채의 인수자금으로 사용되기 때문에 신용디폴트 스왑계약을 체결하는 경우와 달리 별도로 SPC가 담보자산을 보유하지 않으므로 ABCP의 상환능력은 신용연계사채 발행자의 상환능력에 노출된다는 점에서 SPC가 신용디폴트 스왑계약을 체결하고 ABCP를 발행하는 경우와 구별된다.

신용파생거래를 이용한 유동화거래를 통하여 보장매입자는 자신이 준거기업에 대하여 부담하고 있는 신용위험을 보장매도자인 SPC를 통하여 ABCP매입보장기관에게 이전하고 ABCP매입보장기관은 그러한 신용위험을 부담하는 것에 대한 대가로 일정한 ABCP매입보장수수료를 취득하게 된다. 이러한 구조는 보장매수자가 특정 기업의 기업인수의 재무적 투자자로 참여한 경우에도 신용위험을 이전시키면

53) 정기예금에 가입하거나 국고채 또는 통안채 등 안전자산을 매입하는 것이 일반적이다.
54) 신용디폴트 스왑계약(CDS)을 증권화한 채권으로 원리금지급조건이 준거기업의 신용위험에 따라 달라지는(신용사건 발생시 채권보유자 손실부담) 채권을 의미한다.

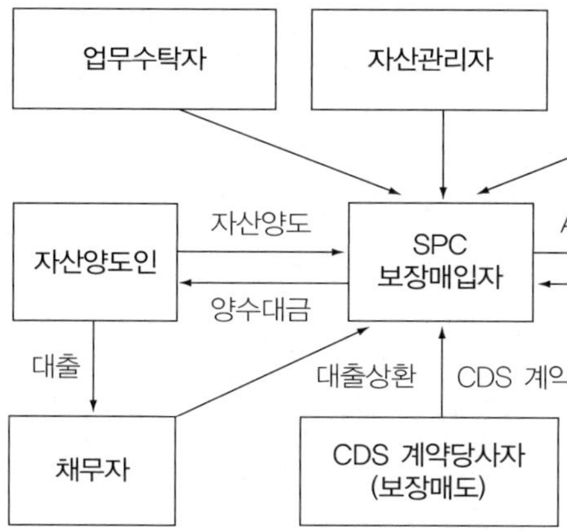

〔그림 7〕 보장매수방식 CDS거래구조

서 일정한 수익을 창출하는 거래방식으로 유용하게 응용될 수 있다.[55)]

(2) 보장매수방식 CDS거래구조

한편 위 〔그림 7〕과 같은 보장매수방식 CDS거래의 경우 i) 자산보유자는 대출채권 등 채무자에 대하여 보유하고 있는 일정한 자산을

55) 예를 들어 금융기관 A가 전략적 투자자인 B기업의 타기업(이하 '인수대상회사')의 인수에 재무적 투자자로서 참여하여 일정 비율의 인수대상회사의 주식을 인수하기로 하고, 인수대상회사의 주식가치가 일정주가에 미달하거나 인수대상회사의 파산, 회생절차 또는 이와 유사한 절차에 들어갈 경우 B기업이 A금융기관에 대하여 인수대상회사의 주식을 매입하여 주기로 하는 내용의 put option을 부여하는 경우를 상정해 보자. 이 경우, 금융기관 A는 〔그림 6〕에서 보는 바와 같은 구조의 ABCP 거래를 통하여 B기업의 신용위험 및 put option에 관한 B기업의 신용위험과 연계된 신용디폴트 스왑계약을 SPC와 체결하거나 그와 유사한 조건을 가진 신용연계사채를 발행하여 SPC가 인수하도록 함으로써 B기업이 약정한 보장수익률에서 프리미엄금액(신용디폴트 스왑계약의 경우) 또는 이자 상당액(신용연계사채의 경우)을 공제한 금액에 대하여 무위험수익을 누릴 수 있게 된다.

SPC에 양도하고 SPC는 양수한 자산을 기초로 하여 ABCP를 발행하며, ii) SPC는 보장매수자로서 보장매도인인 금융기관과 채무자를 준거기업으로 하고 대출채권 등 기초자산의 기한의 이익 상실사유 등을 신용사건으로 하는 신용디폴트 스왑계약을 체결하고, iii) 신용사건이 발생할 때 SPC는 보유하는 자산을 보장매도자에게 이전하고 보장매도자로부터 자산의 미상환금액을 수령하여 ABCP를 변제함과 동시에 ABCP의 추가발행을 중단하게 되고, 신용사건이 발생되지 않는 경우 기초자산으로부터의 현금흐름을 기초로 하여 최종적으로 ABCP를 상환하는 구조가 된다.

이러한 구조에서, 기초자산에서의 수익에서 ABCP 할인이자를 공제한 금액은 신용디폴트 스왑계약상의 프리미엄과 기타 매입보장수수료 등 각종 수수료의 지급에 사용된다. 이와 같은 보장매수방식 CDS 거래는 ABCP거래구조에서 증권회사가 ABCP 매입보장약정의 방법으로는 기초자산에 대한 신용위험을 보완할 수 없어 그 대안으로서 고안되었으며, 이에 대한 자세한 내용은 V. 6. 항목에서 살펴보기로 한다.

V. 비등록유동화거래 관련 법률문제

비등록유동화거래에서 논의되고 있는 법률적 문제는 여러 가지가 있으나, 아래에서는 각 유동화거래 유형에서 공통적으로 문제되거나 실무적으로 비중 있게 논의되고 있는 법률문제를 중심으로 검토하기로 한다.

1. SPC의 영리법인성 문제

유동화거래를 목적으로 설립된 SPC는 상법상 '회사'이므로 상행위, 기타 영리를 목적으로 하여 설립된 사단에 해당되어야 한다.[56] 한편 영리를 목적으로 한다는 것이 무엇을 뜻하는가에 대해서는 회사가 기업활동에 대하여 이익을 얻는 것, 즉 영리사업을 경영하는 것뿐만 아니라 대외적 영리활동으로부터 생긴 이익을 사원에게 분배하는 것까지 목적으로 하여야 한다는 견해가 통설로 확립되어 있다.[57] 그런데 유동화거래를 목적으로 설립된 회사는 다른 일반적인 회사들과 비교할 때 주주 또는 사원들에 대한 이익분배를 목적으로 한다기보다는 해당 거래의 성취를 위한 도구로 이용된다는 점에서 상법상 회사(영리법인)로서의 요건을 구비하고 있는지에 관하여 법적 의문이 제기될 수 있다.

그러나 이러한 영리성의 판단기준에 관하여 법인설립단계에서는 정관상의 회사의 목적이 중요한 기준이 되고, 법인설립 이후의 단계에서는 정관상의 목적 및 객관적 활동을 분석하여 영리와 비영리를 구별하되, 구성원 · 임직원 등 법인의 내부인에 대한 공공연한 혹은 은폐된 이익분배가 있다면 다른 점을 고려할 필요도 없이 영리성을 인정할 수 있고, 내부인은 아니지만 법인과 특별한 관계를 갖는 자에 대한 공공연한 혹은 은폐된 이익분배가 있는 경우에도 마찬가지로 영리성을 인정해야 한다는 새로운 견해가 제기되고 있다.[58] 참고로 법인의 영리성 판단에 관하여 독일에서는 구성원에 대한 이익분배가 없더

56) 상법 제169조.

57) 정동윤 집필, 주석상법(회사 I), 한국사법행정학회, 2003, 77면 ; 이철송, 회사법강의, 2006, 41면 ; 최기원, 신회사법론, 2005, 44면 ; 권기범, 현대회사법론, 2005, 30면 참조.

58) 김진우, "영리법인과 비영리법인의 구별에 관한 비교법적 고찰," 비교사법 제10권 제3호(통권 22호, 2003), 124-125면 참조.

라도 사단의 수익사업이 행하여지는 한, 사단의 영리성을 긍정하기 위한 기본요건은 충족되고,[59] 미국의 경우 단체의 영리성과 비영리성을 구별함에 있어 '이익분배금지칙'[60]이 중요한 기준이 되나 적용범위에 있어 우리의 통설인 이익분배설보다 훨씬 포괄적이라고 한다.[61]·[62]

우리나라의 경우 2007년 9월 20일 정부가 국회에 제출하였던 상법일부개정안[63]에서도 여전히 회사의 영리성을 요구하고 있으나,[64] 자산유동화법에서 상법상 유한회사를 금융거래의 vehicle로 활용하는 것을 예정하고 있고, 법인세법상으로도 소득공제의 혜택을 부여하기 위한 요건으로 배당 및 잔여재산의 분배에 관한 청구권이 없는 경우를 예정하고 있을 뿐만 아니라[65] 비등록유동화거래를 통하여 상법상

59) 김진우, 앞의 논문, 110면.

60) 김진우, 앞의 논문, 113면에 따르면, 단체의 수익 또는 자산을 단체의 내부인 또는 단체와 특별한 관계에 있는 자에게 분배하지 못한다는 의미를 가진다고 한다.

61) 김진우, 앞의 논문, 113면 참조. 우리나라의 이익분배설의 경우 사원에 대한 이익분배를 목적으로 하는지 여부가 영리성 판단의 기준이 되나, 미국의 경우 사원뿐만 아니라 임직원 등 단체의 다른 내부인 또는 단체와 특별한 관계에 있는 외부인에 대한 이익분배 여부도 판단의 기준이 된다는 취지로 이해된다.

62) 일본의 구상법 제52조 제2항에서는 회사가 '영리' 사단법인이어야 한다는 명시적인 문구를 두고 있었으나 개정회사법 제3조는 '영리성'에 대한 명문의 규정을 삭제하고 '회사는 법인으로 한다' 고만 규정하였다. 한편, 일본 회사법 제105조 제2항에서는 주주에 대한 이익배당청구권과 잔여재산 분배청구권을 전부 부여하지 않는 정관의 규정은 효력을 가지지 아니한다고 규정하여 이익배당청구권과 잔여재산 분배청구권 중 하나의 권리는 주주에게 부여되어야 한다고 규정하고 있다

63) 2007년 9월 20일 제출되었던 상법일부개정안은 17대 국회의 임기만료로 인하여 폐기되었으나, 이 상법일부개정안은 오는 9월에 열리는 18대 정기국회에서 정부에 의해 국회에 다시 제출될 예정이라고 한다.

64) 2007년 9월 20일 정부에 의해 제출된 상법일부개정법률안 제169조(회사의 의의)에서 "이 법에서 '회사' 란 상행위나 그 밖의 영리를 목적으로 하여 설립한 법인을 말한다" 라고 규정하고 있다.

65) 법인세법 시행령 제86조의2 제10항 제2호.

회사가 금융거래의 vehicle로 활용되는 사례가 이미 거래계의 관행으로 자리 잡아 가고 있는 점을 감안하여 향후 영리성의 판단기준을 구성원에 대한 이익분배 여부로만 제한할 것이 아니라 독일이나 미국과 같이 보다 넓게 인정할 필요가 있는 것으로 생각된다.

2. 회사의 법인격부인론

비등록유동화거래의 경우 SPC가 특정금융거래의 vehicle 또는 도관(conduit)으로 이용되고 있고 거래구조에 따라 1인주주 또는 1인사원회사로 설립되는 경우가 있어 법인격부인론이 제기될 여지가 있다.[66] 전통적인 법인격부인론은 주주유한책임제도의 남용위험으로부터 회사의 채권자를 보호하기 위하여 특정 법률관계에 한해서 법인의 법인격을 부인 또는 무시함으로써 반사적으로 배후에 존재하는 사원에게 책임을 부과하는 것으로 이해되고, 대법원 판례도 이러한 의미에서의 법인격부인의 법리를 수용하고 있는 것으로 이해된다.[67] 특히 1인회

66) 특정금융거래의 vehicle로 이용된다는 점은 등록유동화거래의 경우도 동일하나, 자산유동화법에 의해 예정된 거래이고 유동화계획의 등록 기타 감독당국의 감독하에 이루어지는 거래라는 점에서 실무상 등록유동화거래의 SPC에 대한 법인격부인의 현실적 위험은 크지 않다고 본다.

67) 대법원 2001. 1. 19. 선고 97다21604 판결에서 "회사가 외형상으로는 법인의 형식을 갖추고 있으나 이는 법인의 형태를 빌리고 있는 것에 지나지 아니하고 그 실질에 있어서는 완전히 그 법인격의 배후에 있는 타인의 개인기업에 불과하거나 그것이 배후자에 대한 법률적용을 회피하기 위한 수단으로 함부로 쓰여지는 경우에는, 비록 외견상으로는 회사의 행위라 할지라도 회사와 그 배후자가 별개의 인격체임을 내세워 회사에게만 그로 인한 법적 효과가 귀속됨을 주장하면서 배후자의 책임을 부정하는 것은 신의성실의 원칙에 위반되는 법인격의 남용으로서 심히 정의와 형평에 반하여 허용될 수 없고, 따라서 회사는 물론 그 배후자인 타인에 대하여도 회사의 행위에 관한 책임을 물을 수 있다고 보아야 한다"라고 설시하고 있다.

사의 경우 일반적으로 그 법인성이 무시된다거나 무효라고 할 수는 없지만, 1인회사의 사업 및 자산이 단독주주의 사업 및 자산과 혼동되어 있거나 1인회사가 충분한 자본을 가지지 못하거나 주주총회 · 이사회 · 회사의 회계유지 등 회사법적 형식을 준수하지 못하는 등 1인주주에 의하여 완전히 지배되고, 나아가 위법 · 부정 목적을 위하여 이용되는 경우에는 그것이 독립된 법인격체로 취급되지 못하고 구성원인 1인주주가 회사의 채무에 대하여 무한책임을 져야 한다고 본다.[68)]

비등록유동화거래를 위하여 설립되는 SPC나 conduit의 경우 회사의 사업 및 자산과 주주의 사업 및 자산의 혼동 위험성 또는 회사법적 형식 불준수의 위험성은 SPC나 conduit의 운영에 대한 적절한 통제로 제거될 수가 있다. 한편 자본의 불충분성[69)]에 관하여 살펴보면, 유동화거래의 경우 i) 관련 거래관계가 기초자산의 신용을 토대로 이루어지고 기초자산의 신용확보를 위한 다양한 수단들이 동원되는 점, ii) 회사의 자본금은 그 설립을 위한 요건 정도로만 인식될 뿐 대부분의 경우 회사채무에 대한 책임재산으로서의 기능이 아주 비미하다는 점, iii) 회사의 대부분의 업무는 외부기관에 위탁되어 개인 주주나 사원이 실제 회사의 경영에 관여하지 않는 구조를 취하는 점과 이러한 거래의 특성을 거래당사자들이 충분히 알고 있는 점을 고려할 때 유동화거래를 위한 SPC나 conduit의 경우 그 법인격 부인 여부는 자본의 불충분성이 아니라 오히려 책임재산(유동화거래의 기초자산)의 불충분성을 판단기준으로 하는 것이 거래의 목적이나 실질에 부합하는 것으로

68) 안택식, "1인 주식회사와 법인격부인의 법리," 법조(2003. 3), 110면.

69) ABCP conduit의 경우 자본금은 통상 5,000만 원에 불과하나 〈표 3〉 국내 ABCP프로그램 설립현황에서 보는 바와 같이 ABCP 발행금액은 최대 2조를 초과하는 경우도 있다.

판단된다. 또한 위법 · 부정 목적과 관련하여서도 자산유동화법에서는 유동화거래를 명시적으로 허용하고 있고, 산업계 및 금융계의 여러 요구에 부응하기 위하여 발생하여 이미 일반적인 거래유형으로 인식되고 있는 유동화거래의 목적을 그 자체로 위법 · 부정한 것이라 보는 것도 무리가 있다고 본다. 이러한 관점에서 전통적 견해에 입각하여 법인배후의 개인주주나 사원에게 책임을 묻기 위한 법인격부인론을 유동화거래를 실현하기 위한 SPC나 conduit의 경우 그대로 적용하는 것은 적절하지 않은 것으로 판단된다.

다만, ABCP Program에서 프로그램관리자인 금융기관 등과 같이 비등록유동화거래에서 궁극적으로 이익을 얻게 되는 배후자의 존재가 있을 수 있고 이들에 대해 법인격부인의 법리가 확대적용될 가능성이 있다. 이는 주로 기초자산으로 SPC 또는 conduit의 채무가 모두 상환되지 못할 경우에 문제될 것인데, 이러한 위험이 기초자산에 내재된 신용위험의 발현에 따른 것이라면 거래구조에 내재된 위험이므로 배후자에 대한 책임확대가 문제되지 않을 것으로 본다. 이와 달리 기초자산에 내재된 신용위험의 발현이 아닌 관리부실이나 거래구조에서 예정했던 기초자산의 확보에 문제가 있었던 경우에는 배후자에 대한 책임확대가 문제될 수 있겠으나, 이 경우에도 대부분은 배후자와 SPC 또는 conduit과의 사이에 체결된 계약상 책임으로 해결될 수 있을 것으로 본다.

3. 대부업등록 관련 문제

비등록유동화거래구조 중 SPC가 유동화 목적으로 Bridge Loan을 제공한 은행으로부터 즉시 대출채권을 양수받아 이를 기초로 ABCP

를 발행하는 경우, SPC가 대부업의 등록 및 금융이용자 보호에 관한 법률(이하 '대부업법')상 대부업자로 등록하여야 하는지의 여부가 논란이 된다. 이와 관련하여 양도방식 ABL거래에서 SPC는 대부업자가 보유하는 대출채권을 양수하여 추심하는 것을 그 영업의 목적으로 하므로 대부업법에 따라 SPC를 대부업자로 등록하여야 한다는 견해가 있지만,[70] 그동안 실무적으로는 이러한 대출채권의 '양수'는 대부업법상 '금전의 대부 또는 그 중개'로 규정된 대부업의 정의[71]에 해당되지 않는 것으로 보아 왔다. 그러나 최근 입법예고된 대부업법 일부개정법률(안)에 따르면 대부업을 금전의 대부(어음할인 · 양도담보, 그 밖에 이와 유사한 방법에 의한 금전의 교부 및 금전수수를 포함, 이하 '대부') 또는 대부업자나 여신금융기관으로부터 대부계약에 따른 채권을 양도받아 이를 추심하는 것을 업으로 하는 것으로 정의하고 있는바,[72] 이 개정법률안이 발효되는 경우 대출채권을 양수받아 이를 기초로 ABCP를 발행하는 SPC의 경우에도 대부업법에 따른 대부업등록을 하여야 한다고 해석될 가능성이 보다 커질 것으로 예상된다.

70) 정소민, "제3금융권 금융기관의 자금조달거래에 관한 검토," BFL 제26호(2007. 11), 서울대학교 금융법센터, 96면 참조.

71) 대부업법 제2조 제1호에 따르면, '대부업' 이라 함은 금전의 대부 또는 그 중개(어음할인 · 양도담보, 그 밖에 이와 유사한 방법에 의한 금전의 교부 및 금전수수의 중개를 포함하며, 이하 '대부')를 업으로 행하는 것을 말한다.

72) 2008년 8월 29일자로 공고된 금융위원회 공고 제2008-110호 대부업의 등록 및 금융이용자 보호에 관한 법률 일부개정법률(안) 입법예고 참고. 2009년 1월 21일 제9344호로 개정된 대부업의 등록 및 금융이용자 보호에 관한 법률에 따라 이러한 취지의 개정법률안은 발효되었다.

4. 책임재산 한정특약의 유효성과 담보신탁구조를 통한 도산절연

ABL거래나 ABCP Program거래 등 많은 비등록유동화거래구조에서 신탁법상의 신탁이 이용되고 있다. 유동화거래에서 신탁이 이용되는 이유는 i) 신탁을 이용하는 경우에는 거래당사자들이 의욕하는 다양한 내용의 권리를 수익권에 표창시킬 수 있다는 점과 ii) 대법원 판례[73]에 따르면, 타익신탁방식으로 담보신탁을 설정하는 경우 채무자인 위탁자의 회생절차 여부와 상관없이 채권자는 수익권의 실행을 통하여 자신의 권리를 행사할 수 있고, 이러한 수익권 행사는 회생절차에 영향을 받지 않으므로[74] 채권자 입장에서 볼 때, 채무자로부터 직접적으로 담보권을 설정받는 것보다 담보신탁을 설정하여 그 수익권을 취득하는 것이 유리한 측면이 있다는 점 때문이다. 특히 ABCP Program 거래구조에서는 앞서 IV. 4.에서 살펴본 바와 같이 시리즈별로 강세집행의 대상이 되는 책임재산을 한정시키기 위한 방안으로 이러한 담보신탁구조를 이용하고 있다.

그런데 ABCP Program에서 해당 시리즈의 ABCP에 대하여 매입보장기관이 해당 시리즈에서 발행되는 모든 ABCP를 매입할 것을 약정한 경우에는 해당 매입보장기관이 도산 상태에 들어가거나 매입보장의무를 불이행하지 않는 이상, 매입보장기관을 통하여 ABCP의 어음금지급이 보장되므로 매입보장기관 이외의 ABCP의 소지자가 conduit

73) 대법원 2001. 7. 13. 선고 2001다9267 판결 ; 대법원 2002. 12. 26. 선고 2002다49484 판결 ; 대법원 2003. 6. 30. 선고 2003다18685 판결 ; 대법원 2004. 7. 22. 선고 2002다46058 판결 등.

74) 대법원 판결의 취지는 파산의 경우에도 동일하게 적용될 것이나, 기업구조조정촉진법에 의한 구조조정절차에서도 동일하게 적용될 수 있을지는 분명치 않다.

의 다른 시리즈 재산에 대하여 집행할 현실적 가능성은 없어진다.[75)]

따라서 conduit과 매입보장기관 간 기업어음 매입보장약정의 특약사항으로서 어음청구권에 대한 책임재산의 범위를 해당 시리즈 기초자산의 범위로 한정할 것을 매입보장기관과 conduit 사이에 계약적으로 합의하는 경우, 그러한 약정이 법률적으로 유효하고 그러한 약정을 통하여 매입보장기관이 다른 시리즈자산에 대한 강제집행할 가능성을 배제할 수 있다면, 담보신탁구조를 사용하지 않고 각 시리즈재산 간 방화벽(firewall)을 구현할 수 있게 된다. 이와 같이 책임재산을 특정 재산으로 한정하는 특약이 유효한지에 대한 명시적인 대법원 판례는 아직 없으며, 국내에서는 이에 대한 활발한 논의가 이루어지고 있지 아니하나[76)] 일본에서는 책임재산한정특약의 유효성이 일반적으로 인정되고 있다.[77)]

그러나 conduit이 파산 또는 회생절차에 들어갈 경우 책임재산한정특약의 유효성을 그대로 인정할지는 실무적으로 검증된 사례가 없고, 무엇보다 매입보장기관의 파산이나 매입보장의무 불이행의 위험 등도 고려되어야 하므로 실무상으로는 ABCP 프로그램에서 각 시리즈의 기초자산을 conduit의 도산위험으로부터 절연하기 위하여 매입보장기관과 책임재산한정합의를 함과 동시에 해당 시리즈의 모든 자산을 담보신탁하는 이중의 장치를 취하고 있다.

---

75) 이는 매입보장기관 해당 시리즈의 최종회차 ABCP를 포함하여 모든 ABCP에 대하여 매입보장의무를 이행하는 것을 전제로 한다.

76) 다만, 한민/박종현, 앞의 논문, 41면은 그 유효성을 인정하고 있다.

77) 中野貞一郎, 民事執行法 新訂四版, 2000, 75면 참조 ; 山本和彦, "債跨流動化のスキームにおけるSPCの倒産手樓防止措置," 金融研究17巻2號 (1998), 126면 참조.

5. 간접투자자산 운용업법상 간접투자기구 해당 여부

conduit을 통한 ABCP발행구조의 경우 ABCP발행을 통하여 조달한 자금으로 사채 또는 대출채권 등을 매수하여 관리 · 운용하고, 그 결과를 ABCP의 상환을 통하여 ABCP 소지자에게 귀속시킨다는 점에서 conduit이 간접투자자산 운용업법상의 간접투자기구에 해당되는 것은 아닌지에 대한 논란이 제기될 수 있다. 간접투자자산 운용업법상의 간접투자는 투자자로부터 자금 등을 모아서 각 자산에 운용하고 그 결과를 투자자에게 귀속시키는 것을 말하는바(간접투자자산 운용업법 제2조), i) ABCP거래에서 수익으로 볼 수 있는 ABCP (할인)이자율은 시장상황에 따라 발행시에 확정되고 conduit은 자산운용 결과와는 무관하게 ABCP의 상환의무를 부담하므로 투자자에 대하여 자산에 대한 운용의 결과를 귀속시키는 것으로 보기 어렵고, ii) ABCP거래에서는 투자자로부터 자금 등을 모으는 시점에 자산을 매입하고 그 매입한 자산의 회수 또는 처분을 통하여 취득한 현금을 ABCP 상환자금으로 사용할 뿐 현금화된 자금으로 다른 자산을 매입하는 것이 일반적으로 허용되지 않으므로 자금을 적극적으로 '운용'한다고 볼 수 없을 것으로 보이므로 conduit을 통한 ABCP의 발행이 간접투자라거나 conduit을 간접투자기구에 해당한다고 보기는 어려울 것으로 생각된다.[78] 한편 2009년 2월 4일부터 발효될 자본시장과 금융투자업에 관한 법률상 '집합투자'[79]도 간접투자자산운용업법상 '간접투자'와 유사

78) 이와 관련하여 간접투자자산운용업법의 입법소관부서였던 재정경제부의 실무담당자도 비공식적으로 동일한 견해를 가지고 있었던 것으로 이해된다.

79) 자본시장과 금융투자업에 관한 법률에 따르면, 집합투자업은 2명 이상에게 투자권유하여 모은 금전 등 또는 국가재정법 제81조에 따른 여유자금을 투자자 또는 각 기금관

한 개념으로 이해되며, 위에서 살펴본 간접투자자산운용업상의 간접투자기구 해당 여부에 대한 논의와 동일한 내용의 논의가 conduit이 자본시장과 금융투자업에 관한 법률상의 집합투자업을 영위하는 것으로 볼 것인지의 여부에 동일하게 적용될 수 있을 것으로 생각된다.

6. 증권회사의 지급보증금지와 관련된 문제

ABCP를 발행하는 유동화거래구조의 경우 ABCP가 단기의 만기를 가지는 특성으로 인해[80] 기초자산의 만기시까지 계속적 ABCP의 차환발행이 불가피하고, 이 경우 ABCP의 차환발행이 이루어지지 않을 위험을 통제하기 위하여 발행된 ABCP가 시장에서 매각되지 않을 경우 이를 매입할 것을 보장하는 매입보장약정을 금융기관과 체결하는 것이 실무상 거의 필수적으로 요구된다. 이와 같은 ABCP 매입보장약정은 주로 은행들에 의해 이루어지나, 증권회사가 ABCP 매입보장약정을 하는 거래도 상당수 존재하는 것으로 보인다.

이러한 ABCP 매입보장약정과 관련하여 은행과 달리 타인의 채무보증행위가 금지되는 증권회사의 경우에는[81] 그 내용이 기초자산에

리주체로부터 일상적인 운용지시를 받지 아니하면서 재산적 가치가 있는 투자대상자산을 취득 · 처분, 그 밖의 방법으로 운용하고 그 결과를 투자자 또는 각 기금관리주체에게 배분하여 귀속시키는 것(집합투자)을 영업으로 하는 것을 의미한다(제6조 제4항, 제5항 본문).

80) 각주 39에서 본 바와 같이 증권거래법 시행령 제2조의3 제4호 및 재정경제부 고시(제2001-20호)에 따르면, 증권거래법상 유가증권으로 인정받기 위해서는 기업어음의 만기는 발행일로부터 1년 이내여야 한다. 통상적으로 ABCP는 3개월 내외의 만기로 발행되는 경우가 많다.

81) 증권거래법 제54조의3 제1항 제3호에서는 증권회사가 '타인을 위하여 채무의 이행을 직접 또는 간접으로 보증하는 행위'를 하는 것을 금지하고 있고, 증권업감독규정 제5-51조에서는 증권회사가 어음을 매매 또는 중개하는 경우에는 당해 어음의 지급을 보

대한 신용위험까지 보장하는 것이라면 증권거래법상 '채무보증' 행위에 해당하여 증권회사가 이를 수행할 수 없는 행위가 아닌가 논란이 있어 왔다. 이와 관련하여 금융감독원에서는 증권회사의 ABCP 매입보장약정이 증권거래법상의 채무보증 또는 어음의 지급보증에 해당하는지의 여부를 판단하는 기준으로[82] i) 매입보장약정서상에서 증권회사가 기초자산에 내재된 신용위험을 회피할 수 있도록 명시한 조항(이하 '신용위험회피조항')을 두고 있으며, ii) 그 신용위험회피조항의 구체적 내용이 기초자산에 내재된 신용위험을 ABCP 투자자가 그대로 지거나 후순위채무 등으로 흡수할 수 있게 설계되어 있고, iii) 기초자산 원리금이 연체 또는 신용등급이 투자적격등급 미만으로 하락하는 경우, ABCP 매입보장의무를 부담하지 아니한다는 등의 신용회피조항이 명시된 경우에는 증권거래법에서 금지하는 채무보증에 해당하지 않는 것으로 본다[83]는 내용의 유권해석을 하였다. 이러한 금융감독원의 유권해석에 따라 실무계에서는 증권회사의 경우, 기초자산에 내재된 신용위험을 보장하는 내용의 ABCP 매입보장약정체결은 증권

증하는 내용의 각서, 보증서의 교부 기타 명칭의 여하를 불문하고 보증을 위한 일체의 행위를 하여서는 아니 된다고 규정하고 있다.

82) 금융감독원의 2006. 4. 26.자 증권회사의 ABCP 매입보장약정 관련 질의에 대한 회신 내용 및 2006. 8. 8.자 증권회사의 자산유동화기업어음(ABCP)과 관련한 영업상 유의사항 통보 참조.

83) 금융감독원은 2006. 8. 8.자로 각 증권회사에 자산유동화기업어음(ABCP)과 관련한 영업상 유의사항으로 통보한 공문에서, iii) 요건과 관련하여 "신용등급이 투자적격등급 미만으로 하락하는 경우 ABCP 매입보장의무를 부담하지 아니한다"라는 특약에 있어 '신용등급'에 해당하는 요건은 i) 동 신용등급이 증권회사의 매입보장약정이 없다는 가정하에 신용평가회사가 ABCP 자체에 대하여 평정한 신용등급이어야 하고, ii) 최초 ABCP발행시뿐 아니라 수시로 SPC의 신용상태 변화를 감안하여 신용평가회사가 상기의 신용등급을 소성한다고 기대할 수 있어야 하며, iii) 상기 신용등급과 그 변동상황을 증권회사와 ABCP 투자자가 알 수 있어야 한다고 밝힌 바 있다.

거래법상 금지되는 것으로 정리되었다.

그러나 ABCP Program, 기타 유동화거래를 주관하는 증권회사의 입장에서는 기초자산의 신용위험인수를 위한 별도의 매입보장약정을 주선하여야 하고 매입보장기관에 일정한 수수료가 지급되어야 하는 점 때문에 별도의 매입보장기관을 선임하지 않는 방식의 대안적 거래구조들을 모색하게 되었다. 이 과정에서 장외파생금융거래 허가를 받는 증권회사의 경우 ABCP 발행기관과 신용디폴트 스왑계약을 체결함으로써 기초자산에 내재된 신용위험을 증권회사로 이전하는 방안이 고안되었다. 즉 증권회사가 ABCP에 대한 매입보장약정을 제공하는 대신 ABCP발행을 위한 상법상 주식회사인 SPC를 보장매수인으로, 증권회사를 보장매도인으로 하고, 준거기업을 SPC가 보유한 기초자산의 채무자로, 준거채무를 기초자산으로 하며, 신용사건을 준거기업의 파산, 준거채무를 포함한 일체의 채무불이행, 준거채무에 대한 기한의 이익상실사유 발생, 준거기업의 신용등급 하락 등으로 하여 신용사건 발생시 증권회사가 보장매도인으로서 SPC로부터 기초자산을 인도받고, SPC에게 기초자산의 잔존원금 전액을 지급하는 내용의 신용디폴트 스왑계약을 체결하는 거래구조이다.[84)]

물론 이러한 거래구조의 신용디폴트 스왑계약을 체결하는 것도 결국 기초자산의 채무자의 채무이행을 보증한 것과도 유사한 효과가 있다는 측면에서 볼 때, 증권거래법상 금지하고 있는 '채무보증'에 해당

84) 증권거래법 시행령 제36조의2에 따르면 장외파생상품업무를 인가받은 증권회사는 신용파생금융상품 거래를 할 수 있고, 증권거래법 시행규칙 제13조 제1항 제5호에서는 신용파생상품을 "신용위험(당사자나 제3자의 신용등급의 변동, 파산 또는 채무재조정 등을 말한다)의 지표변동과 연계한 거래로서 선도, 스왑, 옵션 등과 유사한 거래"로 정의하고 있으므로, 이와 같은 거래내용은 증권거래법규상 증권회사에 허용된 '신용위험'의 지표변동과 연계된 장외파생금융상품거래에 해당되는 것으로 판단된다.

하는 것이 아닌지에 대하여 논란이 제기될 소지가 있다. 그러나 이에 대하여 구재정경제부는 증권회사가 신용파생거래에서 보장매도자로 신용위험을 인수하는 행위가 신용파생거래를 가장하여 채무보증 금지규정을 면탈하기 위한 것이 아닌 한 그 행위의 경제적 효과가 채무보증과 유사한 측면이 있더라도 증권거래법 제54조의3 제1항 제3호에서 금지하는 채무보증에 해당하지 않는다는 유권해석을 내렸고,[85] 실무계에서는 이러한 유권해석에 기초하여 신용디폴트 스왑거래를 통하여 기초자산의 신용위험을 증권회사로 이전하는 방식의 거래가 이루어지고 있다.

참고로 2009년 2월 4일부터 발효될 자본시장과 금융투자업에 관한 법률에서는 증권회사의 타인 채무이행보증을 금지하고 있는 조항을 삭제하였으며, 증권 및 장외파생상품에 대한 투자매매업을 경영하는 자는 겸영업무로서 지급보증업무를 할 수 있도록 규정하고 있어[86] 신용디폴트 스왑거래방식뿐만 아니라 기초자산에 내재된 신용위험까지 인수하는 내용의 ABCP 매입보장약정도 가능해질 것으로 보인다.

VI. 향후 전망 및 결론

비등록유동화거래는 그 방식에 있어 등록유동화거래와는 달리 특정 법률에 의한 규율을 받지 않기 때문에 거래당사자들이 의욕하는 바에 따라 다양한 거래구조가 설계될 수 있고, 실제로 거래계에서는

85) 재정경제부 2007. 12. 3.자 증권사의 신용파생거래 가부 참조.

86) 자본시장과 금융투자업에 관한 법률 제40조 및 동법 시행령 제43조 제5항 제6호 참조.

이 글에서 소개된 몇 가지 일반적 거래구조 외에도 거래당사자들의 구체적인 거래목적에 맞게 고안된 새로운 거래구조가 계속하여 출현하고 있다.

그러나 이러한 비등록유동화거래는 자산유동화법에서 제공하는 특례를 적용받지 못하므로 자산유동화법에서 누릴 수 있는 여러 혜택을 거래구조에 반영할 수 없다는 단점이 있다. 그중에서도 상법상 주식회사의 경우에는 사채의 총액이 순자산액의 4배 이내여야 하는 발행한도의 제한이 있기 때문에(상법 제470조 제1항) 비유동화거래목적으로 설립된 SPC의 경우 사채발행이 이루어지지 못하고, 대부분이 상법상 주식회사를 통하여 ABCP를 발행하는 형태로 이루어지고 있음은 앞서 살펴본 바와 같다. 이와 같은 제약으로 말미암아 비등록유동화거래구조가 활발해지면서 만기가 단기인 ABCP가 급속도로 시장에서 유통되었는데, 이때 금융시장에 어떠한 원인에 의하여 신용경색이 일어나는 경우 ABCP의 차환발행이 어려워지면서 일순간에 금융시장 전체의 유동성 위험을 초래할 수 있다는 우려가 높다.[87] 뿐만 아니라 비등록유동화거래의 경우에는 유동화증권발행시 감독당국으로부터 직접적인 감독을 받지 않으므로 ABCP 투자자의 보호를 조치가 충분히 취해지지 않을 가능성도 등록유동화거래에 비해 상대적으로 높을 것으로 보인다.[88]

이러한 배경하에서 ABCP Program을 통한 유동화거래를 포함하여

87) 머니투데이, "CP의 범람, 신용대란 불씨 될라," 2008. 6. 11. 참조.

88) 한편 법무부에서 마련한 상법개정안에 따르면 주식회사의 사채의 발행한도에 대한 조항이 삭제되었다. 주식회사의 사채발행한도에 대한 조항이 폐지될 경우에는 주식회사는 유동화목적으로 사채를 직접 발행할 수 있게 되고 SPC도 단기의 ABCP를 계속 차환발행할 이유도 없게 되므로 ABCP발행구조에 대한 시장의 수요는 상당 부분 감소할 것으로 생각된다.

기존 자산유동화법에서의 예정하고 있지 않은 방식의 유동화거래의 경우에도 유가증권시장에서 장 · 단기증권의 수급상의 균형 · 거래안정성 · 투자자보호 등을 종합적으로 고려한다면, 자산유동화법의 테두리 안에 편입시켜 이를 적극적으로 규율하는 방안을 신중히 검토할 필요가 있는 것으로 생각된다. 이러한 관점에서 현재 진행 중인 자산유동화법 개정작업에서도 종래 거래계에서 비등록유동화거래 형태로 실현하였던 여러 유동화거래구조를 적극적으로 반영하여 다양한 유형의 유동화거래구조를 자산유동화법의 틀 안에서 지원할 수 있도록 함으로써 궁극적으로 우리나라 구조화금융시장의 안정과 발전에 새로운 전기가 될 수 있기를 기대해 본다.

제4장

파산절연과 자산유동화에 관한 법률 제13조에 관한 소고*

조영희**

I. 머리말

자산유동화에 관한 법률(이하 '자산유동화법')이 제정된 이후 10년간 국내 금융시장은 빠른 속도로 발전해 왔다. 자산유동화법은 이러한 금융산업 발전에 하나의 디딤돌과 같은 역할을 해왔다고 해도 과언이 아닐 것이다. 자산유동화법을 제정하게 된 1차적인 목적은 IMF 외환위기를 극복하기 위한 방안의 하나로서 금융기관이 보유하고 있던 부실금융자산의 처분을 원활하게 하기 위한 것이었으나, 자산유동화법은 제정된 지 몇 해 되지 않아 그 1차적인 목적을 달성하고 제정 당시에는 예상하지 못했던 수많은 유형의 새로운 거래를 탄생시켰다. 또

* 이 논문은 BFL 제31호(2008. 9)에 게재되었다.
** 법무법인 세종 변호사

한 이 과정에서 자산유동화법, 그중에서도 진정양도의 요건을 규정한 제13조는 자산유동화법에 따른 유동화거래뿐만 아니라 자산유동화법의 적용을 받지 않는 유동화거래 및 그 밖의 금융자산 양도거래에도 큰 영향을 미쳤다.

IMF 외환위기 이전 국내 금융시장에서 채무를 부담하는 기업의 도산위험은 그리 진지하게 고려되지 않았다고 할 수 있다.[1] 이는 우선적 채권확보수단으로서 담보권을 취득하는 방법 외 채무자의 신용위험을 최소화할 수 있는 금융기법이 뚜렷이 존재하지 않았을 뿐만 아니라 채무를 부담하는 기업이 실제로 도산절차에 들어가는 경우도 드물었기 때문에 담보권자로서의 지위를 확보하는 데에서 나아가 채무자의 도산위험으로부터 절연되는 금융기법에 대한 수요도 사실상 그리 많지 않았기 때문이라고 생각된다. 그러나 IMF 외환위기를 맞이하면서 상당수 대규모 기업에 대하여 도산절차가 개시되자, 도산위험에 직면하지 않은 국내 기업들까지 자신의 도산위험으로부터 절연되는 금융기법에 의하지 않고는 저리의 자금조달이 사실상 불가능해졌고, 이에 따라 기업이 보유하고 있는 자산을 그 기업의 도산위험으로부터 절연시켜 이를 기초자산으로 증권을 발행하는 금융기법이 최초로 국내에 탄생하였는데 이를 가능하게 한 것이 바로 자산유동화법인 것이다.

자산유동화법은 자산유동화거래를 네 가지 유형의 거래로 한정하여 정의하고 있으나, 여기서는 논의의 편의상 자산유동화법이 정의하고 있는 자산유동화거래에 국한하지 않고 이러한 금융기법을 활용한 거

1) IMF 외환위기 이전 우리나라에 자산유동화제도를 도입하여야 한다는 논의가 없었던 것은 아니다. 송웅순/김상만, "금융자산의 증권화에 대한 고찰," 법률업무가이드초록집, 한국수출입은행 법규부, 1993, 330면 이하 : 이종구/오규택, "국제증권화와 금융혁신," 산업경제 제93호(1997. 11), 한국산업은행, 1면 이하 등 참조.

래를 통틀어 '자산유동화거래' 혹은 '유동화거래'라고 부르기로 한다.

II. 파산절연, 진정한 양도 및 자산유동화거래

자산유동화거래를 탄생시켰다고 할 수 있는 미국이나 그 외 우리나라보다 자산유동화거래를 먼저 도입한 국가들이 모두 자산유동화법과 같은 특별법을 제정한 것은 아니다. 오히려 자산유동화법과 같은 특별법을 제정한 경우는 그리 많지 않아서 미국 일부 주[2)]의 입법례와 우리나라와 유사한 법제를 취하고 있는 일본, 그리고 태국[3)] 외에는 그러한 사례가 별로 없다고 해도 과언이 아닌데, 우리나라가 이처럼 예외적으로 자산유동화법을 제정하게 된 이유는 IMF 외환위기를 극복하기 위한 방편으로 자산유동화거래를 실행하는 데 있어 당시 여러 가지 법적 장애사유들이 존재하였기 때문이다. 그러한 법적 장애사유로는 다수의 채권양도시 민법에 따른 대항요건을 갖추기가 곤란하다는 점, 민법상 근저당권부대출채권의 양도시 근저당권의 피담보채무를 확정하기 위하여 채무자의 동의가 필요하다는 점, 저당권이전등기에 소요되는 막대한 비용 그리고 자산양도거래에서 진정한 매매(true sale)와 담보목적의 양도를 명확히 구분할 수 있는 법적 요건이 확립되

2) 델라웨어, 노스캐롤라이나, 오하이오, 뉴저지 등 다수의 주에서 진정양도의 문제를 해결하기 위하여 이에 관한 법 규정을 도입하였다. 미국 연방파산법에서도 이러한 입법적 해결을 모색해 오던 중 2002년도에 결실을 이루는 듯하였으나 엔론 사태로 인하여 좌절된 바 있다.

3) 일본은 1998년 특정목적회사에 의한 특정 자산의 유동화에 관한 법률을 제정하였는데, 이 법이 2000년 자산의 유동화에 관한 법률로 개정되었다. 태국도 1997년 증권화를 위한 특수목적법인에 관한 법률을 제정하였다.

어 있지 않다는 점 등을 들 수 있을 것이다. 이러한 장애사유들 중에서 대항요건이나 등기비용은 절차나 비용을 감수함으로써 자산유동화거래를 통해 얻을 수 있는 경제적 효익이 상대적으로 현저히 감소된다는 점에서 법적 장애사유라기보다는 현실적 장애사유에 속한다고 할 수 있다. 그런데 진정한 매매는 자산유동화거래를 다른 자금조달수단과 구별되도록 하는 가장 본질적인 요소의 하나로 간주될 정도로 자산유동화거래의 투자자에게 포기할 수 없는 조건으로 인식되었으며, 이처럼 중요한 요건의 판단기준이 정립되어 있지 않다는 것은 자금조달기업이 어떠한 절차와 비용을 감수한다고 하여 극복할 수 있는 조건이 아니다. 자산유동화법 제13조는 이러한 배경하에서 탄생한 조항이며, 따라서 자산유동화법에서 규정하고 있는 어떠한 특례보다 의미가 특별하다고 할 수 있다.

자산유동화거래에서 진정한 매매를 이처럼 본질적 요소라고 보는 이유는 어찌 보면 투자자 입장에서는 당연한 것으로서, 투자자는 기업이 보유하고 있는 자산을 그 기업의 도산위험으로부터 절연시켜 이를 기초자산으로 발행된 증권에 투자함으로써 해당 기업의 도산위험을 제거하는 대신 저리의 자금을 제공하고자 하는 것이므로 결국 양도되는 자산이 양도인의 도산위험으로부터 절연되도록 하기 위해서는 그 양도가 진정한 양도이어야 한다는 점에 있다. 이렇게 함으로써 양도인이 각종 도산절차, 좁게는 파산절차 혹은 회생절차, 넓게는 기업구조조정촉진법에 따른 채무재조정이나 사적 화의(workout) 등에 따른 채무재조정절차와 관련하여 양도된 자산이 담보목적으로 양도된 것으로 간주됨으로써 양수인이 해당 자산의 진정한 소유자가 아니라 양도인의 담보권자로서의 지위를 갖는 것으로 취급될 가능성을 제거하는 것이다.

도산절차 중에서도 양수인이 진정한 양수인이 아니라 양도인의 담보권자로 간주되는 경우 양수인의 권리행사에 가장 치명적 영향을 주게 되는 것은 양도인에 대하여 회생절차, 즉 구회사정리법상의 회사정리절차가 개시되는 경우이다. 양도인에 대한 파산절차가 개시되는 경우에는 양수인이 양수한 자산이 양도인의 파산재단을 구성하지만 양수인은 담보권자로서 별제권을 행사할 수 있으므로[4] 최소한 해당 자산의 양도대금으로 지급한 금원 및 이에 대한 이자 상당의 금액을 담보채권자의 지위에서 우선적으로 변제받을 수 있다. 물론 파산절차에 수반되는 각종 절차상의 제약을 감수해야 하지만, 양도된 자산에 관한 담보권자로서의 권리행사에 본질적 제약이 가해지는 것은 아니다. 또한 기업구조조정촉진법에 따른 채무재조정이나 사적 화의 등에 따른 채무재조정은 일정한 범위의 금융기관 등이 채권자인 경우에 한하여 적용되므로 자산유동화거래를 위하여 설립된 특수목적법인이 자산을 양도받은 경우 위와 같은 채무재조정절차에 구속을 받지 아니할 수 있다.[5] 그러나 회생절차의 경우 일반채권자뿐만 아니라 담보권자까지 회생계획에 의하여 그 담보권실행 등의 권리행사가 제한되고 담보목적물인 자산으로부터의 현금흐름이 일성하여도 이와 직접적

---

4) 채무자 회생 및 파산에 관한 법률 제411조는 유치권 · 질권 · 저당권 및 전세권을 가진 자와 달리 담보를 목적으로 자산의 소유권을 이전받은 경우, 즉 양도담보권자의 경우 별제권을 가진다고 규정하고 있지는 아니하나, 판례는 양도담보권자를 구파산법상 별제권을 행사할 수 있는 권리를 가진 자로 인정하고 있다. 이는 양도담보권자를 회생담보권자에 포함시키고 있는 동법 제141조 제1항의 태도를 고려한 것이라고 보인다. 이에 관해서는 대법원 2002. 4. 23. 선고 2000두8752 판결 참조.

5) 다만 기업구조조정촉진법에 따른 채무재조정의 적용을 받는 금융기관 중 동법 제2조 제1호 하목에 규정된 '대통령령으로 정하는 자'의 범위에는 자산유동화법에 의한 유동화전문회사가 포함되어 있어 자산유동화법에 따른 유동화거래가 동법상의 채무재조정의 위험으로부터 단절되어 있는 것은 아니다.

관련 없이 회생계획에 따라서만 그 채권을 변제받을 수 있다는 점에서 그러한 자산의 양도가 담보권의 취득이라고 간주될 경우 자산유동화거래의 본래 목적과는 확연히 다른 결과를 초래하게 된다. 이러한 점 때문에 자산유동화거래의 투자자들이 거래구조적 측면에서 가장 중요하게 여기는 전제조건이 바로 진정한 양도 및 이에 따른 자산양도인의 도산위험으로부터의 절연인 것이다.

III. 자산유동화법 제13조의 적용범위 및 그 재발견

우리 도산법하에서 매매거래가 각종 도산절차상 어떠한 경우에 담보부거래로 해석될 수 있는지 여부에 관해서는 아무런 규정이 없으며 이를 직접적으로 다룬 판례도 없다고 보인다. 물론 채무자 회생 및 파산에 관한 법률에서 양도담보권자에게 다른 담보권자와 마찬가지의 지위를 부여하는 조항이 있으나[6] 당사자 간 거래의 외관이 매매의 형식을 취하고 있는 경우더라도 도산절차상 일정한 조건하에서 양도담보권자로 인정될 수 있는지 여부에 관해서는 규정하고 있지 아니하다. 그러나 양도담보 자체가 이미 담보를 목적으로 목적물을 양도하는 거래관행에서 출발한 것이므로 우리 민법하에서 양도담보거래로 인정되는 한 당사자 사이에서 양도담보거래임이 명시적으로 합의되어 있지 않았다고 하여 도산절차상 담보권으로서의 성격을 인정할 수 없는 것은 아니고, 오히려 양도담보에 관한 우리 대법원의 입장은 적

6) 채무자 회생 및 파산에 관한 법률 제141조 참조.

어도 당사자 간의 내부관계에서는 확고하게 이를 담보권의 설정으로 보아 목적물의 처분시 양도담보권자에게 정산의무를 부과하고 있다. 그렇다면 자산의 양도인이 도산절차에 들어갔을 때 그 양수인이 당사자 간 거래의 실질에 기초하여 담보권자로 재해석될 수 있는 가능성은 충분히 있다고 보아야 할 것이다.[7)]

한편 우리 민법상 매매거래가 진정한 매매인지 또는 양도담보거래인지는 원칙적으로 법률행위 또는 계약의 해석에 관한 문제로서 계약의 해석 및 양도담보 등에 관한 판례를 유추하여 판단할 수밖에 없는데, 우리 판례에 의하면 법률행위의 해석은 당사자가 표시한 문언에 의하여 객관적 의미가 명확하게 드러나지 않는 경우 그 문언의 내용과 법률행위가 이루어진 동기 및 경위, 당사자가 그 법률행위에 의하여 달성하고자 하는 목적과 진정한 의사, 거래의 관행 등을 종합적으로 고려하여 합리적으로 해석하여야 한다고 판시하고 있다.[8)] 그러나 이처럼 여러 요소를 종합적으로 고려하여 판단하여야 한다는 것은 결국 거래별 구체적 타당성에 보다 초점을 맞춘 것으로서 자산유동화거래의 투자자 입장에서는 그만큼 법적 불확실성이 존재함을 의미하는 것이라고 하지 않을 수 없기에 자산유동화법 제13조는 바로 이러한 법적 불확실성을 최소화하기 위하여 마련된 특별규정이라고 할 수 있다.

---

7) 물론 양도담보의 법리상 양도담보권자는 대외적 관계에서 목적물의 소유권을 취득하는 것으로 인정되므로 도산절차상 환취권을 인정하여야 한다는 논리 또한 가능하다. 그러나 채권자 간 형평 및 채무기업의 회생을 목적으로 하는 파산 혹은 회생 절차에서는 당사자 간 거래의 경제적 실질인 내부관계를 기준으로 양도담보권자의 지위를 판단할 가능성이 높다고 본다. 이와 유사한 취지로 이미현, "자산유동화와 진정한 매매," 법조(2003. 10), 93면 이하 참조.

8) 대법원 1996. 7. 30. 선고 95다29130 판결 ; 대법원 1994. 3. 25. 선고 93다32668 판결 등 참조.

그런데 이러한 자산유동화법 제13조의 목적에 비추어 볼 때에도 쉽사리 이해되지 않는 점이 있다. 우선 자산유동화법 제2조에 열거되어 있는 자산유동화거래의 유형은 자산보유자의 재산으로부터 유동화자산을 분리하여 취득 및 보관할 vehicle의 종류에 따라 유동화전문유한회사(이하 '유동화회사')를 이용하는 거래와 신탁을 이용하는 거래로 나누어 볼 수 있다. 유동화회사는 자산보유자로부터 유동화자산을 양도받는 방식으로, 신탁은 자산보유자로부터 유동화자산을 신탁받는 방식으로 유동화자산을 자산보유자로부터 이전받게 되는데, 유동화회사가 유동화자산을 양도받는 방식은 주로 매매에 의하지만 자산유동화법 제13조 제1호는 교환의 방식에 의한 양도방식도 인정하고 있다.

한편 신탁을 이용하는 유동화거래에서는 유동화자산을 직접 신탁받거나 신탁회사가 신탁받은 금전으로 유동화자산을 양도받는 방식이 가능한데, 전자의 경우 신탁법에 따른 신탁만이 가능하고 이러한 신탁의 법률관계에 매매 또는 교환의 방식으로 게재될 여지는 없다고 보인다. 그럼에도 자산유동화법 제13조 제1호는 유동화자산의 양도방식을 매매 또는 교환에 의할 것을 요구하고 있어 신탁을 이용한 자산유동화거래에서 자산유동화법 제13조가 적용되는지 여부에 관한 의문이 제기되지 않을 수 없다.

1. 신탁을 이용한 자산유동화거래에의 적용 여부

이러한 의문은 먼저 자산유동화법 제13조의 존재의의를 다시 한 번 살펴봄으로써 그 답을 구할 수 있다고 본다. 자산유동화법 제13조는 유동화자산 양도가 동조 각 호의 요건을 충족하는 경우 해당 거래를 담보부거래로 보지 아니한다고 규정하고 있는데, 이는 결국 유동화자산의 양도거래가 담보부거래로 간주되지 않고 진정한 매매로 인정되기 위한 요건, 즉 자산보유자의 도산위험으로부터 유동화자산을 절연시키기 위한 요건을 규정하고 있는 것이다. 그렇다면 유동화자산을 신탁하는 방식에 의한 자산유동화거래의 경우에도 자산보유자의 도산위험으로부터 신탁된 유동화자산을 절연시키기 위하여 자산유동화법 제13조를 적용할 필요가 있는지의 여부를 생각해 보는 것이 의미있을 것이다.

(1) 신탁의 파산절연성

자산유동화법은 신탁방식의 자산유동화거래와 관련하여 자기계약에 의한 유동화자산의 신탁을 허용하는 등 신탁법 및 신탁업법에 대한 몇 가지 예외 규정[9]을 두고 있으나 그 밖에 유동화자산의 신탁에 특별한 요건을 갖출 것을 요구하거나 법적 효력에 관하여 규정하고 있지는 아니하므로 자산유동화거래를 위하여 유동화자산을 신탁함에서 갖추어야 할 요건이나 법적 효력은 신탁법 및 신탁업법에 따라 판단되어야 할 것이다. 이와 관련하여 우선 신탁법에서는 신탁은 위탁자와 수탁자 간 계약 또는 위탁자의 유언에 의하여 설정할 수 있다고 규정하고,[10] 신탁의 목적이 선량한 풍속 및 기타 사회질서에 위반되거나 위법 또는 불능한 때에는 무효로 하는 등[11] 일정한 경우 신탁행위

9) 자산유동화법 제16조 및 제32조 참조.
10) 신탁법 제2조.
11) 동법 제5조 참조.

의 효력을 부인하는 규정을 두고 있다.[12] 나아가 채무자가 채권자를 해함을 알고 신탁을 설정한 경우에는 채권자는 수탁자가 선의일지라도 민법 제406조 제1항의 취소 및 원상회복을 청구할 수 있도록 하는 등 사해행위를 목적으로 하는 신탁을 취소할 수 있도록 하는 근거를 두고 있다.[13] 그 밖에도 신탁법상 명시적인 규정은 없으나, 재산권의 명의만을 다른 사람에게 이전하는 소위 명의신탁은 그 명의자에게 실질상 이익이 있다고 할 수 없어 이를 신탁법 소정의 신탁이라고 할 수 없다는 것이 확고한 대법원 판례[14]이다.

자산유동화거래를 위한 유동화자산의 신탁도 앞에서 살펴본 바와 같이 위탁자와 수탁자 간 계약에 의하여 설정되는 경우 신탁법이 규정하는 일정한 사유에 해당되지 않는 한 신탁으로서의 효력이 인정될 것인바, 이러한 경우 신탁법에 따르면 신탁재산은 수탁자의 고유재산이 된 것을 제외하고는 수탁자의 파산시 그 파산재단을 구성하지 않게 된다.[15] 그러나 신탁법상 신탁재산이 위탁자의 파산시 그 파산재단을 구성하지 아니한다고 명시한 조항은 없다는 점에서 신탁을 이용한 자산유동화거래의 경우, 과연 자산보유자의 도산위험으로부터 유동화자산이 절연되는지에 관하여 의문이 생길 수 있다.

그러나 신탁법 제1조 제2항에 따르면 신탁은 i) 신임설정자(이하 '위탁자')와 신탁을 인수하는 자(이하 '수탁자')와의 특별한 신임관계에 기하여 ii) 위탁자가 특정의 재산권을 수탁자에게 이전하거나 기타의 처분을 하고 iii) 수탁자로 하여금 일정한 자(이하 '수익자')의 이익을

12) 동법 제6조 및 제7조 참조.

13) 동법 제8조 참조.

14) 대법원 1984. 12. 26. 선고 83누135 판결 참조.

15) 동법 제22조 참조.

위하여 또는 특정의 목적을 위하여 그 재산권을 관리 · 처분하게 하는 법률관계를 말한다고 정의되어 있다. 이러한 신탁의 정의에 의하면 신탁은 위탁자가 특정의 재산권을 수탁자에게 이전하거나 기타의 처분을 함으로써 수탁자로 하여금 법적 소유자로서 재산권을 관리 · 처분하게 하는 것을 본질적 요소로 하는 법률관계라고 할 것인바, 앞서 본 명의신탁과 같이 그 명의자에게 실질상 이익, 즉 권리의무 또는 이해관계가 없이 명의만 이전되는 법률관계는 위와 같은 본질적 요소를 결여하였기에 우리 대법원은 신탁법 소정의 신탁이 아니라고 본 것이 아닐까 생각한다.

한편 위와 같은 전제하에서 신탁법에 따라 신탁이 적법, 유효하게 설정되면 신탁재산은 수탁자의 고유재산으로부터 구별되어 관리될 뿐만 아니라 위탁자의 재산권으로부터도 분리되어 독립성을 갖게 된다는 것이 우리 대법원의 일관된 판례[16)]이다. 따라서 위탁자에 대하여 파산이나 회생절차가 개시된 경우에도 신탁된 재산은 위탁자의 재산을 구성하지 않는다.

(2) 담보신탁의 파산절연성

이처럼 신탁의 법률관계에서는 위탁자와 수탁자 간 체결된 신탁계약에 따라 수탁자가 위탁자 또는 위탁자가 지정하는 제3자의 이익을 위하여 또는 특정의 목적을 위하여 그 재산권을 관리 · 처분할 의무를 부담하게 되는바, 이 중에서 위탁자의 채권자를 우선수익자로 지정하

16) 대법원 1987. 5. 12. 선고 86다545, 86다카2876 판결 및 1996. 10. 15. 선고 96다17424 판결 각 참조.

고 우선수익자가 위탁자에게 갖는 채권에 관하여 채무불이행 등의 사유가 발생할 경우 신탁재산을 처분하여 위탁자의 채무를 변제하는 것을 신탁계약의 내용으로 하여 사실상 담보권설정의 목적을 달성하고자 하는 경우가 더러 있어 이를 흔히 '담보신탁'이라고 부른다. 이러한 담보신탁도 신탁법상 금지되는 신탁이 아닌 이상 유효한 신탁이라고 보아야 하지만, 이처럼 담보신탁에 의하여 신탁된 자산이 위탁자의 파산시 파산재단으로부터 절연되는지의 여부에 대한 답이 반드시 명확한 것만은 아니다.

왜냐하면 이러한 담보신탁은 외형상 신탁재산의 소유권을 수탁자에게 이전하게 되지만 담보를 위한 목적범위 내에서만 수탁자가 신탁재산을 처분할 수 있고, 위탁자가 담보신탁의 우선수익자에 대한 채무를 변제하는 경우 해당 신탁재산은 위탁자에게 반환되거나 위탁자가 지정하는 대로 처분되어 그 처분 대가가 위탁자에게 지급되므로 실질적인 수익권 및 처분권이 위탁자에게 있다고 볼 수 있어서, 일반적인 담보권의 설정과 그 실질이 유사하며 외관상 소유권이 이전된다는 점에서 양도담보와도 흡사한 면이 있다.

그렇다면 회생채권이나 회생절차개시 전의 원인으로 생긴 채무자 이외의 자에 대한 재산상의 청구권으로서 회생절차 개시 당시 채무자의 재산상에 존재하는 양도담보권은 회생담보권으로 한다고 규정하고 있는 채무자 회생 및 파산에 관한 법률 제141조 제1항에 비추어 볼 때 담보신탁의 경우에도 위탁자의 파산 또는 회생절차에 있어서 위탁자가 소유권을 특정 채권자에게 담보로 제공한 경우와 동일시하여 신탁재산을 위탁자의 재산으로 취급하여야 한다는 견해[17]도 있으나, 우

17) 이에 관한 자세한 내용은 이주현, "신탁법상의 신탁계약을 체결하면서 담보목적으로

리 대법원은 "위탁자의 신탁에 의하여 신탁재산의 소유권은 수탁자에게 귀속되고, 그 후 위탁자에 대한 회생절차가 개시되는 경우에도 신탁재산에 대한 수익권은 구회사정리법 제240조 제2항[18]에서 말하는 '정리회사 이외의 자가 정리채권자 또는 정리담보권자를 위하여 제공한 담보'에 해당하여 정리계획이 여기에 영향을 미칠 수 없다"라는 취지로 판시[19]함으로써 담보신탁의 경우에도 신탁재산이 위탁자의 재산을 구성하지 아니하는 것으로 보고 있다.

생각건대 제3자가 소유권을 보유하고 있는 이유가 단지 담보목적에 불과한 것이라면 채권자 간 공평한 분배 또는 채무자의 회생을 목적으로 하는 도산절차에서 그러한 제3자를 경제적 실질에서 유사한 지위에 있는 담보권자와 동일한 방식으로 취급하는 것이 입법론적 측면에서는 타당하다고 볼 여지가 있으나, 도산법규는 채무자의 도산이라는 특수한 상황에서 채권자 간 공평한 분배 또는 채무자의 회생을 목적으로 채무자에게 구속력을 갖는 계약의 효력을 예외적으로 제한하는 제도라는 점에서 법률에 명시된 경우를 벗어난 확장해석은 가급적 인정하지 않는 것이 바람직하다고 본다. 따라서 대외적으로 소유권을 갖는 양도담보권자가 도산절차에서 소유권자로서의 권리행사가 제한되는 것은 법적 외형에도 불구하고 구회사정리법이나 현행 채무자 회생 및 파산에 관한 법률이 그러한 근거를 명시하고 있는 범위 내

채권자를 수익권자로 지정한 경우 그 수익권이 정리계획에 의하여 소멸되는 정리담보권인지의 여부," 대법원판례해설 42호(2002. 12. 26), 법원도서관 참조.

18) 상기 구회사정리법 제240조 제2항의 내용은 현재 채무자 회생 및 파산에 관한 법률 제250조 제2항 제2호에서 회생계획은 채무자 이외의 자가 회생채권자 또는 회생담보권자를 위하여 제공한 담보에는 영향을 미치지 아니한다는 취지로 반영되어 있다.

19) 대법원 2001. 7. 13. 선고 2001다9267 판결 참조.

에서만 인정되어야 하고, 담보신탁이 그와 유사한 실질을 갖는다고 하여 법률상 명시적인 근거 없이 신탁재산이 도산절차가 개시된 채무자의 재산에 포함된다고 해석할 수는 없다고 보이므로 위 판례의 태도는 타당하다고 본다.

(3) 자산유동화법 제13조의 신탁에의 적용 여부

앞서 살펴본 바와 같이 신탁을 이용한 자산유동화거래의 경우 현행 법제하에서는 그 신탁이 담보목적으로 설정된 것인지의 여부를 불문하고 신탁재산의 소유권은 수탁자에게 귀속되어 위탁자의 재산을 구성하지 않는다고 보아야 한다. 그렇다면 자산유동화거래에서 양도인의 도산위험으로부터 유동화자산을 절연시키기 위하여 탄생한 자산유동화법 제13조는 유동화자산이 이전된 후에도 양도인의 도산절차가 개시된 경우 해당 유동화자산이 양도인의 재산에 포함된다고 해석될 소지가 있는 범위 내에서만 존재의의가 있고, 따라서 일단 신탁이 이루어진 후에는 담보목적 여하를 불문하고 위탁자의 재산을 구성하지 않는 신탁방식에 의한 자산유동화거래에는 적용될 여지가 없다고 본다.[20)]

2. 자산유동화법 제13조를 충족하지 않은 거래의 법적 효력

지금까지 살펴본 바와 같이 유동화자산의 신탁방식에 의한 유동화

20) 이와 동일한 취지로는 자산유동화실무연구회, 금융혁명 ABS : 자산유동화의 구조와 실무, 한국경제신문사, 1999, 371면 ; 김용호/이신시, "자산유동화거래와 법적 과제," BFL 제5호(2004. 5), 서울대학교 금융법센터, 28면 등 참조.

거래에는 위 규정이 적용되지 않더라도 유동화자산의 양도방식에 의한 유동화거래에는 위 규정이 적용된다는 점에는 의문이 없다. 그런데 이러한 유동화자산 양도방식에 의한 유동화거래는 자산유동화법 제13조 각 호에 규정된 요건을 반드시 충족하여야 하는지, 요건을 충족하지 아니할 경우 해당 거래의 효력이 어떻게 되는지에 관해서는 의문의 여지가 없지 아니한바, 이제 이 점에 관하여 살펴보고자 한다.

먼저 자산유동화법 제13조는 "유동화자산의 양도는 자산유동화계획에 따라 다음 각 호의 방식에 의하여야 한다. 이 경우 이를 담보권의 설정으로 보지 아니한다"라고 규정함으로써 자산유동화법에 따른 자산유동화거래가 동조 각 호에 규정된 요건을 충족할 것을 요구하고 있다. 우선 위 규정에서 정한 각 호의 요건을 갖춘 경우, 이를 담보권의 설정으로 보지 아니한다고 규정하고 있으나 이는 위 각 호의 요건이 갖추어지지 않은 때 반드시 담보권의 설정으로 보아야 한다는 의미는 아니라고 보아야 할 것이다. 왜냐하면 자산유동화법이 제정되기 이전에도 앞서 본 바와 같이 민법상 매매 여부를 판단할 수 있는 기준이 존재하지 않았다고 할 수는 없고, 다만 매매의 외관을 지닌 거래가 진정한 매매인지 또는 담보권의 설정을 목적으로 한 거래인지 다투어진 적이 별로 없어 거래 당사자들이 구별기준으로 삼을 만한 구체적이고 객관적 요건이 정립되어 있지 않았을 뿐이기 때문이다. 또한 자산유동화법 제13조는 자산유동화법에 따른 유동화자산의 양도라는 제한된 범위 내에서 적용되는 것이므로 위 규정이 민법상 진정한 매매를 판단하는 기준을 대체한다고 볼 수는 없다는 것도 이유 중 하나이다. 나아가 위 각 호의 요건이 갖추어지지 않는 경우 자산유동화법에 위반되는 결과를 초래하는데 이 때문에 해당 거래가 무효가 된다고 보아야 하는지에 대해서도 의문이 제기될 수 있으나, 자산유동화법 제13조의 목적이 양도인의 도산위험으로부터의 절연에 있다는 점을 고려할 때 위와 같은 거래를 무효화할 경우 투자자가 받을 손실[21)]에 비추어 본다면 해당 거래를 무효라고 보는 것은 위 규정을 도입한 취지에 정면으로 배치된다고 생각된다. 따라서 위 규정 각 호의 요건을 충족하지 못한 거래의 사법상 효력 또한 인정되어야 할 것이다.

그렇다면 자산유동화거래에서 자산유동화법 제13조 각 호의 요건은 유동화자산의 양도가 진정한 양도, 즉 담보권의 설정으로 간주되지 않도록 거래 당사자들에게 법적 안정성을 부여하기 위한 이른바 안전조항(safe habour rule)의 기능을 수행하는 데 1차적 의미가 있다고 볼 수 있을 것이다. 그러나 위 규정은 더 나아가 자산유동화거래가 위 규정 각 호의 요건을 의무적으로 충족할 것을 요구함으로써 그러한 요건을 충족하지 아니할 경우, 담보권의 설정으로 볼 것인지의 여부는 별론으로 하고 자산유동화법의 위반이라는 결과를 가져온다는 점에 특징이 있다. 물론 자산유동화법상 이러한 위반행위에 대하여 처벌조항이 있는 것은 아니고 앞서 본 바와 같이 거래행위 자체가 무효가 된다고 보기도 어렵지만, 동법 제5조 제1항 제2호에 의하여 금융위원회는 동법 제13조에 위반된 자산유동화계획의 등록을 거부할 수 있으므로 해당 거래의 당사자들은 자산유동화법이 규정하는 여러 특례의 적용을 받지 못하게 되어 거래의 목적을 달성할 수 없게 되는 것이다.

이처럼 유동화자산의 양도시 자산유동화법 제13조 각 호의 요건을

---

21) 자산유동화법 제13조의 요건을 충족하지 못한 자산양도거래가 무효가 된다면 유동화회사는 양도인에 대하여 그 양도대금의 반환청구권만을 갖고 양도받은 자산을 반환하여야 하는데, 양도인의 파산시 유동화회사가 갖는 이러한 반환청구권은 파산채권이 되어 유동화회사 나아가 투자자들에게 막대한 손실을 가져오게 될 것이다. 이와 유사한 취지로 김재형, "자산유동화에 관한 법률의 현황과 문제점," 인권과 정의 제293호 (2001. 1), 83면 이하 참조.

의무적으로 갖추게 하는 것이 입법론적으로 타당한지는 의문이다. 당초 자산유동화법 제13조의 입법취지는 유동화자산의 양도가 진정한 양도로 인정되기 위한 기준을 정립하는 데 주된 목적이 있었을 것이나, 그러한 기준을 충족하지 아니하는 유동화자산의 양도거래가 진정한 양도인지를 판단할 수 있는 법적 기준에 관한 논의나 판례가 집적되어 있지 않았던 점을 고려하여 자산유동화법에 따른 유동화거래에 관한 한 위 규정 각 호의 요건을 반드시 갖추게 함으로써 유동화증권의 투자자들을 보호하기 위한 취지에서 이와 같은 방식을 택한 것이었다고 하는데 이러한 취지에 수긍이 가지 않는 것은 아니다. 그러나 앞에서도 언급한 바와 같이 자산유동화법이 제정된 지 10년을 맞이하여 우리나라의 자산유동화시장을 살펴보면, 이제 위와 같은 걱정은 그리 설득력이 없다고 해도 과언이 아닐 만큼 다양한 자산유동화거래가 넘쳐나고 투자자들에 의해 소화되고 있다. 뿐만 아니라 자산유동화법에서 허용하는 특정 유형의 거래에서 벗어나 보다 탄력적이고 다양한 거래구조를 바탕으로 자산유동화법의 적용을 받지 않는 많은 유동화거래가 행해지고 있다는 점에 비추어 보더라도 이 점은 명백하다.

일반적으로 자산유동화거래의 투자자들에게는 신용평가회사가 부여하는 신용평가등급이 투자 여부를 결정하는 데 가장 중요한 요소라고 할 수 있지만, 자산유동화법에 따른 자산유동화거래는 신용평가등급 외에도 자산유동화계획의 등록을 통하여 제반 거래조건이 공시되고 이 과정에서 금융감독당국이 사전적으로 해당 거래를 미리 검토한다는 점이 자산유동화시장의 초기단계에서 투자자들의 투자심리에 상당히 긍정적 영향을 미쳤을 것임이 틀림없다. 그런데 이제는 자산유동화법의 적용을 받지 않는 유동화거래가 흔히 행해지고 있는 것을 보면 투자자들은 자산유동화법 제13조 각 호의 요건을 의무적으로 갖출 필요가 없는 거래에 이미 투자를 하고 있는 것이 현실이다.[22] 따라서 투자자보호라는 명목하에 자산유동화법의 적용을 받기 위해서 반드시 동법 제13조 각 호의 요건을 갖추라고 하는 것은 자산유동화법 제정 당시에는 설득력 있게 받아들여졌을지 모르지만, 이제는 투자자들의 선택의 폭을 좁히는 장애물로서 유동화시장의 발전속도에 맞춰 그 변신이 요구될 수밖에 없는 대목이라고 보인다.

특히 합성유동화거래(synthetic securitization)와 같이 유동화대상이 되는 자산의 양도를 수반하지 않는 유동화거래의 수요가 증대되고 있는 현실에서 자산유동화거래를 위한 자산의 양도가 반드시 자산유동화법에 정해진 요건을 갖추어야 한다면 그만큼 거래구조에 대한 탄력성은 제약을 받을 수밖에 없다. 더욱이 2년 전부터 꾸준히 논의되어 온 자산유동화법 개정을 앞두고 개정안이 합성유동화거래를 명시적으로 허용할 것이라는 시장의 기대가 한껏 높아진 상황을 고려한다면, 개정 자산유동화법에서는 합성유동화거래를 유동화거래의 한 유형으로 인정할 가능성이 매우 높다고 생각된다. 그런데 합성유동화거래의 경우 현금흐름을 창출하는 특정 '자산'이 양도되는 것이 아니라 그러한 자산에 관한 '신용위험'이 이전되는 것이라는 점[23]에서 기존 자산유

22) 이러한 현실에 비추어 보면 "굳이 자산유동화법의 적용범위를 확대할 필요성이 없지 않은가"라는 의문도 제기될 수 있다. 그러나 뒷부분에서 논의되는 바와 같이 민법이나 상법과 같은 기본법의 개정 없이는 자산의 양도나 유동화회사와 같은 특수목적법인의 설립에 대한 법적 뒷받침이 부족하고, 이러한 법적 안정성이 결여된 거래를 자산유동화법의 테두리 밖에 방치하는 것도 바람직한 태도는 아닐 것이라고 본다.

23) 합성유동화거래의 경우에도 다양한 거래구조가 있을 수 있으나, 일정한 자산 풀(이를 '준거자산'이라고 한다)에 관한 신용위험을 헤지하고자 하는 당사자(이를 '보장매입자' 또는 'protection buyer'라고 한다)가 특수목적을 위하여 설립된 회사(이하 '보장매도자' 또는 'protection seller'라고 한다)와 신용디폴트 스왑계약을 체결하여 일정 금액의 보장수수료(premium)를 지급하는 한편 그 상대방인 보장매도자는 준거자산의

동화거래와는 차이가 있다. 투자자들은 일정한 자산으로부터 창출되는 현금흐름에 기초하여 안정적 수익률을 기대하는 것이 아니라 일정한 자산에 관한 신용위험을 감수하는 대신 그 보장수수료만큼 증대되는 수익률을 기대하고 신용위험과 연계된 사채에 투자하는 것이다. 이러한 합성유동화거래는 당초 자산유동화법이 활성화하고자 의도했던 자산유동화, 즉 현금흐름을 창출하는 자산을 기초로 증권화(securitization) 방식을 통하여 유가증권시장에서 자금을 조달할 수 있게 하는 거래와는 거리가 있지만, 이미 금융시장에서 유동화증권을 비롯한 구조화상품(structured product)에 익숙해진 투자자들에게는 매력 있는 금융상품이 되었고, 준거자산을 보유한 보장매입자의 입장에서는 그 신용위험에 대한 헤지 수단을 제공하는 것으로 인식됨에 따라 시장에서는 자산유동화법이 이러한 시장의 수요를 받아들여 진화될 것으로 기대하고 있는 것이다.

앞서 살펴본 바와 같이 신탁을 활용하는 자산유동화거래의 경우 자산유동화법 제13조가 적용되지 않고, 유동화회사와 같은 특수목적법인(이하 'SPC')을 활용하는 유동화거래 중에도 합성유동화거래 등 자산의 양도를 수반하지 않는 유동화거래를 자산유동화법이 명시적으로 허용할 전망임을 고려한다면 자산유동화법에 따른 유동화거래 중 동법 제13조가 적용되는 범위는 그다지 광범위하지 않다고 보인다. 그렇다면 자산유동화법 제정 당시와 비교하여 현저히 발전된 유동화

일부 또는 전부에 관하여 미리 정의된 신용사건 발생시 그 위험을 인수함으로써 해당 준거자산에 관한 현금흐름을 보장해 주고, 보장매도자는 투자자들에게 사채를 발행하여 그 발행대금으로 담보자산을 매입한 후 보장매입자로부터 지급받는 보장수수료와 담보자산에서 발생되는 수익으로 사채의 이자를 지급하고 신용사건 발생시 담보자산을 처분하여 보장매수자에게 지급할 금액에 충당하는 대신 사채의 투자자들은 후순위부터 그 원금의 손실을 부담하는 것을 기본적인 거래구조로 한다.

시장에서 진정양도요건을 통한 투자자 보호만이 자산유동화법의 절대 명제라 볼 수는 없을 것이며, 이제는 시장의 요구에 맞는 다양한 금융상품의 출현을 자산유동화법이 법적으로 뒷받침할 수 있는 방향을 모색해야 할 때라고 본다.

그렇다고 동법 제13조의 존재의의가 사라진 것은 아니며 동조가 진정양도에 관한 안전조항의 역할만 담당하도록 개정되더라도 투자자들은 지금까지와 같이 자산유동화거래에서 진정양도를 충족하기 위해 많은 경우 위 규정에 의존할 것이다. 그러나 유동화시장은 동조 각 호의 요건을 반드시 충족하지 않더라도 신탁을 이용하는 거래를 포함하여 자산보유자의 도산위험으로부터 절연될 수 있는 거래구조를 다양하게 모색하는 시도를 멈추지 않을 것이므로 자산유동화법이 이러한 시도를 뒷받침할 수 있도록 자산유동화법 제13조를 안전조항의 성격을 갖도록 개정하는 것이 바람직하다고 생각한다.[24)]

3. 파산절연은 유동화거래에서 절대명제인가

기왕 합성유동화거래에 관해 언급했으니 다양한 유동화거래에 대해 좀 더 살펴보고자 한다. 합성유동화거래의 경우 현금흐름을 창출하는 특정 자산이 양도되는 것이 아니라 그러한 자산에 관한 신용위험이 다수의 투자자들에게 이전된다는 점에서 기존 자산유동화거래와는 차이가 있다는 점은 이미 설명한 바와 같다. 그런데 이처럼 증권화방식을 통하여 보장매입자가 이전하는 위험이 신용위험에 한정되는 것은 아니다. 합성유동화거래와 일면 거래구조적 측면에서 유사성

24) 같은 취지로는 김재형, 앞의 논문, 96면 ; 이미현, 앞의 논문, 117면.

을 띠는 유동화거래로서 보험위험에 관한 유동화거래(insurance risk securitization)[25]를 들 수 있다.

보험위험의 유동화거래는 막대한 손실을 초래하는 대형 보험사고에 관한 위험을 인수한 보험회사가 그 위험을 이전하는 계약을 SPC(이 경우 동 회사가 보장매도자가 된다)와 체결하여 일정 금액의 보장수수료(premium)를 지급하는 한편, 그 상대방인 보장매도자는 미리 정의된 보험사고 발생시 보장매입자인 보험회사에 해당 보험사고로 인하여 지급하여야 할 보험금지급채무의 이행을 보장해 주게 된다. 보장매도자는 투자자들에게 사채를 발행하여 그 발행대금으로 담보자산을 매입한 후 보장매입자로부터 지급받는 보장수수료와 담보자산에서 발생되는 수익으로 사채의 이자를 지급하며 해당 보험사고 발생시 담보자산을 처분하여 보장매입자에게 지급할 금액을 충당하는 대신 사채의 투자자들은 후순위부터 원금의 손실을 부담하는 것을 기본적인 거래구조로 한다.[26] 보장매입자인 보험회사는 신규자본을 조달하기보다는 보험계약에 의하여 인수한 위험을 위와 같은 유동화거래를 통하여 투자자들에게 이전함으로써 새로운 보험계약을 인수할 수 있는 여력이 생기고, 사회 전체적으로 보면 손실을 예측하기 어려운 대형사고의 위험과 관련하여 보험금지급을 특정 보험회사의 신용에 의존하지 않고 그 위험을 다수의 투자자들이 분담하게 된다는 데 의의가 있다고 할 것인바, 사견으로는 이러한 유동화거래를 자산유동화법상 명시적으로 허용하지 아니할 이유가 없다고 생각한다.

---

25) 이러한 거래에 따라 발행된 유동화증권을 'catastrophe bond' 라고 하며, 미국에서는 이를 'cat bond' 라고 부르기도 한다.

26) 자세한 내용은 Malcolm P. Wattman/Kimberly Jones, "Insurance Risk Securitzation," The Journal of Structured Finance, 49. (Winter 2007) 참조.

그러나 현행 자산유동화법상 유동화회사는 위와 같은 거래의 보장매입자가 되는 계약을 체결하는 것이 유동화회사의 목적범위 내에 있다고 볼 수 있는지가 명확하지 않고, 보다 근본적으로는 이러한 거래가 자산유동화법상 나열된 자산유동화거래의 유형에 해당하지 않기 때문에 이와 같은 거래에는 자산유동화법이 적용될 수 없다.

또 다른 유형의 유동화거래로 아직 우리나라에는 많이 알려지지 않은 사업유동화거래(whole business securitization)[27]를 보자. 사업유동화거래의 경우 유동화하고자 하는 사업의 주체인 회사는 해당 사업과 관련된 모든 권리를 SPC에 담보로 제공하고 SPC가 사채를 발행하여 조달한 자금을 대출받는 것을 기본적인 거래구조로 한다. 이러한 거래는 SPC 외의 당사자로부터 제공받은 기존 담보대출이 전액 SPC로부터 받은 대출로 refinancing함으로써 SPC가 위 회사의 유일한 담보채권자가 되는 것을 전제로 이루어진다. 물론 자산유동화법상 명시된 자산유동화거래의 유형에 맞게 해당 사업과 관련된 모든 권리를 SPC에 양도하고 자금을 조달하는 것도 가능하지만, 이러한 거래는 그 거래가 진정양도인 한 사업주체인 회사의 입장에서 볼 때 향후 사업에 따라 발생될 잠재적 수익을 회사가 향유할 수 없으므로 사업에 필요한 자금을 조달하기 위한 방법으로 그리 적합하지 않다고 볼 수 있다. 그렇다면 위와 같은 담보부대출을 기초자산으로 하는 유동화증권의 투자자들은 위 회사가 발행한 채무증권을 직접 취득하지 않고 이러한 유동화증권에 투자하는 것인가 의문이 생길 수 있다. 그러나 이에 대

27) 이미 일본에서는 우리나라에 잘 알려진 기업인 소프트뱅크가 사업유동화거래를 성공적으로 수행한 바 있다. 이에 관한 자세한 내용은 Soft Bank Understakes Largest Whole Business Securitisation, Asian Legal Business Issue 7.1, Key Media 참조.

한 답은 의외로 간단하다. 위 회사가 발행한 채무증권에 직접 투자할 경우 회사가 도산절차에 들어갔을 때 개별 투자자는 도산절차에서 자신의 이익을 대변할 만큼 높은 비중의 채권액을 가진 채권자가 아니므로, 특히 회생절차와 같이 채무기업의 회생을 위하여 채권자의 이익을 희생하는 절차에서 의사결정에 영향을 미치기 어려운 반면, 사업유동화거래는 SPC가 채무기업의 유일한 담보채권자가 되어 채무기업의 도산절차, 특히 회생절차에서 회생계획의 수립을 위한 의사결정에 중요한 영향을 미칠 수 있게 되므로 SPC가 발행한 사채의 투자자는 SPC를 통하여 혜택을 받게 되는 것이다.[28]

그런데 위와 같은 유동화거래는 자금조달을 원하는 기업에 대한 담보부대출을 기초자산으로 하는 것이어서 진정한 양도를 전제로 하는 유동화거래만 허용하는 자산유동화법의 테두리 내에서는 이루어지기 어려운 거래이다. 물론 이와 같은 거래가 단지 자산유동화법상의 장애사유 때문에 우리나라에 도입되기 어려운 것은 아니지만, 담보부거래를 기초자산으로 하여 다수의 투자자들에게 발행되는 유동화증권이 반드시 시장에서 소화되지 아니할 것이라고 단정할 수는 없을 것이며, 투자자들을 보호하기 위하여 이러한 거래를 무조건 허용하지

28) 이와 같은 방식의 유동화거래는 미국이나 미국의 도산법 체계에 상당 부분 영향을 받은 우리나라와 같이 도산절차에서 법원의 재량권이 넓게 인정되고, 담보채권자의 권리행사가 직접적으로 제한되는 국가에서는 활발하게 이루어지기 어려운 면이 있다. 영국의 경우 채무기업의 유일한 담보채권자는 해당 기업의 도산절차에서 폭넓은 의사결정권을 행사할 수 있으나, 미국이나 우리나라의 경우 유일한 담보채권자라 하더라도 영국법에서와 같은 광범위한 권한이 인정되지 아니하므로 채무기업의 도산위험을 통제할 수 없다는 점에서 투자자들이 일반적인 채무증권과 비교하여 법적 지위에 큰 차이가 있다고 보기 어렵기 때문이다. 이에 관한 보다 상세한 논의는 Claire A. Hill, Whole Business Securitization in Emerging Markets, Duke Journal of Comparative & International Law, Spring, 2002, 12 Duke J. Comp. & Int'l L. 521 참조.

않는 것만이 최선책은 아닐 것이다.

이처럼 보험위험유동화거래나 사업유동화거래의 공통점을 살펴보면 합성유동화거래와 마찬가지로 자산양도거래를 반드시 수반하는 것이 아니므로 자금조달기업 혹은 보장매입자의 파산위험으로부터의 절연이 해당 거래의 절대적 요소가 아니다. 이러한 다양한 유동화거래에 대한 수요가 언제 국내 금융시장에 등장할지는 미지수이나, 다양한 금융상품에 대한 다수 투자자들의 접근을 용이하게 하는 금융기법으로서 유동화거래의 범위를 확대하는 것이 자산유동화법의 사명이라면 향후 이와 같은 다양한 유동화거래가 자산유동화법하에서도 가능하도록 하는 것이 바람직하다고 본다.

IV. 자산유동화법이 나아갈 방향

자산유동화법상 앞에서 본 바와 같이 새로운 유형의 유동화거래가 허용되지 않는다고 하여 국내 금융시장에 그러한 유동화거래가 불가능한 것은 아니다. 이는 현행 자산유동화법하에서도 자산유동화법의 적용을 받지 아니한 유동화거래가 비교적 활발히 이루어지고 있는 점을 보더라도 그러하다. 이러한 점 때문에 민법, 상법 등에 대한 각종 특별 규정[29]과 세제상의 특례 등을 규정하고 있는 자산유동화법의 적용범위를 확대하는 것에 대해 반론을 펼치는 견해도 있을 수 있다. 그러나 자산유동화법이 위와 같은 특례들을 둔 것은 단지 IMF 외환위기

29) 자산유동화법 제7조에 따른 대항요건의 특례나 동법 제7조의2에 따른 근저당권 확정절차에 관한 특례 등이 민법에 대한 특별규정의 예이고, 제31조에 따른 유동화회사의 사채발행에 관한 특례 등이 상법에 대한 특별규정의 대표적인 예이다.

를 극복하기 위한 수단으로서, 한시적 특례를 규정하고자 했던 것이라기보다는 해외 금융시장에서 활발히 이루어지기 시작한 자산유동화거래를 장기적 안목에서 국내에 도입하되 법적 장애사유들을 단시간 내에 해소하기 위함이었다고 생각된다. 그렇다면 이러한 특별 규정의 적용범위가 확대되는 것을 반드시 바람직하지 않다고 하기보다는 변화하는 금융거래 현실을 반영하여 우리 민법, 상법 등의 기본법 체계를 변경할 필요성을 인정하고 개정의 노력을 기울임으로써 특별법의 적용범위를 최소화하여야 하고, 그러한 개정이 이루어지지 않은 상황에서 반드시 자산유동화법의 적용범위를 확대시키는 것을 부정적으로 바라볼 것은 아니라고 생각한다. 다만 자산유동화법의 적용을 받는 자산유동화거래가 확대됨에 따라 세제상의 특례 적용이 확대되는 것에 대해서까지 이와 동일한 논거를 적용하기는 어려울 것인바, 이에 대해서는 자산유동화법상 부여된 세제상의 특례의 일부를 감소 혹은 폐지하는 등의 방안이 고려될 수 있을 것으로 본다.

물론 자산유동화법의 적용을 받은 유동화거래의 범위를 무조건 확대하자는 것은 아니다. 자산유동화법의 제정이 우리 금융시장에 미친 중대한 영향 중의 하나는 자산유동화거래 투자자들을 위한 특별한 공시제도의 마련이라는 점에 있다고 할 수 있다. 증권거래법상 유가증권의 모집 또는 매출시 요구되는 유가증권발행신고서제도가 있지만 자산유동화법 제정 당시만 하더라도 유동화증권이라는 새로운 금융상품에 관한 위험과 특성을 투자자들에게 상세히 공시하기에는 기존의 제도가 미흡했을 것이기 때문에 자산유동화거래를 위한 공시제도로서 자산유동화계획을 도입한 것은 유동화거래의 투자자들에게 더 적절한 공시수단을 제공함으로써, 법적 안정성에 대한 신뢰를 높이는데 중대한 역할을 했을 것이고 이는 유동화시장의 발전으로 이어질 수밖에 없었을 것이다. 마찬가지로 자산유동화법의 적용범위를 확대시킴에서도 투자자들에 대한 효과적 공시제도의 마련이 선결과제이자 향후 우리 유동화시장의 도약을 위한 발판이 되어야 할 것이라고 본다.

지금까지 파산절연과 자산유동화법의 연관성, 자산유동화법 제13조의 적용범위 및 파산절연에 관한 입법정책적 측면에서의 개인적 견해를 두서없이 살펴보았으나, 결국 자산유동화법 10주년을 맞이하여 지난 10년간 함께해 왔던 자산유동화법이 나아갈 방향이 뭔가를 생각한 끝에 떠오른 바람은 자산유동화법이 더 많은 유동화거래를 잉태하고 포용할 수 있게 적용범위를 확대하되 투자자를 보호하기 위한 공시제도가 점차적으로 엄격하게 개선되었으면 하는 것이다.

제5장

자산유동화거래와 진정한 매매(True Sale)*

—회사정리법과 관련된 사안을 중심으로—

조용연** · 최진숙***

I. 머리말

1. 자산유동화거래와 진정한 매매(True Sale)

자산유동화거래라 함은 대출채권, 부동산 등 유동성이 부족한 자산(이하 '유동화자산')을 증권, 출자증서[1] 등(이하 '유동화증권')으로 전환

---

* 이 논문은 BFL 제6호(2004. 7)에 개재되었으며 BFL 제5호에 실린 "자산유동화거래와 법적 과제" 중 진정매매에 관한 문제에 한하여 실제 국내에서 문제된 사안을 개략적으로 소개하는 글로서 자산유동화거래에 관련된 일반적인 내용 및 이에 대한 해석 및 학설의 소개는 생략한다.

** 법무법인 시공 변호사, 전 서울중앙지방법원 부장판사

*** 법무법인 지평지성 변호사

1) 자산유동화에 관한 법률(이하 '자산유동화법')상 유동화증권은 유동화자산을 기초로 자산유동화법 제3조에서 정한 자산유동화계획에 따라 발행되는 출자증권 · 사채 · 수익증권, 기타의 증권 또는 증서를 말한다(동법 제2조 제4호 참조). 따라서 학

히여 지본시장에서 현금화하는 일련의 행위를 의미한다. 위와 같은 자산유동화거래에서는 자본시장에서 유동화자산을 원활하게 현금화하기 위하여 유동화자산을 법적으로 자산보유자(originator)로부터 분리하여 자산보유자의 도산위험으로부터 격리하는 작업이 필요하게 된다.

이와 같이 자산보유자의 도산위험으로부터의 격리를 위해서는 해당 유동화자산의 양도가 담보의 제공이 아닌 '진정한 매매' 로 해석될 수 있는지 여부가 문제된다.

자산유동화에 관한 법률(이하 '자산유동화법')은 동 법률에 의한 자산유동화거래의 경우 동법 제13조가 정하는 일정한 요건[2])을 충족할 것을 요구하고 동 요건을 충족하는 경우 이를 담보권의 설정으로 보

설은 자산유동화법상 유동화증권의 수를 제한하지 않으며, 유동화증권의 개념에는 증서도 포함하므로 유가증권으로서의 증권을 발행하지 아니하고 소수의 투자자로부터 차입하는 방식(loan)으로 유동화하는 것도 가능하다고 보고 있다(자산유동화실무연구회, 금융혁명 ABS, 한국경제신문사, 306면 참조). 이러한 해석에 의할 때는 거래계에서 유동화자산의 매입자금을 소수의 대출금융기관으로부터 차입형태로 조달하는 자산유동화거래 또한 자산유동화법에 의한 자산유동화의 형태로 진행될 수 있을 것이다. 그러나 아직까지 금융감독원 등 감독기관은 차입형태에 의한 자산유동화의 방식에 대하여 회의적인 입장인 것으로 알고 있다.

2) 자산유동화법 제13조(양도의 방식)에 의하면 유동화자산의 양도는 자산유동화계획에 따라 다음 각 호의 방식에 의하는 경우 이를 담보권의 설정으로 보지 아니한다.

1. 매매 또는 교환에 의할 것
2. 유동화자산에 대한 수익권 및 처분권은 양수인이 가질 것. 이 경우 양수인이 당해 자산을 처분하는 때에 양수인이 이를 우선적으로 매수할 수 있는 권리를 가지는 경우에도 수익권 및 처분권은 양수인이 가진 것으로 본다.
3. 양도인은 유동화자산에 대한 반환청구권을 가지지 아니하고, 양수인은 유동화자산에 대한 대가의 반환청구권을 가지지 아니할 것
4. 양수인이 양도된 자산에 관한 위험을 인수할 것. 다만, 당해 유동화자산에 대하여 양도인이 일정 기간 그 위험을 부담하거나 하자담보책임(채권의 양도인이 채무자의 자력을 담보한 경우에는 이를 포함한다)을 지는 경우에는 그러하지 아니한다.

지 아니한다고 명시적으로 규정하고 있다. 동 조항의 입법취지는 유동화자산의 양도가 일정한 요건을 갖추는 경우 진정한 매매가 이루어진 것으로 간주하고, 유동화자산을 양도인인 자산보유자의 신용위험으로부터 차단하여 유동화증권이 자산보유자에 대하여 파산, 회사정리 등의 부도사유가 발생하더라도 유동화자산은 이로부터 절연되어 영향을 받지 않도록 하기 위한 것이다.

한편 거래계에서는 자산유동화법에 의하지 아니하는 자산유동화거래도 많이 이루어지고 있는바, 이와 같이 자산유동화법에 의하지 아니하는 자산유동화거래에서도 자산유동화법 제13조에서 규정하고 있는 '진정한 매매'의 개념을 적용하고 동조 각 호에서 정한 '진정한 매매'에 해당하기 위한 요건을 그대로 도입할지 여부 등이 논의되어 왔다.

2. 국내 도산절차와 진정한 매매(True Sale)[3)]

우리나라의 경우 자산보유자의 도산절차로서 자산보유자에 대하여 파산이 선고되거나 화의가 개시되는 경우, 또는 회사정리법상의 정리절차에 들어가는 경우를 생각할 수 있다.[4)]

3) '진정한 매매'는 또한 '진정한 양도'라고도 지칭된다. 이 글에서는 회사정리법 제123조에서 '양도담보권'을 정리담보권의 하나로 명시하고 있는 점을 고려하여 '양도담보권'과 구별하는 의미에서 '진정한 매매'라는 용어로 통일하여 사용하기로 한다.

4) 국내법상의 도산절차와 관련하여 기업구조조정촉진법(이하 '구조조정법')에 의한 채무조정절차를 추가로 고려할 수 있을 것이다. 구조조정법 시행령 제2조 제6호는 "자산유동화에 관한 법률에 의한 유동화전문회사"를 "채권금융기관"의 하나로 규정하고 있다. 따라서 자산유동화법에 의한 자산유동화의 경우 유동화전문회사의 자산보유자에 대한 권리행사가 구조조정법 소정의 신용공여로 해석되는 경우 유동화전문회사의 자산보유자에 대한 권리행사는 동법에 따른 채권행사의 유예, 채무

그중 자산보유자에게 파산이 선고되거나 화의가 개시되는 경우에는 비록 (유동화자산의 양도행위가) 담보권의 설정으로 인정된다고 하더라도 별제권[5]이 인정되는 범위 내에서는 채권자는 보호될 수 있다.[6] 다만, 별제권의 행사와 관련하여 절차상 약간의 제약이 있게 된다(파산법 제193조 및 제194조 등 참조).

그러나 회사정리법상의 정리절차의 경우에는 유동화자산의 양도행위가 '진정한 매매'가 아니라 담보권의 설정으로 해석되는 경우 채권자는 정리계획에 의하지 아니하고 직접 채권의 만족을 구할 수 없게 된다. 즉, 담보권자도 정리절차에 구속되고 채권 신고를 하지 아니하면 권리가 소멸되며, 정리계획에 의거, 채권의 변제를 받게 된다.[7]

재조정 등의 제약을 받게 된다. 이에 대하여는 금융감독원은 자산유동화법에 따라 자산보유자가 유동화전문회사 또는 신탁회사에 대하여 유동화자산 또는 신탁재산을 양도 또는 신탁하는 것은 구조조정법 소정의 신용공여가 아니나, 하자담보약정 또는 손해배상약정 등은 신용공여와 동일한 성격을 갖는다고 회신한 바 있다(금융감독원 2001년 11월 2일 질의회신 참조). 이에 반해 자산유동화법에 의하지 아니한 자산유동화의 특수목적회사는 구조조정법 소정의 채권금융기관에 해당하지는 않을 것이므로 구조조정법상의 채무조정절차는 특별히 문제되지 않을 것으로 보인다. 이 글에서는 구조조정법에 의한 채무조정절차에 대한 검토는 생략한다.

5) 파산법은 파산재단에 속하는 재산상에 존재하는 유치권, 질권, 저당권 또는 전세권을 가진 자는 그 목적인 재산에 관하여 별제권을 가지고(제84조), 별제권은 파산절차에 의하지 아니하고 이를 행사한다고 정하고 있다(제86조 참조). 화의법에는 파산법 제84조와 같은 취지의 규정이 없으나, 파산재단에 상당하는 화의재단의 개념이 없고, (화의)관재인은 파산관재인과 같은 재산관리처분권이 없으므로 파산법 제84조와 같은 규정이 반드시 필요한 것이 아니고 화의법 제44조의 해석상으로 별제권이 인정된다고 보고 있다.

6) 다만 이 경우에도 장래채권을 유동화자산으로 하는 자산유동화거래의 경우 자산보유자의 파산 등에 따라 해당 채권 자체가 발생하지 아니함으로 인해 채권금융기관의 채권 확보가 불가능해지는 위험은 여전히 남는다고 할 것이나 이는 자산유동화와 관련된 법적 위험으로 검토할 사항은 아니라고 할 것이다.

7) 회사정리법은 정리채권 또는 정리절차개시 전의 원인으로 생긴 회사 이외의 자에 대한 재산상의 청구권으로서 정리절차개시 당시 회사재산상에 존재하는 유치권, 질권, 저당권, 전세권, 양도담보권, 가등기담보권, 전세권 또는 우선특권으로 담보된

따라서 현행 도산절차상 '진정한 매매'에 해당하는지 여부에 따라 채권자의 권리행사에 영향을 크게 미치는 절차는 회사정리절차라 할 것이다.

최근에 국내 회사가 고객에게 대하여 보유하는 서비스이용대금채권을 기초자산으로 국내 금융기관들로부터 syndicated loan 형태로 자금을 조달한 자산유동화거래[8)]와 관련하여 해당 회사에게 회사정리법상의 정리절차가 개시됨에 따라 정리회사의 관리인, 정리법원 그리고 채권금융기관들 사이에서 해당 채권의 양도가 '진정한 매매'에 해당하는지 여부가 실제 문제된 사례가 있었다.

이에 이 글에서는 최근에 문제된 자산유동화거래에서 '진정한 매매'와 관련하여 각 당사자들이 제기한 주장과 그 처리결과를 소개함으로써 회사정리법상의 정리절차에서의 자산유동화거래와 관련하여 '진정한 매매'에 대한 이해와 관심을 높이고자 한다.

범위의 것은 정리담보권으로 인정하고 있다(동법 제123조). 1998년 법률 개정시 종래 학설과 판례가 정리담보권으로 취급하여 온 양도담보권, 가등기담보권도 정리담보권에 해당함을 동조에서 분명히 하였다. 회사정리법 제123조에서 명시하고 있지 아니한 소유권이전 형식에 의한 담보제공(예컨대, 매도담보, 소유권유보부 매매, 대물변제의 예약, 환매조건부 매매, 담보를 위한 재매매의 예약, 채권담보를 위한 매매의 예약 등)의 경우에도 학설과 판례는 정리담보권으로 인정하고 있다. 따라서 국내법상 자산유동화거래에서의 유동화자산의 양도를 비전형 담보로서의 소유권이전 형식에 의한 담보제공은 그 경계가 명확하지는 않다고 볼 여지가 있다.

8) 위와 같이 유동화자산을 기초로 차입형태로 자금을 조달하는 자산유동화거래를 거래계에서는 자산담보부대출거래(asset-backed loan)로 구별하기도 하나, 이 글에서는 일괄 자산유동화거래로 지칭하기로 한다.

II. 사례 1의 경우

1. 사안의 개요

(1) 사실관계

A회사는 본건 자산유동화거래를 위하여 설립된 특수목적회사(Special Purpose Company)인 상법상의 유한회사(이하 'SPC')와 2001년경 채권양수도계약을 체결하고, A회사가 영위하는 인터넷서비스사업과 관련하여 고객이 서비스이용대금채권을 신용카드로 결제함에 따라 신용카드회사에 대하여 보유하게 되는 약 4년간의 신용카드채권(이하 '본건 신용카드채권')을 SPC에게 양도하고 이에 대한 대항요건(확정일자부 통지 및 승낙)을 구비하였다. SPC는 본건 신용카드채권의 양수대금을 지급하기 위하여 국내 금융기관(이하 '채권금융기관')으로부터 본건 신용카드채권을 담보로 양수대금의 대부분에 해당하는 자금을 차입하고 본건 신용카드채권으로부터 추심된 자금으로 대출원리금을 상환하는 자산유동화거래를 수행하였다. A회사는 본건 자산유동화거래의 신용보강의 일환으로 양도대금의 일부(총 양도대금의 14% 미만)를 후순위차입형태로 SPC에게 제공하고, SPC의 사원으로서 총 출자지분 중 5%에 해당하는 출자지분을 보유하고 SPC의 이익배당 또는 잔여재산분배를 우선적으로 받는 권리를 갖는다.

(2) 정리회사의 주장

A회사는 2003년경 회사정리법 소정의 정리절차개시신청을 하면서,

본건 자산유동화거래는 (우리나라 회사법 내지 회사정리실무에서 이른바 양도담보, 소유권유보부 매매 또는 리스거래에서 신용공여자를 정리담보권자로 취급하고 있는 점에 비추어) 다음과 같은 이유에서 담보거래로 취급되어야 한다고 주장하였는바, 그 내용은 대체로 자산유동화법 제13조 각 호의 기준에 의하는 것이었다.

① A회사는 SPC가 본건 신용카드채권을 회수하여 보유하는 금액이 소정의 기준금액에 미달하는 경우에는 A회사가 그 차액 상당을 즉시 현금으로 SPC에게 보충하여 주어야 하는 의무를 부담하므로 이는 담보물인 본건 신용카드채권의 가치 감소에 따른 위험을 A회사가 인수하였음을 의미한다. 또한 SPC가 회수한 본건 신용카드채권액이 채권금융기관의 대출액을 초과하는 경우에는 그 차액을 A회사가 후순위 대여자 또는 SPC의 잔여재산에 대한 분배권을 갖는 사원의 지위에서 전부 회수할 수 있는 권리를 보유하고 있는 바, 이는 본건 신용카드채권의 가치가 그 실거래가액을 초과함에 따른 이익을 A회사가 향유하게 됨을 의미한다.

② 본건 자산유동화거래는 A회사에 대한 외부감사를 담당하고 이는 회계법인에 의해 부외거래(off balance)로 처리되지 않았다(본건 신용카드채권의 명목상의 양도대금이 장기차입금 내지 유동성 장기부채로 인식되었다).[9)]

9) 이와 관련하여 자산보유자가 유동화자산을 양도하고서도 여전히 자신의 대차대조표에 이를 표시하는 것은 진정한 매매(true sale)와 모순되므로, 자산의 양도가 회계상의 양도로서 인정되지 않는 경우에는 법원도 진정한 매매(true sale)를 부인할 가능성이 매우 높다는 견해가 있다(이승한, 자산유동화의 이론과 실무, 삼일세무정보주식회사, 1998, 55면 참조). 그러나 물권변동(소유권이전 등)에 있어 엄격한 형식주의(성립요건주의)를 취하는 현행 법 체계하에서 자산의 부외처리가 되지 않았다고

(3) 채권금융기관의 주장

채권금융기관은 본건 자산유동화거래는 유동화자산의 매매이므로 그 법률적 성질은 채권의 양도에 해당하고 A회사의 보충의무도 매매에서의 하자담보책임에 준하는 것으로서 보충의무의 존재를 들어 '진정한 매매'를 부인할 수 없고, 또한 SPC가 회수한 본건 신용카드 채권액이 채권금융기관의 대출액을 초과하는 경우 그 차액을 A회사가 후순위대여자 또는 SPC의 잔여재산에 대한 분배권을 갖는 사원의 지위에서 전부 회수할 수 있는 권리를 보유하고 있다고 하더라도 이는 자산의 양도와는 별개의 법률관계에 기한 A회사의 권리인 것이므로 이를 들어 '진정한 매매'성을 부인할 수도 없다고 주장하였다. 또한 가사 당사자가 본건 자산유동화거래로써 도모하려는 경제적 목적이 대출채권의 담보에 있다고 하더라도 당사자는 매매의 법률효과가 발생하는 것을 의도하였다고 할 것이므로 이에 따라 매매로서의 법률효과가 발생하는 것이라고 보아야 할 것이라고 주장하였다.

또한 채권금융기관은 A회사의 회계처리방식과 관련하여, 거래의 실질에 관한 법률적 판단이 회계처리에 우선하여야 하는 것이므로 거래의 실질에 관한 법률적 판단에 따라 회계처리의 정당성 여부가 판단되어야 하는 것이지, 역으로 회계처리의 방식에 따라 거래의 실질에 대한 판단이 영향을 받아서는 아니 되는 것이며 또한 회계의 목적과 거래의 실질에 관한 법률적 판단은 서로 그 목적을 달리하는 것이

하여 해당 자산의 진정한 매매(true sale)가 부인되는 것은 아니라고 할 것이다. 이와 관련하여 국내에서는 장래채권을 유동화자산으로 한 자산유동화거래에서 회계처리와 관련하여 회계연구원, 자산유동화 감독기관 등 관련 기관 사이에 활발한 논의가 진행되고 있는 것으로 알고 있다.

므로 A 회사의 회계처리방식을 들어 '진정한 매매'를 부인할 수는 없는 것이라고 주장하였다.

(4) 정리채권 등 신고와 관리인의 부인 및 정리채권 등 확정의 소

채권금융기관은 A회사가 2003년 3월경 정리절차 개시결정을 받자 A회사의 채권신고기간 중 i) 본건 신용카드채권의 양도는 담보권의 설정이 아니라, SPC에 대한 '진정한 매매' 임을 전제로 SPC의 이름으로 채권양수도계약상 A회사가 부담하는 자금보충청구권 및 손해배상청구권을 내용으로 하는 정리채권을 신고하고(이하 '제1신고') ii) 법원이 본건 신용카드채권의 양도를 '진정한 매매'가 아닌 담보권설정으로 최종 판단하는 경우를 대비하여 예비적으로 SPC의 이름으로, 채권금융기관의 대출금채권을 내용으로 한 정리담보권 신고를 제출하고(이하 '제2신고') iii) SPC가 본건 자산유동화거래를 위해 설립된 특수목적회사로서 SPC의 법인격이 부인되고 본건 자산유동화거래가 A회사와 채권금융기관 사이의 직접적 담보부대출거래로 최종 판단되는 경우를 대비하여 예비적으로 채권금융기관의 이름으로, 대출금채권을 내용으로 하는 정리담보권신고를 제출하였다(이하 '제3신고').

위와 같은 SPC와 채권금융기관의 채권신고에 대하여 A회사의 관리인은 관계인 집회에서 제1신고는 이중신고, 제2신고는 법률검토 중, 제3신고는 중복신고임을 이유로 모두 부인하였다. 이에 SPC는 주위적으로 본건 자산유동화거래가 진정양도임을 전제로 본건 신용카드채권이 SPC의 소유임에 대한 확인과 채권양수도계약상 A회사가 부담하는 자금보충청구권 및 손해배상청구권에 대한 정리채권의 확정을 구하였고, 또한 본건 자산유동화거래가 진정양도라는 주위적 주장이 배척될 경우에 대비하여 채권금융기관들과 SPC는 예비적으로 SPC가 가지는 대여금 채권 또는 채권금융기관들이 가지는 대여금 채권에 대한 정리담보권의 확정을 구하였다. SPC와 채권금융기관들은 2002년 1월 26일자로 개정된 민사소송법 제70조에 따라 주관적 예비적 공동소송의 형태로 SPC의 주위적 청구와 SPC의 예비적 청구 및 채권금융기관들의 예비적 청구를 1개의 소로서 제기하였다.

(5) 신용카드사의 카드대금 지급과 분쟁의 해결

한편 A회사와 A회사의 관리인은 본건 신용카드채권의 채무자인 신용카드회사들에게 A회사의 회사정리절차의 개시에 따라 본건 신용카드채권의 추심액을 SPC에게 지급하여서는 아니 되고 A회사에게 직접 지급하여야 한다고 요구하였으나 신용카드회사들이 (본건 신용카드채권이 적법하게 SPC에게 양도되었음을 전제로) SPC의 계좌로 본건 신용카드채권대금을 계속 입금함에 따라 채권금융기관들이 A회사의 정리절차진행 중에도 본건 신용카드채권의 추심을 통해 대출원리금을 상환받으면서 정리채권확정의 소를 진행할 수 있었다.

그후 수소법원에 의한 변론개시 없이 정리채권 등 확정의 소가 계류 중인 상태에서 정리법원은 관리인을 통하여 채권금융기관과의 합의를 종용하여 채권금융기관은 정리계획과는 무관하게 정리법원의 허가를 조건으로 채권금융기관이 SPC를 통해 본건 자산유동화거래에서 예정하고 있는 바에 따라 본건 신용카드채권을 추심하는 것을 동의하고 다만, 일정 기간까지 본건 신용카드채권의 상환이 완료되지 아니하는 경우 A회사의 관리인이 그 부족자금을 보충하는 내용의 합의서를 체결하였으며, 정리법원은 이와 같은 합의를 허가하였다. 이에 따라 채권금융기관은 정리채권 등 확정의 소를 취하함으로써 A회사와 채권금융기관 사이의 분쟁은 해결되었다.

2. 검토의견

사례 1은 자산유동화거래와 관련하여 국내에서 최초로 회사정리절차에서 '진정한 매매' 여부가 다투어졌다는 점에서 그 일차적 의의가 있다고 할 것이다.

또한 본건 자산유동화거래에서 A회사와 채권금융기관이 '진정한 매매' 여부를 둘러싸고 제출한 주장들은 그간 '진정한 매매'와 관련하여 학설에서 논의되어 왔던 사항을 반영한 것들이었고, 이 사건 정리채권 등 확정의 소에 대한 판결이 선고될 경우 이 부분에 대한 국내 법원의 최초의 판결이 될 것으로 예상되었다.

본건에 대하여 A회사와 채권금융기관의 합의에 의하여 정리채권 등 확정의 소가 취하됨으로써 '진정한 매매' 여부에 대한 법원의 판단을 받아 보지 못한 아쉬움이 있다. 그러나 본건의 경우 채권금융기관의 입장에서는 (통상의 대출시 대출원리금 채무의 상환을 담보하기 위하여 담보권설정을 받는 경우에 비교하여) SPC가 본건 신용카드채권의 매수인의 지위에 있음을 주장하여 정리계획에 의하지 아니하고 본건 신용카드채권을 추심하고 동 추심금액으로 대출원리금을 상환받음으로써 A회사에 대한 정리절차개시에도 불구하고 정리절차에 의하지 아니하고 안정적으로 대출채권을 회수하는 선례를 얻었다는 점과 그와 같은 내용의 합의에 관하여 정리법원의 허가가 있었다는 점에 그 의의가 있다고 할 것이다.

III. 사례 2의 경우

1. 사안의 개요

(1) 사실관계

B회사는 2002년 3월경, B회사가 영위하는 인터넷서비스사업과 관련하여 고객이 서비스이용대금채권을 금융결제원을 통하여 자동이체 방식으로 결제하는 매출채권 중 약 3년간에 해당하는 매출채권(이하 '본건 매출채권')을 은행신탁계정(이하 '수탁자')에 신탁하여 제1종 수익권 및 제2종 수익권의 수익자가 되고, 이 중에서 제1종 수익권을 본건 유동화를 위하여 설립된 특수목적회사인 상법상의 유한회사(이하 'SPC')에 양도하고 SPC는 제1종 수익권을 기초로 국내 금융기관들(이하 '채권금융기관')로부터 유동화대출을 제공받아 제1종 수익권의 관리 · 운용 · 처분에 의한 수익으로 유동화대출의 원리금 등을 지급하기로 하는 자산유동화거래(asset-backed loan)를 수행하였다.

B회사는 2003년 4월경 회사정리절차의 개시신청을 하여 2004년 5월경에 회사정리절차의 개시결정을 받았다. 이에 신탁계약의 수탁자는 제1종 수익권의 조기지급을 선언하여 본건 매출채권에서 회수되는 자금을 전액 제1종 수익자인 SPC에게 지급하고 SPC는 이를 전액 채권금융기관에 대한 대출원리금 상환 용도로 사용하였다.

(2) 결제계좌 변경금지 가처분결정

본건 매출채권의 경우 그 결제대금을 금융결제원을 통하여 자동이

체방식으로 결제하는 자산이라는 특징이 있는바, 본건 매출채권을 신탁할 때 B회사는 금융결제원의 결제계좌를 수탁자가 지정하는 수탁자명의의 계좌로 변경하고 수탁자가 동 결제계좌를 통해 본건 매출채권을 직접 추심할 수 있도록 조치하였다. 또한 신탁계약에서 위탁자인 B회사가 수탁자의 사전동의 없이 자동이체협약이나 본건 매출채권의 지급방식을 임의로 변경할 수 없도록 하고 본건 매출채권의 전부 또는 일부를 제3자에게 양도하거나 본건 매출채권에 대한 결제계좌를 임의로 변경하는 등 본건 매출채권에 관한 수탁자의 권리를 침해하는 어떠한 행위로 하여서는 아니 된다는 의무를 부가하였다.

B회사는 회사정리절차 개시시점을 전후하여 위 금융결제원 결제계좌를 B회사명의의 계좌로 변경하고자 하였다. 위 금융결제원 결제계좌가 B회사명의로 변경되는 경우 채권금융기관은 정리채권확정의 소 등을 통해 본건 매출채권의 '진정한 매매'를 주장하여 B회사가 추심한 금액을 다시 회수하여야 하므로 상당 기간 채권금융기관의 대출원리금 상환이 곤란하게 되어 금융결제원 결제계좌의 변경 여부는 채권금융기관에게 대단히 민감한 사안이 되었다.

이에 채권금융기관은 SPC와 공동으로 금융결제원의 결제계좌를 변경하는 것은 신탁계약에서 정하고 있는 B회사의 결제계약변경금지의무에 정면으로 반하는 것이고, 결제계좌가 변경되는 경우 본건 매출채권을 신탁받고도 수탁자가 이를 추심할 수 있는 방법을 잃게 되어 본건 매출채권의 수탁자로서는 회복할 수 없는 손해를 입게 된다는 점을 주장하여 결제계좌 변경금지 가처분을 신청하였다. 위 가처분은 임시의 지위를 정하는 가처분으로서 채권금융기관과 SPC가 채권자가 되고 B회사를 채무자로, 사단법인 금융결제원을 제3채무자로 하였으며 신청취지는 "1. 채무자는 제3채무자에게 고객들에 대한 통신서비스 이용대금의 수납을 위한 채권자명의의 결제계좌의 변경신청을 하여서는 아니 된다. 2. 제3채무자는 전 항의 결제계좌의 변경을 승인하여서는 아니 된다"는 것이었다.

채권금융기관의 가처분신청에 대하여 B회사는 본건 자산유동화거래는 담보부 소비대차인데 "B회사는 금전채무에 관하여 변제를 하여서는 아니 된다"는 등의 회사정리법상의 보전처분을 받았는데 채권금융기관이 이 사건 결제계좌를 통하여 매출채권을 추심하는 것은 채권금융기관이 담보부 소비대차 채권을 변제받는 결과가 되어 위 보전처분에 반하는 것이라는 등의 주장을 하였다(위 가처분신청에는 가처분의 법리와 관련된 쟁점들도 다수 제기되었으나 가처분의 법리와 관련된 쟁점에 관하여는 생략한다).

그런데 법원이 채권금융기관의 결제계좌 변경금지 가처분신청을 인용함으로써 채권금융기관은 안정적으로 매출채권을 추심할 수 있게 되었다. 다만 법원은 가처분 결정문에 그 이유로서 "이 사건 신청은 이유 있으므로 주문과 같이 결정한다"라고만 기재하여 본건 자산유동화거래가 진정양도가 아닌 담보부 소비대차 거래라는 B회사의 주장에 관하여 어떠한 판단을 한 것인지 알 수는 없었다.

(3) 사안의 해결

B회사로서는 회사정리절차의 진행에도 불구하고 결제계좌의 변경이 이루어지지 아니하고, 제1종 수익권이 조기지급됨에 따라 현저한 자금압박을 받게 되었는바, 이에 본건 매출채권의 추심액 중 일부 자금을 제2종 수익권으로 지급받는 것을 조건으로 정리법원의 허가를 얻어 관리인과 채권금융기관 사이에 합의서를 체결함으로써 이 사안

의 분쟁을 종결하였다.

2. 검토의견

사례 2는 사례 1과 거의 유사하게 진행되었는바, 채권금융기관과 SPC는 본건 매출채권의 신탁 등에 대해 '진정한 매매'로서 정리회사인 B회사의 재산에 포함되지 않는다고 주장하였고 B회사 및 B회사의 관리인은 본건 매출채권의 신탁 등은 담보권설정에 불과하므로 정리계획에 따라 정리담보권으로서 변제되어야 한다고 다투었다.

본건의 경우 금융결제원의 결제계좌의 변경과 관련된 가처분 공방에서 법원이 채권금융기관 측의 주장을 수용하여 결제계좌의 변경금지 가처분을 인용해 주었다는 점에 그 의의가 있다고 할 것이다. 위와 같이 결제계좌의 변경금지 가처분이 인용됨에 따라 채권금융기관은 B회사의 정리절차의 진행에도 불구하고 계속적으로 동 결제계좌를 통해 본건 대출채권을 직접 추심할 수 있게 되어 B회사 및 그 관리인과의 협상에서 상당히 유리한 지위를 확보할 수 있게 되었다.

본건의 경우에도 사례 1에서와 마찬가지로 '진정한 매매'에 관한 법원의 직접적인 판단을 받지는 못하였으나, 정리법원의 허가를 조건으로 B회사의 관리인과 채권금융기관이 합의서를 체결하고, B회사의 정리계획에 의하지 아니하고 본건 매출채권을 추심하고 동 추심금액으로 대출원리금을 상환받았으며 정리법원이 이와 같은 합의를 허가하였다는 점은 주목할 만하다. 결국 본건의 경우에도 사례 1의 경우와 같이 일반적인 담보부대출거래와는 달리 본건과 같은 자산유동화거래가 도산절차—특히 회사정리절차—에서 (다른 담보권자들에 비하여) 채권자의 권리확보에 유용한 대안이 될 수 있다는 점을 보여 주었고, 향후 회사정리절차에서 본건과 같은 자산유동화거래를 해결하는 하나의 선례를 확보하였다는 점에서 긍정적인 의의를 찾을 수 있을 것이다.

IV. 맺음말

1. 1998년 9월 16일 자산유동화법이 공포 시행된 이래 자산유동화법에 의한 자산유동화거래와 자산유동화법에 의하지 아니한 자산유동화거래를 불문하고 자산유동화거래는 이미 우리나라에서 중요한 금융기법의 하나로서 확고한 위치를 잡았다고 보아야 할 것이다.[10)] 이에 따라 자산유동화거래에 대한 법적 분쟁 또한 충분히 예상 가능하며, 자산유동화거래에 대한 법적 분쟁의 가장 중요한 쟁점의 하나가 '진정한 매매' 가 될 것 또한 분명하다.

2. 사례 1과 사례 2의 경우 모두 당사자 사이에 합의가 이루어져 사안이 종결되었고 그 합의의 내용이 모두 채권금융기관이 정리절차에 의하지 아니하고 유동화자산을 추심하는 것이어서 실질적으로 채권금융기관들은 '진정한 매매' 로 판단이 이루어진 것과 동일한 효과를 누리게 되었다. 이와 같이 채권금융기관에게 유리한 내용으로 합의가 이루어지게 된 데에는 여러 가지 이유가 있겠으나 사례 1의 경우에는

10) 자산유동화법에 의한 자산유동화거래의 규모는 금융감독원의 자산유동화증권(ABS) 발행현황 관련 보도자료 참조. 자산유동화법에 의하지 아니한 자산유동화거래에 대하여는 확인할 수 있는 통계자료가 없으나 자산유동화법에 의한 자산유동화거래와 비슷한 규모가 될 것으로 추측된다.

신용카드회사들이 본건 신용카드채권을 현실적으로 채권금융기관에게 지급하였고 사례 2의 경우에는 B회사의 결제계좌 변경을 금지하는 가처분이 인용되어 채권금융기관이 매출채권의 결제대금을 추심할 수 있게 되었다는 것도 중요한 요소가 되었다고 판단된다. 이러한 점에 비추어 보면 채권금융기관의 입장에서는 자산유동화거래를 추진함에 있어서는 장래 분쟁이 발생할 경우 법원의 최종적인 판결이 있기 전이라도 유동화자산을 안정적으로 추심할 수 있도록 거래구조를 설정하는 것이 바람직할 것이다.

3. 또한 사례 1과 사례 2를 통하여 국내에서도 자산유동화거래와 관련된 '진정한 매매'에 대한 다툼이 현실화되었다는 점에서 자산유동화거래의 당사자들은 '진정한 매매'와 관련된 사항을 보다 철저히 확인·보완하는 것이 필요하다고 할 것이다. 위 사례들에서 자산유동화거래시 '진정한 매매'에 대한 법원의 구체적인 입장을 확인하지 못한 아쉬움은 남으나, 법원(정리법원 포함)이 자산유동화거래를 통상의 담보부차입거래와 달리 취급함으로써 채권금융기관이 정리담보권자와 달리 정리절차에 의하지 아니하고 채권을 회수할 수 있었다는 점을 높이 평가한다. 또한 위 사례들에서 당사자 사이에 실질적으로 '진정한 매매'와 같은 법률효과를 인정하는 내용의 합의를 하였는데 이와 같은 내용의 합의에 관하여 허가를 한 법원의 태도가 직접적으로 '진정한 매매'를 인정한 것을 의미한다고 단정할 수는 없으나 자산유동화거래의 활성화에 어느 정도 도움이 될 수 있을 것으로 기대한다.

4. 한편 자산유동화거래가 미국 등 외국에서 시작된 금융기법인 관계로 국내에서 자산유동화거래와 관련된 법리 등에 대한 논의도 미국

등 외국의 법제하에서 논의된 내용을 그대로 소개하는 데 그치고 있는 것으로 보인다. 그러나 우리나라는 미국 등과 그 법체계를 달리하고 있으므로 자산유동화거래에서의 '진정한 매매' 여부는 우리나라 법제에 따라 검토되어야 할 것이고 '진정한 매매'가 부인되는 경우의 법률관계도 우리나라 법제에 따라 검토되어야 할 것이다. 즉, 우리나라 법제하에서 '진정한 매매'가 인정되기 위한 요건이 무엇인지, '진정한 매매'가 부인되는 경우 그 법리가 허위표시에 의한 것인지 혹은 은닉행위의 법리에 의한 것인지 또는 '진정한 매매'가 부인되는 경우 이는 법률상 매매이기는 하나 거래의 실질에 비추어 특별히 회사정리법상 담보권자와 동일하게 취급되는 것인지, 나아가 이러한 각개의 경우에 '진정한 매매'와 '진정한 매매'가 부인되는 거래의 기준을 무엇으로 할 것인지 등의 여러 쟁점들이 우리나라의 법제와 관련하여 논의되고 해석되어야 할 것이다. 또한 '진정한 매매'가 부인되는 경우 당사자 사이의 거래가 무효로 되어 부당이득반환의 법리에 따라 해결되어야 하는가 혹은 담보거래로서 규율되어야 하는가, 담보거래로서 규율되는 경우 채권자는 채권금융기관인가 SPC인가 하는 문제도 새롭게 논의되어야 할 것이다. 이 글에서는 이에 대한 문제제기에 그치며, 향후 자산유동화거래에서의 '진정한 매매'와 관련된 법리검토에 대하여 여러 선배제현들의 많은 관심과 연구를 기대하며 이 글을 맺고자 한다.

제6장

자산유동화에서 저당권의 이전과 관련된 법적 문제들*

신흥철**

I. 머리말

자산유동화란 상당히 다의적으로 쓰일 수 있는 용어로서, 넓은 의미로는 비유동성자산을 현금화하는 일체의 행위로 정의하고, 좁은 의미로는 유동성 없는 자산, 즉 대출채권 · 매출채권 · 부동산 등의 자산을 유가증권 등 기타 채무증서의 형태로 전환하여 자본시장에서 현금화하는 일련의 행위[1]를 말한다.

---

* 이 논문은 BFL 제26호(2007. 11)에 게재되었다.

** 법무법인 광장 변호사

1) Salomon Smith Barney, A Guide to Mortgage-Backed and Asset-Backed Securities, 2001, p.64 ; 윤승한, 자산유동화의 이론과 실무, 1999, 25-26면.

2) 우리나라의 자산유동화에 관한 법률(1998년 9월 16일 공포 법률 제5555호)에서도 유동화자산을 기초로 한 유동화증권의 발행을 자산유동화의 핵심적인 성립요소로 보고 있어(동법 제2조 제1호) 좁은 의미로 사용하는 것으로 보인다.

일반적으로 자산유동화는 좁은 의미로 쓰이고 있으며,[2] 자산유동화의 결과로 발행되는 증권을 유동화증권 또는 자산담보부증권(ABS, Asset Backed Security)이라고 하며, 특히 유동화대상 자산이 주택저당채권(mortgage loan)인 경우에는 주택저당채권담보부증권(MBS, Mortgage Backed Security)이라고 부른다.

우리나라는 IMF를 겪으면서 금융기관들이 급격한 구조조정과 부실자산 처리과정을 거쳤고, 이러한 과정에서 자산유동화를 통한 자금조달은 국내 금융기관 정상화에 상당한 기여를 하였다. 앞으로도 자산유동화는 자금조달비용의 절감, 재무구조의 개선, 투자기회의 확대 등 여러 가지 장점으로 인해 그 활용 규모는 더욱 커질 것으로 예상된다.

다음에서는 최근 당사가 시행한 주택저당채권의 유동화에서 발생하였던 법적 문제들에 대해서 간략히 언급하고자 한다.

II. 유동화증권의 발행

1. 서론

자산유동화의 기본 목적은 자산유동화에 관한 법률(이하 '자산유동화법') 제1조(목적)에서도 밝히고 있는 바와 같이 자금조달(조달된 자금의 용도는 별론으로 한다)을 하는 데 있다. 이를 통해 회사가 보유한 자산을 다양한 형태로 운영할 수 있는 기회를 갖게 되는 것이다.

당사는 2002년 주택저당채권을 기초자산으로 하여 국내에서는 최초로 해외에 유동화증권을 발행하였다. 국내에서 주택저당채권을 유동화한 사례는 그전에도 있었으나, 해외에서 주택저당채권을 기초자산으로 한 유동화증권발행은 당사가 첫 번째 사례였다.

1998년에 제정된 자산유동화법은 자산유동화를 좀 더 원활히 수행할 수 있는 여러 특칙들을 두고 있으며, 위 자산유동화는 동 법규에 근거하여 추진되었다.

당사의 해외 자산유동화의 목적은, 첫째 국내에 비해 상대적으로 규모가 큰 해외 자본시장으로부터의 자금조달을 통하여 자금조달구조를 다양화함과 동시에 조달금리의 경쟁력을 제고하고, 둘째 보험회사로서 외화자금조달을 통하여 투자자산의 국제적 포트폴리오를 운영하고 자산위험관리 수준을 국제적 수준에 맞게 향상시킬 수 있는 계기를 마련함에 있었다. 본 해외 자산유동화의 부수적 효과로는 국내 대표적 금융기관으로서 국제금융시장 유동화증권발행을 통하여 해외투자자들에게 기업 및 한국시장의 이미지를 제고하고, 주택담보대출을 기초자산으로 하는 국내 최초의 해외 자산유동화를 시행하여 유사한 대출상품을 취급하고 있는 국내 금융기관의 자금조달원에 대한 인식을 높인 것을 들 수 있겠다.

2. 거래구조[3)]

기본적인 거래구조는 아래의 〔그림 1〕과 같다.

구체적으로 설명하자면 국내에 자산유동화법에 의거, 자산유동화법상의 유동화전문회사(〔그림 1〕의 ①. 이하 '국내 SPC')를 설립하고 자산보유자(〔그림 1〕의 ③)가 보유하고 있는 근저당권부 대출채권(이하

3) 자세한 사항은 이종구/조영희, "주택저당채권의 해외 유동화 사례분석," BFL 제14호(2005. 11), 53면 이하 참조.

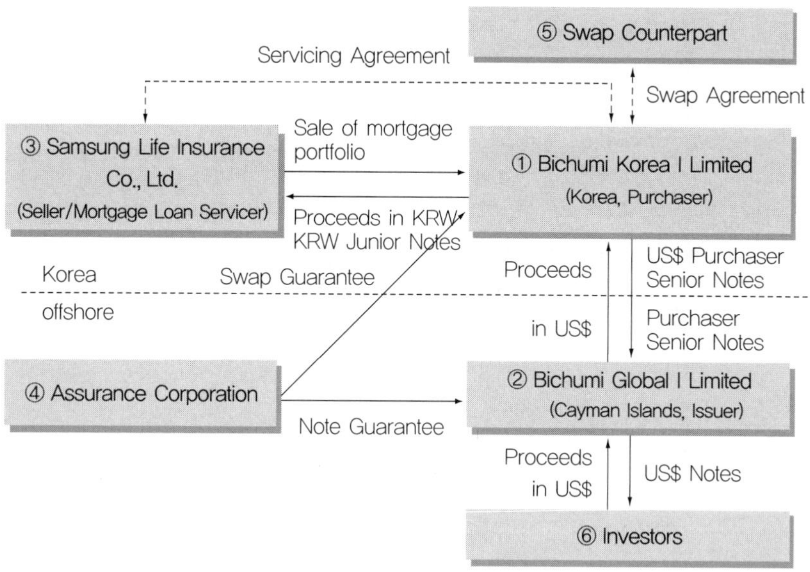

〔그림 1〕

'유동화자산')을 국내 SPC에 양도한다. 국내 SPC는 위 유동화자산을 기초로 외화표시 선순위유동화회사채(이하 '선순위채') 및 원화표시 후순위유동화회사채(이하 '후순위채')를 발행하며, 그중 선순위채는 Cayman Island에서 설립한 특수목적회사(〔그림 1〕의 ②. 이하 '해외 SPC')가 인수하고, 후순위채는 자산보유자가 인수한다. 그리고 자산보유자가 지급할 후순위채의 인수대금은 국내 SPC로부터 지급받을 유동화자산 양도대금의 일부와 상계한다. 한편 해외 SPC는 국내 SPC로부터 인수한 선순위채를 기초자산으로 하여 다시 해외투자자들에게 사채(notes)를 발행하며, 그 발행대금을 지급하고, 국내 SPC에 지급된 인수대금은 다시 자산보유자에게 유동화자산의 양도대금으로 지급된다. 이 과정에서 환율리스크를 헤지하기 위해 스왑제공회사(〔그림 1〕의 ⑤)와 스왑계약을 체결하고 보증회사(〔그림 1〕의 ④)에서 스왑제공회사

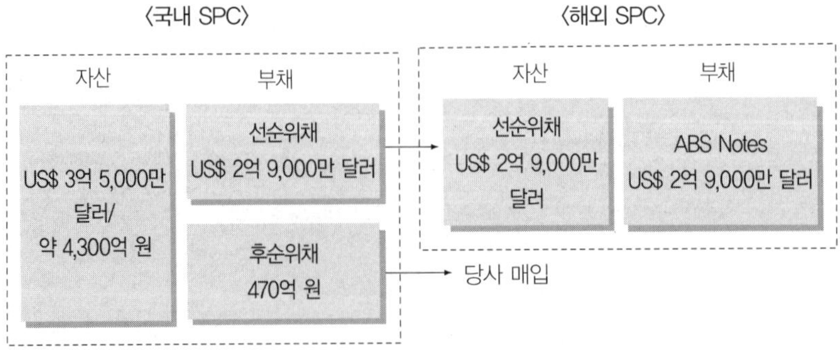

〔그림 2〕

및 투자자들을 위해 지급보증[4]을 한다.

3. 거래규모

본 해외자산유동화는 개인주택담보대출 1만 5,525건, 대출잔고 약 4,300억 원을 유동화 기초자산으로 하였으며, 해외 투자자를 상대로 한 선순위채권 발행금액이 US$ 2억 9,000만 달러이고, 당사가 매입한 후순위채권 발행금액이 470억 원이다.

4. 담보부채권의 이전

(1) 담보부채권의 양도

본 자산유동화의 기초자산은 근저당권으로 담보된 채권이고 당해

4) 스왑 및 선순위채 지급보증은 AAA/Aaa 신용등급을 위하여 필수적 요소이다.

채권을 국내 SPC에 양도하기 위해서는 민법 규정에 의한 채권양도의 절차를 거쳐야 하는 것이 원칙이라고 하겠다.[5] 이에 대하여 자산유동화법에서는 좀 더 원활한 자산유동화를 위해서 채권양도의 대항요건에 관한 특칙을 두고 있다.

즉 자산유동화계획[6]에 따른 채권의 양도 · 반환 등은 양도인 또는 양수인이 채무자에게 통지하거나 채무자가 승낙하여야 채무자에게 대항할 수 있는 것이 원칙이나, 양도인 또는 양수인이 당해 채무자에게 당해 저당권의 등기부 등에 기재된 주소지 등에 2회 이상 내용증명우편으로 채권양도의 통지를 발송하였지만 소재불명 등으로 반송된 때에는 채무자의 소재지를 주된 보급지역으로 하는 둘 이상의 일간신문에 채권양도사실을 공고하여 그 공고일에 채무자에 대한 채권양도의 통지를 한 것으로 보아 채무자에게 대항할 수 있다.[7]

위 특칙과 민법의 일반 원칙의 차이점은, 첫째 민법은 양도인만이 채권양도통지의 주체가 될 수 있도록 하고 있으나 자산유동화법에서는 양도인뿐만 아니라 양수인도 채권양도의 통지를 할 수 있도록 하고 있고, 둘째 민법은 채권양도 통지를 의제하는 특칙을 두고 있지 아니하여 채권양도통지가 채무자에게 도달하지 않는 경우 채무자에 대한 채권양도의 대항요건을 구비할 수 없게 되나 자산유동화법에서는 일

---

5) 민법 제450조. 즉 채권양도의 효력은 양도인과 양수인 사이의 채권양도 의사표시 합치로 발생하지만, 채무자 및 제3자에게 대항하기 위해서는 확정일자 있는 증서에 의한 통지나 승낙이 있어야 할 것이다.

6) 유동화전문회사 등은 자산유동화에 관하여 자산유동화법의 적용을 받고자 하는 경우 유동화자산의 범위 · 유동화증권의 종류 · 유동화자산의 관리방법 등 자산유동화에 관한 계획을 금융감독위원회에 등록하여야 하는데, 그 계획을 '자산유동화계획'이라고 한다. 자산유동화법 제3조 제1항.

7) 자산유동화법 제7조 제1항.

정한 경우 채권양도통지를 한 것으로 의제함으로써 채권양도통지가 채무자에게 도달하지 않더라도 대항요건을 구비할 수 있게 되었다.

또한 채권양도의 제3자에 대한 대항요건에도 특칙을 두어 자산유동화계획에 따라 행하는 채권의 양도 등에 관하여 금융감독위원회(현 금융위원회)에 채권양도 등의 사실을 등록하는 경우, 당해 유동화자산인 채권의 채무자 외 제3자에 대하여는 그 등록이 있는 때에 민법 제450조 제2항(채권양도의 제3자에 대한 대항요건)의 규정에 의한 대항요건을 갖춘 것으로 본다.[8] 즉 양도인(자산보유자) 또는 양수인(유동화전문회사)은 자산유동화계획에 따라 유동화자산의 양도 등이 있거나 유동화자산에 대한 저당권설정 등이 있는 경우에는 이를 금융감독위원회에 등록하여야 하고, 그 등록으로 당해 채권의 채무자 외 제3자에 대한 대항요건을 갖춘 것으로 보아 제3자에 대한 대항요건을 별도로 갖출 필요가 없다.

(2) 담보권이전

주택저당채권을 기초자산으로 하여 자산유동화를 함에 있어서는 자산보유자의 주택저당채권을 유동화전문회사에 이전하여야 하는바, 이를 위해서는 당해 채권뿐만 아니라 담보권을 이전하는 절차도 거쳐야 한다.

즉 저당권과 피담보채권은 일체로만 처분될 수 있으며,[9] 채권의 양도에 관해서는 규정에 따라 양도하면 되지만 저당권의 양도에 관하여

8) 자산유동화법 제7조 제2항, 제6조 제1항.

9) 저당권의 부종성. 민법 제361조.

는 그 등기를 하여야 효력이 발생한다.[10)]

하지만 주택저당채권의 유동화는 다수의 채권을 기초자산으로 하고 있어서 이를 개별적 이전등기를 통해 양도한다는 것은 사실상 어렵고, 가능하더라도 비용 때문에 유동화에 따른 이익이 현저히 감소할 수 있다. 따라서 자산유동화법에서는 저당권 등의 취득에 특례를 인정하여 자산유동화계획에 따라 양도한 채권이 질권 또는 저당권에 의하여 담보된 채권인 경우, 유동화전문회사 등은 유동화채권의 양도사실을 금융감독위원회에 등록한 때 질권 또는 저당권을 취득하는 것으로 보고 있다.[11)] 이는 법률의 규정에 의하여 등기에 의한 부동산물권변동의 예외를 인정한 것이라고 하겠다.[12)]

III. 유동화채권의 환매

1. 필요성

본건 자산유동화의 기초자산은 모두 주택담보대출채권이고, 일반적으로 주택담보대출은 원리금 상환기간이 장기(10년 이상)로 설정되어 있다. 따라서 유동화자산이 모두 변제되어 유동화전문회사가 발행한 선순위채권과 후순위채권이 모두 변제될 때까지는 상당기간이 필요해지고, 선순위채권이 대부분 상환되고 후순위채권만 남은 상태에서 유동화전문회사를 계속 유지하면 경제성으로도 맞지 않기 때문에

10) 민법 제186조.

11) 자산유동화법 제8조 제1항.

12) 민법 제187조 전단.

유동화증권 발행시 장차 일정한 요건이 충족될 경우,[13] 유동화전문회사가 보유하고 있는 잔여 채권을 최초의 자산보유자가 다시 환매할 수 있는 권리[14]를 유보할 필요가 있다.

자산보유자이자 유동화자산 양도인인 당사는 자산유동화 당시 약정한 환매권행사요건이 충족되어 2007년 초 유동화자산을 환매하고 유동화절차를 종결하려고 하였다. 하지만 이 과정에서 최초 유동화시 예상하지 못한 법률적 문제가 발생하였다.

2. 환매시 저당권이전

(1) 문제점

앞에서 언급한 바와 같이 자산보유자가 자산유동화법에 따라 유동화자산을 유동화전문회사에 양도하는 경우, 그 양도 사실을 금융감독위원회에 등록함으로써 유동화전문회사가 당해 저당권을 취득하게 된다. 이에 따라 등기부상 형식적인 권리자는 여전히 자산보유자(양도인)로 되어 있으나, 실질적 권리자는 법률의 규정에 의해서 양수인인 유동화전문회사가 된다. 문제는 자산보유자의 환매권행사로 인하여 채권자가 다시 유동화전문회사에서 자산보유자로 변경되는 경우, 법률의 규정에 의해서 유동화전문회사가 취득하고 있던 저당권이 등기 없이 다시 자산보유자로 이전될 수 있느냐 하는 것이다.

13) 본건의 경우 선순위채권이 90% 이상 상환될 때.

14) 통상 이를 clean-up-call option이라고 한다.

(2) 관련규정

1) 자산유동화법

자산유동화법에는 유동화전문회사 등[15]이 등기 없이 저당권을 취득하는 특례를 두고 있으나, 자산보유자가 유동화전문회사로부터 다시 유동화자산을 환매할 경우에는 분명한 규정을 두고 있지 않다. 즉 환매시에도 유동화전문회사 또는 자산보유자가 환매와 관련된 사실을 금융감독위원회에 등록하도록 하고 있으나, 그 등록으로 유동화전문회사에 이전된 저당권이 다시 자산보유자에게 이전된다는 특례는 두고 있지 않다. 그렇다면 결국 환매시 저당권이전과 관련하여서는 민법의 일반 원칙에 따라 해결할 수밖에 없다고 하겠다.

2) 민법

민법 제187조 전단에서는 "상속 · 공용징수 · 판결 · 경매 · 기타 법률의 규정에 의한 부동산에 관한 물권의 취득은 등기를 요하지 아니한다" 라고 규정하고 있으나, 동조 후단에서는 그 취득한 물권의 처분을 위해서는 등기를 해야 하는 것으로 규정하고 있다. 이를 본 사례에 그대로 적용하면, 환매시 유동화전문회사는 자산보유자로부터 저당권이전의 부기등기를 경료하고 다시 자산보유자에게 저당권이전의 부기등기를 하여야 환매권을 행사하는 자산보유자가 적법하게 저당권을 취득하게 되는 것이다.

하지만 두 번의 등기를 거쳐야만 주택저당채권을 다시 환매할 수

15) 유동화전문회사 · 자산유동화업무를 전업으로 하는 외국법인 및 신탁회사를 말한다. 자산유동화법 제3조 제1항.

있다고 본다면 자산유동화법상 유동화전문회사가 등기 없이 저당권을 취득할 수 있다는 특례를 인정한 규정의 취지가 완전히 몰각됨과 동시에, 형식상 등기명의자로 남아 있는 자가 권리를 취득함에도 등기를 두 차례 하여야 한다는 것은 경제적 측면에서도 적합한 방법으로 보기는 어렵다.

이러한 문제를 해결하기 위해서는 자산유동화법에 이와 관련한 특칙을 두어 해결하는 것이 가장 이상적인 방법이라고 하겠으나, 현재의 등기 관련 이론으로 등기 없이 자산보유자인 환매권자가 저당권을 취득할 수 있는 방법은 없는지 검토해 볼 필요가 있다.

3. 무효등기의 유용

(1) 의의

저당권의 피담보채권이 소멸하면 저당권의 부종성(민법 제369조) 때문에 당해 채권을 담보하기 위해 설정된 저당권도 비록 등기의 말소가 되지 않은 상태라도 무효가 된다. 이렇게 무효인 저당권이 말소되지 않은 상태에서 종전의 저당권자와 저당권설정자 사이에 다른 채권을 담보하기 위해 기존의 남아 있는 등기를 이용하기로 하는 것을 무효등기의 유용이라고 한다.

판례는 그 저당권등기가 무효로 된 후 당사자가 무효등기를 유용하기로 합의할 때까지의 사이에 등기부상 이해관계 있는 제3자가 나타나지 않는 한 이러한 합의는 유효하다고 하고 있다.[16)]

16) 대법원 1994. 1. 28. 선고 93다31702 판결 ; 대법원 1986. 12. 9. 선고 86다카716 판결 등 다수.

(2) 본 사안에 대한 적용

본 사안의 경우 등기부상 자산보유자로 되어 있는 저당권은 이미 법률의 규정에 의해 유동화전문회사의 권리가 되었기 때문에 당해 등기는 이미 무효가 되었고, 다시 자산보유자가 채권을 환매하면서 등기부상 무효인 등기를 유용하여 저당권을 취득할 수 있는 것으로 볼 여지가 있다.

하지만 본 사안에서 자산보유자의 명의로 남아 있는 등기가 비록 법률의 규정에 의해 그 명의자의 권리를 나타내고 있지 않더라도 그 권리취득자가 권리를 처분하기 위해서는 당해 등기를 기초로 이전등기하여야 하는 위치에 있으므로 그 등기를 무효로 보기 어렵고, 더욱이 무효등기의 유용은 당사자 간 합의가 있어야 하는데 다수의 주택저당채무자와 개별적으로 무효등기유용의 합의를 하기는 사실상 불가능한 상황이라고 하겠다. 또한 무효등기의 유용을 위해서는 유용시까지 등기부상 이해관계가 있는 제3자가 없어야 하는데, 자산유동화시로부터 환매시까지 등기부상 이해관계 있는 제3자가 있는 경우 저당권취득이 제한될 수밖에 없기 때문에 무효등기유용의 법리를 본 사안에 적용하여 문제를 해결하기는 어렵다고 하겠다.

4. 실체관계에 부합한 등기

(1) 의의

부동산등기는 현실의 권리관계에 부합하는 한 그 권리취득의 경위나 방법 등이 사실과 다르더라도 등기는 당해 권리관계를 나타내는 등기로서 유효하다는 것이 대법원 판례[17]의 입장이며, 학설도 대체로 이를 인정하고 있다. 즉 등기절차상 하자가 있다고 하더라도 종국적으로 나타난 등기가 실체관계에 부합하다면 그 등기는 유효하다는 것이다. 최근의 대법원 판례[18]에서는 "채권자가 채무자와의 사이에 근저당권설정계약을 체결하였으나 그 계약에 기한 근저당권설정등기가 채권자가 아닌 제3자의 명의로 경료되고, 그후 다시 채권자가 위 근저당권설정등기에 대한 부기등기의 방법으로 위 근저당권을 이전받았다면, 특별한 사정이 없는 한 그때부터 위 근저당권설정등기는 실체관계에 부합하는 유효한 등기로 볼 수 있다"라고 판시하고 있다.

(2) 본 사안에 대한 적용

본 사안에서 등기부상 저당권자는 자산보유자로 되어 있고 실제로 근저당권자는 유동화전문회사인 상태에서 다시 그 근저당권을 유동화전문회사에서 자산보유자에게 이전하기로 합의하였고 등기부상 권리자도 여전히 자산보유자로 되어 있다면, 그 등기는 종국적으로 실체관계에 부합한 등기로서 유효하며 자산보유자는 적법하게 별도의 등기 없이도 저당권을 취득하는 것으로 볼 수 있다는 주장도 가능할 것으로 보인다.

하지만 위 판례들에서 실체관계에 부합한 등기로서 그 등기의 유효성을 인정하고 있는 사례들은 모두 방식 또는 절차적으로 하자 있

17) 대법원 1994. 6. 28. 선고 93다55777 판결 ; 대법원 1993. 7. 27. 선고 93다7945 판결 ; 대법원 1962. 8. 30. 선고 62다300 판결 등 다수.
18) 대법원 2007. 1. 11. 선고 2006다50055 판결.

는 등기가 종국적으로 실체관계에 부합하는 경우인바, 본 사안과 유사한 사례에서 향후 판례를 통해 최종권리자를 위한 등기로서 그 유효성을 인정받을 가능성을 전혀 배제할 수는 없겠으나, 본 사안은 그 등기가 이미 등기의 방법 및 절차면에서 하자가 없다는 점, 자산보유자가 환매하는 과정에서 새로운 등기행위가 없었던 점, 부동산물권변동과 관련한 민법 제187조 규정 등을 고려할 때 환매시 자산보유자가 등기 없이 저당권을 취득하는 것으로 단정하기는 어렵다고 할 것이다.

5. 소결

당사가 자산유동화계획에 따라 보유자산인 주택저당채권을 유동화전문회사에 양도할 당시에는 향후 자산양도계약서상에 환매조건이 충족될 경우 별도의 저당권이전등기 없이도 자산보유자인 당사가 저당권을 유효하게 취득할 것으로 보았다. 본 사안의 경우 관련 당사자가 유수의 법률전문기관들을 대리인으로 선임하여 검토하였으나, 아무도 환매시 저당권의 효력에 관한 리스크를 지적하지는 않았다.

하지만 환매권을 실행하는 과정에서 사내에서 관련 법률을 검토하게 되었고, 단순히 유동화계획에 따른 환매사실을 금융감독위원회에 등록하는 것만으로 환매권자(자산보유자인 당사)가 저당권을 유효하게 취득할 수 있는 법적 근거는 없으며, 기존의 판례이론에 의하더라도 등기 없이 당사가 저당권을 취득할 수 있다고 보기는 어렵다는 결론에 이르게 되었다. 따라서 유동화계획에 따른 환매는 보류될 수밖에 없었고 당초 예상했던 유동화에 따른 수익률 등에 일부 차질이 불가

피하였으며, 주택담보대출금의 변제기간을 고려한 스왑거래 기간도 종료시점에 도달하여 다시 스왑계약을 체결할 수밖에 없었다. 가장 큰 문제는 후순위채권 인수자인 당사는 유동화계획에 따라 유동화절차를 종료하고 양도자산을 환수하여야 함에도 불구하고 이를 환수하지 못하고 유동화자산인 주택담보채권이 모두 변제될 때까지 유동화전문회사 등을 계속 유지 · 관리하여야 하므로 추가적인 비용이 계속 들게 된다는 것이다. 주택담보채권은 그 변제기가 장기인 경우가 일반적이어서 당사로서는 비용부담이 상당할 수 있고, 더욱이 선순위채권이 모두 상환되고 당사의 후순위채권만 남는 시점에서는 유동화전문회사가 당사의 유동화자산을 계속적으로 보유하고 있을 아무런 실익이 없게 된다.

결국 당사는 유동화자산을 환수하면서도 등기 없이 저당권을 취득할 수 있는 다른 방안을 강구하게 되었고, 그 과정에서 자산양도계약 합의해제에 따른 자산양수를 검토하였다.

IV. 합의해제에 따른 유동화자산 환수

1. 의의

합의해제(또는 해제계약)란 계약당사자가 합의에 의해서 기존의 계약관계를 소멸시키기로 하는 계약을 말한다. 해제가 일정한 해제사유가 발생한 경우 해제권자의 일방적 의사표시로써 계약관계를 종료시키는 것이라면, 합의해제는 계약당사자의 합의로써 기존의 계약을 종결시킨다는 점에서 해제와는 다르다고 하겠다. 이러한 합의해제는 계

약자유의 원칙상 인정되는 것으로 보고 있다.[19]

합의해제가 성립하기 위해서는 당사자 간에 본 계약으로부터 발생한 채무를 소멸시킬 것을 목적으로 하는 의사표시의 합치가 있어야 한다. 해제의 합의는 본 계약에 부종하여 행해질 뿐 아니라 이에 의하여 새로운 채권 · 채무를 발생시킬 것을 목적으로 하지 않으므로 별도의 계약이라고 보기는 어려우나, 해제합의의 의사표시 합치 여부에 관해서는 계약의 체결에 관한 법리가 유추적용될 수 있다.[20]

2. 합의해제의 효과

합의해제는 해제와 성격이 다르므로 민법의 해제에 관한 규정이 당연히 적용되지 않으나, 해제의 효과에 관해 다른 약정이 없으면 해제 규정이 유추적용될 수 있다고 보고 있다.[21]

또한 판례에서는 "합의해제 또는 해제계약이라 함은 해제권의 유무에 불구하고 계약당사자 쌍방이 합의에 의하여 기존 계약의 효력을 소멸시켜 당초부터 계약이 체결되지 않았던 것과 같은 상태로 복귀시킬 것을 내용으로 하는 새로운 계약으로서, 그 효력은 합의의 내용에 의하여 결정되고 여기에는 해제에 관한 민법 제548조 제2항의 규정은 적용되지 아니하므로, 당사자 사이에 약정이 없는 이상 합의해제로 인하여 반환할 금전에 그 받은 날로부터의 이자를 가하여야 할 의무가 있는 것은 아니다"라고 하고 있어[22] 원칙적으로 합의해제의 효과

19) 박준서 편, 주석민법〔채권각칙(2)〕, 한국사법행정학회, 1999, 34면.

20) 대법원 1994. 9. 13. 선고 94다17093 판결에서도 같은 취지로 판시하고 있다.

21) 대법원 1980. 5. 13. 선고 79다932 판결.

22) 대법원 1996. 7. 30. 선고 95다16011 판결.

는 법률규정에 앞서 관련 당사자의 합의내용이 우선적으로 적용되는 것으로 보고 있다.[23)]

해제의 합의를 한 것만으로 즉시 계약관계가 소멸하는 경우도 있겠으나, 통상 이미 이행한 것의 원상회복을 하거나 손해배상금 · 위약금 등을 지급할 의무가 남는다. 그 원상회복의 범위, 손해배상의 내용 등 합의해제 이후의 효과에 관해서는 당사자의 약정이 있어야 할 것이다.[24)]

3. 본 사안에 대한 적용

위 합의해제에 관한 법리를 본건에 적용해 보면, 유동화자산 양도인인 당사와 양수인인 유동화전문회사 사이의 약정에 의해 개별 유동화자산 이전에 대한 합의해제를 할 수 있을 것이다. 이때 당사와 유동화전문회사는 합의해제에 따른 원상회복, 손해배상의 범위 등 합의해제 후 양 당사자의 정산에 관한 조건을 정할 수 있을 것이다.

당사와 유동화전문회사 사이에 개별 유동화자산에 대해 합의해제를 하는 경우, 개별 유동화자산에 대한 유동화자산 양도계약의 효력은 소급적으로 소멸하고, 유동화자산에 대한 권리는 양도인인 당사에 복귀하게 될 것이며, 유동화자산의 복귀에 따른 정산조건을 정하면

23) 더 나아가 대법원 1996. 2. 27. 선고 95다43044 판결에서는 "계약 당사자의 일방이 계약해제에 따른 원상회복 및 손해배상의 범위에 관한 조건을 제시한 경우 그 조건에 관한 합의까지 이루어져야 합의해제가 성립한다"라고 보고 있다.

24) 대법원 1989. 4. 25. 선고 86다카1147 판결에서는 "계약이 합의해제된 경우에는 그 해제시에 당사자 쌍방에게 손해배상을 하기로 특약하거나 손해배상청구를 유보하는 의사표시를 하는 등 다른 사정이 없는 한 채무불이행으로 인한 손해배상을 청구할 수 없다"라고 판시하고 있다.

될 것이다. 다만 채권의 양도인과 양수인 사이에는 합의해제를 함과 동시에 양도채권이 당연히 양도인에게 복귀하겠으나, 지명채권의 양도통지를 한 후 그 양도계약이 해제된 경우, 양도인이 해제를 이유로 다시 원래의 채무자에게 대항하려면 양수인이 채무자에게 그와 같은 해제사실을 통지하여야 하겠다.[25)]

문제는 양도인이 자산양도계약 해제시 어떻게 저당권을 원상복귀 받느냐 하는 것인데, 유동화자산인 주택담보채권의 양도시 자산유동화법 제8조에 의하여 양도인의 저당권이 양수인에게 등기 없이 이전하였으므로 유동화자산인 개별 주택담보대출채권에 대한 저당권은 합의해제로 인하여 별도의 등기절차 없이도 유동화전문회사에서 당사로 복귀되는 것으로 보아야 할 것이다.

이에 따라 당사는 합의해제의 법리를 이용하여 등기 없이 유동화전문회사로 이전된 저당권을 회복할 수 있게 되었으나, 합의해제를 통한 원상회복이 자산유동화시 유동화자산의 진정양도의 방법에 의할 것을 요건으로 하는 자산유동화법 제13조의 규정에 위반한 것은 아닌지가 문제될 수 있다.[26)]

---

25) 대법원 1993. 8. 27. 선고 93다17379 판결. 다만 본건에서는 양수인인 자산유동화전문회사의 유동화채권 변제수령업무를 양도인인 당사가 계속 수행하여 왔으므로 채무자에 대한 대항요건을 갖추는 것에 대한 특별한 실익은 없을 것으로 보인다.

26) 합의해제는 본건의 자산유동화시 금융감독위원회에 등록된 자산유동화계획에 포함되지 않은 사항이므로 자산유동화계획 변경등록이 필요한 사안이 될 수 있고(자산유동화법 제3조 제1항 후단), 금융감독위원회는 그 변경등록내용이 관련법령을 위반하는 사항이 포함되어 있다고 볼 경우 등록을 거부하거나 내용의 변경을 요구할 수 있다(동법 제5조 제1항 제2호).

4. 자산유동화법 제13조 위반 여부

(1) 의의

자산유동화에서 가장 중요한 법률 문제 중 한 가지가 유동화증권의 신용이 자산보유자의 파산으로부터 영향을 받지 않아야 한다는 것이다. 이는 유동화전문회사로서 특수목적기구(SPV, Special Purpose Vehicle)를 자산유동화의 도구로 사용하는 가장 큰 이유라고 할 수 있겠다. 따라서 유동화전문회사가 자산보유자로부터 양도받은 유동화자산이 자산보유자의 파산으로부터 자유롭기 위해서는 자산보유자가 유동화전문회사에게 유동화자산을 양도하는 것이 금전대차에 따른 '담보목적의 양도'가 아닌 '진정한 매매(true sale)'로 인정될 수 있어야 한다.[27]

자산유동화법 제13조에서는 자산유동화를 하는 경우 그 유동화자산의 양도방법에 관하여 진정한 매매가 되기 위한 기준을 제시하고 있고, 이에 따라 유동화자산이 양도된 경우 이를 담보권의 설정으로 보지 아니한다고 규정하고 있다. 즉 유동화자산의 양도는 유동화계획에 따르되, i) 매매 또는 교환에 의할 것, ii) 유동화자산에 대한 수익권 및 처분권은 양수인이 가질 것, iii) 양도인은 유동화자산에 대한 반환청구권을 가지지 아니하고 양수인은 유동화자산에 대한 대가의 반환청구권을 가지지 아니할 것, iv) 양수인이 양도된 자산에 관한 위험을 인수할 것이라는 네 가지 요건을 구비하면 진정한 매매로 인정

---

27) 자산보유자의 파산시 유동화자산이 파산재단에 속하는지는 자산보유자의 설립준거법 국가의 파산법에 따라 결정되므로, 실무상으로는 자산보유자 설립준거법 국가의 변호사로부터 자산의 양도가 진정한 매매임을 확인하는 법률의견서(legal opinion)를 받아두는 것이 일반적이다.

하여 이들 자산은 자산보유자의 파산재단에 속하지 않는 것으로 보고 있다.

이는 우리나라 판례상으로 인정되는 양도담보의 가능성을 법률규정으로 사전에 차단하여 자산유동화로 인한 법률적 분쟁을 예방하고 법적 안정성을 도모하기 위한 것이라고 하겠다.

(2) 합의해제의 경우

자산유동화를 하면서 합의해제에 의해서 유동화자산을 원상회복할 수 있도록 한다면 자산유동화법 제13조에 따른 진정한 매매에 해당하는지 여부가 문제될 수 있으며, 특히 동조 제3호의 요건인 '양도인이 반환청구권을 가지지 아니할 것'이라는 요건을 충족하는지가 문제이다.

자산양도계약을 하면서 양 당사자의 합의해제 의사표시를 강제하는 조항을 두고 있다면, 이는 양도인이 반환청구권을 가지는 것으로 보아 자산유동화법 제13조 제3호를 위반하였다고 볼 여지가 있다. 하지만 자산유동화계약상 환매권행사 가능시점에서 양 당사자의 강제되지 않은 의사의 합치에 의해 합의해제를 한다면 자산유동화법 제13조 위반으로 보기는 어려울 것이다. 왜냐하면 양 당사자의 자유로운 의사합치의 방법으로 이루어지는 합의해제를 통해 유동화자산을 원상회복하는 것은 양도인이 일방적으로 양도자산의 반환청구권을 갖는 것과는 구별되어야 하고, 합의해제의 목적도 자산유동화계획에서 일반적으로 인정되는 환매권행사를 위한 방편으로 이루어지는 것이므로 유동화자산 양도계약의 진정한 매매로서의 성격을 침해하려는 당사자의 의사가 있다고 보기는 어려울 것이기 때문이다.

5. 소결

앞에서 살펴본 바와 같이 기존 유동화계획에서 예정한 바에 따라 환매권을 행사하는 경우 현행 우리나라 부동산물권취득과 관련된 법리로는 유동화자산 양도인인 당사가 별도의 등기 없이 저당권을 취득할 수 있다고 단정하기 어려운 상황이므로 합의해제라는 새로운 법리를 통해 저당권취득 가능성을 검토하게 되었던바, 환매권행사 가능시점 이후 양 당사자 간 합의에 의해 자산양도계약의 효력을 소급적으로 소멸하게 함으로써 당사는 관련 법률위반의 위험 없이 유동화자산인 주택담보채권을 당사에 원상복귀시키고, 대출채권에 부수되는 담보권도 별도의 등기 없이 원상복귀시킬 수 있었다.

다만 합의해제가 이루어지기 위해서는 원상회복과 손해배상액 등 계약해제에 따른 정산관계가 계약 당사자 간에 합의되어야 하는바, 본건 합의해제는 실제로 환매권을 행사하기 위한 수단으로 이루어지는 것이고, 본건 자산유동화의 이해관계인 특히 선순위채권자의 채권을 합의해제를 통한 정산금으로 모두 상환하는 것을 내용으로 할 것이므로, 계약 당사자들이 합의해제를 통한 유동화자산 원상회복에 반대할 이유가 특별히 없을 것으로 보인다.

참고로 합의해제 이후 원상회복된 저당권의 성질 및 이를 활용한 재대출 가능 여부[28)]를 살피건대, 당사가 유동화자산을 양도하기 전에 취득한 담보권은 근저당권으로서 이는 계속적 거래관계에서 발생하

28) 당사가 유동화자산에 대해서 환매권을 행사할 시점에는 주택담보대출 채권액이 상당부분 상환된 상태이면서도 등기부상 근저당권등기는 그대로 남아 있으므로 당해 근저당권의 채권최고액범위 내에서 당사의 추가대출금에 대한 담보로 활용할 수 있다면 비용절감 차원에서 상당히 유용할 수 있다.

는 다수의 불특정채권을 일정한 한도까지 담보하는 것[29]이나, 피담보채무가 확정되면 이후의 거래관계에서 발생하는 채권을 담보할 수 없다. 자산유동화법 제7조의2에 의하면 유동화자산이 근저당권에 의하여 담보된 채권인 경우에는 자산보유자가 채무자에게 근저당권에 의하여 담보된 채권의 금액을 정하여 추가로 채권을 발생시키지 아니하고 그 채권의 전부를 양도하겠다는 통지서를 내용증명우편으로 발송한 경우, 채무자가 10일 이내에 이의를 제기하지 아니하는 한 그 통지서를 발송한 날의 다음 날에 당해 채권은 확정된 것으로 보고 있으므로 이러한 절차에 따라 피담보채권이 확정된 이후에는 추가적 대출채권을 담보할 수 없다. 본건 유동화거래에서도 피담보채권의 확정절차를 거쳤던바, 자산양도계약 양 당사자의 합의해제에 의해 담보부대출채권의 양도가 소급적으로 소멸하였으므로 피담보채권의 확정절차도 소멸한 것으로 보아 추가대출의 담보로 사용가능한 근저당권으로 회복되는 것으로 볼 여지도 있다. 그러나 피담보채권의 확정은 채권양도인이 채무자에게 일정한 사실을 통지함으로써 발생하는 양도인과 채무자 사이의 법률관계이고, 합의해제는 채권양도인과 양수인 사이에 채권양도계약을 소급적으로 소멸시키는 것이므로, 이로써 양도인과 채무자 사이의 피담보채권확정의 효력에 영향을 미친다고 볼 만한 근거는 없다고 할 것이다. 따라서 합의해제 이후에는 양도인인 당사가 대출계약 당시의 근저당권에 근거하여 추가대출을 하더라도 그 근저당권은 추가대출의 담보권으로는 효력이 없다고 할 수 있다.

29) 민법 제357조.

V. 글을 마무리하며

1. 문제의 해결

본건은 자산유동화를 준비하는 과정에서 충분히 검토되어야 하였을 문제임에도 불구하고 이미 자산유동화가 진행된 이후 이를 마무리하는 단계인 환매권(clean-up-call) 행사시점에서 검토가 이루어졌으니 만시지탄의 느낌이 없는 것은 아니다. 그러나 그나마 다행스러운 점은 최종적으로 법적 문제가 발생하기 전에 미리 검토함으로써 해결책을 강구할 수 있었다는 점이다.

보험회사인 당사가 자산유동화를 하는 과정에서 비단 위에서 살펴본 저당권이전의 문제만 있는 것은 아니나, 주택담보대출채권을 유동화하려는 모든 자산보유자는 환매시 저당권취득과 관련된 문제를 공통적으로 갖고 있는바, 기존에 이와 관련하여 구체적으로 문제제기가 된 사례는 없는 것으로 보인다.

생각건대 담보부채권을 유동화하면서 환매권을 실행하는 방편으로 합의해제의 법리를 이용하여 등기 없이 자산보유자가 저당권을 유효하게 환수할 수 있는 것으로 보이나, 유동화자산 양도계약서에 합의해제 가능성을 적시한다면 자산유동화법상 진정한 매매로 인정받지 못할 가능성이 있고, 환매권 행사시 당사자들의 재량으로 합의해제 여부와 정산관계를 결정할 수 있도록 하는 것도 당사자들의 지위를 불안정하게 할 위험이 있으므로, 이와 관련된 문제는 입법적으로 해결하는 것이 가장 적절한 방법인 것으로 보인다. 즉 자산유동화시 유동화전문회사가 저당권 등을 등기 없이 취득할 수 있는 것과 마찬가지로, 자산보유자가 유동화채권을 환매하게 되는 경우에도 민법 제

187조 후단의 특칙으로 자산보유자가 등기 없이 저당권 등을 취득할 수 있는 것으로 규정하여야 할 것이다.

2. 사내법무의 역할

모든 회사에는 법무업무를 담당하는 직원이 있다. 물론 그 업무의 범위와 활용 정도는 회사의 규모나 정책에 따라 아주 다양하겠으나, 법무업무 담당자가 전혀 없는 회사는 없을 것이다. 이러한 사내법무 업무 담당자의 궁극적인 역할은 법률적 문제(legal issue)를 파악하고, 이로 인해 발생가능한 회사의 손실을 최소화(hedge)하는 것이라고 하겠다. 특히 법률적 문제가 발생한 이후 이를 해결하는 단계에서 활용하는 것보다는 문제가 발생하기 전에 그 가능성을 사전에 점검하는 예방적 법무가 중요하다. 생각건대 법을 알고 위반하는 것보다 모르고 위반하는 것이 훨씬 위험하다. 대응책을 강구할 기회를 그만큼 상실하게 되기 때문이다. 이러한 예방적 법무를 사내법무 담당자가 적극적으로 수행하기 위해서는 회사에서 정책적으로 법무업무 담당자에게 충분한 권한과 책임을 부여하여야 할 것이다.

당사 법무부서는 이러한 사내법무의 역할을 수행함에 필요한 상당한 권한을 가지고 있고 그에 따른 책임도 부담하고 있다. 회사에서도 과거보다는 훨씬 적극적인 법무역할을 요구하고 있다. 회사의 권리 · 의무와 관련된 사항은 법무의견이 회사의 정책결정에 중요한 역할을 하고 있으며, 자산운용과 관련하여서는 법무부서의 의견서가 투자결정에 핵심적 역할을 하고 있다. 이는 과거 경험칙상 법률적 리스크 검토를 소홀히 하고 업무의 효율성만 상대적으로 중요시하여 업무처리를 할 경우 회사의 이익에 결코 이롭지 않았다는 반성적 고려에서 유래된 것이라고 할 수 있겠다.

앞으로 사내법무업무의 범위와 역할은 더욱 커질 것으로 보이는바, 이를 위한 법무부서 자체의 역량도 더욱 키워 나가야 할 것이다.

제7장

유동화전문회사(SPC)의 법리*

김연미**

I. 서론

자산유동화거래구조의 핵심은 유동화의 대상이 되는 자산을 자산보유자의 일반 책임재산으로부터 분리하여 오로지 유동화증권의 상환을 위하여 사용되도록 하는 것이다. 이와 같이 자산보유자의 책임재산에서 자산을 분리하는 방법으로 특수목적기구(Special Purpose Vehicle. 이하 'SPV')를 사용하는 것이 일반적이다.[1] 즉 자산보유자와

* 이 논문은 BFL 제31호(2008. 9)에 게재된 글을 수정 · 보완한 것이다. 유익한 의견을 주신 박 준 교수님, 김용호 변호사님께 감사드린다.

** 홍익대학교 법과대학 조교수

1) 특수목적기구는 자산유동화 이외의 경우에도 사용된다. Neal Newman, "Enron and the Special Purpose Entities — Use or Abuse? — The Real Problem — The Real Focus," Law and Business Review of the Americas (Winter 2007), 97-98면 이하에서는 특수목적기구를 크게 합작투자법인(joint venture) · 부동산 보유목적의 회사와 부외부채를 조달하기 위한 구조금융에 이용되는 기구의 세 가지로 구분하는데, 합작투자법인이나 부동산 보

별개의 조직을 구성하여 그 조직에 자산을 이전하고, 그 자산을 근거로 자금을 조달하는 것이다. 대체로 SPV는 조합 · 신탁 · 회사 등 기존 법제에서 인정하는 조직으로 구성하게 되는데,[2] 자산유동화라는 특수한 목적을 달성할 수 있도록 조직되고 운영된다. 이러한 특수한 내용은 자산유동화거래를 이루는 각종 계약서 및 SPV의 조직을 구성하는 문서[3]에 기재되는 것이 보통이다.

이러한 당사자들이 합의하여 정한 내용 외에 조합, 신탁, 회사 등에 적용되는 일반적인 법리가 SPV에도 적용되는 것이 논리적으로는 당연한 것으로 보인다. 회사형 SPV를 이용하는 경우에는 회사법이 적용되지 않을 수 없고, 신탁형 SPV의 경우에는 신탁법리가 적용되는 것이 당연하다. 그런데 특히 회사형 SPV의 경우, 일반적인 회사에서의 당사자들의 이해관계가 자산유동화거래에 참여하는 당사자들의 이해와 그대로 일치하는 것은 아니다. 당사자들이 합의하여 계약서 또는 SPV의 조직문서에 명시적으로 내용을 기재하지 아니하였다면 이러한 불일치는 회사법의 논리에 따라 해결되어야 하는데, 그 결과는 자산유동화거래 참여자의 이해에 반하는 것이 될 수도 있다. 더 나아가 당사자들이 일반회사에 적용되는 법리를 배제하거나 이에 반하는 내용을 합의한 경우, 분쟁상황에서 법원이 이러한 합의내용을 인정하지 아니할 수도 있다.

유회사는 실질적인 사업이 존재한다는 점에서 구조금융에서 이용되는 특수목적기구와는 다르다. 또한 투자 매개체로 이용되는 기구들도 넓은 의미의 특수목적기구의 일종으로 볼 수 있다.

2) 자산유동화 실무연구회, 금융혁명 ABS — 자산유동화의 구조와 실무, 한국경제신문사, 1999, 90면 참조.

3) 조합형 SPV의 경우 조합계약을, 신탁형 SPV의 경우 신탁증서 또는 신탁계약을, 회사형 SPV의 경우 정관 등 조직문서를 예로 들 수 있다.

이러한 위험은 자산유동화거래에 있어 법률적 위험(legal risk)의 하나로 평가되고, 이 위험이 감당할 수 없을 정도인 경우 당사자들은 자산유동화거래를 포기할 것이다. 1998년 자산유동화에 관한 법률(이하 '자산유동화법')을 제정할 때 '유동화전문회사'의 개념을 법제화하고 자산유동화의 목적에 적합하도록 여러 가지 상법의 규정에 대한 예외 규정을 명시한 것은,[4] 이러한 위험을 최소화하여 자산유동화거래를 활성화하기 위한 것이었다.[5]

이 글에서는 일반회사에 적용되는 법리를 자산유동화거래에 따라 설립된 회사형 SPV에 그대로 적용한다면 자산유동화거래 참여자들의 이해관계 측면에서 적절하지 않게 되는 경우를 몇 가지 살펴보고 가능한 대안을 찾아보고자 한다.[6] 자산유동화거래는 여러 가지 자산을 기초로 여러 가지 구조로 이루어질 수 있는데, 이에 따라 사용되는 SPV의 조직과 운영도 각양각색이다. 이 글에서는 우선 가장 기본적 형태인 회사형 SPV가 부채의 형태로 유동화증권을 발행하는 구조를 기초로 논의를 진행한다.

4) 주 2의 책(이하 '금융혁명 ABS'), 406면.

5) 일본에서 「특정목적회사에 의한 특정자산의 유동화에 관한 법률」을 제정하여 기존의 회사형태와 다른 새로운 회사형태로 '특정목적회사'를 창설한 것도 같은 맥락이다. 금융혁명 ABS, 주 134.

6) 이 글이 이도하는 것은 회사형 SPV에 일반회사 법리가 당연히 적용된다는 명제에 대하여 주의를 환기하기 위한 것으로, 논의 중에는 근거가 약하거나 과장된 부분이 있을 수 있다.

II. 자본구조의 특수성

1. 자본의 의미

(1) 회사에 있어서 자본의 중요성

일반적으로 회사에 있어서 자본은 회사 존속 중 유지해야 하는 순재산의 규범적 기준이 되고, 이에 따라 회사에 대한 채권자들에게 회사가 가지는 신용도의 공시적 기능을 한다.[7] 회사의 자산은 부채와 자본으로 조달하게 되는데, 상환이 예정되어 있는 부채와 달리 자본에 대하여는 회사의 존속 중에는 원칙적으로 상환이 예정되어 있지 아니하며, 회사를 해산하는 경우에도 부채의 상환이 완료된 이후 잔여재산의 범위 내에서 자본에 대하여 상환이 이루어진다. 이러한 부채와 자본의 관계에 따라 회사의 채권자들은 회사의 자본에 상응하는 자산을 잉여담보로 이해하고, 회사와 거래를 개시할 때 회사의 자본에 관심을 기울인다.

이와 같이 자본은 회사와 거래관계를 창설하는 자들에게 중요한 의미를 가지기 때문에 상법에서는 회사가 자본을 충분히 확보하고 유지하도록 여러 장치를 두고 있다. 즉 회사의 종류별로 최저자본금을 규정하고 있고,[8] 설립 및 이후 주식을 발행할 때 자본에 해당하는 재산이 회사에 확보되도록 하며, 자본을 감소시킬 수 있는 행위를 제한하는 것이다.

---

7) 이철송, 회사법강의(제14판), 박영사, 167-178면.

8) 주식회사의 경우 5,000만 원(상법 제329조 제1항), 유한회사의 경우 1,000만 원(상법 제546조 제1항).

(2) 유동화거래에서 자본의 의미

반면 자산유동화거래의 경우 유동화증권의 투자자들은 오로지 유동화되는 자산의 가치를 보고 투자 여부를 결정하며, 유동화증권 발행주체의 자본에는 관심이 없다. 투자자들이 잉여담보를 요구하는 경우에는 후순위유동화증권을 발행하여 그 부분에 상응하는 자산으로 잉여담보를 구성하거나 유보금설정 · 초과담보설정 등의 내부적 신용보강 기법을 이용하거나 외부 신용보강을 이용하게 된다.[9]

회사형 SPV의 설립자본금의 경우, 해당 특수목적법인이 해산할 때 현금화된 자산이 유동화증권을 상환하는 데에 부족한 경우, 유동화증권의 상환에 사용될 수 있음은 회사법리상 당연하다. 하지만 부채형 유동화증권 투자자들이 특수목적법인의 자본금을 신용보강의 일원으로 이해하는 경우는 드물며, SPV를 설립하기 위하여 어쩔 수 없이 소요되는 비용으로 인식하는 경우가 대부분이다.

(3) 최저자본금

현행 자산유동화에 관한 법률에서는 유동화전문회사를 상법상 유

9) 선 · 후순위증권구조로 신용보강을 하는 경우, 선 · 후순위증권 발행액 전체에 상응하는 자산으로 선 · 후순위증권 전체를 담보하되, 선순위증권 소지자가 후순위증권 소지자보다 원리금 지급에 우선권을 가지도록 한다. 선순위증권 소지자로서는 후순위증권 발행액에 해당하는 자산만큼 잉여담보가 확보되는 효과가 있다. 반면 유보금설정이나 초과담보설정의 경우, SPV 내에 현금 등 자산을 유보하여 잉여담보를 확보한다. 이와 같이 거래구조를 통하여 잉여담보를 확보하는 내부신용보강과 달리 외부신용보강은 제3자의 신용을 이용하며, 지급보증이나 보험 등이 사용된다. 신용보강 기법의 상세에 대하여는 금융혁명 ABS, 157-168면 참조.

한회사로 설립하도록 하고 있으며,[10] 최저자본금에 대한 별도의 규정을 두고 있지 아니하므로 자산유동화법에 의한 유동화전문회사를 설립하려면 상법에서 요구하는 최저자본금 1,000만 원을 투입하여야 한다. 자산유동화법에 의하지 아니한 유동화거래의 경우, 상법상의 회사로 SPV를 설립하는 경우에도 마찬가지로 상법상 요구되는 최저자본금을 투입하여야 한다.

그러나 이 금원은 최저자본금제도의 의미에 비추어 볼 때 반드시 필요한 금원은 아니다. 최저자본금제도는 회사의 책임재산을 확보하고 회사의 유한책임제도의 악용을 막기 위하여 설정된 것인데,[11] 자산유동화거래에서 투자자들은 SPV의 자본으로 책임재산을 확보할 것을 기대하지 않으며, 회사의 유한책임제도를 잘 알면서 이를 이용하는 것이기 때문에 최저자본금으로 보호할 이익이 존재하지 않는다고 할 수 있다. 이 1,000만 원은 자산유동화거래의 규모에 비추어 보면 큰 금액은 아닐 수 있지만, 자산유동화거래에서 모든 현금의 흐름과 비용이 세세히 분석되어 자금의 출처와 사용처가 엄격하게 통제된다는 점에서 볼 때, SPV의 최저자본금은 그 금액에 상응하는 투자가 없는 '법인격'을 취득하기 위한 비용에 불과하다. 그에 상응하는 투자가 없으므로 이 금원을 조달하거나 운영 · 사용하는 데에 효율적이지 못하게 된다.

자산유동화법에 의한 유동화전문회사에 대한 최저자본금을 명목적인 금액으로 인하하여야 한다는 주장은 계속하여 있어 왔다.[12] 동일한

10) 자산유동화법 제17조 제1항, 동법 제17조 제2항에서는 자산유동화에 관한 법률에 별도의 규정이 없는 한 상법의 유한회사에 대한 규정이 유동화전문회사에 그대로 적용된다고 명시하고 있다.

11) 이철송, 앞의 책, 176면.

12) 김용호/이선지, "자산유동화거래와 법적 과제," BFL 제5호(2004. 5), 서울대학교 금융법센터, 39면.

논리로 자산유동화법에 의하지 아니한 유동화거래에서 이용되는 특수목적회사에 대하여도 최저자본금은 불필요하다고 생각된다.[13)]

2. 출자구조의 특수성

(1) 출자자의 필요성

회사는 기본적으로 사람의 결합인 사단(社團)으로 이해된다.[14)] 주식회사나 유한회사와 같은 물적 회사의 경우 사단성(社團性)은 많이 완화되어 더 이상 개인의 복합체를 요구하지는 아니하며, 1인회사나 법인출자자에 대하여 의문을 제기하는 자는 없는 것으로 보인다. 그러나 여전히 재단과 차별되는 개념으로 사단성이 요구되고 있으며, 이는 최소한의 출자자의 존재로 충족될 수 있다.

물적 회사에 있어 출자자[15)]의 의미는, 회사의 설립목적을 위하여 자본을 투입하고 사업의 성패에 따른 수익과 위험을 최종적으로 부담하는 자이다. 최종적으로 부담한다는 의미는, 회사를 청산하는 경우 부채를 상환하고 남은 수익을 전부 받아 가는 반면 부채를 상환한 후 잔여재산이 없으면 출자를 전혀 회수할 수 없다는 것이다.

투자자의 입장에서는 부채의 형태로 투자를 할 것인지, 자본의 형태로 투자를 할 것인지의 차이는 인수하는 위험과 수익의 정도 차이에 지나지 않는다고 볼 수 있다. 그러나 회사의 입장에서는 출자자 없

13) 법무부가 2008. 5. 8. 입법예고한 상법(회사법) 일부 개정법률안에 의하면 최저자본금 제도를 폐지하는 안이 포함되어 있다. 법무부공고 제2008-47호 참고.

14) 상법 제169조 참고.

15) 상법상 주식회사의 경우 주주, 유한회사의 경우 사원이 해당된다.

이 부채만으로 구성되는 경우는 없으며, 최종적인 수익과 위험을 부담하는 자에게 그러한 위험인수에 대한 대가로 회사의 업무집행에 대한 일정한 의사결정권을 부여하게 된다.[16)]

(2) 유동화거래에서 특수목적법인의 출자자

회사형 SPV를 이용하는 자산유동화거래의 경우, 회사형 SPV의 출자자는 위 (1)에서 본 의미의 전통적 출자자와는 다르다. 자산유동화거래에서 투자는 유동화증권에 대하여 이루어졌으며, 특수목적법인의 출자지분은 유동화거래의 투자대상이 아니다.[17)]

자산유동화거래에서 특수목적법인에 대한 출자지분의 기능은 다음 두 가지로 볼 수 있다. 첫째, SPV가 법인격을 취득하여 유효하게 설립하도록 한다.[18)] 둘째, 후순위유동화증권으로도 회수되지 아니한 잔여재산이 있는 경우, 그러한 잔여재산을 흡수하는 기능을 한다. 첫 번째 기능을 위한 출자지분의 경우 회사법리상으로는 출자자가 누구인지는 중요하지 않다. 두 번째 기능을 위한 출자지분의 경우 출자자가 잔여재산을 받아 갈 지위에 있는 자인데,[19)] 자산유동화거래에서 선순위 및 후순위유동화증권의 상환이 완료된 이후에도 남는 자산이 있다면 이는 자산의 가치를 정확하게 계산하지 못하여 유동화증권에 반영하지

16) Steven L. Schwarcz, Commercial Trusts as Business Organizations : Unraveling the Mystery, Business Lawyer (February 2003), 559, 575면.

17) 물론 유동화증권을 출자지분이나 주식의 형태로 발행할 수도 있으나, 이 글에서는 유동화증권을 부채의 형식으로 발행하는 경우로 논의를 한정한다.

18) II. 1.의 (2) 및 (3) 참고.

19) 다만, 법인격 취득을 위하여 납입한 최저자본금은 최저자본금을 납입한 자에게 돌아가야 할 것이다.

못한 것으로 보이며,[20] 이는 자산보유자에게 돌아갈 몫으로 생각된다.

어느 경우에나 회사형 SPV의 출자자는 독자적으로 사업을 영위하는 일반회사에서 볼 수 있는 위험과 수익을 인수하고 그에 상응하여 의사결정권을 부여받는 출자자와는 다른 존재라고 할 수 있다.

그러나 자산유동화에 따른 특수목적법인이 회사인 이상, 특수목적법인에 대한 출자는 이러한 본질적인 차이에도 불구하고 일반회사에 대한 출자와 동일하게 취급되는 실정이다. 즉 이러한 출자자에게 특수목적법인의 운영에 대한 최종적 의사결정권이 부여되고,[21] 출자자에 대한 독점규제 및 공정거래에 관한 법률에 의한 기업결합이나 회계에 따른 연결대상 여부를 결정함에 있어 특수목적법인의 출자는 일반회사에 대한 자본참여와 똑같이 취급되는 실정이다.[22] 즉 특수목적법인에 대한 출자지분이 의결권을 기준으로 일정 비율 이상이면, 실제로 그 출자지분의 의결권이 특수목적법인이 보유한 자산에 대한 지배권을 의미하는지의 여부와 관계없이 회계처리상 연결대상이 되거나 독점규제 및 공정거래에 관한 법률에 의한 계열회사로 인정될 수 있다.[23]

---

20) 현금화가 예정된 금융자산의 경우 그 가치를 정확히 계산할 수 있다면 유동화증권의 몫으로 반영될 것이고, 후순위유동화증권의 상환 이후 잔여재산이 있는 경우는 없다. 그러나 금리의 변동, 여유자금의 투자에 따른 초과수익 등의 사유로 잉여재산이 생길 수도 있다. 부동산 등 가치의 급격한 변동이 가능한 자산을 유동화하는 경우에는 잉여재산이 생기는 경우가 더 많다.

21) 이 문제에 대하여는 III.에서 보다 상세히 다룬다.

22) 박정유, "자산유동화형 특수목적기구(SPV)에 관한 법제 개선방향 연구," 성균관대학교 법학과 상사법전공 석사학위논문(2006. 2), 109면.

23) 박정유, 앞의 논문, 각주 197에 의하면, 이러한 현실적 문제를 피하기 위하여 업계실무상으로는 특수목적법인의 출자지분을 1종(의결권은 있으나 배당 및 잔여재산분배권이 부여되지 아니한다)과 2종(사실상 무의결권 출자지분이며, 배당권 및 잔여재산분배권을 전부 가진다)으로 구분하고, 명의상 이사 역할을 하는 개인이 1종 출자지분으로

(3) 해결안의 모색

이러한 문제를 가장 쉽게 해결하는 방법은 독점규제 및 공정거래에 관한 법률이나 회계규정에서 일률적으로 자산유동화법에 따른 유동화 전문회사의 출자지분에 대한 특례규정을 두는 것이다. 그러나 기업결합에 대한 규제에는 나름의 논리가 있으며, 자산유동화거래 구조를 남용하여 기업결합의 규제나 회계규정을 피해 갈 가능성도 있다는 점을 고려할 때 이러한 방법을 채택하는 것은 더 큰 문제를 야기할 수 있다.[24)]

실제 자산유동화에 이용되는 특수목적법인의 출자지분의 실질적 기능(법인격을 유효하게 취득하도록 한다는 기능)을 정면으로 인정하고, 이를 회사법상 어떻게 평가할 것인지에 대한 충분한 논의가 이루어진 이후 기업결합 규제나 회계규정에서 이를 받아들일 수 있도록 하여야 할 것이다.

90% 이상을, 자산보유자가 2종 출자지분으로 나머지 지분을 보유하는 방식을 취한다. 1종 출자지분권자는 배당을 받지 아니하고 자신이 출자한 금액을 한도로 잔여재산을 분배받으며, 진정한 의미의 잔여재산은 자산보유자에게 전부 귀속된다. 자산보유자의 지분은 의결권을 기준으로 10% 미만이 되기 때문에 회계상 또는 공정거래법 목적상 연결대상이나 계열회사에 해당하지 않는다.

24) 한 예로 회계부정으로 큰 물의를 일으킨 Enron Corporation의 경우 자산유동화거래가 분식회계를 위하여 이용된 여러 기법 중 하나로 사용되었다. Enron Corporation의 회계부정이 자산유동화거래에 미친 영향에 대하여는 Steven L. Schwarcz, "Securitization Post-Enron," Cardozo Law Review (April 2004), 1439면 이하 참고.

III. 지배구조의 특수성

1. 의사결정기관

(1) 회사의 의사결정기구

일반적인 회사의 경우 최고의사결정기관은 최종적인 위험과 수익의 귀속자인 출자자가 되며, 일상적인 업무에 관하여는 출자자가 선임한 경영진이 의사결정 및 집행을 하게 된다. 이 과정에서 회사의 부채를 통하여 회사에 투자한 채권자들은 원칙적으로 의사결정에 직접적으로 관여할 수 없으며, 채권자들의 이해관계에 결정적 영향을 미치는 경우로서 법으로 채권자보호절차를 거치도록 규정하고 있는 경우에 한하여 이의를 제기하는 방식으로 간접적으로만 관여할 수 있다.[25)]

물론 법에 명문의 규정이 없는 경우에도 채권자들은 회사와의 계약을 맺어 회사의 일정한 행위에 간섭할 수 있지만, 대체로 채권자들의 이해관계에 중대한 영향을 미칠 수 있는 일정한 행위에 대하여 채권자의 사전동의를 얻도록 요구하는 간접적인 방식이고, 채권자들에게 적극적 의사결정권을 부여하는 경우는 많지 않다. 이러한 약정이 존재하는 경우, 약정에 반하여 회사가 채권자들의 사전동의를 얻지 아니하고 일정한 의사결정을 하여 집행하였더라도 그러한 의사결정이

25) 예컨대 다른 회사와의 합병(상법 제232조, 제603조), 자본감소(상법 제439조 제1항, 제597조) 등의 경우 채권자에게 이의를 할 수 있는 기회를 부여하고, 이의를 제기한 채권자에 대하여 변제, 상당한 담보의 제공 또는 상당한 재산의 신탁을 하도록 하고 있다.

나 집행행위가 무효로 되는 것은 아니며, 대체로 채권자들과의 계약 관계에서 계약위반의 효과가 있을 뿐이다.

(2) 자산유동화거래에서의 특수성

특수목적법인이 회사인 이상 회사법 원리를 그대로 적용한다면 궁극적인 의사결정권은 출자자에게 귀속될 수밖에 없는데, 특수목적법인의 출자자는 위 II. 2.에서 살펴본 바와 같이 법인의 사업에 대한 최종적인 수익과 위험을 부담하기 위하여 투자결정을 한 자가 아니며, 따라서 회사의 업무집행에 대한 궁극적인 의사결정권을 부여받을 지위에 있지 아니하다는 문제가 있다. 특히 자산보유자가 잉여재산을 회수하기 위한 출자지분을 근거로 특수목적법인을 지배하도록 하는 것은 유동화거래에 참여한 자들의 이해에 정면으로 반한다.

나아가 자산유동화거래에서 SPV는 오로지 유동화되는 자산을 유동화증권의 투자자를 위하여 관리하는 제한적 기능만을 수행하여야 하며, 그 외에 다른 사업을 영위하거나 부채를 부담하는 것을 엄격히 제한할 필요가 있다. 특히 특수목적법인이 자산유동화거래에서 예정하지 않은 사유로 파산을 하지 않도록 하기 위하여 정관 등 조직문서에 법인의 목적을 자산유동화에서 요구되는 업무로 제한하고, 유동화거래에서 예정한 것 외에 다른 부채를 부담하는 것을 엄격히 제한하며, 유동화거래에서 예정하지 아니한 합병 · 청산 · 해산 · 자산의 처분 · 조직문서의 변경 등을 금지한다.[26] 그런데 이러한 내용은 특수목

26) Vinod Kothari, Securitization—The Financial Instrument of the Future, Wiley, 2006, 639-640면.

적법인의 조직문서나 특수목적법인이 당사자로 구속되는 계약서에 기재된다. 이러한 내용에 반하는 의사결정이나 집행행위를 하는 경우, 사법상 효력이 부정되는 것은 아니고 다만 계약위반에 지나지 아니하다고 한다면, 역시 자산유동화거래의 안정성을 해치게 될 것이다.

(3) 궁극적 투자자에의 의사결정권 귀속

의사결정권을 실질적 투자자에게 부여하여야 한다고 보면, 자산유동화거래에 이용되는 회사형 SPV의 의사결정권은 유동화증권 투자자에게 귀속되어야 한다. 대부분의 자산유동화 관련 계약서에서는 이와 같이 의사결정권이 실질적 투자자에게 귀속하도록 조치하고 있다. 즉 자산유동화거래에서 예정하지 아니한 변동을 가져오는 의사결정에는 유동화증권 투자자들의 사전동의를 얻도록 계약서에 규정하는 경우가 대부분이다. 그 외에 자산유동화거래의 수행에 반하는 일정한 행위는 특수목적법인의 정관 등 조직문서에서 금지하게 된다.[27)]

일반회사의 경우, 계약위반행위는 사법상 효력이 무효로 되는 것은 아니며, 정관에 의한 제한을 위반한 경우에도 반드시 무효로 되는 것은 아니다. 그런데 유동화거래에서 설정된 각종 제한을 일반회사의 경우와 마찬가지로 위반에도 불구하고 사법상의 효력에 영향을 미치지 아니하는 것으로 해석한다면, 이는 자산유동화거래의 특수성과 특수목적법인의 존재 의의를 부정하는 것이 된다.

27) 유동화전문회사의 경우 정관의 목적사항에 자산유동화거래에 따라 예정된 업무를 열거하고, 이러한 열기된 업무 외 다른 업무를 수행할 수 없다는 문구를 정관에 기재하기도 한다. 김중곤, "특수목적법인(SPC)의 권리능력," BFL 제13호(2005. 9), 서울대학교 금융법센터, 77면.

자산유동화법에서는 이러한 당사자들의 합의에 의한 제한을 일정 부분 법제화하여, 유동화전문회사의 업무를 자산유동화계획에 따른 유동화자산의 양수 · 양도 또는 다른 신탁업자에의 위탁, 유동화자산의 관리 · 운용 및 처분, 유동화증권의 발행 및 상환, 자산유동화계획의 수행에 필요한 계약의 체결 등으로 엄격히 제한하고 있으며,[28] 이와 같이 열거된 업무 외의 업무를 영위할 수 없도록 명시하고 있다.[29] 구체적으로 본점 이외의 영업소를 설치하거나 직원을 고용할 수 없도록 하고,[30] 다른 회사와의 합병 및 다른 회사로의 조직변경을 금지하고 있다.[31]

더 나아가 형식적 출자자의 의사결정권을 제한하기 위하여 자산유동화계획에 반하거나 유동화증권을 소지한 자의 권리를 해하는 사원총회의 결의는 무효로 규정하고 있다.[32]

이러한 자산유동화법의 취지는 자산유동화법에 의하지 아니한 유동화거래에서 이용되는 특수목적법인의 의사결정권 및 정관이나 계약에 따른 특수목적법인의 행위 제한을 해석함에서도 그대로 인정되어야 할 것이다.

28) 자산유동화법 제22조 제1항.

29) 자산유동화법 제20조 제1항. 이러한 업무제한 규정은 그에 위반하는 행위의 사법적 효력을 부정하는 효력규정으로 보아야 한다. 김중곤, 앞의 논문, 88면.

30) 자산유동화법 제20조 제2항.

31) 자산유동화법 제25조.

32) 자산유동화법 제19조 제2항.

2. 이사의 충실의무

(1) 충실의무의 대상

일반적인 회사의 일상적인 업무수행은 최고의사결정기관인 출자자가 선임한 경영진에 의하여 이루어진다. 이사 또는 이사회로 이루어지는 경영진은 회사에 대하여 충실의무를 부담하는데,[33] '회사'에 대한 충실의무는 대체로 수익과 위험의 최종귀속자인 출자자의 이익을 극대화하는 방향으로 해석된다.[34] 이사의 충실의무의 대상에 원칙적으로 회사의 채권자들은 포함되지 아니하는데, 다만 회사에 대하여 도산절차가 개시된 경우에는 도산절차에 따라 회사를 관리하는 자[35]는 회사의 총 채권자와 총 주주를 위하여 충실의무를 부담한다.[36]

이러한 이사의 충실의무의 배경으로 이사의 선임에 대한 권리는 출자자에게 전적으로 귀속된다.

---

33) 주식회사의 이사에 대하여는 상법 제382조 제2항에 따라 위임에 따른 선관주의의무가 인정되며, 1998년 상법 개정시 상법 제382조의3을 신설하여 이사의 충실의무를 다시 한 번 선언하였다. 상법 제382조의3은 유한회사의 이사에 대하여 준용되지 아니하지만, 상법 제382조 제2항은 준용된다(동법 제570조). 상법 제382조의3이 명시적으로 준용되지 아니한다고 하여 유한회사의 이사의 주의의무가 주식회사의 이사보다 경감된다고 해석할 근거는 없다고 생각된다.

34) Steven L. Schwarcz, 앞의 논문, 579면.

35) 채무자 회생 및 파산에 관한 법률에서는 원칙적으로 기존의 경영진이 관리인으로 회사를 계속 운영하도록 한다(동법 제74조 제2항). 기존 경영진관리인제도의 도입배경에 대하여는 김재형, "관리인제도의 개선방향에 관한 검토," BFL 제9호(2005. 1), 서울대학교 금융법센터 참고.

36) 대법원은 회사정리법 시절부터 관리인이 공적수탁자의 지위에 있다는 입장을 고수하고 있다. 대법원 1974. 6. 25. 선고 73다692 판결 ; 1988. 10. 11. 선고 87다카1559 판결 등.

(2) 유동화거래에서 특수목적법인의 이사

자산유동화거래에서 이용되는 회사형 SPV의 경우에도 회사인 이상 형식적으로 이사가 필요하다. 그런데 누가 이사를 선임하는지, 이사는 누구에게 충실의무를 부담하는지에 대해 주의가 필요하다.

특수목적법인의 출자자가 회사의 업무집행에 대한 궁극적인 의사결정권을 부여받을 지위에 있지 아니하다는 점은 위 II. 2.에서 살펴보았다. 그렇다면 출자자가 이사를 선임하는 권한을 전적으로 보유하는 것 자체가 유동화거래의 실질에 맞지 아니하게 된다. 더구나 자산보유자가 잉여재산을 회수하기 위한 형식적 출자지분을 근거로 특수목적법인의 경영진을 선임한다면, 유동화증권 투자자들로서는 유동화거래에서 예정하는 대로 자산보유자의 이해관계와 무관하게 특수목적법인의 업무가 공정하게 수행되지 못할 위험이 있다고 인식할 것이다.

실제 유동화거래에서는 특수목적법인의 경영진은 공정한 업무를 수행할 수 있는 독립한 이사일 것을 요구하는 것이 보통이다.[37] 이 경우에도 경영진은 형식적으로는 출자자가 선임하지만, 자산유동화거래의 투자자들은 이사가 공정하게 업무를 수행할 수 있는 자인지 인적 사항을 확인하고 투자 여부를 결정한다.[38]

(3) 궁극적 투자자에 대한 충실의무

자산유동화거래에서 실제 투자를 하는 자는 유동화증권 투자자이

37) Vinod Kothari, 앞의 책, 640면.

38) 실제로 이러한 확인업무는 rating agency에 의하여 수행된다.

고 특수목적법인의 출자자는 의미 있는 투자를 하지 않는다는 점에 비추어 볼 때, 특수목적법인의 이사가 출자자에 대하여서만 충실의무를 부담하는 것으로 해석하는 것은 유동화거래의 실질에 맞지 않는다.[39] 특수목적법인의 이사의 경우 오히려 도산절차에서의 관리인과 유사하게 회사의 채권자들을 아우르는 모든 이해관계인을 위하여 유동화자산과 부채를 관리하는 수탁자로서의 지위를 인정하는 것이 거래의 실질과 당사자들의 의사에 부합하는 것으로 보인다.

이러한 업무를 공정하게 수행할 수 있는 자를 이사로 선임하는 것이 핵심인데, 실무상 적격자를 찾기가 쉽지 않다. 유동화증권이 공모로 발행되면 회사형 SPV의 이사는 다음 IV.에서 보듯이 증권법에 따른 엄중한 책임을 부담하는데, 자산보유자나 유동화거래 참여자와 아무 관계가 없는 자로서 이러한 책임을 기꺼이 부담할 사람을 찾는 것은 불가능하다. 반면 자산보유자와 일정한 관계에 있는 자나 다른 거래 참여자와 관계된 자를 이사로 선임하는 경우, 그러한 자산보유자 또는 다른 거래 참여자와의 관계로 인하여 이익충돌이 생기고 결국 공정한 업무수행을 기대할 수 없다는 문제가 있다.

이사의 공정한 업무수행에 대한 유동화증권 투자자들의 우려를 덜기 위해서는 자산유동화법 제19조 제2항을 유추적용하여 자산유동화계획에 반하거나 유동화증권을 소지한 자의 권리를 해하는 이사의 업무집행의 효력을 무효로 하여 이사의 의무위반에 따른 위험을 최소화하는 것이 필요하다. 또한 다음 IV.에서 보듯이 이사의 형식적 책임범

39) Steven L. Schwarcz, 앞의 논문, 583면 이하에서는 이러한 지배구조의 차이 때문에 SPV의 형태의 선택에 있어 회사형 SPV보다 신탁형 SPV를 선호하게 된다고 설명한다. 신탁의 경우 수탁자는 모든 수익자(선순위, 후순위 불문)에 대하여 충실의무를 부담하기 때문이다.

위를 합리적으로 제한한다면, 이사의 선임과 관련된 어려움을 해소하는 데에 도움이 될 수 있을 것으로 기대한다.[40)]

IV. 증권법상 책임

1. 공시의무의 주체

(1) 증권법에 따른 공시의무 등

유동화증권을 증권 형태로 공모발행하는 경우, 증권거래법에 의한 유가증권신고서를 제출하고 동법에 규정된 공모절차를 따라야 한다.[41)] 일단 유동화증권을 공모발행한 후에는 사업보고서를 사업연도 경과 후 90일 이내에 반기보고서 및 분기보고서를 해당 기간 경과 후 45일 이내에 제출하여야 한다.[42)] 이에 더하여 자산유동화법에 따른 자산유동화거래의 경우, 자산유동화계획을 작성 · 등록하여야 하며, 그 내용에 변경이 있는 때에는 자산유동화계획의 변경등록을 하여야 한

40) 더 나아가 간접투자자산운용업법에서 법인이사를 인정하는 것과 마찬가지로 자산유동화법에서도 유동화전문회사에 법인이사를 허용하여, 유동화전문회사의 업무수탁자의 기능을 수행하는 기관이 형식적으로도 이사로 인정되도록 하자는 견해가 있다. 김용호/이선지, 앞의 논문, 40면. 실제 유동화전문회사의 대부분의 기능은 자산관리자 및 업무수탁자에게 위임되어 수행되므로 업무수탁자가 법인이사로 선임되는 것이 실제 유동화전문회사의 운용과 일치하는 것으로 볼 수 있다.

41) 증권거래법 제8조. 자본시장과 금융투자업에 관한 법률이 시행되면 동법 제119조에 의하여 증권신고서를 제출하여야 한다.

42) 증권거래법 제186조.

다.[43] 또한 자산유동화계획의 변경등록으로 공시되지 아니하는 사항으로서 수시공시의 필요성이 요구되는 정보에 대하여는 '자산유동화관련중요사항 발생 등 신고서'를 통하여 공시를 하여야 한다.[44]

이러한 증권법상 유가증권신고서 제출의무 및 수시공시의무의 주체는 공모되는 증권의 '발행인'이다. 즉 유동화증권의 발행인인 특수목적법인이 의무의 주체가 된다. 자산유동화법에 의한 의무의 주체 역시 발행인인 유동화전문회사이나, 실제 업무는 해당 업무를 유동화전문회사로부터 위임받은 자가 담당하며[45] 작성책임자 역시 담당직원으로 기재한다.

이와 같은 증권법상의 의무에 따른 책임은 막중하다. 유가증권신고서 등에 허위의 기재가 있거나 중요한 사항이 누락됨으로써 증권취득자가 손해를 입은 때에는 발행인과 발행인의 이사는 엄격한 손해배상책임을 진다.[46]

(2) 유동화거래에서의 문제점

유동화증권의 공모에서 유가증권신고서에 기재되는 내용은 유동화증권에 대한 잠재적 투자자들이 합리적 투자판단을 하는 데에 필요한 정보여야 한다. 유동화증권의 상환재원이 되는 자산에 대한 내용뿐만 아니라 유동화거래의 구조와 그에 수반하는 여러 위험도 기재되어야 한다. 그런데 특수목적법인의 경우, 실체가 없는 페이퍼 컴퍼니가 대

43) 자산유동화법 제3조 제1항.

44) 자산유동화감독규정 제19조.

45) 이 업무는 대체로 업무수탁자가 수행하도록 약정된다. 김연미, "유동화증권에 있어 계속적인 공시에 관한 연구," 증권법연구 제8권 제1호(2007. 6), 188면.

46) 증권거래법 제14조 내지 제16조 ; 동법 제186조의5.

부분이어서 자체적으로 이러한 정보를 관리할 능력이 없다. 실제로 유가증권신고서에 기재되는 정보 중 자산에 관련된 정보는 전적으로 자산보유자에게 의존하며, 거래구조와 관계된 여러 정보[47]도 자체적으로 형성하기보다는 대부분 다른 유동화거래 참여자들로부터 제공받는다.

사업보고서 등 수시공시의 대상이 되는 자료도 마찬가지이다. 특수목적법인은 직원을 두지 않고 모든 업무를 제3자에게 위임하여 처리하기 때문에 수시공시의 대상이 되는 정보는 자산관리자나 업무수탁자를 통하여 형성될 수밖에 없다.

또한 특수목적법인은 자산과 부채가 일치하도록 구조되기 때문에 증권법상의 책임을 부담시키는 것이 실제로 피해자들에게 도움이 되지 못한다. 유동화증권 투자자들이 증권법상 손해배상책임을 묻고자 하는 경우는 대부분 유동화증권이 조건에 따라 상환되지 못하는 경우로서, 증권법상 책임이 인정되더라도 이를 만족시킬 재산이 없다.

논리적으로는 자산보유자 등 제3자가 제공한 정보에 허위가 있어 증권법상 책임이 인정된 경우,[48] 발행인인 특수목적법인은 그러한 제3자에게 손해배상청구권을 가지게 될 것이고, 이러한 손해배상청구권을 행사하여 유동화증권에 투자하여 손해를 본 피해자들에게 배상을 하

47) 예컨대 자산관리에 따른 위험을 파악하기 위하여 자산관리자의 신용도를 기재하여야 하는데, 이러한 정보는 자산관리자가 제공한다.

48) 현재의 유가증권신고서 작성방식에 의하면 자산보유자가 제공한 정보가 유가증권신고서에 기재된 경우에도 자산보유자는 현행 증권거래법 제14조 제1항 각 호에 열거된 배상책임자에 해당하지 않는 것으로 보인다. 따라서 이러한 정보에 허위가 있거나 중요한 사항이 누락된 경우 유동화증권 투자자들이 자산보유자를 상대로 증권법상의 책임을 묻기는 어렵다. 자본시장과 금융투자업에 관한 법률 제119조에 의하여도 마찬가지이다.

면 된다.[49] 이러한 우회적인 방식은 번거롭고 비효율적일 수밖에 없다.

(3) 실질적 공시의무주체의 인정

미국 증권관리위원회(Securities and Exchange Commission. 이하 'SEC')는 유가증권신고서 등의 작성과 관련, 자산유동화거래의 특수성을 인정하고 심사 및 의견표시(review and comment) 과정 및 비조치의견서(no-action letters)를 통하여 거래실질에 맞도록 규율을 하여 오다 이러한 비공식적 규율을 통합하여 2005년 3월 Regulation AB를 제정하였다.[50]

Regulation AB에서 주목할 점 하나는 우리 증권법상 유가증권신고서에 해당하는 Registration Statement의 작성주체(registrant)를 발행인이 아닌 자산보유자[51]로 명시하고 있다는 것이다.

이는 자산보유자가 유동화증권발행을 포함한 자산유동화거래를 주도하는 위치에 있으며, 유동화자산의 내용 등 실질적 정보를 생성하는 주체이고 증권공모에 따른 경제적 수익을 받는 위치에 있다는 점을 고려한 것으로 보인다.

---

49) 유동화증권 투자자들은 채권자대위권을 행사할 수 있을 것으로 보인다.

50) Regulation AB의 제정과정에 관한 상세는 김필규/이현진/윤지아/서의경, 미국 자산유동화증권 공시 제도의 현황과 국내 시사점, 한국증권연구원, 2006 참고.

51) 엄밀하게 말하면 Registrant는 자산처분자(depositor)이다. Regulation AB는 자산처분자 · 자산보유자(sponsor) 및 자산생성자의 개념을 별도로 규정하고 있는데, 자산처분자는 발행주체가 되는 SPV에게 자산을 양도 · 신탁 등의 방법으로 이전하는 주체를 말하고, 자산보유자는 유동화거래를 실제로 주도하는 자를 가리킨다. 자산생성자는 실제로 해당 자산을 생성한 자로, 자산보유자가 제3자로부터 이미 생성된 자산을 매수하여 유동화를 진행하는 경우 자산보유자와 다른 당사자가 된다. Securities and Exchange Commission, "Asset-Backed Securities," Securities Act Release No.33-8518, 17 Fed. Reg. 1506 (2005. 1. 7), pp.1534-1538.

Regulation AB는 계속적 공시에 대하여서도 자산보유자를 원칙적으로 공시의무의 주체로 인정하는데, 자산관리자가 대신하여 공시서류에 서명하는 것을 허용한다.[52] 이는 발행인인 특수목적법인이 독자적인 인적 조직이나 업무수행능력이 없다는 현실을 반영하여 실제로 공시업무를 수행할 자를 공시의무의 주체로 인정한 것이다.[53]

이러한 미국 SEC의 입장은 실질적 공모의 주체로서 공시정보를 통제하는 자와 허위공시에 따른 책임을 부담하는 자를 일치시킨다는 점에서 효율적이라고 할 수 있다. 우리 증권법의 적용에서도 형식적 발행인에 집착하지 않고 실질에 주목할 필요가 있다고 생각된다.

2. CEO · CFO인증제도

(1) CEO · CFO인증제도

증권거래법상 유가증권신고서 및 사업보고서 등을 제출할 때 발행인의 대표이사와 신고업무를 담당하는 이사는 i) 신고서의 기재내용에 대하여 상당한 주의를 다하여 직접 확인 · 검토하였으나 중요사항의 기재 또는 표시의 누락이나 허위의 기재 또는 표시가 없고, 신고서에 표시된 기재 또는 표시사항을 이용하는 자의 중대한 오해를 유발하는 내용이 기재 또는 표시되지 아니하였으며, ii) 주식회사의 외부감사에 관한 법률 제2조의2 및 제2조의3의 규정에 따라 내부회계관리제도가 운영되고 있다는 사실을 확인 · 검토하고 이에 각각 서명하여야

52) Securities and Exchange Commission, 앞의 자료, 1562면.

53) 김연미, 앞의 논문, 190면.

한다.[54] 이러한 인증제도는 미국에서 Enron Corporation 스캔들 등 대규모 회계부정사건이 발생한 이후 고위직 임원들이 "보고서를 실무진이 작성하였고 자신들은 이에 관여하지 않아 부실기재 여부를 몰랐다"라고 항변(소위 no idea defense)하는 것을 해결하기 위하여 2002년 Sarbanes-Oxley Act를 제정할 때 신설하였는데, 우리나라에는 2003년 12월 증권거래법 개정시 도입되었다.[55]

(2) 유동화거래의 특수성

이러한 CEO · CFO인증제도는 자산유동화거래에 따른 유가증권신고서 등에도 그대로 적용되며, 이에 따라 유동화전문회사의 이사가 동일한 내용에 대하여 확인하였다는 서명을 하고 있다.

그런데 특수목적법인의 이사는 실제로 해당 법인의 업무 및 자산을 지배하는 지위에 있지 아니하며, 특수목적법인이 자산유동화거래에서 예정하지 않은 방식으로 이용되지 않도록 보장하는 소극적 임무를 수행하는 것이 일반이다. 이에 따라 특수목적법인의 업무를 관장할 수 있는 능력이 있는 자를 이사로 선임하기보다는 자산유동화거래의 참여자들과 이익충돌의 소지가 없는 독립적인 사람을 이사로 선임하는 것이 바람직하다. 그런데 이러한 독립적인 이사에게 증권거래법에서 요구하는 확인 및 서명을 요구하고 그에 따른 형사책임까지 부담시키는 것은 무리가 있는 것으로 보인다.

54) 증권거래법 제8조 제4항 ; 동법 제186조의5 ; 동법 시행령 제5조의8 ; 자본시장과 금융투자업에 관한 법률 제119조 제5항에도 동일한 내용이 있다.

55) 고창현, "CEO · CFO 인증제도가 우리나라에서 필요한가," BFL 제25호(2007. 9), 서울대학교 금융법센터, 83면.

(3) 유동화거래에 맞는 인증제도의 도입

미국의 Regulation AB에서는 Sarbanes-Oxley Act에 따른 수시보고[56)]에 대한 인증제에 대하여도 자산유동화거래의 특수성을 고려하여 수정을 하고 있다. 우선 인증의 주체를 보고서 제출의무자와 일치시켜 자산보유자가 수시보고서를 제출하는 경우에는 자산보유자가, 자산관리자가 수시보고서를 제출하는 경우에는 자산관리자가 확인 및 서명을 하도록 규정하고 있다.[57)]

인증의 내용에 대하여도 유동화거래의 특수성을 고려하여 적절한 수정을 하고 있다. 내부통제시스템에 대한 인증은 면제되며, 대신 자산관리자의 업무에 대한 감독 결과를 기재하도록 되어 있다.[58)]

이러한 Regulation AB의 입장은 시사하는 바가 크다. 우리 증권거래법상의 인증제는 엄중한 형사책임[59)]이 수반되어 실제 특수목적법인의 이사로 선임할 사람을 물색하는 데에 장애가 되어 왔다. 반면 증권거래법의 확인 및 검토사항을 형식적으로 적용함에 따라 자산유동화거래의 특수성을 고려한 의미 있는 확인 및 검토가 이루어지지 못하고 있다.[60)] 우리 증권법의 적용에서도 유동화증권 투자자에게 의미 있

56) 미국 Sarbanes-Oxley Act에서는 수시보고에 대하여만 인증의무를 부과한다. 고창현, 앞의 논문, 92면.

57) 다만 실제 확인 및 서명은 개인이 하도록 되어 있으므로 자산보유자의 유동화거래 담당임원이나 자산관리자의 자산관리업무 담당임원이 인증하게 된다. Securities and Exchange Commission, 앞의 자료, 1568-1671면.

58) Securities and Exchange Commission, 앞의 자료, 1670면. Regulation AB는 수시보고의 내용에 대하여도 유동화거래의 특수성을 고려하여 수정을 하고 있으므로 확인 및 서명의 대상도 똑같이 수정된다.

59) 증권거래법 제207조의3 제2호의2에 의하면 5년 이하의 징역 또는 3,000만 원 이하의 벌금형이 예정되어 있다.

60) 확인 및 검토사항을 유동화증권의 특수성에 맞게 수정할 필요에 대하여는 김연미, 앞

는 내용의 확인 및 검토가 이루어지고, 실제로 확인 및 검토를 할 수 있는 지위에 있는 자가 인증하는 방식으로 개선할 필요가 있다.[61)]

V. 글을 마치며

이 글에서 살펴본 내용들을 보면 결국 SPV를 법인으로 인정하였기 때문에 발생하는 문제들로, 이처럼 실체가 없고 그 실질이 법인성(法人性)에 반하는 인격체를 인정할 필요가 있느냐는 근본적 의문이 들 수 있다. 더구나 Enron Corporation 등 회계부정사건에서 SPV가 남용된 사례가 발견되었고, 서브프라임사태로 구조금융 자체에 대한 의문마저 제기되고 있는 실정이다.

그러나 SPV는 이미 수십 년에 걸쳐 각종 분야에서 이용되어 왔으며, 이제 와서 법인격의 남용이라고 치부하여 존재를 부정하기에는 무리가 있다. 오히려 SPV의 실질에 부합하면서 법인격을 인정할 수 있는 논리의 개발이 필요하다고 생각된다.

최근 자산유동화거래는 양적인 성장뿐만 아니라 질적으로도 발전하고 있다. 지적 재산권의 유동화, 프랜차이즈 유동화, whole business 유동화 등의 경우 이용되는 SPV는 실질적인 사업을 보유하는 점에서 금융자산의 유동화에 이용되는 SPV와는 또 다른 양상을 띠게 된다. 이 글에서 제기한 문제점 및 해결방안들은 이러한 새로운 유동화거래

의 논문, 194면 참고.

61) 예를 들어 자산관리자가 자산관리에 따른 보고서를 작성하고 그 내용이 수시공시의 대상이 되는 경우 자산관리자의 담당임원이 자산관리보고서의 내용을 확인 · 검토하고 서명을 하도록 하는 것이다.

에는 그대로 적용될 수 없을 것이며, 이 글에서 제기한 쟁점들을 출발점으로 하여 더 깊은 논의가 이루어져야 할 것이다.

제8장 [좌담회 II]

파생상품거래와 국내법상 합성증권화의 가능성*

정순섭**· 김필규***· 이종구****· 한 민*****

I. 도입

정순섭 : 바쁘신 가운데 이렇게 좌담회에 참석해 주신 토론자 여러분께 감사드립니다. 오늘은 BFL 2005년 11월호 특집주제인 복합상품(structured products), 특히 그중에서 국내법상 합성증권화(synthetic securitization)의 가능성을 함께 논의해 보는 것으로 좌담회 주제를 잡았습니다. structured products라고 하면 그 종류 내지는 범위를 상당히 넓게 잡을 수도 있겠지만 오늘은 특히 그중에서 신용이나 신용위험과

* 이 글은 BFL 제14호(2005. 11)에 게재되었다. 좌담회는 2005년 10월 13일 행해졌다. 따라서 이 글에서의 시점은 모두 이에 준한 것임을 밝혀 둔다.

** 서울대학교 법학대학원 · 법과대학 조교수

*** 자본시장연구원 연구위원

**** 금융위원회 상임위원

***** 김 · 장법률사무소 변호사

관련된 상품을 중심으로 말씀을 나누는 것으로 하겠습니다. 오늘 논의할 내용은 다양한 금융상품의 설계를 가능하게 하는 규제 법규상의 문제, 주로 증권거래법상 유가증권 개념의 확대 내지는 포괄화 문제, 그리고 국내법상 합성증권화의 가능성과 제도개선사항에 대해서 이야기를 나누고, 끝으로 기타 이와 관련한 법적, 제도적인 인프라의 개선 필요성에 대해서 토론을 해보도록 하겠습니다.

II. 신용파생상품시장의 활성화

1. 신용파생상품시장의 현황

정순섭 : 먼저 신용파생상품시장에 대해서 개관하는 내용을 간단하게 논의할 필요가 있지 않나 생각합니다. 이 부분에 대해서 우선, 김필규 박사께서 우리나라의 신용파생상품시장의 현황, 그리고 신용위험과 관련된 structured products의 현황에 대해서 간략하게 말씀해 주시기 바랍니다.

김필규 : 전 세계적으로 볼 때 신용파생상품이 등장한 것은 그리 오래된 일이 아닙니다. 1993년 CSFB(Credit Suisse First Boston)와 뱅커스 트러스트(BTC)가 최초로 상대방이 가지고 있는 포지션들을 스왑계약 형태로 거래하기 시작하였고 1990년대 중반 이후에 신용을 분리하여 사고파는 구조에 대한 관심이 증대하면서 신용파생상품시장이 형성되었습니다. 신용파생상품은 스왑(swaps) 방식의 거래와 증권의 방식, 그리고 이 두 개를 혼합한 하이브리드(hybrid) 방식 이렇게 세 가지 방식으로 주로 많이 이루어지고 있습니다. 세계 신용파생상품시장은 매

년 그 규모가 증대하여 최근에는 약 4조 8,000억 달러의 거대한 시장이 형성되었습니다.

국내 시장을 살펴보면 외환위기 이전부터 일부 신용파생상품계약들이 이루어진 바 있습니다. 외환위기 이전에 JP모건이 소위 total return swaps 상품을 한국의 기관들에게 팔았는데, 이 상품에 대한 투자로 국내 기관들이 큰 손해를 볼 위험에 처하였고 그때 이후 일정 기간 동안 신용파생상품거래가 거의 사라졌습니다. 신용파생상품의 거래가 다시 재개된 것이 1999년에 외국계 투자은행들이 가지고 있는 한국 익스포저를 축소하기 위한 방안으로 일부 금융기관과 신용파생상품거래가 이루어지기 시작한 때부터입니다. 하지만 대부분이 외국계 투자은행과 달러 기준의 거래가 주류를 이루고 있고 원화기준 신용파생상품은 거의 거래되지 않았습니다.

원화 신용파생상품의 경우는 지금까지 근거법률이 미비하였고, 상품 설계 전문가가 부족하였으며 기초자료의 구축이 제대로 되어 있지 않아서 발행이 이루어지기 어려웠다고 생각됩니다. 그러나 2002년부터 증권사들에 대한 장외파생상품거래가 허용되었고, 2005년도에는 증권사의 신용파생상품취급이 허용되면서 신용파생상품에 대한 관심이 증대되었습니다. 그 결과 2005년 5월에는 원화표시 합성 CDO 구조를 도입한 최초의 신용파생상품거래가 이루어졌습니다. 에프엔파인 유동화회사가 발행한 유동화증권이 바로 원화 신용파생상품의 효시라고 볼 수 있겠지요. 에프엔파인 유동화회사가 발행한 합성 CDO는 중소기업은행이 중소기업 제육차유동화회사에 대한 신용공여를 기초로 하여 신용위험을 증권의 형태로 시장에 매각한 것이라고 볼 수 있습니다. 하지만 이 거래의 실질적인 내용을 살펴보면 SPC가 스왑 거래 상대방으로서의 역할을 담당하지 않고 중소기업 채권과 credit default swap(CDS)계약을 같이 묶어서 파는 이런 형태의, 국제적으로 활발하게 이루어지는 거래들과는 약간 거리가 있는, 신용파생상품이라고 볼 수 있습니다.

그러나 이러한 상품의 발행을 계기로 금융시장에서는 원화표시 신용파생상품에 대한 관심이 더욱 증대할 것으로 예상하고 있습니다. 실제로 에프엔파인 유동화회사의 합성 CDO가 나오기 이전에도 발행까지는 이루어지지 않았지만 몇 번의 신용파생상품의 발행 시도가 있었습니다.

향후에도 다양한 목적으로 원화표시 신용파생상품의 거래가 활발히 추진될 것으로 예상됩니다. 다만 시장이 활성화되기 위해서는 제도적인 보완 및 기초자료 수집 등의 다양한 노력이 필요할 것으로 생각됩니다.

이종구 : 지금 우리 논의의 초점은 원화시장인가요 아니면 그냥 신용파생상품거래 일반에 대해서 원화시장과 외환시장을 다 포함한 논의를 하는 건가요?

정순섭 : 다 포함해서 말씀을 해주시는 게 좋을 것 같습니다.

이종구 : 약 4년 전에 국내 모 은행이 국내에서는 최초로 synthetic ABS(합성담보부증권)를 발행하고자 시도할 때 저희 회사가 관여한 적이 있습니다. 그 당시와 비교할 때 지금은 상황이 많이 달라진 것 같습니다. 그때는 지금과 같은 파생결합증권의 개념도 도입되지 않았고 가능한 유일한 방법은 자산유동화방식을 통하는 것이었는데 당시 감독당국 특히 금융감독원의 입장에서는 부담을 많이 느꼈던 것 같습니다. 이는 우선 자산유동화법에 관한 법률(이하 '자산유동화법')의 제정 동기가 우리나라 외환위기 이후에 금융기관의 부실채권을 가능한 빨리 처리할 수 있도록 하는 데 있었습니다. 그 후 자본시장이 급속도로

발전하면서 새로운 상품들이 속속 등장하게 되었고 그로 인해서 법이라는 제도와 현실적 수요 사이에 상당한 괴리가 발생하였는데, 그 좋은 예가 바로 synthetic ABS였던 것 같아요. 우선 기존 자산유동화법하에서 유동화전문회사가 credit default swap의 protection seller(보장매도자)로서의 위험을 부담할 수 있는 법률적 근거가 있느냐 하는 문제에 대한 확신이 없었고, 두 번째는 설령 유동화전문회사가 그러한 거래를 할 수 있다고 하더라도 유동화전문회사가 발행하는 유동화증권을 우리 상법상의 사채로 볼 수 있느냐 하는 문제가 있었습니다. 왜냐하면 synthetic ABS의 경우 발행되는 증권은 일반적으로 credit linked note(신용연계채권)의 형태로 발행되는데 이는 소위 credit event(신용사건)가 발생하면 원금까지 손실을 볼 수 있습니다. 과연 이와 같은 형태의 증권을 상법상 사채로 볼 수 있느냐는 것이지요. 만일 사채가 아니라면 결국 파생상품으로 보아야 할 것이고, 그 경우 기관투자자들이 해당 금융기관업법(은행법, 보험업법 등)상 소화할 수 있느냐 하는 법률적인 문제들이 제기되었던 것입니다. 아울러 은행의 자기자본비율이나 동일인 여신한도규제를 어떻게 적용할 것인지에 대한 감독당국의 입장도 분명치 않았습니다. 즉, synthetic ABS를 하고자 하는 은행의 입장에서는 경제적 신용위험을 이전하면서 동시에 자기자본비율이나 동일한 한도규제 차원에서도 혜택을 보고자 하는 수요는 있었지만, 그 당시에 이들 여러 제도적인 이슈가 해결이 되지 않았던 것입니다. 결국 외국기관을 중심으로 법률회사를 통하여 문의는 많이 있었으나 뾰족한 해결책을 제시할 수는 없었던 한계가 있었던 것이지요. 이상이 국내 발행시장 상황이었다면, 해외에서 발행된 synthetic ABS의 경우는 또 다른 이슈가 있었습니다. 김 박사님도 말씀하셨듯이 몇 년 전부터 해외에서는 외국기업 혹은 정부발행 채권을 기초자산으로 한

synthetic CDO(합성담보부채권)가 많이 발행되었고, 외국계 증권사를 통하여 이를 국내에 판매하고자 하는 시도가 많이 있었습니다. 이와 관련하여서 외국환거래규정상 synthetic CDO를 일반 CDO(즉 파생적 요소가 없는)로 볼 수 있는 것인가 하는 것이 문제가 되었습니다. 만일 일반 CDO로 본다면 기관투자자들의 경우 단순한 외화증권 취득으로 보아서 당국에 신고 · 허가 없이 자유로이 취득할 수 있는 데 반해서, 신용파생상품으로 본다면 매 거래마다 한국은행의 허가를 받아야 하는 문제가 있었고, 이 경우 한국은행의 허가기준이 무엇인지가 불분명하였습니다. 저희 경험으로는 당시 한국은행에서는 synthetic CDO의 경우에는 결국은 투자자가 파생상품에 대한 위험을 어느 정도 인지하고 이를 감내할 수 있는지가 중요하다는 입장이었던 것 같습니다. 물론 이는 한국은행의 재량이기 때문에 무슨 기준을 가지고 특정 상품의 허가 여부를 결정하는지에 대하여는 특별히 드릴 말씀이 없으나, 그런 문제 때문에 해외발행 synthetic CDO의 국내 거래시장도 제대로 형성이 되지 않았던 것은 사실인 것 같습니다. 제 판단으로는 해외물에 대해서는 아직도 규제차원에서는 크게 변한 것이 없으나 국내에서 발행되는 원화 synthetic ABS의 경우는 과거보다 시장의 분위기와 규제당국의 적극성 등에서 많이 좋아졌다고 봅니다.

2. 신용파생상품 관련 제도의 현황과 문제점

정순섭 : 결국 지금 말씀하신 내용이 오늘 주로 이야기할 내용을 정리해 주신 것 같은데요. 첫째로, 자산유동화법상으로 synthetic 구조가 가능할 것인지, 또는 그것을 자산유동화에서 대상으로 전제하고 있었던 것인지 그런 차원의 문제, 그리고 둘째로 증권거래법상 유가증권

개념—이것을 사채 개념이라고 말씀은 하셨습니다만—을 credit linked note를 포함하는 의미로 확대시키는 문제, 그것은 뒤에 제가 다시 말씀드릴 것이지만 2005년 3월자로 시행령 개정을 통해서 정리가 된 문제인 것 같고요. 셋째로 외국물을 국내의 투자자들이 투자할 경우에 외환거래 규정상의 문제, 이렇게 세 가지로 정리해 볼 수 있을 것입니다. 차례차례 다 이야기가 나올 내용이니까 제가 따로 말씀드리지는 않고 다음으로 넘어가겠습니다. 그러면 다음으로는 신용파생상품과 관련된 제도의 현황과 문제점을 외국환 거래와 관련된 것 그리고 자산유동화, 금융기관에 대한 규제, 회계까지 같이 포함하여 먼저 정리를 해두고 본론으로 들어가는 것이 좋지 않겠나 생각이 되어서 그것을 먼저 토론하도록 하겠습니다. 이에 대해서는 한 변호사님과 이 변호사님께서 말씀해 주시기 바랍니다.

한 민 : 자산유동화거래에 대해서 이 변호사님께서 먼저 전체적인 그림에 관해서 좋은 설명을 해주셨습니다. 우선은 현행 각 금융기관 규제법상 금융기관들이 신용파생상품을 취급하는 기준이라든지 이러한 것에 관해서 간단히 말씀을 드리고, 말씀하신 대로 외국환과 관련된 외화표시 신용파생상품거래 또는 해외 비거주자들과의 신용파생거래에 관련해서 외국환거래법령상 어떻게 규제되고 있는지에 관해서 말씀드리겠습니다. 그리고 자산유동화법률에 관해서는 이 변호사님께서 말씀하신 것 외에 추가로 몇 가지 더 말씀을 드리고 나중에 구체적으로 현행 법상 어떻게 합성 CDO(합성담보부증권) 방식의 ABS 발행이 가능한지에 관해서는 따로 논의를 하기로 하겠습니다. 우선 금융기관 신용파생상품 취급기준을 간단히 말씀을 드리면, 은행의 경우에는 현재 은행법 시행령에 기초해서 은행의 부수업무로서 신용파생상품을 취급할 수 있도록 재정경제부(현재 기획재정부) 고시에 의해서

구체화되어 있습니다. 증권회사의 경우에는 2002년 7월부터 일정한 요건을 충족하는 경우에는 금융감독위원회(현재 금융위원회)의 겸영인가를 받아서 장외파생금융거래를 영위할 수 있도록 했고요. 최근 2005년 3월에 증권거래법 시행령 및 시행규칙이 개정되면서 장외파생금융거래 인가를 받은 증권회사의 경우에는 장외신용파생금융거래도 할 수 있도록 허용하고 있습니다. 보험사의 경우에는 은행과 증권회사와는 달리 자산운용 측면에서 규제를 하고 있고요. 파생금융거래에 대해서는 자산운용의 안정성을 해할 우려가 있는 운용방법으로 간주하여 원칙적으로 보험업 감독규정에서 정하는 기준에 따라서만 할 수 있도록 허용하고 있습니다. 보험업 감독규정상으로는 신용파생상품거래의 경우에 프리미엄을 영수하는 거래와 영수하지 않는 거래로 구분하여 일정 한도를 정해서 규제를 하고 있는데, 다만 외화표시 신용연계채권이나 외화표시 합성담보부채권 등 외화증권으로서 일정한 신용등급 이상인 경우에는 그러한 한도 적용을 받지 않고 투자할 수 있도록 허용하고 있습니다. 간접투자자산운용업법(이하 '간투법')상의 간접투자기구의 경우에는 이번에 파생결합증권이 증권거래법상 유가증권으로 새로 지정되었지만 간투법에서는 이 부분이 아직은 고려되지 않고 있고, 현행 간투법상 신용위험에 연계된 파생결합증권을 간접투자기구에서 투자할 수 있는지에 관해서는 명확한 것 같지는 않습니다. 그렇지만 투자증권 정의에 ELS(Equity Linked Securities) 및 ELW(Equity Linked Warrant)가 제외되어 있는 점에 비추어 볼 때, 그리고 장내파생거래 또는 장외파생거래와 관련하여서도 신용위험과 연계된 파생결합증권은 장내파생에 명시적으로 언급된 상품에 포함되어 있지 않고 장외파생거래의 경우에 신용위험은 명시적으로 배제되어 있기 때문에 의문이 있습니다만, 현행 법령상으로는 신용위험에 연계된 파생결합증권은 간접투자기구의 투자대상에 해당되지 않는다고 볼 수 있을 것 같습니다. 전체적으로 이러한 각종 금융규제 법규상 신용파생상품 취급 내용들이 차이가 있는데요, 우선 금융기관 중에서 은행이나 증권사 같은 경우는 주로 고객을 상대로 신용파생거래를 할 텐데 가능한 범위 내에서 동등한 수준과 방법으로 규제를 하는 게 바람직하지 않나 생각합니다. 보험회사의 경우에는 고객을 상대로 신용파생거래를 하는 것은 아니지만 신용파생상품에 투자한다는 점에서 은행이나 증권회사 규제의 반대쪽에서 서로의 규제가 조화가 되도록 정비할 필요가 있다고 생각합니다. 간접투자기구의 경우에는, 특히 기관투자자들만을 수익자로 하는 간접투자기구의 경우에 굳이 신용파생상품의 투자를 금지할 만한 정책적 이유가 있는지 의문이 듭니다. 이 부분에 관해서는 개선할 수 있도록 검토가 필요한 것 같습니다.

정순섭 : 몇 가지만 말씀드리면 먼저 금융기관이 파생상품을 취급한다고 할 때에는 두 가지를 구분해서 이야기해야 할 것으로 생각됩니다. 딜러(dealer)로서 업무를 하는 것인지 아니면 최종이용자(end-user)로서 예컨대 자산운용수단으로 파생상품을 취급하는 것인지가 구분이 되어야 하겠습니다. 현재 우리의 경우에는 딜러로서의 업무를 수행할 수 있는 기관으로는 은행이나 증권회사이고, 보험사나 간접투자기구의 경우에는 자산운용수단으로서 최종이용자로서 업무를 수행하는 것입니다. 그리고 간접투자기구가 신용파생상품 내지는 신용위험에 연계된 증권에 투자할 수 있느냐 없느냐라는 문제는 제 생각에는 증권거래법상 개정된 내용이 아직 반영이 안 된 결과가 아닌가 하는 생각이 들고 그리고 뒤에 가서 다시 보겠습니다만, 신용연계증권이라고 하더라도 이것을 파생상품으로서의 위험성을 가진 것과 유가증권으로서의 위험성을 가진 것을 구분해서 규제한다는 게 우리 증권거래

법의 취지이기 때문에 특히 유가증권으로 분류되는 정도의 structured product에 대해서는 간접투자기구의 자산운용수단으로 포함시키지 않을 이유가 전혀 없다고 생각됩니다.

김필규 : 첨언하면 유가증권의 개념으로서 신용파생상품의 정의는 금융기관의 신용파생상품투자에서도 상당히 중요한 부분이라고 생각합니다. 장외파생상품의 경우는 해당 금융업법에서 위험관리 등을 목적으로 규제를 하고 있지요. 다만 유가증권의 개념으로 신용파생상품이 허용되면 투자의 대상이 상당 부분 확대될 수도 있다고 보입니다. 따라서 유가증권 개념을 어떻게 정의하느냐 혹은 신용파생상품 중에 유가증권의 개념을 어디까지 정의하느냐 하는 것이 상당히 중요한 문제로 생각됩니다. 하나 더 첨언을 하면 세계적으로 은행에 대한 규제와 보험회사의 자산운용에 대한 규제가 차별화되어 있어요. 따라서 신용파생상품들을 만들고 구조화하는 데 있어서 보장매입자와 보장매도자의 역할과 기능이 굉장히 중요한 요소라고 봅니다. 따라서 신용파생상품의 도입과 더불어 각 금융권역에서 신용파생상품의 취급기준 및 보장매도자의 역할을 키울 수 있는 방안도 필요하지 않겠나 하는 생각입니다. 국내의 경우 보험사가 신용파생상품에 투자할 수 있는 제도적인 기반이 전혀 마련되어 있지 않은 것 같거든요. 이런 부분에 대해서도 한 번 고민을 해볼 시간이 되지 않았나 생각합니다.

정순섭 : 그 문제는 너무 깊이 들어가는 면이 있기는 합니다만, 현재 외국의 경우를 보면 protection seller의 역할을 수행하는 것이 주로 보험회사가 많지요. 그래서 국제적으로는 이러한 거래가 위험을 금융시스템에서 궁극적으로 제거하는 것이 아니고, 한 업종에서 다른 업종으로 그리고, 장기적으로는 일반 소비자들에게 이전하는 것에 불과하다고 해서 오히려 더 큰 문제를 촉발할 수 있다는 문제를 지적하는 견

해들도 강하게 주장되고 있습니다.

이종구 : 제가 추가적으로 말씀드릴게요. 은행이 파생결합증권을 발행할 경우 그것을 어떻게 처리할 것이냐가 확실하지 않은 것 같습니다. 금융감독원이 최근에 작성한 파생결합증권의 유가증권신고서 양식을 보면 그 양식 자체가 은행을 상정하고 만들었기 때문에 은행이 이를 발행할 수 있다고 보는데 그렇다면 이렇게 발행된 파생결합증권을 은행법상 파생금융상품으로 분류할 것인지 아니면 이것을 금융채로 분류할 것인지의 여부가 문제가 됩니다. 만일 금융채로 분류하면 은행법상 금융채는 자기자본의 3배 이상 발행할 수 없도록 되어 있거든요. 금융감독원의 비공식적 입장은 은행감독규정상 파생금융결합 증권에 관한 별도의 규정은 없으나 이는 금융채로 보는 것으로 알고 있습니다. 그렇게 되면 신용파생상품으로서는 자기자본 비율이나 동일인한도 계산할 때는 파생상품으로서의 제한을 받으면서 동시에 금융채로서는 발행제한을 받는 이중적인 제한이라는 문제가 있게 되는 것이지요. 정 교수님께서 말씀하신 대로 유가증권의 성격이 분명한 상품과 파생의 성격이 분명한 상품과는 구별해서 은행법상 이를 분명히 하여야 한다고 생각합니다. 보험업법상으로도 파생금융거래에 대한 규제가 따로 있는데 이에 따르면 한 변호사님께서 말씀하신 대로 프리미엄을 영수할 것인지 영수하지 않을 것인지에 따라 한도규제를 하면서 한도규제예외 파생상품을 규정하고 있어요. 가령 원화표시 주가지수 연동예금(ELD), 원화표시 주가지수 연계증권(ELS), 원화표시 주식 워런트증권(equity covered warrant), 그리고 원화표시 주계연계수익증권 등에 대한 투자는 한도예외상품입니다. 사실 ELD의 경우는 원금보장이 되어 있으나, ELS나 원화표시 주가연계수익증권의 경우는 잘 이해가 안 돼요. 왜냐하면 이들 상품은 원금보장이 되어 있지 않

은 경우가 많거든요. 이들 상품에 대해서는 예외를 인정을 하면서, 원화표시 신용연계채권(CLN)이라든지 또는 기타 파생결합증권에 대한 예외를 인정하지 않고 있는 것도 경제적으로 보면 별로 합리적인 것 같지 않더군요. 오히려 원금손실의 가능성은 주식연계상품이 채권보다는 더 많은 것 아닌가요. 또한 보험업법 제106조에 의하면 동일인신용공여나 동일인이 발행한 채권과 주식의 소유에 대한 제한 등이 있는데요. 파생결합증권의 경우도 이와 같은 자산운용상의 제한을 받는지가 분명하지 않은 것 같아요.

정순섭 : 예. 그 문제는 뒤에서 논의할 파생결합증권에서 다시 이야기할 것이므로 그때 가서 다시 본격적으로 논의하도록 하겠습니다.

한　민 : 다음으로는 외국환거래법령상의 신용파생금융거래에 관한 규제에 관해서 보겠습니다. 외국환거래규정에서는 우선 '신용파생금융거래'에 관해서 정의조항을 따로 두고 있습니다. 그 정의조항을 보면 신용파생금융거래로서 신용연계채권(credit linked note), 총수익교환스왑(total return swap), 신용스왑(credit default swap), 신용옵션(credit default option) 그리고 합성담보부채권(synthetic CDO) 또는 이와 유사한 거래로 거래유형들을 정하고 있습니다. 현행 외국환거래 규정상 거주자와 비거주자 간의 신용파생금융거래 또는 거주자 간의 외화표시 신용파생금융거래에 대한 규제는 기본적으로 한국은행에 대한 신고 또는 허가입니다. 그런데 특히 증권회사의 경우에 외국환 은행과 비교하여 약간 규제가 차이가 나는데요. 이 변호사님 말씀하신 대로 외국환거래법령상으로도 신용위험이 연계된 유가증권을 유가증권으로 봐서 유가증권 측면에서 외환규제를 할 것이냐 아니면 신용파생거래로 규제할 것이냐 하는 정책적인 고려사항이 있는데, 지금까지 외환당국에서는 신용파생거래로 보고 있는 것 같습니다. 현재 외국환은행 및 종합금융회사가 외국환업무로서 하는 신용파생금융거래는 한국은행에 신고하도록 되어 있고, 외국환은행이나 종합금융사를 상대로 하는 거래도 마찬가지로 한국은행에 신고하도록 되어 있습니다. 그리고 2005년 7월 1일자로 규제를 조금 완화해서 신용파생거래 중에서 보장매입거래는 종전에는 한국은행 허가사항이었던 것을 일률적으로 신고로 완화시켜 주었습니다. 이외에는 원칙적으로 전부 한국은행의 허가를 받아야 되는데, 예컨대 증권회사의 경우에는 해당 증권사가 장외파생금융거래 인가를 받았는지, 즉 신용파생거래를 취급할 수 있는지의 여부에 관계없이 그것이 보장매입거래가 아닌 한 건건이 한국은행의 허가를 받아야 합니다. 그런데 앞서 말씀드린 대로 여기서 외국환거래법령상으로는 신용파생거래가 내재된 증권은 신용파생금융거래와 같이 취급해서 한국은행의 허가를 받도록 되어 있습니다. 그래서 외국환은행에 대한 신용파생거래에 대한 규제와의 균형상, 장외신용상품거래 인가를 받은 증권사의 경우에는 한국은행의 신고에 의해서 할 수 있도록 향후 규제를 조금 완화해 줄 필요가 있지 않느냐 하는 생각이 듭니다.

정순섭 : 제 생각에도 외국환거래법의 입법목적은 외환관리에 있는 것이기 때문에 소위 상품을 규제한다는 것이 외환관리와 어느 정도 밀접한 관련이 있는지는 모르겠습니다만, 최소한의 보호를 주된 목적으로 하는 것이라고 보아야 할 것이고 그렇다면 외환거래법의 주된 규제대상은 아닌 것으로 생각이 됩니다. 그렇게 되면 규제의 중복이 되는 것 아니겠습니까.

이종구 : 증권거래법상으로 적용을 받지 않는 외국환거래가 있잖아요. 장외파생금융거래가 증권회사한테 허용되고 파생결합증권의 발행 및 주선 등을 증권업의 일부로서 할 수 있겠지만, 가령 외국 기관들

이 해외물을 국내에서 사모형태로 파는 것은 증권거래법의 규제 대상은 아니니까 그럴 경우에 외환관리 차원에서 한국은행에서 규제할 필요가 있는 것이겠지요.

정순섭 : 그런 측면이 있을 수 있겠습니다. 한 민 변호사님께서 계속해서 말씀해 주십시오.

한 민 : 다음으로 자산유동화에 관한 법률상 유동화회사 또는 유동화기구의 하나로서 신탁업법에 따른 수탁회사가 신용파생거래를 할 수 있는지에 관해 간단히 보겠습니다. 유동화회사가 통상 해외 유동화사채를 발행할 때에는 원화자산을 기초로 해서 외화표시 유동화사채를 발행하기 때문에 원화의 환율 및 이자율 변동위험을 갖게 됩니다. 그래서 이러한 환율 및 이자율 변동위험을 헤지하기 위해 국내 외국환은행과 통화 및 이자율 swap을 체결하는 것은 이미 해오고 있습니다. 이러한 swap 거래는 유동화회사의 업무범위에 당연히 속한다고 보고 있고요. 또한 유동화회사가 신용보강을 하기 위한 방안으로 자산보유자 이외의 제3자로부터 보증이나 보증신용장을 받거나 또는 은행과의 대출공여약정체결 등에 의해 신용보강을 하는 것은 많이 이용되고 있습니다. 가끔 실무에서는 유동화회사가 자산보유자와의 사이에서 total return swap을 하는 방식으로 신용보강을 해줄 수 있느냐는 질문을 받는데요, 제3자가 유동화회사와 TRS 거래를 하는 것은 가능하다고 생각됩니다만, 자산보유자가 유동화회사와 TRS 거래를 통해 신용보강을 해주는 경우에는 자산유동화법상 요구되는 진정매매(true sale)의 요건에는 부합되지 않는다고 생각합니다.

지금까지의 파생거래의 경우에는 실제로 유동화자산이 유동화회사로 이전되고 그것과 관련해서 환위험 헤지나 신용보강의 수단으로 파생거래가 고려되어 왔는데, 최근에는 유동화회사로 자산이 이전되지 않은 상태에서 유동화회사를 protection seller(보장매도자)로 하는 신용스왑(CDS) 거래에 의해서 기초자산의 신용위험만 이전하는 합성 CDO 거래의 필요성이 대두되었고, 금년(2005년)에 처음 거래가 성사가 된 것 같습니다. CDS라고 하는 것은, 미리 정해진 금액에 대하여 보장매입자(protection buyer)가 보장매도자(protection seller)에게 정기적으로 프리미엄을 지급하고 보장매도자는 그것을 대가로 하여 특정의 위험자산에 대한 특정의 신용위험 발생시, 보장매도자에 대하여 손실액을 전보해 주기로 하는 내용의 계약입니다. 이러한 CDS 거래는, 그 거래 동기에 따라 CDS 계약에 따라 지급되는 프리미엄과 합성 CDO와의 이자율의 차이에 따른 이득을 얻는 것을 주된 목적으로 하는 arbitrage형 합성 CDO와, 주로 은행에 의해 자기자본비율 규제대책 등을 목적으로 이용되는 balance sheet형 합성 CDO로 분류될 수 있습니다. 그런데 이 합성 CDO 발행과 관련해서는 자산유동화법상으로는 두 가지 문제가 있는 것 같습니다. 자산유동화법상 자산유동화란 "유동화자산을 양도 또는 신탁 받아서 이를 기초로 유동화자산을 발행해서 유동화자산의 운용수익으로 상환하는 것이다" 라고 정의되어 있는데 CDS 계약상 보장매도자는 신용위험부담에 따른 수수료를 받을 권리가 있고 이것은 자산에 해당된다고 볼 수 있지만, CDS상 신용사건(credit event) 발생시에 기초 자산을 일정한 가격으로 매입할 의무 또는 보장매입자 즉 위험을 보유하고 있는 자가 입은 손해액을 보전할 의무는 채무이기 때문에 자산으로 볼 수 없으므로 CDS가 독자적으로 자산유동화의 대상이 되는 자산으로 볼 수 있는가 하는 의문이 처음부터 있었습니다.

두 번째는, 설사 CDS를 자산으로 구성해 본다고 하더라도 자산의 이전이 전제가 되어서 그와 관련하여 파생거래를 한 경우와는 달리 자산유동화법상 유동화회사가 할 수 있는 업무범위에 이런 CDS 거래가 포함된다고 보기는 어렵다는 이런 문제점도 있었습니다. 그동안 이런 문제를 해결하기 위하여 현행 자산유동화법 테두리 내에서 합성 CDO 방식으로 ABS를 발행하는 방식이 강구되었는데, 신탁방식은 고려되지 않았던 것 같습니다. 그 이유는 신탁업법상 최초 신탁설정시에 신탁을 할 수 있는 재산에 소극재산은 포함되지 않는다는 것이 일반적인 견해인 것 같고, 신탁의 대상이 될 수 있는 것이 금전, 금전채권 이런 적극재산인데 계약상의 지위를 최초에 신탁할 수 있느냐라는 부분에서 의문이 있기 때문에 신탁방식으로는 안 되는 것 같습니다. 그런 이유로 이런 합성 CDO는 유동화회사(SPC)가 보장매도자가 되는 것을 전제로 논의되어 왔습니다. 그리고 자산유동화법상 아시다시피 진정매매 요건이 있는데요, 그 요건을 보면 유동화회사에 대한 유동화자산의 양도는 매매 또는 교환에 의하도록 되어 있습니다. 또한, 유동화사채의 발행총액은 유동화자산의 양도가액 또는 평가액을 초과할 수 없다고 되어 있어서 CDS를 유동화회사가 직접 체결하는 방식은 유동화에 관한 현행 법 규정과는 잘 안 맞습니다. 그 대안에 대해서는 나중에 말씀드리기로 하겠습니다.

정순섭 : 회계에 대해서 특별한 변화가 있으면 간단히 말씀해 주십시오.

김필규 : 일단 기업회계기준 제70조에서는 파생상품에 대한 개념을 정의하고, 거래유형별 처리방안을 제시하고는 있습니다. 파생상품 적용 여부에 대해서 지급 규정이 있어야 하고 최초 계약시 선투자금액이 필요하지 않거나 적은 경우 차액결제가 가능한 거래를 파생거래로 해석을 하고, 그것에 의해서 회계처리 자체는 위험회피 유형별로 처리방식을 각각 달리하는 이런 구조를 가지고 있습니다.

회계규정과 더불어 신용파생상품의 규제도 상당히 중요한 요소인데 최근까지 신용파생상품과 관련한 규제에 있어 정교한 규제방안이 아직 마련되지 않은 상황입니다. 다만 금융감독원이 2005년 9월 파생결합금융상품에 대한 감독기준을 정비할 계획을 발표하였습니다. 그 다음에 또 하나의 규제환경 중의 하나는 은행의 신용위험 측정과 관련한 규제 부분이라고 볼 수 있습니다. 예전에 BIS비율 산정 방식에 있어서는 신용파생거래나 이런 것들이 BIS비율산정에 전혀 관련이 안 되었는데 신BIS, 즉 New Basel Accord에 따르면 신용파생상품을 포함한 파생계약에 관련되는 위험가중치나 또는 위험경감규정 등에 관련되는 아주 자세한 사항들이 나오기 시작했고 따라서 이러한 부분들이 규제뿐만 아니라 회계처리에도 상당한 영향을 미칠 것으로 예상되고 있습니다.

III. 금융상품의 다양화를 위한 규제법상의 문제

1. 유가증권 개념의 포괄화

정순섭 : 회계에 대해서 더 추가하실 말씀이 없으시면 이 정도로 하고 다음으로 넘어가겠습니다. 그러면 두 번째 대주제로 금융상품의 다양화와 관련된 규제법상의 문제에 대해 살펴보겠습니다. 우선 제가 간단히 말씀드리겠습니다.

먼저 유가증권개념의 포괄화라고 일반적으로 이야기하고 있고 앞에서 여러 차례 이야기가 나왔습니다만, credit linked note를 증권거래법상 유가증권으로 볼 수 있는지에 대한 논란이 동 상품의 개발 및 거래에 대한 중대한 제약요인으로 작용해 왔던 것이 사실입니다. 그래서 어떠한 형태로든 현재의 포지티브 시스템을 네거티브 시스템으로 전환해야 된다는 것에 대해서는 특별한 이견은 없는 것으로 생각이 들고 이를 위해서 정부에서도 최근에 일련의 제도 개선을 해온 것으로 알고 있습니다. 그중에 일단 covered warrant와 ELS에 대해서는 먼저 입법조치가 이루어졌고 그중에 주식이 아닌 다른 기초자산에 연계되는 structured product에 대해서는 2005년 3월에 증권거래법 시행령과 시행규칙을 개정해서 securitized derivatives — 이것은 파생결합증권이라고 번역을 했습니다만 — 개념을 도입함으로써 일단 해결이 된 것으로 보입니다. 이 개정의 핵심내용은 첫째로 기존의 상품형태나 정의에 기초한 규제에서 소위 기초자산에 대한 규제로 전환하자는 겁니다. 그래서 상품형태는 structured product를 소위 option이 결합된 사채라는 형태로 정의를 해두고 기초자산의 종류를 시행규칙에서 정하는 것으로 했기 때문에 시행규칙에서 기초자산만 풀어 주면 상품의 형태와 관련한 논란은 더 이상 없어도 된다는 의미에서 일단 기초자산에 대한 규제로 전환하자는 것이었고, 두 번째로 그렇게 되면 매우 위험하고도 복잡한 상품들이 유가증권이라는 이름으로 일반 소비자들에게 판매될 위험이 있기 때문에, 즉 위험성을 기준으로 유가증권과 파생상품을 구분하자고 해서, 파생결합증권 내에서 일반 소비자들도 취급할 수 있는 유가증권과 파생상품을 구분하자는 두 가지가 3월에 도입된 파생결합증권의 핵심이 되겠습니다. 방금 말씀드린 것처럼 "유가증권 기타 대통령령이 정하는 가격, 이자율 등 그리고 신용위험"이라고 해서 유가증권과 신용위험은 시행령 자체에서 지금 기초자산으로 확인을 한 것이고 재정경제부령에서 무엇을 추가할 것인지가 문제였는데 여기에 대해서는 "통화 그리고 일반상품 — 여기에서의 일반상품이란 선물거래법에 정해져 있는 일반상품입니다 — 즉, 정리해 보면 신용위험, 통화 그리고 일반상품, 유가증권" 으로 해서 현재 국내에서 수요가 있는 것으로 파악되는 것은 다 포함되었다고 이야기할 수 있겠습니다.

지금 말씀드린 것처럼 기초자산으로 추가만 하면 어떤 structured product든 발행이 가능한 형태로 전환이 되었습니다. 그래서 그 위험이 아까 말씀하신 것처럼 설계의 방식에 따라서는 사채에 투자한다고 투자한 투자자가 원금을 다 잃는 것은 물론이고 심한 경우에는 오히려 추가적으로 지급해야 할 상황까지도 발생할 수 있게 된 것입니다. 그래서 구분 기준을 마련해서 투자자의 보호를 가하자는 취지에서 구분기준이 함께 도입되었습니다. 그 구분기준은 목적을, 우리와는 약간 다르나 미국의 Commodity Futures Modernization Act 2000에서 도입한 것을 기초로 하고 있습니다. 미국의 경우 우리의 선물거래법에 해당하는 것이 1936년에 제정된 Commodity Exchange Act입니다. 동법에서는 흔히 futures contract라고 부르는 선물계약에 해당하게 되면 거래소 외에서의 거래가 금지된다는 규정이 있습니다. 흔히 거래소거래요건(exchange trading requirement)이라고 합니다. 만일 장외파생상품을 동법상 선물계약으로 보게 되면 당해 거래가 무효화될 법적 위험이 존재하지요. 그래서 그것을 해결하기 위한 방법으로 종전에 감독당국에 의한 지침으로서 predominance test(주요소기준)라는 방식으로 운용되어 오던 것을 2000년 법에서 입법화했습니다. 4개의 기준인데 그중에서 우리하고 밀접한 관련이 있다고 생각되는 것을 추려 2가지 요건으로 정했습니다. 첫 번째로 전액을 납입할 것인데 다시 말하면 투자자가 파생결합증권을 매입하는 시점에 매입원금 전액을 납입할 것입니다. 두 번째가 추가지급 가능성이 없어야 한다는 것입니다. 이 부분이 사실은 논란의 여지가 있는 부분입니다만, 원금의 손실가능성이 영(0)

인 것, 그 다음에 원금을 100% 다 잃는 것, 다음부터는 마이너스지요. 더 지급하는 형태인데, 여기서 단위를 어디까지 잡을 것이냐는 미국의 기준을 도입했습니다. 결국 100% 원금이 손실되는 데까지는 유가증권으로 보자는 얘기입니다. 그래서 여기서 더 추가지급할 사태가 발생하면 이것은 장외파생상품의 고유한 특징으로 이해해서 그것은 일반 소비자들은 참여할 수 없는 장외파생상품으로 규제하자는 기준입니다.

그래서 현재 structured products에 관한 한 유가증권 개념이 문제 되는 경우는 사실상 대부분 해결되었다는 생각이 듭니다. 이 부분에 대해서 의견이 있으시면 말씀해 주시면 되겠습니다. 즉 문제는 두 가지입니다. 파생결합증권이라는 개념과 유가증권의 구분기준이고, 아까 여러 차례 이야기가 나왔습니다만 파생상품으로 취급할 것이냐 유가증권으로 취급할 것이냐에 따라서 규제상 차이가 상당히 많은데 어떻게 보면 둘 다 적용해야 되느냐 그러한 말씀들이 있었지 않습니까? 그래서 이 구분기준을 일반적인 구분기준으로 사용할 수 있는 것이 아닌가라고 일단 생각하고 있습니다. 이 부분에 대해 의견을 말씀해 주십시오.

한 민 : 아까 나온 내용이지만 기본적으로 각 금융기관 규제법상 신용파생거래 또는 유가증권거래와 관련해서 파생거래신용위험에 연계된 유가증권을 신용파생거래로 볼 것이냐 유가증권으로 볼 것이냐에 따라서, 은행, 증권회사의 경우 주로 업무로서 하는 경우에 각종 규제들, 그래서 앞서 이 변호사님께서 말씀하신 대로 어느 쪽으로 볼 것이냐, 아니면 양쪽을 다 규제할 것이냐라는 논의가 있을 수 있고요. 그것은 외국환거래법령상으로도 마찬가지이고 보험회사나 간접투자기구 쪽에서는 주로 투자하는 쪽 입장에서 이것을 파생거래로 볼 것이

냐 아니면 유가증권거래로 볼 것이냐 하는 문제들이 있는 것 같습니다. 그래서 이 부분에 관해서는 일관된 기준에 의해서 시장의 혼선이 없도록 정비해 나가는 것이 필요하지 않나 하는 생각이 듭니다.

이종구 : 증권거래법 시행규칙 제1조의3 제3항에 보면 지금 말씀하신 두 가지, 전액대금을 수령하고 추가지급의무가 없어야 된다고 정하고 있는데요. 동조 제1항이 흥미롭습니다. 즉, 증권회사의 경우에는 주권 내지 주권의 성질을 구비한 파생결합증권으로 되어 있잖아요.

정순섭 : 재정경제부령이 정하는 기준이 3가지로 되어 있는데 제가 방금 말씀드린 것은 구분기준으로 두 가지만 말씀드린 것이고 그 첫 번째 것이 혼란을 일으켰던 것 같습니다. 그 취지는 그 괄호 안에 있는 것에 대해서는 증권회사만 발행한다는 취지입니다.

이종구 : 네, 그렇게 알고 있어요. 문구가 좀 이상한 것 같은데 그러니까 증권회사만 파생증권 중에서 주권과 주권의 성질을 구비한 증권을 취급할 수 있고 다른 일반 증권회사 이외의 기관은 이를 발행하거나 주선하지 못하게 되어 있습니다. 이처럼 주권과 주권에 관한 파생금융상품을 증권회사에만 한정하는 이유가 무엇인가요?

정순섭 : 그것은 법 자체가 증권회사의 업무범위를 정하는 것이기 때문에 금융규제 자체를 횡단적으로 하는 것이 아닌 한 한계는 있는 것 같습니다. 그 점이 아까 말씀하신 은행이 신용연계상품을 발행할 수 있느냐라는 문제와 직결될 것 같은데요. 참 쉽지 않은 문제인데 만약에 일반 회사가 증권회사를 통하지 않고 파생결합증권 같은 것을 발행하겠다고 나왔을 때 그것도 마찬가지 아닌가요?

이종구 : 주권만 아니면 할 수 있는 것 같아요. 주권에 관한 것은 무세 되시 않나요? 왜냐하면 위 규정상 주권에 관한 파생결합증권의 경우는 반드시 증권회사가 발행하여야 하니까요.

정순섭 : 사채의 개념과도 관련이 있겠죠.

이종구 : 저는 이렇게 생각합니다. 사채 문제가 상당히 골치 아픈 문제인데요. 저희도 검토를 많이 해봤는데 우선 상법에 사채의 정의가 없잖아요. 그러면 사채의 본질이 무엇이냐에 대해서 학설도 갈리고 의견이 분분하기 때문에 자본시장 발전을 위해서는 상법에서 사채의 정의를 분명히 하든지 그렇지 않으면 지금과 같은 방식으로라도 파생결합증권을 포함시키지 않으면 안 될 것 같습니다.

정순섭 : 상법에서 사채를 정의한다는 자체가 매우 어려운 것 같습니다. 일본이 최근에 신회사법에서 사채의 개념을 정의했는데요. 내용이나 실질이 있는 게 아니고 회사법상 사채발행절차에 따라 발행된 것 정도의 내용이 들어 있기 때문에 기대에 미치지는 못하였습니다. 그리고 일단 사채의 개념에 관한 합의가 일반적으로 이루어지기 곤란한 상황에서는 파생결합증권 정도의 개념을 도입해서 명확하게 하는 것이 필요하다고 봅니다.

한 민 : 그러면 상법이나 다른 각종 금융업법에 규정된 사채발행한도와의 관계에서 파생결합증권은 어떻게 파악되어야 하는가 하는 문제도 있겠네요.

이종구 : 상법 개정을 통하여 이번에 사채발행한도를 없애는 것으로 알고 있는데 맞나요?

정순섭 : 현재 논의되고 있는 것으로 알고 있습니다.

IV. Synthetic CDO의 발행방안

정순섭 : 구분 기준에 대해서 다른 의견이 없으신지요? 다른 의견이

없으면, 이제 세 번째 대주제로 synthetic CDO의 국내법상 발행방안과 발행사례를 살펴보겠는데 발행사례는 앞에서 이미 했기에 발행방안에 대해서 간략히 설명을 해주시기 바랍니다. 그 다음에 법률상 문제점과 개선방안 이렇게 세 가지에 대해서 이야기해 보도록 하겠습니다.

한 민 : 국내법상 synthetic CDO의 발행방안은 이미 말씀드린 대로 현행 자산유동화법상 인정될 것인가에 관해서 의문이 있기 때문에 거래구조를 수정해서 현행법 테두리 내에서 가능하게 하는 방안을 연구할 필요가 있었습니다. 2001년 하반기에 실제로 이러한 구조를 이용하여 synthetic ABS 거래를 시도했는데, 그 당시는 금융규제법상의 제약이나 감독당국의 정책적 고려 등 자산유동화법 이외의 사정으로 거래가 성사되지는 않았습니다. 그 당시 검토되었던 거래구조를 간단히 설명해 드리겠습니다. 이 구조는 유동화거래의 전 단계에 자산유동화법상 자산보유자의 역할을 하게 되는 제3의 은행 또는 증권회사를 관여시키는 구조입니다. 즉, 제3의 은행 또는 증권회사가 보장매도자가 되어 위험자산을 보유하고 있는 보장매입자와 CDS 계약을 체결하되, CDS 계약상의 보장매도자로서의 채무를 담보하기 위하여 금융채나 공사채 등 신용도가 높은 증권을 매입하여 보장매입자 앞으로 이들 증권에 대해 질권 등 담보권을 설정해 주게 됩니다. 이때 CDS 계약상 보장매도자는 담보증권으로 담보되는 범위 내에서만 채무를 부담하는 것으로 하고, 신용사건(credit event) 발생시 보장매도자는 보장매입자에게 담보증권을 교부하는 것으로 합니다. 자산보유자의 역할을 하는 제3의 금융기관은 담보증권을 유동화자산으로 해서 유동화회사를 통해 자산유동화를 추진하되, 담보증권과 CDS 거래는 분리하기가 어려운 상태에 있기 때문에 피담보채무의 발생근거인 CDS상의 채무 내지는 보장매도인으로서 계약상의 지위도 함께 유동화회사에게 양도

하게 됩니다. 위와 같은 거래구조를 취하는 경우에는 기본적으로 담보에 의해서 부담을 지고 있는 증권을 자산유동화한다는 개념이 됩니다. 이것은 근저당권이 설정된 부동산을 유동화자산으로 하는 자산유동화와 유사한 개념이라고 할 수 있습니다. 이렇게 하는 경우에는 자산유동화법상 자산유동화의 정의 조항이나 유동화회사의 업무범위에 관한 조항으로 인한 문제를 해소할 수 있게 됩니다. 다만 유동화회사가 CDS 계약상의 지위양수에 의하여 결국은 CDS 계약의 당사자가 되고, CDS 계약상 발생하는 채무가 우발채무이고, 그 우발채무 발생 시에 유동화자산인 담보증권이 보장매입자에게 교부될 수 있다는 점 등의 사정들은 통상의 자산유동화와 다른 점이 있기 때문에 이런 방식에 의한 자산유동화가 과연 허용될 수 있는지에 대해서는 법 해석상 논란의 여지는 있었습니다. 그런데 2005년 5월에 국내 최초로 CDS를 이용한 자산유동화거래가 성사되었고 이 거래는 대체로 제가 지금 말씀드린 구조를 취했던 것으로 보입니다. 이것은 곧 감독당국도 현행 법하에서 CDS를 이용한 유동화를 허용하기로 한 것으로 이해됩니다. 다만 향후에도 합성 CDO의 발행이 이루어지는 경우, 금융기관 등이 실제로 갖고 있는 신용위험을 헤지하기 위한 경우로 제한할 것인지, 즉 은행과 같은 경우에 소위 BIS 규제를 맞추기 위한 balance sheet형 synthetic CDO만 허용할 것인지, 아니면 CDS 프리미엄과 합성 CDO의 이자의 차익을 목적으로 하는 arbitrage형 CDS거래도 허용할 것인지 하는 정책적인 문제는 있을 것 같습니다. 한편, 이와 같이 synthetic CDO를 발행하는 경우에 자산유동화법 이외에 국내 관련 법률상의 문제점이 몇 가지 있는데, 그 중에서 중요한 두 가지 점을 말씀드리겠습니다. 첫째로는 synthetic CDO의 법적 성격이 무엇이냐, 즉 회사채냐 파생결합증권이냐는 문제가 여기서도 나오게 되는데요, 이 점과 관련해서 우선 합성 CDO가 증권거래소에 상장될 수 있는지의 문제가 있습니다. 증권거래소에 상장하려면 증권거래법상 유가증권, 현재로서는 사채에 해당이 되어야 하는데 왜냐하면 최근에 새로 유가증권으로 지정된 파생결합증권의 경우 아직 상장규정이 마련되지 않은 것으로 알고 있습니다. 따라서 현행 법제하에서는 유동화회사가 발행하는 합성 CDO를 증권거래법상 사채로 볼 것인지 파생결합증권으로 볼 것인지에 따라서 상장 여부가 달라질 것입니다. 반면에 투자자 입장에서 보면 보험회사나 연기금 등 기관투자자들이 투자를 할 때 투자 대상인 유가증권에 제한이 있을 것입니다. 이 경우에 유동화회사가 발행하는 합성 CDO를 사채로 볼 것인지 파생결합증권으로 볼 것인지 아니면 파생금융거래로 볼 것인지에 따라서 투자제한 여하가 달라질 수도 있을 것입니다. 제 생각으로는 유동화회사가 발행하는 합성 CDO 자체를 보면 일반 유동화거래에서 발행되는 선순위, 후순위 사채와 별다른 차이가 없습니다. 합성 CDO는 지급순위가 다른 수종의 사채로 발행되는데, 각 사채별 원리금, 만기, 상환금액은 만기에 존재하는 유동화 자산의 범위 내에서 채권의 지급순위에 따라 상환받는 것이 되고, 특히 사채의 상환을 CDS의 기초자산으로 현물상환하지 않고 항상 현금으로만 상환하도록 하는 경우에는, 이것은 외관상 통상적으로 유동화거래에서 발행되는 선순위, 후순위 채권과 차이가 없다고 하겠습니다. 또한 이번에 에프엔파인 유동화회사가 발행한 합성 CDO의 기초자산이 됐던 것은 중소기업들이 발행한 사채로서 프라이머리(primary) CBO 방식에 의해서 발행된 것인데, 이러한 프라이머리 CBO도 사실은 각 중소기업의 신용과 연계되어 있기 때문에 합성 CDO를 이것과 굳이 차별할 필요는 없다는 생각이 듭니다. 그러한 측면에서 보면 합성 CDO도 사채로 보아서 현행 규정상으로도 상장이 될 수 있다고 볼 여지가 있는데 이 점에 관해서 감독당국이 어떤 입장을 취하고 있는지는 모르겠습니다. 지난번에 에프엔파인 유동화회사가 합성 CDO를 발행할 때 이 변호사님이 관여하셨을 것 같은데 그때 상장 문제는 어떻게 되었습니까?

이종구 : 사실 당시 지금 한 변호사님께서 말씀하신 대로 에프엔파인 SPC가 발행한 유동화증권을 파생결합증권으로 볼 것이냐 아니면 사채로 볼 것이냐 하는 이슈가 나와서 저희들이 상당히 고민했어요. 그런데 지금 말씀하신 이유로 우리는 이를 사채로 보아야 한다고 했고 재정경제부에서 그와 같은 유권해석을 내려 줬죠. 그렇다면 그때 왜 이를 파생결합증권으로 볼 경우에 특별히 문제가 되었냐면 이 경우 공모발행을 하는 데 필요한 파생결합증권의 유가증권발행 신고서 양식이 준비가 되어 있지 않았어요. 이 건에서는 한 변호사님 말씀처럼 일반 CDO와 마찬가지로 SPC가 가지고 있는 재산으로 원리금을 지급한다는 면에서 일반 사채와 같은 것으로 보아야 한다는 논리가 받아들여진 것입니다만, 사채에 대한 논란은 결국 재연될 것입니다. 앞으로 발행될 synthetic 상품이 꼭 그런 상품만 있지는 않을 것이라는 것이지요. 실제 외국에서 발행하는 상당히 많은 synthetic 상품은 이렇게 원리금을 회사가 그냥 단순히 사채발행하는 식으로 발행하는 것이 아니고 credit event가 발생하면 기초자산 자체를 실물로 변제하는 경우도 있어요.

정순섭 : 증권거래법상으로도 가능하지요.

이종구 : 그런데 그런 것을 증권거래법상의 특별한 규정이 없이 사채로 볼 것인지는 문제입니다.

정순섭 : 그것을 사채로 보느냐 하는 문제는 상당히 심각한 논란을 야기시킵니다.

이종구 : 예. 그렇습니다. 많은 논란이 있을 수 있기 때문에 지금은 재정경제부의 유권해석이 있었고 해서, 합성 CDO의 형태는 그냥 일반 CDO와 마찬가지로 단순한 사채의 형태로 발행될 수 있겠으나, 그 자체로서 모든 문제가 해결되는 것은 아니라는 것이지요. 외국에서 synthetic 상품이 개발되는 것을 보면 조금 전에 말씀드렸듯이 credit event가 발생하는 경우 기초자산을 돌려주는 것도 있고 상당히 다양한 형태가 있는데 그렇다면 그러한 경우까지 이것을 사채로 볼 것이냐 하는 문제는 그리 간단하지 않다는 것이지요. 그래서 이를 해결할 수 있는 방도가 있어야 한다는 겁니다.

정순섭 : 기본적으로 증권거래법령상 유가증권 구분기준으로 해결할 수 있을 것이라 생각합니다. 그래서 파생결합증권에 대한 별도의 신고서 이야기를 한다면 신고서가 나오면 되는 것 아니겠습니까?

이종구 : 이 거래가 끝난 뒤 신고서가 준비되었습니다.

정순섭 : 예. 파생결합증권의 경우 일반 사채와 신고 내용이 다르다는 측면이 있을 수 있습니다. 일반 사채는 우리 회사가 어떻다고 설명하는 것이지만 파생결합증권은 고도의 structuring이 이루어질 경우에는 다른 기초자산의 시장 현황을 설명해 주어야 되거든요. 아니면 타사주 관련 structured product일 경우에는 타사의 기업현황을 설명해 주어야 하는 문제가 나오기 때문에 이것은 일반적인, 전통적인 자금조달목적의 사채와는 상당히 많은 부분에서, 물론 큰 테두리는 같이 분류한다는 것은 좋지만, 그 특이성을 반영하는 조치가 이루어져야 한다고 봅니다.

김필규 : 거기서 조금만 더 나가 이야기하면 실제로 증권의 형태로 발행되는 신용파생상품의 경우에도 이러한 synthetic CDO같이 유동화 구조로 되어 있을 뿐만 아니라 credit linked note라든지 credit basket이

라든지 등의 다양한 구조들이 도입되고 있습니다. 다양한 상품들을 담을 수 있는 부분에서는 유가증권의 개념도 매우 중요하지만 추가적으로 그것과 더불어 실질적인 것들, 즉 어떻게 신고하고 어떻게 고객에게 알릴 것인가 하는 것들에 대한 고민이 필요하리라고 봅니다.

정순섭 : 예. 그 이야기는 뒤에 부가 이슈로 논의하기로 하겠습니다.

이종구 : 자산유동화법을 사용하는 것이 손쉬우니까 시장의 수요가 많이 있습니다만, 아무리 생각해 봐도 최근의 거래는 다소 억지로 하는 면이 있습니다. 왜냐하면 아까도 말씀드렸듯이 자산보유자가 자산을 양도해야 한다는 자산유동화법상의 근본적인 전제 때문에 사실은 기업은행이 삼성증권이라고 하는 인위적인 자산보유자를 중간에 끼워서 한 것인데 저는 이런 방식은 적지 않은 문제가 있다고 봅니다. 결국은 CDS 계약을 양도하는 형태로 했거든요. 금융감독원의 입장에서는 유동화전문회사가 적극적으로 위험을 부담하는 CDS 거래를 할 수 있는 법률적인 근거가 무엇인지에 대하여 부담스러워 했던 것은 사실이고, 이와 같은 문제를 완화하기 위하여 제시된 방법이 결국 자산보유자인 삼성증권이 기업은행과 먼저 CDS 계약을 체결하고 이를 ISDA의 novation 계약을 그대로 사용하여 넘기는 방식을 택하였는데, 이와 같이 간접적(back to back)으로 하는 방식은 임시적으로 자산보유자의 역할을 맡는 자의 입장에서 상당히 많이 부담이 될 것 같습니다. 어차피 이 방식이 현행 자산유동화법상 할 수 있는 최선의 방법이라고는 판단되지만 궁극적으로 이와 같은 방식은 고쳐야 한다는 게 제 생각입니다.

한 민 : 사실 중간에 제3의 금융기관을 불필요하게 끼워 넣는 것이 비용도 많이 들고, 절차도 번거로워지기 때문에 정부에서는 자산유동화법 개정시 이 부분을 고려하여 반영할 것인지의 문제를 검토하고

있는 것으로 압니다. 즉, 이 변호사님이 말씀하신 대로 정면으로 유동화회사가 위험자산보유자와 직접신용파생거래를 하도록 허용하는 방안도 검토하고 있는 것으로 보입니다. 이러한 방안을 포섭하기 위해서는 현행 자산유동화법의 틀을 많이 바꾸어야 하고요. 다른 하나의 방안은, 에프엔파인 유동화회사가 이용한 것과 같은 기존에 고안된 발행구조에 대하여 법상 근거를 명확히 해주기 위해 현행 자산유동화법의 틀을 유지하면서 조금만 손대는 방안도 검토할 수 있을 겁니다. 근본적으로는 이 변호사님께서 말씀하신 대로 유동화회사가 CDS를 직접 체결하는 방식을 정면으로 인정하는 것이 바람직한 것 같습니다.

김필규 : 직접 거래를 할 수 있는 방안을 자산유동화법에 담을 경우 자산유동화법 자체에서 문제가 발생할 수도 있다고 봅니다.

이종구 : 그렇습니다. 그래서 자산유동화법의 원래 목적은 이미 효용을 다한 것 아니냐 하는 생각입니다. 왜냐하면 초기의 부실채권 정리 등을 위한 목적을 넘어, 자본시장의 발전과 기업의 수요에 따라 너무나 많은 다양한 상품이 개발되는데 기존의 틀 아래에서는 이를 충족시키기 어렵다는 것이지요. 법을 전면적으로 개정해야 되는 것 아니냐는 생각입니다.

정순섭 : 조금 다른 이야기입니다만 SPC를 어떻게 볼 것이냐는 문제인데, 영국에서 2000년에 Financial Services and Markets Act를 만들면서 시장참가자를 주로 자산과 소득 등에 따라서 3단계로 구분을 하거든요. 그러다 보니까 SPC는 자본금을 기준으로 하면 제일 낮지 않습니까. SPC는 전문성이 가장 낮은 시장참가자 그룹으로 들어가게 되어 있는 것입니다. 그래서 그렇게 되면 거래할 수 있는 대상이 극히 제약됩니다. 상대방이 설명을 해줘야 되는 규제상 비용이 늘어나기 때문에 실제로 이러한 거래를 못하는 문제가 발생했습니다. 그래서 특

칙을 넣어서 SPC의 등급을 상향조정시켰습니다. 문제 상황은 다르긴 합니다만 SPC에 대해서 전반적으로 정리해 볼 필요도 있을 것 같네요.

한 민 : SPC의 신용파생거래만 이야기되고 있는데 사실 자산유동화법상으로 또 하나의 유동화도구로 신탁이 있습니다. SPC의 신용파생거래를 정면으로 허용할 경우, 유동화거래에서 신탁업법상의 신탁회사도 같이 들어와서 신용파생거래를 할 수 있는 여지를 두려면 현행 법상 신탁회사가 신용파생거래를 할 수 있는지에 대한 논의도 필요한 것 같습니다.

정순섭 : 신탁구조를 이용할 경우 세부적인 방안을 말씀해 주시지요.

한 민 : 그에 대해서는 자산유동화법상 허용돼 있는 방식이 두 가지가 있는데요, 유동화자산을 수탁회사에게 신탁해서 그것을 기초로 유동화증권을 발행하는 경우가 있고요. 또 하나는 수탁회사가 먼저 특정 금전신탁의 형태로 금전을 신탁 받아서 그것을 가지고 자산을 매입하는 경우가 있습니다. 그런데 전자의 경우에는 최초 신탁설정을 할 때 신탁할 수 있는 재산의 유형에 신용파생거래가 포함될 수 있느냐는 이슈가 있고, 후자의 방식으로 갈 경우에는 신탁 받은 금전으로 자산을 매입하는 방식에 의해 신용파생거래를 할 수 있느냐는 이슈가 있습니다.

정순섭 : 이것이 이렇게 복잡하게 된 것은 직접 기업은행과 에프엔파인 간의 스왑거래가 안 되어서 그러는 거죠?

김필규 : 예. 그렇습니다.

이종구 : 그렇게 할 경우 SPC가 그런 위험을 감당할 만한 능력이 있느냐 하는 문제를 짚어야겠지요.

정순섭 : 지금 말씀하신 것은 두 번째 문제였고 첫 번째 문제는 무엇인지요.

한 민 : 두 가지 문제가 있는데요. 스왑거래 자체를 최초부터 신탁재산으로 포섭하는 게 가능하냐는 것이 첫 번째 문제였습니다. 만일 이것이 불가능하다면, 특정 금전신탁에 의해 금전을 신탁 받아서 그것을 가지고 자산을 매입하는 방식으로 신용파생거래를 하는 그런 방법이 가능한지 검토가 필요합니다.

정순섭 : 신탁이 쌍방향 거래를 할 수 있느냐가 사실은 문제가 되거든요. 지금 우리의 자산운용업법에도 나와 있습니다만 펀드자산으로 파생상품거래를 할 수 있도록 허용이 돼 있지 않습니까. 그런데 그 이전까지의 자산운용수단을 생각해 보시면 최초의 원금을 투하하고 그 이후에는 원리금만을 수취하는, 즉 일방향구조이거든요. 그 뒤로는 받기만 하지 더 줄 일은 안 생기는 건데 이 장외파생상품이라는 것은 쌍방향거래라는 거죠. 그래서 지급가능성이 생기기 때문에 거기에서 어떤 문제가 나오냐면 신탁재산으로 거래를 했을 경우에 제3자에 대한 책임을 누가 지느냐가 문제됩니다. 자산운용업법상으로는 수탁회사의 제3자에 대한 책임을 신탁재산을 한도로 하고 있습니다. 그러니까 결국은 실질적으로는 회사형태나 신탁형태나 유한책임이라는 면에서는 같은 문제죠. 그런데 이것이 자산운용업법의 특칙으로 들어 있기 때문에 일반 신탁 그러니까 자산유동화법에 있는 신탁에는 적용이 안되죠. 그것은 신탁법 자체를 건드려야 하는데 입법례도 충분하고요. 영국이나 특히 미국 같은 경우에는 책임한정특약은 유효하다고 다 명시해 놨기 때문에 거래상대방의 보호라는 점에서도 문제는 없는 건데 다만 투자자에 대한 보호장치를 어떻게 만들 것이냐 하는 문제만 남는 게 아닌가 하는 생각이 듭니다.

한 민 : 그러면 합성 CDO를 발행하는 경우 자산유동화법 이외의 중요한 문제 중에서 나머지 한 가지 문제에 관해 마저 말씀드리겠습

니다. 이것은 은행법상 주로 BIS 규제와 관련된 문제인데, balance sheet형 합성 CDO 거래는 주로 은행에 있어서의 BIS 규제상 위험자산 감소효과가 그 주된 목적입니다. 그래서 현행 은행감독업무시행세칙에서 정하고 있는 "위험가중자산에 대한 자기자본비율 산출기준"에서 보면 대체로 보증 또는 담보가 설정된 자산에 대해서는 당해 보증인 또는 담보물에 대해 적용할 수 있는 위험가중치를 당해 자산에 대한 위험가중치로 대체 적용할 수가 있습니다. 예컨대, 현행 BIS 규제상 우리나라, OECD 국가 또는 IMF의 일반차입 협정국가의 은행에 의해 보증된 채권의 위험가중치는 20%로 규정되어 있습니다. 그래서 CDS 조건이 CDS 계약의 이행을 담보하는 담보증권인 금융채나 공사채에 적용되는 위험가중치를 적용받을 수 있는 요건을 갖추었느냐는 것이, synthetic ABS를 하는 은행 입장에서 보면, 매우 중요한 문제가 됩니다. 현행 규제상으로는 명확하지 않은 점이 있기 때문에 사전에 금융감독원과 협의할 필요가 있습니다. 제가 알기로는 금융감독원에서 전체적인 기본원칙을 정하는 해석을 낸 적이 있는데요. 그 해석에서 언급된 기준이 구체적인 케이스에 적용을 할 수 있을 정도로 충분히 상세하지가 않기 때문에 이 부분은 거래할 때마다 협의할 필요가 있겠습니다. New Basel Accord에서는 신용파생거래에 의한 위험가중치 혜택을 인정받기 위한 구체적인 요건을 비교적 상세히 정하고 있는 것이죠?

김필규 : 신BIS의 경우에도 사실은 상당히 제한적인 부분에서 논의를 하고 있거든요. 신BIS에서는 지급보증에 준하는 정도에 부합되는 경우에 한해서만 신용파생상품에 대해서 신용위험경감의 효과를 인정하는 것으로 되어 있습니다. 예를 들어서 파생상품 종류별로는 CDS(신용디폴트스왑), TRS(토탈리턴스왑)에 대해서만 신용위험을 줄여주는 것을 인정하고 있고, credit linked note 같은 경우에는 현금으로 운

용되는 경우에 현금담보로 간주되어서 위험을 경감한다는 점과 같이 보수적인 기준을 설정하고 있습니다. 왜 이런 보수적인 규정들이 나왔냐 하면 유럽은행과 미국은행들이 규제자본과 경제적 자본 사이의 갭을 신용파생상품거래로 회피해 나가는 거래들을 굉장히 많이 했기 때문이죠. 그러다 보니까 실질적인 포지션 변동이 없음에도 불구하고 필요로 하는 소유자본량은 계속 줄어드는 효과가 생기기 때문에 그러한 상황들로 인해서 지금 Basel 위원회나 감독기구가 특히 신용위험의 경감에 있어서는 상당히 보수적인 경향을 띠는 모습들을 보여 주고 있습니다.

이종구 : 그런데 지금 말씀하신 신용위험경감 문제뿐 아니라, 동일인 여신한도도 문제가 되지 않습니까. 이것도 기준을 빨리 세워야 할 것 같아요. 그러니까 위험이 완전히 넘어갔으면 동일인 여신한도도 풀어 주는 게 경제적으로는 맞지 않겠어요?

김필규 : 지금까지도 그것들에 대한 명확한 기준보다는 규제기관이 이 부분에 대해서 실질적인 거래관계를 보고 판단하는 것 같고요. 그런데 전체적으로는 보수적인 기준하에서 적용을 하고 있는 것 같습니다.

정순섭 : 제 추측으로는 그 보수적인 자세가 혹시 투자은행과 상업은행 간의 경쟁에서 비롯된 것 아닌가요?

김필규 : 정확하게 모르겠습니다만 그런 부분도 일부 작용한 것 같긴 합니다.

정순섭 : 한 가지만 더 말씀을 드리면 지금 은행만 가지고 말씀을 하셨으니까 그런데요. 대표적으로 보험사가 만일 신용파생상품을 적극적으로 하게 되면 그 balance sheet 자체가 은행과 완전히 차이가 없어지는 건데요. 펀딩만 뒤에 일어날 뿐이지 위험구조 자체가 credit risk를 부담하는 것으로 등장하게 되기 때문에 그런 측면에서 현재와 같

은 업종별 특성에 기초한 규제 원칙은 일정 부분 수정될 필요가 있지 않은가 하는 생각입니다.

이종구 : 지금 말씀하시니까 보험업법 이슈가 한 가지 생각나는데요. 재작년이든가, 보험업법이 개정됐지 않습니까. 개정 법률에 의하면 과거에 보험업감독규정에 있던 조항을 법으로 하나 올려놓은 것이 있어요. 보험회사가 제3자를 위해서 자신의 재산을 담보로 제공하거나 보증할 수 없다는 조항입니다. 예전엔 감독규정으로 있어서, 3～4년 전쯤에 한 보험회사가 해외에서 MBS 발행을 한 경우가 있는데, 직접적인 보증을 제공하지는 않았으나, SPC에 대한 출자지분을 담보로 제공하고 계약서에 제3자들을 위한 여러 가지 면책조항을 넣었는데 그것이 보험업감독규정상 제3자를 위한 보증 또는 담보제공에 해당되는 것은 아닌가 하는 점이 이슈가 됐습니다. 그래서 저희가 금융감독원과 논의하여 이는 실질적으로 보험회사의 자금조달을 위하여 만든 구조이기 때문에 거래구조 전체를 하나의 거래로 보아야지 각 거래의 요소를 따로 분리하여 보면 안 되는 것 아니냐고 설명한 적이 있습니다. 그런데 얼마 전 보험업법이 바뀌어 이제는 이 규정이 법률조항으로 올라와 있는데, 예외 조항이 없습니다. 보험회사가—이게 지금 CDS와 관련이 되는 건데요—CDS를 발행한다는 이야기는 보험회사가 보장매도자가 되기 때문에 이것은 제3자를 위해서 보증하는 것으로 볼 가능성이 있기 때문에 법률적으로 금지되는 게 아니냐 하는 논란의 여지가 충분히 있습니다. 예를 들어 이를 투자상품으로 보면 보험업법상 자산운용으로 보면 되므로 문제될 것이 없는데, 보험회사가 직접보장매도자가 되는 상품이 있다면, 문제될 소지가 있습니다.

한 민 : 그 이슈와 관련해서, 지금 증권거래법상으로도 증권회사가 보증을 못 하게 되어 있을 거예요. 그래서 같은 문제가 있었는데요. 이

번에 증권회사가 신용파생상품거래를 할 수 있도록 허용되었기 때문에, 보증을 금지하는 조문이 그냥 있지만, 증권회사의 경우에는 그 이슈는 해결된 것으로 보아야 하지 않나 이렇게 생각하고 있습니다. 보험회사의 경우에는 문제가 될 수 있는 것이네요.

김필규 : 그런데 실제로 규제적으로는 이 신용파생의 보장매도자가 되면 규제적으로는 보험거래로 보지 않고 지급보증거래로 처리를 하고 있습니다.

정순섭 : 그렇죠. 조금 다른 말씀을 함께 드리면 우리나라에서는 주로 보증인지 아닌지를 논란하고 있는데, 영국이나 미국 사람들이 쓴 것을 보면 특히 event에 의해서 trigger되는 파생상품은 보험이 아니냐는 논란을 하고 있습니다.

한 민 : 실제로 국내의 protection buyer를 상대로 CDS를 할 때 이것이 보험이냐 하는 의문이 제기될 수 있습니다. 그러면 protection seller는 국내에서 보험업을 하는 것이냐는 이슈가 있을 수 있는 것 같아요. 그런데 지금 말씀하신 대로 단체성이라든지 또 보험의 경우에는 피보험이익이 항상 있어야 되는데 CDS는 물론 기초자산이 있는 경우도 있지만 없는 경우도 있거든요. 그래서 보험은 아닌 것 아니냐 하는 쪽으로 가는데, 이러한 애매한 점들이 있습니다.

이종구 : CDS의 경우에는 규제차원에서 지급보증으로 보고 있습니다. 몇 년 전에 외화표시 CLN(신용연계채권)이 국내에 많이 판매되었고, 보험회사도 이와 같은 상품에 투자하였는데, 금융감독원에서는 CLN이 사실상 CDS과 마찬가지로 보증으로 보아야 할 것인지 아니면 단순한 유가증권투자로 볼 것인지가 문제가 되었던 것으로 알고 있습니다. 당시 금융당국에서 걱정을 했던 이유는 이 CLN의 기초가 되는 신용(reference credit)이 결국은 투자자 계열사의 신용이 되면 이것은 계

열사 부당지원과 같은 이슈가 나올 수 있다는 생각을 했던 것 같습니다. 최근의 입장이 어떤지는 모르겠으나, CLN에 관해서는 일률적으로 지급보증이라고 보지는 않겠지만 기초신용을 검토하여서 이에 따라 개별적으로 판단하겠다는 쪽으로 결론을 내린 것으로 알고 있습니다.

정순섭 : 신용파생상품이라는 자체가 신용위험을 전제로 하고 있고 따라서 여신기능에 해당하기 때문에 방금 말씀하신 것처럼 대출과 경제적 차이가 있느냐, 보증과 경제적 차이가 있느냐라고 했을 때 실질은 동일하면서 파생상품으로서의 고유한 특징이 있다고 얘기할 수 있습니다.

한 민 : 상장법인이 그 계열사의 채무에 관해 protection seller로서 CDS를 체결하는 경우에는 증권거래법상 상장법인은 모회사 또는 그 특수관계인을 위해서 대출, 보증, 담보제공을 못하게 되어 있는 것과 관련하여 문제가 되는 경우도 있을 것 같습니다.

V. 기타 제도의 개선사항

1. 신용파생상품거래의 활성화

(1) 파생상품거래를 위한 특별목적회사의 활용

정순섭 : 이제 기타 제도 개선방안에 대해 논의해 보도록 하겠습니다. 신용파생상품거래의 활성화의 필요성, 당부 이런 이야기는 지금 할 자리가 아닌 것 같고 활성화를 한다는 전제하에서 몇 가지 이슈를 이야기해 봤습니다만, 첫째로 파생상품전문회사 제도를 도입하자는 이

야기를 일각에서 하고 있는 것 같습니다. 특히 증권사 쪽에서는 자체 신용으로는 거래가 안 되니까 파생상품목적 전문회사 제도를 도입하자는 이야기를 하고 있는 것 같은데 이에 대해서 의견이 있으신지요.

김필규 : 파생상품전문회사는 법적인 근거가 있어야 만들어질 수 있지요. 그리고 이러한 회사를 만드는 실익도 존재해야 되지요. 실질적인 측면에서 보면 국내 증권회사의 신용등급은 제일 높은 증권사가 AA- 정도이기 때문에 증권사가 거래 상대방이 되는 거래에서는 가장 높은 신용등급을 받기 어려운 상황이 벌어질 수 있어요. 따라서 자본 및 외부보강 등을 활용한 파생상품전문회사가 증권회사를 대신해서 거래상대방의 역할을 하기 위해서 외국에서 도입된 것이 파생상품전문회사지요. 우리도 앞으로 이러한 특별목적회사를 만들 필요성이 점차 증대할 것으로 보입니다. 다만 이런 제도가 필요한 때는 아마 파생상품거래가 활성화되었을 때라고 생각됩니다.

정순섭 : 그런데 SPC를 만드는 비용도 고려해야 하지 않을까요?

이종구 : 저는 그렇게까지 생각은 안 하고요. 이미 우리나라에서도 하고 있는 것이 있어요. 파생상품 vehicle은 아니지만, 한 변호사님이 잘 아시듯이 지금 외국계 금융기관을 포함하여 몇몇 금융기관은 이미 자산유동화법을 활용하지 않고 일반 주식회사를 SPC로 하여서 지속적으로 기업어음을 만들 수 있도록 하는 CP conduit을 만들어 사용하고 있습니다. 일반 주식회사 형태의 SPC(즉 conduit)에 다양한 자산을 집어넣고 이를 기초로 다양한 종류의 상품을 물론 CP니까 단기로 하는 것이지만 지속적으로 발행하고자 하는 수요가 많이 있는 것 같아요. 그래서 이는 사실 자산유동화법과도 관련이 되는 이슈인데, 현행 자산유동화법상 하나의 유동화전문회사는 하나의 유동화계획만을 세울 수 있다는 소위 '1 SPC 1 plan'의 규정이 있습니다. 이 제한하에서

는 하나의 유동화전문회사가 지속적으로 유동화증권을 발행하는 것이 어렵지요. 이 규정을 개정해야 우리 ABS 시장이 훨씬 더 발전하리라 봅니다. 지금 현재는 마스터신탁(master trust) 구조는 인정했잖아요. 그런데 마스터신탁에서 추가적으로 신탁수익증서를 발행하더라도 이를 인수하는 유동화전문회사는 매번 만들어야 해요. 이 문제가 해결되어야 하는데, 이번 개정작업에서 이 문제도 다루는지 궁금합니다.

한 민 : 정부에서도 이 변호사님이 제기하신 그런 문제점들을 고려하여 자산유동화법 개정시 '1 SPC 1 plan' 원칙을 계속 유지할 것인가의 문제를 검토하고 있는 것으로 알고 있습니다. 부연해서 좀 더 설명을 드리자면, 자산유동화법에서는 유동화회사가 등록할 수 있는 유동화계획은 1개에 한하는 것으로 정하고 있고, 이것을 '1 SPC 1 plan' 원칙이라고 부르고 있습니다. 다만, 자산유동화법에서는 신탁회사에 대하여는 이 원칙을 적용하지 않는 것으로 예외 인정을 하고 있는데, 이와 같은 예외에 근거하여 작년 4월경 국내에서는 최초로 LG카드가 소위 master trust를 이용한 자산유동화를 성사시켰습니다. 그런데 이 mater trust 구조에서는 신탁 위에 SPC를 두는 2단계 유동화구조를 취하고 있는데, 이 변호사님이 지적하신 대로 최초 설정된 신탁(master trust)에 유동화자산을 수시로 추가신탁하여 신탁수익권을 새로 발행하는 것은 허용되고 있으나 신탁 위에 두는 SPC는 자산이 추가되어 신탁수익권이 새로 발행될 때마다 이것을 새로 설립하고 이 새로운 SPC에 관한 유동화계획을 변경등록 방식으로 등록해야 합니다. 바로 '1 SPC 1 plan' 원칙 때문인데, 이 원칙 때문에 SPC를 매번 설립하게 되는 번거로움이 생기는 것입니다. 그런데 지금 논의되고 있는 이슈는, SPC의 경우에도 신탁의 경우와 같이 master trust 내지는 'master SPC'의 개념을 인정할 것인가, 즉 하나의 SPC를 통하여 수시로 새로

운 유동화증권을 발행하도록 허용할 것인가 하는 문제입니다.

이종구 : 다행입니다. 물론 SPC가 다양한 자산을 보유하게 되고 이를 기초로 여러 종류의 유동화증권을 순차적으로 발행하게 되면 혼장의 문제 등 여러 가지 이슈가 제기되겠지요?

김필규 : 예. 그런 부분의 문제도 있고요. cross default 문제도 있고요. 해결해야 될 문제들이 좀 있죠.

한　민 : 감독당국에서 걱정하는 사항 중에는, 신탁의 경우에는 신탁재산이 추가될 때마다 master trust에서 새로운 SPC를 세우고 수익증권을 분리시킴으로써 필요한 범위 내에서 어느 정도 신탁자산의 귀속을 규율할 수 있는데, SPC에게도 수시로 자산을 추가양도하여 유동화증권을 새로 발행하는 것을 허용할 경우, 하나의 SPC 내에 자산 전부가 혼재하게 되어, 나중에 계속하여 반복적으로 유동화증권발행이나 파생거래를 했을 때 새로 들어오는 투자자들하고 기존의 투자자들이 하나의 asset pool을 공유해야 되기 때문에 투자자보호에 문제가 있을 수 있습니다. 그리고 하나의 SPC를 통하여 계속적으로 유동화거래를 허용할 경우, SPC를 통하여 사실상 영업을 하도록 허용하는 셈이 되고 이렇게 SPC가 영업을 하게 되는 경우 현재 유동화회사에 대하여 주어지는 법인세 혜택 등 각종 조세혜택을 계속 부여하는 것이 적절한지에 관한 정책적인 고려도 필요하다고 보는 것 같습니다.

이종구 : 가령 외국에서 많이 사용하는 CP conduit이라는 게 사실은 그것이지요.

김필규 : 그런데 CP는 어차피 은행의 개런티가 되는 스폰서 은행에 credit을 붙여서 발행되는 구조이기 때문에 투자자들이 보기에도 그냥 언더라인 에셋 이것만 보는 게 아니라 스폰서 랭킹이나 다른 장치들을 두기도 하는 것이고, 그런 측면에서 가장 큰 이슈는 무엇이냐면

SPC 하나에서 5개의 유동화증권을 5번에 걸쳐서 발행했는데 처음 발행한 것들이 default가 났다고 하면 나머지 4개가 cross default가 될 가능성이 있지 않습니까? 이것을 어떻게 해결할 것인가 하는 게 문제인 것 같아요.

이종구 : 그것은 해결할 수 있어요. 제 생각에는 그것은 기술적인 문제 같아요. 담보신탁을 통해서 자산을 각 시리즈별로 분리해 버리면 자산이 기술적으로는 분리될 수가 있거든요.

김필규 : 그런 식으로 다시 또 분리시키기 위한 구조들을 집어넣는 비용보다는 오히려 SPC를 설립하는 비용을 훨씬 줄여 주면 SPC는 그냥 그대로 1 SPC로 가고 신탁부분만 master 구조로 집어넣는 게 비용 쪽이나 효율성 면에서 훨씬 더 낫지 않겠냐는 생각입니다.

이종구 : 그런 인식에는 저도 동의를 하는데요. 다양한 증권의 발행이 아니더라도 지금 소위 1 SPC 1 plan의 문제가 뭐냐면 유동화증권을 추가로 발행할 수 없다는 데 있어요. 그 문제를 해결하기 위해서라도 이 문제는 검토해야 한다고 봅니다.

한　민 : 말씀드린 대로 그 부분은 정부에서도 전향적으로 검토할 생각을 가지고 있는 것 같습니다. 지금 이 변호사님께서 말씀하시는 대로 CP conduit은 이미 이용되고 있는데 투자자별로 자산을 분리하기 위해서 담보신탁방식을 실제로 쓰고 있어요. SPC가 CP를 발행하고 담보신탁방식을 이용하면 파생상품전문유한회사의 경우에도 자산의 혼장 문제는 해결될 수 있을 것으로 생각됩니다.

(2) 계약서의 표준화

김필규 : 그 다음에 사실은 무엇보다도 기타 제도의 부분 중 중요한

부분은 credit event를 우리의 상황에 맞게끔 검토할 필요성입니다. ISDA의 7가지 기준이나 특히 restructuring 구조 같은 경우에는 그 구조를 우리나라 구조에 적용할 수 있을지가 의심이 가기도 합니다.

정순섭 : 그것은 당사자들이 계약으로 정할 문제가 아니겠습니까?

김필규 : 그런데 어찌됐든 외국의 경우에도 ISDA에서 표준계약을 만든 이유 중 하나가 그 계약의 서로 다른 해석들 때문에 많은 이슈들이 벌어지고 있기 때문입니다. 어느 부문에서 추진해야 할지는 좀 더 생각해 봐야 하겠지만 우리도 자율적으로 표준계약이라는 내용들, 특히 credit event에 대한 기본적으로 공통된 생각들을 법률적으로 서포팅해 주는 노력이 필요하다고 보입니다.

정순섭 : ISDA에서 만든 것은 과연 우리나라 국내에서 일어나는 상황에서 어떻게 해석될지가 문제입니다.

김필규 : 파생상품거래에 있어 다양한 신용사건을 정의하고 있지요. 그러한 개념들을 국내에 적용함에 있어서도 명확한 개념 정의가 필요하지요. 예를 들어 채권의 경우를 보더라도 부도의 개념이 법률적으로 명확하게 정의되어 있지는 않은 것 같아요. 따라서 이러한 신용사건의 개념을 우리 상황에 적합하게 정의하고 필요에 따라서는 해당 법률도 정교하게 바뀌어 나가야만 보다 더 다양하고 포괄적인 파생거래로 계약이 되고 신뢰가 형성되는 것입니다. ISDA가 국제적인 거래의 규범을 제시하기 위해 다양한 개념을 정의하고, 기본적인 계약서를 작성하는 방식을 우리도 도입할 필요가 있겠지요.

정순섭 : 그런데 A국에서 사용하는 계약서, B국에서 사용하는 계약서, C국에서 사용하는 계약서를 다국적 은행 입장에서 보면 그 내용이 각각 다르다는 자체를 하나의 법적인 위험으로 인식할 수 있습니다. 방금 말씀하신 취지대로 우리 고유의 문제를 현재에도 당연히 계

약에 반영하는데 김 박사님 말씀은 표준화시킨 것을 가지고 있자라는 것이죠.

이종구 : 지금 하신 말씀은 아주 좋은 말씀인데요. 한 7~8년 전에 은행연합회에서 ISDA가 영어로 되어 있으니까 국내용을 따로 만든 적이 있지요. 그런데 전혀 사용을 하지 않았습니다. 우리나라 실정에 맞게 국내용으로 만들었는데도 말이지요.

정순섭 : 그런데 로컬 스탠더드가 어떤 면에서는 필요하기도 합니다. 제가 생각하기에 그때 그 은행연합회의 표준계약서는 상품별로 마스터를 만들어 놨기 때문에 그럴 경우는 네팅효과를 제고한다는 측면에서는 아주 결정적인 문제를 가지고 있습니다.

이종구 : 그런데 예를 들면 지금이라도 국내의 사정에 맞으면 순수 국내용, 즉 코리안 버전 ISDA를 할 수도 있는데 안 하잖아요.

김필규 : 필요에 따라서는 국내 상황에 맞는 계약이 필요할 수 있을 것 같아요. 왜냐하면 지금까지 계약 내용에서 특별한 이슈가 벌어지지 않아서 그렇지 예를 들어 채권의 부도라고 계약에서 정의했는데 어떤 사건을 부도로 볼 것인가를 명확하게 정의해 놓지 않은 상황에서 특정한 신용사건이 발생했을 때 부도에 포함되는지의 여부에 대해 거래상대방의 이견이 존재할 가능성이 있어요.

한 민 : 김 박사님께서 말씀하신 대로 우선 credit event를 정의내릴 때 우리 실정에 안 맞는 경우나 그것을 그대로 가져왔을 때 우리 법상 해석에 논란이 있을 수 있는 것들은 우리 실정에 맞게 수정한다든가 할 수 있을 것 같아요. 그리고 2003년 정의와 관련해서 ISDA의 7가지 기준과 restructuring 부분을 어디까지 넣을 것이냐를 말씀하셨는데요, 제가 알기로는 일본의 경우에도 보면 그 7가지 사유 중에 대개 다 넣은 경우보다는 앞의 한두 개 정도 넣고 어떤 경우는 restructuring을 넣

은 경우도 있고 안 넣은 경우도 있는데, BIS 비율을 규제할 때 사실 credit event를 어디까지 넣어야 위험을 경감시켜 주느냐는 확실치는 않은 것 같아요. 그런데 이번에 New Basel Accord에서는 credit event에 관해 정하고 있는 것 같은 데, 그 범위 내에서는 분쟁의 여지가 없게, 그리고 위험을 경감시키고자 하는 당사자 입장에서 필요한 범위 내에서 기초자산에 따라서 융통성 있게 정할 수 있을 것으로 생각합니다.

(3) 대출계약의 표준화

정순섭 : 다음으로 기초자산인 대출계약의 표준화와 관련된 문제를 지적하는 견해도 있습니다. 이에 대해 한 변호사님께서 말씀해 주시겠습니까.

한 민 : 대출계약의 표준화 문제는 신용사건과 연계된 문제로서 같은 맥락에서 파악할 수 있을 것 같습니다.

(4) 거래의 평가

정순섭 : 다음으로 신용파생상품거래의 평가문제에 대해서도 말씀을 나누어 볼까요.

한 민 : 제가 2001년 하반기에 관여하여 시도했으나 성사되지는 않았던 synthetic ABS 건에서는 reference entity가 7개사 정도였던 것 같습니다. 그런데 앞으로 다양한 유형의 자산을 기초자산으로 하는 신용파생거래가 이루어질 것으로 예상되는데, 예컨대 신용카드채권이라든지 주택저당채권(MBS)을 유동화하는 경우에는 채권이나 근저당권을 유동화회사에게 이전해 주어야 하는 데 따른 절차나 비용의

부담이 있어서, 자산보유자가 자산을 보유한 상태에서 신용파생거래에 의해 위험만 넘길 수 있도록 하는 방법을 고려할 수 있습니다. 그런데 이와 같이 수많은 채무자가 있는 집합채권과 그에 관련된 대한 담보권을 기초자산으로 하여 신용파생거래를 하는 경우에 제기되는 문제 중의 하나는 자산의 평가 문제인 것 같습니다. 이는 신용사건 발생 시 결제방식을 현물인도로 할 것인지 현금결제로 할 것인지의 문제와도 관련된 것으로 쉽지 않은 문제인 것 같습니다. 현물인도를 하게 되면 신용사건이 발생할 때마다 해당 자산을 일일이 대항요건, 성립요건을 다 갖추어 유동화회사에게 이전해야 되는데, 매우 번거로울 겁니다. 그러므로 해당 자산을 일일이 유동화회사에 안 넘기기 위해서는 해당 자산을 평가하여 현금결제를 해야 되는데, 예를 들면 근저당권부대출 같은 것을 객관적으로 평가할 기준이 있느냐와 마땅한 평가기관이 있느냐 하는 문제들이 있습니다. 이런 부분들에 있어서 아마 앞으로 기본 인프라가 구축되어야 하지 않나 싶습니다. 해당 위험자산을 처분할 수 있는 시장도 많이 형성되어야 할 것 같은데 한계가 조금 있는 것 같습니다.

2. 신용파생상품거래의 남용

정순섭 : 나머지 문제 중 예컨대 신용파생상품시장의 참여자 확대 방안은 아까 금융규제에 관한 이야기로 대체하겠습니다. 신용파생상품거래의 남용에 대한 대응방안과 아까 여러 가지 말씀하셨던 동일인 한도규제나 그러한 문제에 대한 논의로 대체하겠습니다. 그 다음에 상품이 다양하고 복잡화되면, 영국하고 미국에서 하는 얘기입니다만 소위 도박성에 대한 논의가 제기됩니다. 그래서 실제 미국은 1992년,

영국은 1986년, 호주는 2001년에 금융기관이 영업으로서 수행하는 금융상품은 도박이 아니라는 입법을 했습니다. 일본도 마찬가지인 것으로 알고 있습니다. 우리나라에서도 입법이 필요하다고 봅니다.

3. 네팅과 도산법

정순섭 : 다음으로 파생상품의 거래에 기본적인 전제 중의 하나가 도산법에 관련된 문제입니다. 이것은 작년까지는 최대의 이슈였습니다다만 2005년 3월에 채무자 회생 및 파산에 관한 법률(이하 '통합도산법') 에 제120조, 제366조를 도입하면서 문제가 해결되었다라고 이야기를 할 수 있지 않을까 하는 생각이 듭니다. 이와 관련해 의견이 있으신 분은 말씀해 주시겠습니까.

한 민 : 두 가지 점인데요. 하나는 ISDA Master Agreement 같은 기본계약에 근거해서 이루어지는, 통합도산법에 정의하고 있는 적격금융거래인데, 이것은 향후 시행령에서 구체적으로 정해질 일정한 파생거래 등 금융거래를 말하는 겁니다. 그런 적격금융거래의 경우에는 통합도산법 규정을 적용하지 않는다는 것이지요. 계약의 해제라든지 해지, 취소 및 부인 그러니까 예컨대, 미이행쌍무계약에 관한 통합도산법상의 규정 등이 적용이 안 되고 계약의 효력을 인정해 준다는 측면이 제일 큰 것 같고, 소위 그동안 논란이 있었던 일괄정산조항의 효력이 인정되는 것이지요.

두 번째로는 담보의 제공, 처분, 충당은 중지명령 및 포괄적 금지명령의 대상이 되지 않는다고 정한 부분입니다. 회생절차의 경우, 지금의 회사정리절차에 해당하는 회생절차가 개시되기 전에 담보권의 실행이 회사 회생에 저해된다고 판단되면 법원에서 중지명령을 내릴 수 있습니다. 그리고 필요한 경우 일정한 요건을 갖춘 경우에는 포괄적으로 모든 담보권의 실행을 중지시킬 수가 있는데, 적격금융거래에 수반되는 담보의 경우에는 중지명령이나 포괄적 금지명령의 대상이 안 된다는 것이지요. 그러니까 담보실행은 얼마든지 할 수 있다는 것이고, 담보권의 설정도 부인 대상이 되지 않는다는 것입니다. 이것은 결국 적격금융거래에 해당하는 파생금융거래에서의 채권자는 그 거래와 관련해서 얻은 담보는 적어도 회생절차개시 전에는 언제든지 담보권을 실행해서 채권을 변제받아 갈 수 있습니다. 그렇지만 여기서는 중지명령 및 포괄금지 명령만 예외로 규정하고 있으므로, 회생절차가 개시되면 담보권의 실행은 중지된다고 봅니다.

정순섭 : 그런데 그 부분이 적격 금융거래의 범위 안에서 담보가 들어 있거든요.

한 민 : 그게 중지명령 및 포괄적 금지명령의 대상이 되지 않는다는 건데 이것은 전부 다 개시 전에 이루어집니다.

정순섭 : 그것은 일부러 뒤에 명시를 했습니다. 즉 추가한 사항이고, 담보도 적격금융거래의 하나로 들어 있기 때문에 통합도산법에서 다 빠진다고 할 수 있습니다.

한 민 : 그런데 개시 후의 담보권실행은 안 되는 것 아닌지요. 통합도산법 제120조 제3항을 보면 해제, 해지, 취소, 부인 대상이 되지 않는다는 것이고 중지명령 및 포괄적 금지명령의 대상이 안 된다는 것이니까요. 법안을 준비하는 과정에서 회생절차신청 후 개시까지 한 달 정도의 기간이면 충분히 담보권을 실행할 수 있으므로 개시 전의 담보권실행만 풀어 주면 충분하다는 의견도 있었던 것으로 알고 있습니다. 그래서 이것은 담보실행 자체를 무작정 풀어 준 것은 아닌 것으로 보아야 하는 것 아닌가 생각했습니다. 그런데 통합도산법 제120조 제3

항에서 적격금융거래에 '담보의 제공, 처분 및 충당'을 포함시키고 있고 '적격금융거래의 종료 및 정산'에 관하여는 기본계약에서 정한 대로 효력이 발생한다고 하고 있으므로 담보권의 실행이 '적격금융거래의 종료 및 정산'에 해당된다고 본다면, 정 박사님께서 지적하신 대로 회생절차개시 후에도 담보권의 실행은 제한을 받지 않는다고 해석될 수 있는 것 같습니다. 반면에, 제120조 제3항의 규정 체제는 동조 제1항의 지급결제제도에 관한 규정 및 제2항의 청산결제제도에 관한 규정과는 다소 차이가 있는 것 같습니다. 제1항 및 제2항에서는 제3항과는 달리 '담보의 제공, 처분, 충당'은 당해 제도의 운영자가 정하는 바에 따라 효력을 발생한다고 직접적으로 정하고 있습니다. 또한, 제1항과 제2항에서는 제3항과는 달리 중지명령과 포괄적 금지명령의 적용배제에 관한 예외조항을 두고 있지 아니합니다. 담보권의 실행이 적격금융거래의 종료 및 정산에 해당되는지에 관하여서도 의문을 가지고 있습니다. 이러한 규정 체제의 차이에 비추어 볼 때, 제 개인적인 의견으로는 적격금융거래의 경우에는 제1항의 지급결제제도와 제2항의 청산결제제도와는 달리 회생절차개시 후의 담보권실행까지 허용하고자 한 것은 아니라고 해석될 여지가 있는 것 같습니다. 이 부분은 앞으로 좀 더 연구, 검토할 필요가 있습니다. 그런데 통합도산법에서 이번에 적격금융거래와 관련하여 신설된 조항과 관련하여 보다 중요한 사항은 담보의 제공, 처분, 충당을 부인대상에서 제외시킨 점입니다. 2003년 2월 대법원 판결에 따르면 채무자 회사가 지급정지 상태에 빠진 상태에서 채권자가 질권을 실행해서 질권대상목적물을 처분하였는데, 이 회사가 회사정리에 들어간 다음에 관리인이 질권실행을 부인한 사안에서, 대법원은 질권실행을 부인하였고 그리하여 채권자는 결국 질권실행으로 회수한 돈을 채무자 회사에게 반환했습니다.

이 판결이 상당히 파장을 일으켰어요. 금융계에서는 채권자들이 채무자 회사의 지급정지 상태에서 담보권을 실행하는 경우 부인될 위험 때문에 정작 담보권을 실행해야 할 때 실행을 못하고 들고 있어야 되니까 담보를 받는 것만으로는 이제 충분하지 않다는 부담을 갖게 되었습니다. 그런데 그 직전의 1년 전인가 2년 전 판결에서는 질권은 아니고 소위 집합채권의 양도담보방식에 의해 매매예약완결권을 담보로 받은 사안에서, 채권자가 예약완결권을 행사하여 채권을 추심하여 변제에 충당했는데 대법원은 그것은 부인을 안 했어요. 그런데 이 판결 후 위 2003년 2월의 대법원 판결에 따라 사실상 대법원의 입장이 바뀌지 않았나 생각이 듭니다. 그런데 통합도산법에서는 적격금융거래에 관하여 담보가 설정된 경우에는 담보권의 설정, 처분, 충당은 부인대상에서 이제 제외시켜 준 것입니다. 그러니까 적어도 파생금융거래 등 적격금융거래와 관련한 담보에 있어서는 부인 위험에서 이제 벗어난다는 것이지요. 그렇지만 다른 금융거래하고의 형평상 이것이 과연 타당한 것이냐는 얘기는 나올 수 있을 것 같습니다.

정순섭 : 말씀을 드리자면 이 규정은, 실제 이 부분에 손을 봐야 된다는 얘기가 나온 것이 상당히 오래되었습니다만은 입법으로 연결된 것은 극히 최근의 일입니다. 먼저 문제되는 것은 일반 도산법에 넣을 것이냐 아니면 금융규제법에 넣을 것이냐 하는 것입니다. 저는 본래 금융규제법에 넣어야 된다는 생각이었고 지금도 그 생각은 변함이 없습니다. 왜냐하면 이 입법취지 자체가 일부, 일정한 거래를 특별대우하기 위한 것이 아니고 금융시스템 위험을 방지한다는 것이 입법의 기본 취지이기 때문입니다. 아까 말씀하신 다른 유사한 금융거래와의 형평성 방식은 예컨대 ABS나 다른 경우 예를 들어 일반 대출 등을 이야기할 수 있는 경우는 충분히 있습니다만, 이 부분은 소위 파생상품

이라는 국제적인 네트워크를 가지고 거래가 이루어지고 그중에서도 위험성이 가장 높다고 평가되는 그 부분에 대해서만 특칙을 두자고 해서 일단 이루어진 것입니다. 그런데 담보에 대해서는 상당히 논란이 있을 것으로 보입니다. 왜냐하면 이 입법을 시작한 나라가 미국인데 미국에서 특히 1998년에 롱텀 캐피털 매니지먼트 사건을 겪으면서 시스템 위험을 방지하기 위한 목적으로 도산법의 특칙을 만든다고 주장했는데 오히려 결과적으로는 투자은행들이 부담 없이 담보권을 행사해 버리니까 가뜩이나 악화되어 있는 시장 상황에서 가격을 더 떨어뜨린다는 것이지요. 그래서 또 다른 시스템 위험을 촉발한다는 결과를 낳고 이것은 문제가 있다고 해서 상당한 논란이 있습니다.

또 한 가지를 말씀드리자면, 기존의 상품을 이 특칙의 적용을 받기 위해서 계약을 조작할 수 있다는 것이지요. 다시 말해서 일반적인 대출을 ISDA Master Agreement를 이용한 스왑거래인 것처럼 조작하려는 시도가 있을 수 있다는 것이지요. 제 개인적인 생각으로는 이 특칙은 그 취지 자체가 국제거래용으로 만들어진 것이고 그 적용범위는 극히 제한적으로 해석, 운용해 나갈 필요가 있습니다.

한 민 : 그런데 통합도산법에서 적격금융거래에 대하여 특혜를 부여함에 따라 금융기관, 예를 들어 은행이 보증을 많이 하는데 보증을 안 하고 앞으로는 CDS를 선호할 가능성이 많은 것 같아요. 그렇게 하고 담보를 잡으면 부인의 위험 없이 담보실행을 할 수 있기 때문에, 그러면 이제 CDS를 할 수 있는 금융기관과 못하는 금융기관의 경쟁력에 있어서 차이가 생길 수 있을 것 같습니다.

정순섭 : 그래서 남용방지를 위하여 "회생채권자 또는 회생담보권자를 해할 목적으로 공모한 경우에는 제외한다"는 규정을 넣었습니다. 이것이 바로 그 경우에 대비한 조항입니다. 입법을 위한 의견수렴

과정에서 저는 이렇게 주관적인 요건을 넣으면 해석 여하에 따라 확대해석을 할 경우 입법취지를 완전히 없앨 수 있다고 해서, 객관적으로 대상을 금융기관으로 한정하는 등으로 처리하자고 이야기했는데 이것은 일단 법원의 주장이 받아들여진 것이지요.

이종구 : 그런데 기본계약의 정의 자체도 없지요. 기본적 사항을 정한 하나의 계약이라고 되어 있는데, 그 정의가 너무 내용이 없습니다. 이를 보다 구체적으로 하고 그 범위를 한정해야 하는 것 아닌가요?

정순섭 : 맞습니다. 일본의 예를 말씀드리자면 일본은 기본 파산법에 이 내용이 들어 있지만 1998년에 만든 특별법을 그대로 유지합니다. 왜냐하면 도산법이라 하는 것은 기본법이기 때문에 탄력적으로 수정하기가 사실 굉장히 어려운 법이거든요. 그래서 금융기관들이 수행하는 특정금융거래의 일괄청산에 관한 법률이라는 특별법이 있지 않습니까. 그래서 그것을 그대로 살려 놨습니다. 필요한 사항은 거기다 또 규정을 하겠다는 것이거든요. 그래서 우리 같은 경우도 일단 기본법에서는 기본적인 일반 채권자 평등의 원칙에 따른 예외를 인정할 수 있다는 정도로 이해하고 필요하면 특별법으로 하여 그 범위를 제한해야 하는 게 아닌가 하는 생각도 할 수 있을 것입니다. 그러나 그것은 시행령에 없는 경우를 전제로 한 것이고 이제는 채무자회생 및 파산에 관한 법률은 시행령이 가능하도록 구조가 바뀌어 있기 때문에 시행령에서 좀 더 구체화하는 형태로 접근하여야 한다고 생각하고 있습니다.

한 민 : 한 가지만 더 검토해 보기로 하죠. 기본계약에서 당사자가 정한 바에 따라 효력이 발생한다, 즉 "적격금융거래의 종료 및 정산에 관하여는 통합도산법의 규정에도 불구하고 당사자가 정하는 바에 따라 효력이 발생한다" 라고 하는 이 부분은 터미네이션이나 네팅하는 것은 그 효력이 인정되는 것이 확실한 것 같은데요. 종료나 정산 후 남

는 잔존채권은 회생절차 또는 파산절차 효력에 따라서 회생채권, 파산채권으로 분류되어서 결국은 회생계획 또는 파산에서의 배당에 따라서 변제받아야 된다는 것까지 부정하는 것은 아닌 것 같은데, 어떤지요?

정순섭 : 예. 그런데 종료 및 정산을 하고 담보까지 가고 나면 남는 게 하나도 없지요.

한 민 : 파산절차의 경우, 담보권은 별제권이니까 파산절차와 관계없이 실행할 수 있는데, 회생절차의 경우에는 개시되면 담보권의 실행은 이제 금지가 됩니다. 그런데 앞에서 말씀드린 대로, 제 개인적인 의견으로는 적격금융거래에 관한 통합도산법의 규정이 회생절차 개시 이후의 담보권실행까지 풀어 준 것 같지는 않습니다. 이 기본계약에서 당사자가 정한 바에 따라서 효력이 발생한다는 것이, 예를 들면 채권자가 받을 돈이 있다고 하면 회생채권에 해당되는데 이게 공익채권처럼 회생절차에 관계없이 언제든지 받아 나갈 수 있다고까지 예외를 만들어 준 것 같지는 않거든요. 그러니까 여전히 채권 자체가 회생채권으로 보아 묶이는 것 같아요. 여기에 담보가 붙은 경우에는 회생담보권으로 묶이는 것이지요. 그 대신 개시 전까지는 실행해서 가져나갈 수 있는 겁니다. 그러나 앞서 정 교수님께서 지적하신 대로, 담보의 실행도 적격금융거래의 하나로 파악하여 회생절차개시 후에도 담보권의 실행이 중지되지 않는다고 본다면, 정산하고 남은 채권 중에서 담보로 cover되는 채권은 개시 후에도 언제든지 담보권의 실행에 의해 회수할 수 있다는 결론이 되겠네요.

정순섭 : 예를 들면, ISDA Master Agreement의 일괄청산네팅 구조와 절차를 보면 해당사유가 발생하기 직전을 시점으로 하여 청산 및 담보정리 등 처리가 이루어지게 되어 있거든요.

한 민 : 네팅에 의해 다 상계한 다음에, 채권자가 받을 돈이 조금 남았을 때 말이죠?

정순섭 : 그 채권은 회생채권으로 가는데 그 부분을 담보로 붙여 놨고 담보를 실행할 수 있게 되었기 때문에 그 담보를 바로 처분할 때에 모든 게 정리가 끝난다는 것입니다.

한 민 : 여기에 질권이나 양도담보 같은 경우는 즉시 처분이 가능하고 유질방식의 담보도 가능하므로 실제로는 금방 처분할 수 있겠습니다.

이종구 : 대부분은 처분 가능하겠습니다. 저는 무엇보다 기본계약의 정의가 내용이 너무 없어서 남용의 소지가 많다고 생각됩니다. 법원이 어떻게 해석할지 모르잖아요.

정순섭 : 그렇지만 이 법의 입법취지를 고려하면 그렇게 어려운 내용도 아니지 않나라는 생각도 듭니다.

4. 당사자 간의 법률관계

정순섭 : 그 이외에 판매와 관련해서 위험성과 복잡성이 커지는 상품을 판매하게 되는 경우가, 앞으로 계속 증가하게 될 테니까, 상품을 판매하는 금융기관과 투자자 사이의 법률관계를 정해 주는 객관적인 기준이 필요하지 않은가라는 논의가 있습니다. 일본의 경우에는 1997년과 1998년에 warrant와 변액보험 때문에 상당한 소송이 제기되었고 그 판례에서 정리된 내용을 입법화시켜서 금융상품의 판매 등에 관한 법률이라는 특별법을 제정했지요. 그 내용은 일정한 사항을 1, 2, 3, 4로 해서 설명하도록 법상 의무화시키고, 즉 원본손실위험이 있다는 것 등을 설명하고 그 의무를 이행하지 않으면 매입원본하고 실제 나중에

상환받은 원본하고의 차액을 손해배상액으로 추정하는 규정이 있습니다.

VI. 맺음말

정순섭 : structured products에 관해서 전망이나 향후 과제에 대해서 한 말씀씩 해주십시오.

김필규 : 금융환경의 변화에 따라 금융기관의 신용위험관리에 대한 관심이 증대하고 있는 상황입니다. 신용위험의 효율적인 관리수단으로 또는 새로운 투자수단으로 신용파생상품은 매우 중요한 도구가 되고 있습니다. 이미 전 세계적으로 신용파생상품의 시장규모가 급격히 성장하고 있지 않습니까? 그러나 우리나라의 경우 일부 신용파생상품 거래가 이루어지고 있지만 그 수준이 미미한 상황이고 이에 대한 규제체계를 시급히 마련할 필요가 있습니다. 이러한 측면에서 본 좌담회는 우리나라 신용파생상품의 도입에 대한 법률적 문제를 포함한 다양한 문제점을 파악하고 개선방안을 제시하는 매우 요긴한 자리였다고 생각합니다. 향후 국내 신용파생상품이 활성화되기 위해서는 무엇보다도 국제적인 정합성을 갖는 법률과 규제체계가 마련되고 정비되어야 한다고 생각합니다. 또한 신용파생상품을 둘러싼 제반 인프라를 구축하고 신용파생상품 전문가를 육성하는 것이 무엇보다도 시급한 과제라고 생각합니다. 감사합니다.

이종구 : 우리의 경제규모가 커지고 국제화되면서, 경제활동에서 발생하는 여러 가지 위험을 분리하고 이를 상품화하고자 하는 시장의 요구는 갈수록 커지리라고 생각합니다. 우리의 법제도가 이와 같은

수요를 충족시킬 수 있을 정도로 융통성 있게 된다면 더 바랄 것이 없겠지요. 설령 그렇게 되지 못한다 하더라도, 시장의 발전에 장애가 되는 요소가 있다면 이는 즉시 해소할 수 있도록 관계당국과 시장 참여자들의 적극적인 노력이 필요하다고 봅니다. 저는 외환위기 이후 유동화시장의 급속한 발전과정을 현장에서 지켜보면서 이 시장에 참여하고 있는 국내외 관련 당사자들의 학습능력이 얼마나 뛰어난지 새삼 놀랄 때가 많습니다. 구조화상품 또는 파생금융상품 시장은 소위 현대 금융의 '프론티어'로서 자칫 잘못하면 Long Term Capital의 예에서도 알 수 있듯이 경제 시스템 전체에 큰 충격을 몰고 올 수 있기 때문에 신중하여야 하겠으나, 그 때문에 시장의 발전을 지체할 경우 오히려 우리 경제주체의 효율성을 떨어뜨릴 수 있다는 점을 명심하여야 할 것입니다. 이 분야의 제도적인 정비는 기본적으로 시장과 시장참여자에 대한 기본적인 신뢰하에서 이루어져야 한다고 생각합니다.

한 민 : 이번 좌담회를 통하여 신용파생거래에 관한 big picture를 갖는 데에 많은 도움이 되었습니다. 각론에 들어가서도, 평소에 미처 생각 못한 귀중한 이슈들을 많이 알게 되어 앞으로의 실무에 큰 도움이 될 것 같습니다. 좌담회에서 논의된 내용에 관하여 향후 학계 및 실무에서 종합적이고 깊이 있는 연구 · 검토가 있을 것으로 기대합니다.

정순섭 : 바쁘신 가운데 장시간 토론에 참여해 주신 토론자 여러분께 감사드립니다. 오늘의 토론이 파생상품시장 및 자본시장의 법적 과제에 대한 이해도를 높이는 데 조금이라도 기여했으면 하는 생각입니다.

제9장

담보부사채발행의 활성화*

이미현**

I. 회사채발행시장의 발전연혁

우리나라의 자본시장은 1956년 3월 대한증권거래소의 설립과 1962년 1월 증권거래법의 제정을 계기로 그 기틀이 마련되었으며, 1968년 11월 자본시장 육성에 관한 법률의 제정을 계기로 본격적으로 성장하기 시작하였다.[1] 하지만 초기에는 자본시장 육성정책이 주식시장 위주로 이루어짐에 따라 채권시장의 발전은 상대적으로 지체되었다.[2]

1963년 쌍용시멘트가 7억 원 규모로 우리나라 최초의 회사채를 발행하였으니[3] 채권시장도 출발시점은 주식시장에 뒤지지 않는 것처럼

---

* 이 논문은 BFL 제31호(2008. 9)에 게재되었다.
** 법무법인 광장 변호사
1) 한국은행, 우리나라의 금융시장, 2006, 157면 참조.
2) 한국은행, 앞의 책, 157면 참조.
3) 양경철, "담보부사채 발행제도에 관한 고찰," 증권 제41호(1984. 9), 대한증권업협회,

보인다. 하지만 1963년부터 1970년에 이르기까지 발행된 회사채는 총 20여 건에 불과하였을 뿐 아니라 모두 전환사채이었고, 시중은행과 개발금융자회사에서 인수한 사모발행이었다.[4] 특히 담보부사채의 경우 담보부사채신탁법 자체는 1962년 1월 20일 법률 제991호로 공포·시행되었지만, 그로부터 6년여 시간이 흐른 후인 1968년 8월 12일에야 비로소 담보부사채신탁법 시행규칙이 제정되었으므로 1968년까지는 아예 발행 자체가 불가능하였다.[5] 그후 1969년 처음으로 8개 회사가 총 14억 2,500만 원에 달하는 담보부사채를 발행하기는 하였으나,[6] 당시의 담보부사채발행은 은행차입을 위한 변형된 융자 형태로서 신탁은행이 사모로 총액인수한 것이었다.[7] 1970년대 초반부터 증권시장에서 채권거래가 활발해지고 수익성과 안전성이 높은 채권에 대한 일반 투자자의 관심이 증대되자 신탁은행은 보유하고 있던 담보부사채를 1972년 1월 10일부터 일반투자자에게 매각하기 시작하였고, 그해 1월 20일까지의 기간 동안 총 3억 8,600만 원 상당의 담보부사채 매각에 성공하면서 잠시 담보부사채에 대한 투자수요와 발행이 늘어날 것이라는 기대에 부풀었던 시기가 있다.[8]

49면 참조.

4) 양경철, 앞의 논문, 47-48면 참조.

5) 1920년 칙령 제533호로서 일본의 담보부사채신탁법을 조선에 실시하는 것을 공포하였으며, 대정 9년 11월에 조선총독부령 제184호로서 「담보부사채신탁법 시행세칙」이 제정되었으나, 해방 이후 1962년 구법령을 정리하고 새로이 담보부사채신탁법을 제정·공포하면서 이 법령들은 자동폐지되었으므로, 담보부사채신탁법 제정 이후 거의 7년간 시행세칙이 존재하지 않았던 셈이다. 한국신탁은행, "우리나라 담보부사채신탁제도의 활용방안과 문제점," 신탁(1969. 4), 한국신탁은행, 40면 참조.

6) 한국증권거래소 편, "담보부사채와 보증부사채," 주식 제42호(1972. 2), 16면 참조.

7) 양경철, 앞의 논문, 56면 참조.

8) 한국증권거래소, 앞의 논문, 15면 ; 양경철, 앞의 논문, 56면 참조.

〈표 1〉 회사채 종류별 발행현황

(단위 : 억 원, %)

연월	보증					무보증					담보부		합계
	일반	전환	신주인수권부	소계	구성비	일반	전환	신주인수권부	소계	구성비		구성비	
1986	24,119	–		24,119	88.4	2,978	–	–	2,978	10.9	192	0.7	27,289
	(855)	(–)		(855)		(40)			(40)		(5)		(900)
1987	26,847	944		27,791	87.1	2,660	1,240	–	3,900	12.2	205	0.7	31,896
	(963)	(12)		(975)		(31)	(8)		(39)		(5)		(1,019)
1988	38,239	3,182	490	41,911	98.7	113	190	–	303	0.7	230	0.6	42,444
	(1,104)	(35)	(6)	(1,055)		(3)	(3)		(6)		(2)		(1,063)
1989	51,161	10,414	–	61,575	88.5	4,920	1,370	1,620	7,910	11.4	105	0.1	69,590
	(1,092)	(67)		(1,159)		(44)	(5)	(5)	(54)		(4)		(1,217)
1990. 1	5,748	930	–	6,678	88.7	750	–	–	750	10.0	100	1.3	7,528
	(88)	(6)		(94)		(6)	(–)	(–)	(6)		(1)		
2	6,551	1,150	–	7,701	80.3	1,868	–	–	1,868	19.4	20	0.3	9,589
	(116)	(5)	–	(121)		(13)	(–)	(–)	(13)		(1)		(135)
3	9,391	1,100	–	10,491	81.7	2,097	250	–	2,347	18.3	–	–	12,838
	(124)	(5)	(–)	(129)		(10)	(1)	(–)	(11)		(–)	–	(140)
4	6,566	–	–	6,566	83.2	810	500	–	1,310	16.6	20	0.2	7,896
	(128)	(–)	(–)	(128)		(7)	(1)	(–)	(8)		(1)	–	(137)
5	2,884	68	–	2,952	85.4	470	35	–	505	14.6	–	–	3,457
	(130)	(2)	–	(132)		(5)	(1)	(–)	(6)		(–)	–	(138)

재무부 『재정금융통계』 1990년 6월호.[9] ( )는 발행건수 옵션부사채.

9) 〈표 1〉은 우현룡, "담보부사채에 관한 연구," 부산대학교 대학원 법학석사 논문(1991. 2), 10면에서 재인용.

하지만 1972년 2월 보증사채발행 허용과 함께 일반공모발행제도가 도입되면서[10] 보증사채의 발행이 상대적으로 활기를 띰에 따라 담보부사채의 발행은 중단되고 말았다. 나아가 보증사채의 도입에도 불구하고 1970년대 중반까지의 사채 발행실적은 전체적으로 저조한 편이었다. 회사채시장이 본격적으로 발전하기 시작한 것은 1977년 2월 채권 종류의 다양화 및 발행조건의 신축적 운용 · 기채 조정 · 채권의 유동성 제고 등을 주요 내용으로 하는 채권시장 육성방안이 발표된 이후부터라고 할 수 있다. 이어 보증사채의 발행조건 완화 및 무보증사채의 발행자격 강화(1979년 2월), 상장법인에 대한 회사채발행한도 확대(1979년 12월), 증권회사의 환매조건부채권 매매업무 취급 허용(1980년 2월) 등 채권시장 활성화조치가 이어짐에 따라 회사채 발행여건은 종전에 비해 크게 개선되고 수요기반이 확충되었다.[11] 이러한 조치에 힘입어 1981년 처음으로 회사채발행이 1조 원을 상회하면서 회사채발행은 기업자금조달의 주된 수단으로 등장하였으며, 특히 1985년에는 증시를 통한 기업의 자금조달 중 회사채발행이 90%를 넘는 등 회사채발행이 활성화되기 시작하였다.[12]

하지만 이 당시 시장에서 유통된 회사채의 대부분은 앞의 〈표 1〉에서 보는 바와 같이 보증부사채가 대부분이었다.

1982년 6월에 발표된 '회사채다양화 방안'에 힘입어 태평양상사가 1982년 11월 2일 국내 최초로 담보부사채를 공모발행하면서 그동안 중단되었던 담보부사채발행이 다시 이어지기는 하였으나, 담보부사채 발행실적은 1983년 4건, 1984년 3건 등 겨우 명맥을 이어 가는 수

10) 한국은행, 앞의 책, 157면 참조.
11) 한국은행, 앞의 책, 158면 참조.
12) 우현룡, 앞의 논문, 7-8면 참조.

〈표 2〉 담보형태별 회사채발행

Offerings of Corporate Bonds by Guarantee and Collateral Type

(단위 : 10억 원)

기간	보증								
	일반		전환 등[13)]		소계		일반		전환 등[14)]
	건수	금액	건수	금액	건수	금액	건수	금액	건수
2003	15	399.3	–	–	15	399.3	766	31,115.2	17
2004	11	244.8	–	–	11	224.8	701	33,787.6	17
2005	9	235.2	–	–	9	235.2	690	30,460.1	16
2006	5	237.0	–	–	5	237.0	593	27,289.4	20
2007	3	174.5	–	–	3	174.5	666	34,357.7	77
2007. 5	–	–	–	–	–	–	56	3,139.4	5
6	–	–	–	–	–	–	64	3,220.2	6
7	–	–	–	–	–	–	56	2,903.0	9
8	–	–	–	–	–	–	58	3,277.3	6
9	–	–	–	–	–	–	54	2,813.0	1
10	–	–	–	–	–	–	65	2,773.3	8
11	–	–	–	–	–	–	68	3,079.1	11
12	1	10.0	–	–	1	10.0	66	2,675.9	10
2008. 1	1	64.5	–	–	1	64.5	57	3,212.3	1
2	–	–	–	–	–	–	64	3,260.4	5
3	–	–	–	–	–	–	97	5,759.6	2
4	1	100.0	–	–	1	100.0	91	4,047.5	5
5	3	49.9	–	–	3	49.9	80	4,078.6	4

13) 교환사채, 신주인수권부사채를 포함한다.

14) 교환사채, 신주인수권부사채를 포함한다.

(단위 : 10억 원)

기간	무보증					담보부		합계	
		자산담보부		소계					
	금액	건수	금액	건수	금액	건수	금액	건수	금액
2003	2,464.3	896	27,673.6	1,679	61,253.2	3	105.0	1,697	61,757.5
2004	176.5	772	16,190.2	1,490	50,174.2	-	-	1,501	50,379.0
2005	584.9	736	16,822.9	1,442	47,867.9	-	-	1,451	48,103.1
2006	213.1	632	13,938.7	1,242	41,441.2	-	-	1,250	41,678.2
2007	867.3	441	9,750.3	1,186	45,075.3	1	20.0	1,190	45,269.8
2007. 5	62.7	11	565.9	72	3,768.0	-	-	72	3,768.0
6	50.8	62	879.3	132	4,150.3	-	-	132	4,150.3
7	170.3	65	549.0	130	3,622.3	-	-	130	3,622.3
8	73.5	35	1,213.6	99	4,564.4	-	-	99	4,564.4
9	7.5	21	384.0	76	3,204.5	-	-	76	3,204.5
10	83.6	37	496.6	110	3,353.5	1	20.0	111	3,373.5
11	153.1	29	799.6	108	4,031.8	-	-	108	4,031.8
12	97.2	47	2,171.1	124	4,954.2	-	-	124	4,954.2
2008. 1	13.7	34	346.1	92	3,572.1	-	-	93	3,636.6
2	126.1	26	875.6	95	4,262.1	-	-	95	4,262.1
3	40.0	26	363.8	125	6,163.4	-	-	125	6,163.4
4	40.1	29	276.0	125	4,363.6	-	-	126	4,463.6
5	37.1	5	365.3	89	4,481.0	-	-	92	4,530.9

금융감독원 발행, 『금융통계월보』, 2008. 6.

준을 벗어나지 못하였다.[15)] 정부는 또다시 1985년 회사채발행시장의 활성화조치, 1989년 회사채 종류의 다양화를 위한 옵션부사채발행제도의 도입과 교환사채와 관련된 관리제도의 정비 등의 조치를 발표하며 담보부사채의 발행을 적극 유도하였지만, 그후에도 담보부사채의 발행실적은 개선되지 않아 1990년까지만 해도 〈표 1〉에서 보는 바와 같이 총 회사채발행물량의 1%에도 미치지 못하는 미미한 수준이었고, 보증사채가 총 회사채발행의 최소한 85% 이상을 차지하고 있었다.[16)]

이러한 보증사채 발행위주의 회사채시장은 1997년 발생한 외환위기를 겪으면서 무보증부로 전환되기 시작하였다. 회사채발행회사의 채무불이행 위험이 높아지면서 회사채 보증기관들이 지급보증을 기피한 데다 종합금융회사 등 일부 보증기관의 신인도 저하로 투자자들도 회사채의 보증 여부보다는 발행기업의 신용도를 더욱 중시하게 되었기 때문이다.[17)] 그 결과 〈표 2〉에서 보는 바와 같이, 2003년 이후에는 채권시장의 발행물량의 90% 이상[18)]을 무보증사채가 차지하고 있다.[19)]

---

15) 양경철, 앞의 논문, 56면 참조.

16) 우현룡, 앞의 논문, 11면 참조.

17) 한국은행, 앞의 책, 187면 참조.

18) 2003년의 경우, 회사채 총 발행액 61조 7,575억 원 중 무보증사채의 발행액이 61조 2,532억 원이었다.

19) 다만, 〈표 2〉에서는 담보를 수반하는 증권인 유동화증권도 무보증사채의 범주에 포함시키고 있어 무보증사채의 발행비율이 더 높게 나오는 것은 사실이다. 2003년의 경우 무보증사채 발행물량이 99%를 상회하고 있지만, 유동화증권을 제외하면 실제로는 약 50% 선에 머무른다. 하지만 최근 들어서는 유동화증권의 발행물량이 급격히 감소한 까닭에 2007년의 경우에는 유동화증권 발행물량을 제외하더라도 무보증사채가 총 발행물량의 75%를 넘고 있다.

II. 담보부사채발행의 필요성

보증사채 발행 위주로 운영되어 오던 회사채시장은 1997년 말 발생한 외환위기를 기화로 무보증사채로 구심점이 옮겨 갔다. 하지만 보증사채위주의 채권시장이나 무보증사채 위주의 채권시장은 양자 모두 구조적으로 적잖은 취약점을 안고 있다.

1. 보증사채발행에 따른 문제점

보증사채 위주로 채권시장이 운용된다는 것은, 사채가 기업체의 신용과 사업전망을 토대로 하는 장기자금조달수단이라는 본래의 기능으로 이용되고 있는 것이 아니라 은행 등 지급보증기관의 공신력에 의해 자금을 조달하는 수단으로 이용되고 있다는 것을 뜻한다.[20] 이렇게 되면 투자자들은 기업의 우열과는 무관하게 지급보증기관을 믿고 투자하게 되므로 기업의 자본 · 순자산총액 · 재무상태 및 수익성 등을 근거로 판단되는 사채상환능력을 기준으로 한 사채의 등급화가 이루어지지 않아 자금의 효율적 배분이 저해되고, 사채이자의 탄력성이 결여될 수밖에 없어 자금의 효율적 배분을 어렵게 만든다. 나아가 지급보증기관들로서는 지급보증에 따른 위험을 줄이기 위해 장기지급보증을 기피하는 성향을 띨 수밖에 없으므로 상환기간이 짧아져서 장기안정자금의 조달이 어려워진다. 또한 보증사채를 발행하는 기업의 입장에서는 높은 지급보증료까지 부담해야 하므로 자금조달비용이

20) 양경철, 앞의 논문, 47면 참조.

증가된다.[21] 그러므로 보증사채 위주로 사채발행시장이 유지되는 것은 그다지 바람직하다고 할 수 없다.

2. 무보증사채발행에 따른 문제점

무보증사채는 기업체의 신용과 사업전망을 토대로 하는 장기자금조달수단이라는 사채의 본래 기능에 부합한다는 면에서는 바람직한 자금조달방법이기는 하나, 채권발행시장이 무보증사채 일변도로 운용되는 것은 보증사채 일변도로 운용되는 것 못지않게 많은 문제가 있다.

우선 무보증사채의 경우에는, 보증사채발행시 보증기관이 일부 수행하였던 투자자보호기능이 없으므로 전적으로 기업체의 신용과 사업전망을 토대로 발행될 수밖에 없다. 하지만 기업에 대한 장기전망의 곤란, 기업분석능력의 한계 및 경제불황에 따른 선진국의 경험들을 고려할 때 무보증사채의 인수는 적잖은 위험이 수반되는 투자일 수밖에 없다. 따라서 투자자보호를 위해 무보증사채의 발행은 발행자를 최우량기업으로 한정하는 등 엄격한 제한하에서 허용될 수밖에 없으므로, 무보증사채의 일반화는 아무래도 한계가 있을 수밖에 없다.[22] 따라서 지금처럼 채권발행시장이 무보증사채 일변도로 운용되면 최우량기업에 속하지 못하는 대다수 중견기업들의 장기자금조달수단을 박탈하는 결과를 초래한다.

아래 〈표 3〉을 보면 매년 회사채 총 발행량은 감소하는 추세를 보

21) 보증사채의 문제점에 관하여는 우현룡, 앞의 논문, 46-49면 참조.

22) 양경철, 앞의 논문, 62면 참조.

〈표 3〉 회사채 발행 · 상환 · 잔액

Issues, Redemptions and Outstanding Amounts of Corporate Bonds

(단위 : 10억 원)

연월	월발행		상환		잔액	
	건수	금액	건수	금액	건수	금액
2003	1,697	61,757.5	1,076	54,450.1	3,621	187,355.9
2004	1,501	50,379.0	1,648	84,451.8	3,474	153,283.1
2005	1,451	48,103.1	1,564	58,836.6	3,361	142,549.8
2006	1,250	41,678.2	1,423	49,787.1	3,188	134,440.9
2007	1,188	45,159.8	1,304	43,916.6	3,082	135,684.1
2007. 5	72	3,768.0	102	3,765.5	3,025	133,001.4
6	132	4,150.3	141	4,856.9	3,016	132,294.8
7	130	3,622.3	114	3,195.1	3,032	132,722.0
8	99	4,564.4	92	2,743.7	3,039	134,542.7
9	76	3,204.5	132	3,928.1	2,983	133,819.1
10	111	3,373.5	95	2,761.3	2,999	134,431.3
11	108	4,031.8	91	4,470.4	3,016	133,992.7
12	124	4,954.2	129	3,283.3	3,011	135,663.6
2008. 1	93	3,636.6	91	2,410.9	3,013	136,889.3
2	95	4,262.1	77	3,019.4	3,031	138,132.0
3	125	6,163.4	85	3,379.0	3,071	140,916.4
4	126	4,463.6	99	3,729.0	3,098	141,651.0
5	92	4,530.9	95	3,218.7	3,095	142,963.2

금융감독원 발행, 『금융통계월보』, 2008. 6.

이고 있는데, 이와 같은 회사채발행 감소추세는 1997년 말 외환위기 이후 회사채발행시장이 무보증사채 일변도로 운용되고 있는 상황과 무관하지 않을 것으로 보인다.

3. 결어

보증사채의 문제점과 무보증사채의 한계를 보완하여 신용도가 다소 떨어지는 기업이라도 채권시장을 통하여 자금을 조달할 수 있도록 하기 위한 가장 좋은 수단이 담보부사채의 발행이다. 물론 신용등급이 다소 낮은 기업이더라도 최우량담보물을 보유하고 있는 경우에는 이러한 담보물을 유동화자산으로 하여 자산유동화를 추진하는 것이 효율적인 자금조달방법이기는 하다. 자산유동화의 경우에는 유동화증권은 자산보유자의 신용등급과 관계없이 오로지 유동화자산만 기초로 하여 신용등급이 부여되므로[23)]해당기업의 신용등급보다 높은 신용등급으로 자금을 조달할 수 있게 되어 자금조달비용을 줄일 수 있기 때문이다. 하지만 현행 자산유동화에 관한 법률(이하 '자산유동화법')은 신용등급이 일정 등급 이상인 자산보유자에게만 동법에 따른 자산유동화를 허용하고 있으므로, 자산유동화법이 개정되지 않는 한 이 방법은 현재로서는 가능하지 않은 일이다. 나아가 보유하고 있는 담보자산이 최우량자산이 아닌 경우 그 자체의 신용만으로는 최우량등급을 받을 수 없어 자산보유자의 신용보강이 필요하나, 자산보유자가 신용보강을 하다 보면 자산유동화법에 따른 진정한 양도의 조건을

23) 단, 유동화회사에 대한 유동화자산(담보물)의 양도는 진정한 양도(true sale)일 것을 전제로 한다.

충족시키지 못해 아예 자산유동화를 못하게 되는 경우가 대부분이므로, 자산보유자 자격요건이 완화되더라도 자산유동화법에 따른 자산유동화로 문제를 해결하는 데에는 한계가 있을 수밖에 없다. 이러한 점을 고려할 때, 자본시장에서 기업의 자금조달을 활성화하기 위한 일반적이고 보편적인 방안은 담보부사채의 발행을 활성화하는 것이라고 생각한다.

III. 담보부사채발행이 저조한 이유

1. 담보설정의 현실적 어려움

담보부사채신탁법은 제4조에서 사채에 붙일 수 있는 물상담보를 동산질, 증서가 있는 채권질, 주식질 및 부동산저당, 기타 법령이 인정하는 각종 저당으로 한정하고 있다. 하지만 문제는 이 가운데 어느 것도 담보부사채를 발행하고자 하는 기업이 담보로 활용하기에는 어려움이 있다는 점이다.

(1) 부동산저당 기타 법령이 인정하는 각종 저당

부동산 기타 법령이 인정하는 각종 저당의 경우에는 이러한 목적물을 사채의 담보로 붙이는 데 대한 법적 장애물은 없다. 문제는 오늘날 기업이 보유하고 있는 부동산, 기타 저당권의 목적인 자산의 대부분은 은행차입 등 여타 차입금담보로 이미 제공되어 있는 상황이므로 담보 여력이 거의 없으며, 가사 담보 여력이 있더라도 후순위담보로 취득하여야 하는 경우가 대부분이어서 사채의 신용등급을 높이는 데 별로 기여하지 못하는 상황이라는 점이다. 마땅한 담보물이 없다면, 담보부사채발행제도를 개선하는 것만으로 담보부사채발행의 활성화를 기대하기는 어려울 것이다.[24)]

물론 담보부사채신탁법 제정 이후의 경과를 고려한다면 담보부사채의 발행부진의 근본적 원인이 단지 담보부족현상 때문만이라고 하기는 어렵다. 동일한 부동산을 담보로 자금을 조달할 때 금융기관으로부터의 담보부차입보다 담보부사채의 발행이 효율적이라면 기업이 금융기관으로부터의 담보부차입을 선택할 이유가 없기 때문에 금융기관으로부터 담보부차입으로 인해 담보부사채발행시 제공할 부동산 담보가 부족하다는 것은 상당히 오랜 기간 동안 자금조달방법이 담보부차입으로 편중되었기 때문에 나타나는 결과적인 현상일 뿐, 그것이 담보부사채발행 부진의 근본적 원인이라고 할 수는 없을 것이다. 담보부사채신탁법 시행규칙 제정의 지연으로 인해 다소 출발이 늦어졌다고는 하나, 적어도 1968년부터는 담보부사채의 발행을 위한 법적 제도가 구비되었고 또 실제로 발행된 적도 있다. 또한 이 시점은 아직 우리 경제가 본격적인 성장기에 진입하기 전이므로 담보가 부족했기 때문에 담보부사채가 발행되지 않았다고 할 수는 없다. 적어도 1970년대 초반 무렵에는 단지 담보활용방법이라는 면만 고려한다면, 담보부사채발행과 금융기관으로부터의 담보부차입은 선택 가능한 기업의 자금조달수단으로서 공존하고 있었다고 하겠다. 그럼에도 그 당시 담

24) 사채는 발행과 관련된 기본 비용이 지출되어야 하므로 발행규모가 일정 수준 이상이어야 경제성이 있다. 그러다 보니 담보로 제공할 부동산이 별로 없는 한계상황에서는 그나마 얼마 남아 있지 않은 담보물조차 담보부사채발행보다는 금융기관으로부터의 담보부차입에 우선 사용될 수밖에 없다.

보부사채의 발행이라는 수단이 우선적으로 선택되지 않았던 것은, 담보가 부족했기 때문이 아니라 당시 존재하던 사채발행에 대한 여러 규제 및 채권시장의 미발달로 인해 조달비용 및 시장에서의 소화 가능성을 고려할 때 담보부사채는 그다지 효과적 대안이 못 되었기 때문이라고 할 수밖에 없다. 즉 담보가 부족해서 담보부사채가 발행되지 않은 것이 아니라 당시에는 담보부사채가 그다지 효율적 자금조달 수단이 못 되었기 때문에 기업의 자금조달은 금융기관으로부터의 담보차입이라는 수단으로 편중될 수밖에 없었던 것이다. 문제는 그런 상황이 지속되는 상황에서 어느 정도 세월이 흐르다 보니 1980년대 이후 실시된 다양한 채권시장 활성화조치로 인해 채권시장이 활성화되고 또한 담보부사채발행에 대한 규제도 대폭 완화되어 1980년대 후반에는 담보부사채가 발행될 수 있는 여러 가지 여건이 조성되었음에도, 막상 이 시점에는 이미 담보로 제공할 부동산들이 소진되어 버린 까닭에 부동산을 담보로 하는 담보부사채발행은 사실상 어려운 상황이었다는 점이다.

오늘날과 같은 현상을 초래한 근본적 원인이 무엇이건 어쨌든 현재 기업들의 부동산보유상황은 담보부사채발행시 1순위저당권을 설정해 줄 여력이 없다는 점만은 분명한 사실이다. 따라서 현 상황에서 기업의 담보부사채발행을 활성화하려면, 결국 전통적 담보물인 부동산이 아닌 다른 자산을 담보로 하여 사채를 발행할 수 있는 길을 속히 열어 주는 것이 더 시급하다고 본다.

(2) 동산질

담보부사채신탁법은 사채에 붙일 수 있는 물상담보로 저당권 외에도 동산질, 증서가 있는 채권질 및 주식질을 인정하고 있다. 따라서 법조문상으로는 굳이 기업이 보유한 부동산만이 아니라 경제적 가치가 있는 다른 재산들을 활용하여 담보부사채를 발행하는 것이 가능한 것처럼 보인다. 하지만 실제로는 부동산담보 외에 다른 재산을 활용한 사채발행은 현실적 대안은 되지 못하고 있는 실정이다. 우선 항공기나 선박과 같이 등록대상인 동산에 대한 담보설정은 저당권을 설정하는 방법으로 하도록 되어 있으나, 등록대상인 동산을 제외하고는 고가의 동산은 흔하지 않기 때문에 통상적 사채발행규모를 고려할 때 담보부사채발행시 동산질만으로 담보권이 확보되도록 하려면, 동산질의 목적이 되는 동산의 숫자가 매우 많아질 수밖에 없다. 그런데 현재 민법은 동산에 대한 질권설정의 방법으로 질권자에 대한 목적물의 인도를 요구하고 있을 뿐 아니라[25] 질권설정자에 의한 대리점유를 금지하고 있는 관계로[26] 질권설정을 위한 질물의 인도방법에서 점유개정은 제외되므로,[27] 동산질이 설정되면 질권설정자인 기업은 더 이상 해당 동산을 점유할 수 없게 된다. 따라서 기업의 영업에 활용되고 있는 동산을 동산질의 목적으로 하는 것은 사실상 불가능하다. 하지만 기업의 영업활동에 꼭 필요하지 않는 유휴동산만으로는 담보부사채의 상환을 담보하기는 역부족이므로 동산질을 설정하는 방법으로 담보부사채를 발행하는 것은 현실성이 없다.

25) 민법 제330조 참조.

26) 민법 제332조 : 질권자는 설정자로 하여금 질물의 점유를 하지 못한다.

27) 곽윤직, 민법주해 VI, 368면 참조.

(3) 증서가 있는 채권질

증서가 있는 채권질의 경우에는 질권설정계약을 체결하고 증서를 질권자에게 교부하면 질권의 효력이 발생하므로[28] 동산질의 경우처럼 질권을 설정하는 것 자체로 기업의 영업에 막대한 지장을 받는 일은 발생하지 않는다. 하지만 질권이 완전한 담보권으로서 기능을 하려면, 질권설정의 효력이 발생하는 것만으로는 부족하고 입질채권의 채무자(이하 '제3채무자') 및 제3자에 대한 대항요건을 구비하여야 한다. 현재 민법 제349조에 따르면 이러한 대항요건은 설정자가 제3채무자에게 확정일자 있는 증서로서 통지하거나 제3채무자가 확정일자 있는 증서로 승낙하여야 한다. 나아가 입질채권이 저당권에 의해 담보되어 있는 경우에는 그 저당권등기에 질권의 부기등기를 하여야 질권설정의 효력이 저당권에도 미친다.[29] 따라서 소수 채무자에 대한 수개의 고액채권을 담보로 제공하는 경우에는 별 문제가 없지만, 만일 다수의 채무자들에 대하여 보유하는 다량의 소액채권을 담보로 제공하고자 하는 경우에는 질권설정의 대항요건을 갖춘다는 것이 보통 번거로운 문제가 아니다. 수많은 채무자에게 일일이 확정일자 있는 증서로 통지를 하거나 승낙을 받아야 하며, 더욱이 그 채권이 저당권에 의하여 담보되어 있는 경우에는 질권의 부기등기까지 하여야 하기 때문이다. 하지만 소수 채무자에 대한 몇 개의 고액채권만을 담보로 하는 담보부사채의 경우에는 해당 채무자들의 신용등급이 아주 우량한 경우

---

28) 민법 제347조 참조.

29) 민법 제348조. 게다가 현재 부동산등기는 부동산소재지를 관할하는 등기소에서 신청해야 하므로 저당권 목적물이 여러 곳에 흩어져 있는 경우, 관할 등기소를 일일이 찾아다니며 등기를 해야 하므로 관련 부동산의 수가 많은 경우에는 시간과 비용이 많이 소요될 수밖에 없다.

가 아닌 한 높은 신용등급을 받기는 쉽지 않다. 또한 우량 채무자에 대한 소수의 고액채권이라면 굳이 복잡하게 담보부사채를 발행하기보다는 그냥 매각해 버리는 편이 훨씬 손쉬운 자금조달방법일 것이다. 따라서 채권을 담보로 담보부사채를 발행하고자 하는 대부분의 경우는 다수의 채무자에 대한 소액채권을 모아서 채권질을 설정하고자 하는 때[30)]일 것이므로, 질권설정절차에 관한 문제가 해결되지 않는 한 채권질을 붙여 담보부사채를 발행하는 것은 쉬운 일이 아니다. 게다가 담보부사채신탁법은 굳이 그 범위를 증서가 있는 채권질이라고 한정하여 증서의 존재를 요구함으로써 결과적으로 기업이 보유하는 채권의 상당 부분을 아예 담보대상에서 제외해 버렸다. 대출채권을 다량으로 보유하는 금융기관과는 달리 일반 기업이 보유하는 채권 중 담보가치가 있는 채권의 상당 부분은 매출채권이다. 하지만 매출채권의 경우에는 소위 채무증서가 없는 경우가 대부분이므로 가사 확정일자 있는 통지의 번거로움을 감수할 의향이 있더라도 담보부사채발행의 담보로 활용할 방법이 없는 것이다. 나아가 민법은 권리질권의 대상을 '재산권'이라고 폭넓게 규정함으로써 특허권 · 실용신안권 · 저작권 등의 무체재산권도 질권의 대상으로 인정하고 있음에도 불구하고, 담보부사채신탁법 제4조 제1항 제2호는 굳이 사채에 붙일 수 있는 물상담보를 '증서가 있는 채권질'로 한정하고 있기 때문에 현재로서는 특허권과 같은 무체재산권에 질권을 설정하는 방법으로 담보부사채를 발행할 수 있는 방법은 없다.

30) 유사한 성격의 다량의 채권으로 구성된 채권집합의 경우에는 개개의 채무자의 신용등급이 아주 높지 않아도 통계자료의 활용에 의해 부실률이 계산될 수 있으므로, 담보로 제공된 채권집합에 이러한 부실률을 적용하여 산출될 회수가능금액의 범위 내에서 담보부사채가 발행된다면 여전히 높은 신용등급을 받는 것이 가능해진다.

(4) 주식질

담보부사채신탁법 제4조 제2항에 따르면, 주식을 담보의 목적으로 하는 경우에는 금융위원회의 허가를 얻도록 규정하고 있다. 금융위원회의 허가를 받아서 설정해야 하는 담보가 빈번하게 활용될 수는 없을 것이므로 주식질 역시 실용적 대안이라고 보기는 어려운 실정이다.

(5) 결어

담보부사채신탁법은 다양한 물상담보를 열거하고 있기는 하지만, 실제로 이 중 어느 것도 기업이 손쉽게 이용할 수 있는 것이 없는 실정이다. 그 결과 담보부사채의 발행은 매우 유용한 자금조달수단이며 또한 이를 필요로 하는 기업들의 수요가 존재함에도 불구하고 실제로 발행되기는 매우 어려운 상황이다. 그러므로 담보부사채의 발행을 활성화하려면, 기업이 보유하고 있는 다양한 자산들이 보다 손쉽게 담보로 이용될 수 있는 길을 터 주는 것이 급선무라고 하겠다.

2. 신용등급 향상의 한계

사채의 신용평가등급 결정을 좌우하는 결정적 요소는 부도발생시의 예상손실액[31)]이 아니라 당해 사채의 부도발생확률(probability of default)이다. 부도발생확률이란 해당 사채의 원리금이 약정된 지급기

31) 어떤 채권이 변제기에 미지급(default)되었을 때 그 채권을 소지한 사람이 입게 되는 손실의 기대값은 부도발생확률에 부도발생시의 예상손실을 곱한 값이 된다.

일에 지급되지 못할 확률인데, 실제 신용평가등급 결정에 영향을 미치는 부도발생확률은 사채소지자의 입장에서 바라본 부도발생확률이다. 따라서 사채발행기업의 부도 여부에 상관없이 당초 약정대로 현금이 유입될 수 있는 거래구조에 따라 사채가 발행되면, 신용도가 향상된 것으로 보기 때문에 신용평가등급이 향상될 수 있다.[32] 그런데 사채에 담보를 붙이는 경우에는 담보가 없는 경우보다 부도발생시의 예상손실액은 대폭 줄일 수 있지만, 부도발생확률 자체를 낮추는 데에는 크게 기여하지 못한다. 왜냐하면 일반적인 담보부사채는 사채발행기업이 지급불능사태에 빠져 사채원리금이 적기에 지급되지 못하면 신탁회사가 담보물을 환가하여 지급을 하는 구조로 발행되나, 유가증권과 같이 쉽게 현금화할 수 있는 담보가 아닌 경우라면 신탁회사가 담보물을 환가하는 데 상당한 시간이 걸릴 수밖에 없으며, 이 기간을 단축시키려고 하면 어느 정도 가격하락을 감수하여야 하기 때문이다. 하지만 신탁회사가 담보물을 환가하여 사채권자에게 상환을 하더라도 본래의 만기를 지나 단 하루라도 늦게 지급하거나 환가과정에서의 가격하락으로 인해 전액을 지급하지 못하는 것은 사채의 신용등급 평가과정에서는 사채의 부도로 평가될 수밖에 없다. 즉 담보의 제공은 발행기업의 지급불능시 예상손실액을 감소시키는 것이 주된 기능일 뿐 사채의 신용평가등급 향상기능에는 한계가 있다고 할 수밖에 없다.[33]

32) 김동규, "담보부사채의 신용도 제고 방안," 신평이슈(2001. 4. 23), 한국신용평가 Special Report, 23면 참조.

33) 같은 취지로는 김동규, 앞의 자료, 23-24면 참조.

IV. 담보부사채의 활성화를 위한 구체적 방안

1. 기업저당제도의 도입

우리나라의 담보부사채신탁법과 유사한 내용의 담보부사채신탁법을 가지고 있는 일본은 우리나라와는 달리 담보부사채의 발행이 상당히 활성화되어 있다.[34] 일본의 담보부사채신탁법도 우리 법과 마찬가지로 사채에 붙일 수 있는 물상담보를 제한적으로 열거하고 있으며, 그 내용은 대체로 우리 법과 동일하지만[35] 우리 법에는 없는 종류의 담보가 하나 더 있는데, 그것이 바로 기업담보이다. 기업담보란 1958년 일본 경제계의 요청에 따라 기업담보법이 제정되면서 사채에 붙일 수 있는 담보로 추가된 것으로, 일본에서 담보부사채발행시 가장 많이 활용되는 담보형태의 하나라고 한다.[36] 기업담보는 기업의 총 재산을 담보로 하는 것으로,[37] 원칙적으로 일정한 재무요건을 충족하는 우량기업에 한하여 허용되고 있으며, 공정증서에 의해 설정을 하고 주식회사등기부에 그 설정을 등기하여야 하며 담보권의 실행은 총 재산의 일괄경매 또는 임의매각에 의하도록 하고 있다.[38] 기업담보는 기업담보설정 전에 설정된 선취특권 · 질권 · 저당권 및 일반담보보다는 후

34) 1980년대 초반에는 담보부사채가 전체 발행액의 95%를 차지하였다. 양경철, 앞의 논문, 50면 참조.

35) 일본의 경우는 저당권의 대상을 부동산, 선박 등 일일이 열거하여 외관상 종류는 우리보다 많아 보이나 실상은 모두 우리 담보부사채신탁법 제4조 제4호에 해당하는 내용이다.

36) 우현룡, 앞의 논문, 24면 참조.

37) 기업담보설정 후 회사재산에서 없어진 것에는 담보효과가 미치지 않는다.

38) 일본의 기업담보에 관한 자세한 사항은 우현룡, 앞의 논문, 23-25면 ; 김경환, "회사채 발행과 장기금융기관의 역할," 조사월보(1990. 7), 한국산업은행, 8-9면 참조.

순위이지만 무담보채권자보다는 우선하므로,[39] 법정담보권의 대상인 재산 및 사채발행 당시 이미 담보가 설정되어 있던 재산을 제외한 나머지 모든 기업재산에 대하여 담보를 설정한 것과 효과가 동일하다고 할 것이다. 하지만 담보설정에 관하여 공정증서를 작성하고 주식회사 등기부에 설정을 등기하는 간편한 절차에 의하여 설정되므로 기업담보제도를 이용하면 기업이 보유하는 각종 동산 및 채권을 담보로 활용하면서도 위에서 살펴본 바와 같은 동산질 및 채권질의 설정에 따른 절차적인 번거로움을 피할 수 있다. 그러므로 기업저당제도의 도입은 현재 기업들이 겪고 있는 담보설정의 어려움을 해결하는 데 도움이 될 것으로 보인다.[40]

2. 주식담보활성화

금융기관으로부터의 차입시 주식을 담보로 제공함에는 별다른 제한이 없는데[41] 굳이 사채의 담보로 제공함에 있어서 금융위원회의 허가를 받도록 하는 것은, 불특정 다수인으로 구성되는 사채투자자의

---

39) 우현룡, 앞의 논문, 25면 참조.

40) 기업담보제도 도입이 담보부사채발행 활성화에 기여하는 정도는 결국 이 담보제도를 활용할 수 있는 기업의 범위를 어떻게 설정하느냐에 달려 있다. 이 점에 관하여는 일본과 우리나라는 여러 경제적 여건이 다르므로 우리 실정에 맞는 구체적 기준을 찾기 위하여 좀 더 연구해 볼 필요가 있을 것이나, 너무 엄격한 요건을 요구하면 활용 가능성이 그다지 없을 수도 있다고 본다(초우량기업들의 경우에는 담보부사채발행의 수요가 상대적으로 적기 때문이다).

41) 물론 은행법 제38조 제5호가 특정 주식회사의 발행주식의 20%를 초과하는 주식담보대출을 금지하고 있는 것을 비롯하여 각종 금융법규에 금융기관이 대출시 담보로 잡을 수 있는 주식의 범위에 대하여 약간 제한을 두고 있는 것은 사실이나, 적어도 담보제공 자체를 허가대상으로 하고 있지는 않다.

보호를 위한 것으로 보인다.[42] 주식의 경우 수시로 가치가 변동되므로 담보물로서의 위험성이 다소 큰 것은 사실이지만, 어차피 다른 담보물이라고 해서 이러한 위험이 전혀 없는 것은 아니다. 나아가 안정성 있는 상장주식이라면 어떤 경우에는 다른 담보보다 오히려 안정적인 담보일 수도 있다. 또한 투자자보호 차원에서 본다면 정말 중요한 것은, 담보물의 종류가 무엇이냐가 아니라 담보물에 의하여 담보된 사채의 원리금이 상환될 가능성이 어느 정도인지 하는 것이다.

신용정보의 이용 및 보호에 관한 법률에 따라 사채의 신용평가업무를 허가받은 자(이하 '신용평가전문회사')가 부여하는 회사채 신용등급은 사채의 신용등급을 원리금회수 가능성 여하에 수개의 등급[43]으로 분류한 것이므로, 투자자에게 원리금회수 가능성에 대한 전문적인 정보를 제공하는 가장 좋은 수단이다. 담보부사채에 대하여 신용평가전문회사의 신용등급이 부여된다면, 그 등급은 담보물과 관련한 위험도까지 모두 고려한 결과이므로 그러한 결과에 도달하기 위한 개개의 평가대상요소의 개별적 위험성을 문제삼을 이유는 없다고 본다. 따라서 담보부사채의 공모발행시 반드시 신용평가전문회사의 신용평가절

42) 담보의 효력은 주주의 주식에 대한 재산권적 권리에만 미치므로 공익권의 일종인 의결권은 여전히 질권설정자에게 속하며 질권자는 이를 행사하지 못한다(최기원, 신회사법론, 박영사 2005, 409면). 따라서 주식질을 허용한다고 그 자체만으로 회사의 지배권에 어떤 영향을 미칠 가능성은 없다. 물론 사채가 상환되지 않아 주식이 처분되는 경우에는 주주가 변동되는 결과가 초래되지만, 주식의 자유로운 처분을 허용하고 있는 이상 질권집행의 결과 주주가 변동되는 것을 제한할 이유도 없다, 그러므로 회사의 지배권에 미치는 영향 때문에 주식질을 제한하고 있다고 보기는 어렵다.

43) 현재 한국기업평가주식회사의 무보증회사채 신용등급기준에 따르면 통상 AAA~D까지 10개 등급으로 분류되는데, AAA~BBB는 원리금상환능력이 양호하다고 인정되는 투자등급, BB~C는 상환능력이 상대적으로 의문시되는 투기등급, D는 상환불능상태를 나타낸다.

차를 거치도록 한다면, 사채의 담보가 주식이라고 해서 굳이 금융위원회의 허가를 받도록 할 이유는 없다고 생각한다.[44)]

현재 증권거래법 관련 규정은 사채의 모집 · 매출시 신용평가절차를 거칠 것을 강제하고 있지는 않으며, 다만 신용평가전문회사의 평가를 받은 경우에는 모집 또는 매출신고서에 평가의견을 추가하여 기재하고 나아가 신용평가서 사본을 첨부서류로 제출할 것을 요구하고 있다. 하지만 유가증권 인수업무에 관한 규칙 제12조 제1항은 증권회사 등이 무보증회사채를 인수하기 위해서는 반드시 두 군데 이상의 신용평가전문회사의 신용등급평가를 받을 것을 요구하고 있으므로 공모발행하는 무보증회사채의 경우에는 신용등급평가는 필수적으로 거쳐야 하는 절차이므로 무보증사채의 모집 또는 매출신고시에는 신용평가서가 제출될 수밖에 없다. 하지만 이 규칙에는 담보부사채에 관하여는 아무런 규정이 없으므로[45)] 현재로서는 담보부사채발행시 신용평가절차를 거칠 것이냐 하는 문제는 발행자의 선택사항으로 남겨져 있다. 따라서 주식담보에 관한 금융위원회의 허가요건의 삭제는 주식담보부사채의 공모발행시에도 두 군데 이상의 신용평가전문회사의 신용등급평가를 받을 것을 요구하는 방향으로 유가증권 인수업무에 관한 규칙을 개정하는 작업과 병행하여 추진되는 것이 바람직하다.[46)]

---

44) 담보물의 위험평가와 관련하여 신용평가전문회사들보다 금융위원회가 우월한 판단능력이 있다고 보기는 어려우므로 금융위원회의 허가사항으로 한다고 해서 투자자의 보호가 증대될 것 같지는 않다.

45) 유가증권 인수업무에 관한 규칙 제2조 제1항은 "'무보증사채'라 함은 보증사채(법시행령 제3조 제1항 각 호의1에 해당하는 금융기관 등이 원리금의 지급을 보증하는 사채를 말한다) 및 담보부사채(담보부사채신탁법에 의하여 발행되는 사채를 말한다)를 제외한 사채를 말한다"라고 명시적으로 규정하고 있으므로 무보증사채에 관한 규정이 직접 적용될 수는 없는 상황이나, 동 규정에는 달리 담보부사채에 관한 규정은 없다.

46) 신용평가절차를 거치지 않고 사모로 발행하는 경우에는 투자자를 기관투자자로 한정

3. 무체재산권에 대한 질권설정 허용

특허권이나 저작권 같은 무체재산권을 사채의 담보로 제공하는 것을 제한하여야 할 합리적 근거를 찾기는 어렵다. 그럼에도 담보부사채신탁법이 이를 허용하고 있지 않은 것은 입법의 미비가 아닌가 생각된다.

4. 채권질설정시 채무증서요건 완화

담보부사채신탁법이 채권의 경우에는 증서의 존재를 요구하고 있는 것은 아마도 확실하게 존재하는 채권에 대하여만 질권을 설정할 수 있도록 함으로써 담보가 안정적으로 확보되도록 하기 위함이 아닌가 생각된다. 하지만 채권의 존재는 굳이 채무증서가 없더라도 다른 방법에 의하여 얼마든지 입증이 가능하며, 나아가 채무증서가 존재한다고 해서 채권의 존재 여부에 관한 모든 위험이 사라지는 것도 아니므로, 채무증서가 없는 경우라고 해서 일률적으로 금지하기보다는 신용평가의 문제로 남겨 두는 것이 바람직하다.

자산유동화법에 따라 금전채권을 유동화자산으로 하여 유동화증권을 사채 형태로 발행하는 경우, 유동화사채의 성격 및 기능은 경제적

한다면, 주식담보를 허용하더라도 별 문제는 없을 것이라고 생각된다. 나아가 입법론으로는 사실 주식담보의 경우만이 아니라 모든 담보부사채 공모발행시에는 신용평가절차를 거치도록 하는 것이 합리적이라고 본다. 금융기관이 보증하는 보증부사채의 상환능력은 금융기관의 상환능력에 좌우되므로 굳이 평가절차를 거치지 않아도 무방하나, 담보부사채는 담보가 주식이 아니더라도 여전히 일반투자자들이 해당 사채의 원리금 상환능력에 관한 정보를 입수하기는 쉽지 않으므로 모든 담보부사채의 공모발행시에는 무보증사채와 마찬가지로 신용평가절차를 거치도록 요구하는 것이 투자자보호 차원에서 바람직하다고 생각한다.

인 면에서는 유동화자산인 금전채권을 담보로 하는 담보부사채와 사실상 동일하다. 하지만 자산유동화법은 유동화자산이 될 수 있는 채권의 요건으로 증서를 요구하고 있지 않으며, 그동안 금전채권을 유동화자산으로 하는 수많은 유동화증권이 발행되어 왔지만 유동화자산과 관련하여 증서가 존재하지 않는다는 이유로 어떤 문제가 야기된 적은 없는 것으로 알고 있다. 그렇다면 담보부사채신탁법상 채권질을 설정하기 위하여 증서의 존재가 요구되어야 할 합리적 이유를 찾기 어렵다.

5. 채권질설정을 위한 제3자 대항요건에 대한 특례도입

다량의 소액채권을 담보로 붙이고자 하는 경우에는 현재로서는 수많은 채무자에게 일일이 확정일자 있는 증서로 통지를 하거나 승낙을 받아야 하나, 사실 관련채무자의 수가 많은 경우에는 이는 매우 번거로운 절차이다. 따라서 자산유동화법 제7조와 유사한 특례조항을 두어 금융위원회에 질권설정을 등록할 경우 질권설정과 관련된 제3자에 대한 대항요건을 갖춘 것으로 간주하면, 채권을 담보로 하는 담보부사채발행에 큰 도움이 될 것으로 생각된다. 어차피 민법상 절차에 따르더라도 제3자가 질권이 설정되었다는 통지를 직접 받는 것은 아니므로 이 절차의 의미는 제3자에 대한 관계에서는 질권설정자와 질권자 간에 허위로 질권의 존재를 조작할 가능성을 방지하기 위한 것에 불과하므로, 자산유동화의 경우와 동일하게 금융위원회에 질권설정을 등록하면 제3자에 대한 대항요건을 취득하는 것으로 하더라도 제3자의 이해가 침해되는 것은 아니다. 다만, 금융위원회에 대한 등록만으로 입질채권의 채무자인 제3채무자에 대한 대항요건까지 구비하도록 하는 것은 제3채무자의 이익을 지나치게 침해하는 것이므로 제3채무자에 대한 대항요건은 민법의 규정에 따르도록 할 수밖에 없다고 본다. 하지만 질권설정계약을 통해 입질채권으로부터의 추심은 사채발행인의 특정계좌를 통해서만 하도록 하고[47] 이 계좌에 대하여 신탁회사가 질권을 설정하면, 굳이 제3채무자에 대한 대항요건을 갖추지 않더라도 사채원리금상환을 위한 담보확보에는 별 문제가 없으리라고 생각된다.[48] 따라서 담보부사채신탁법에서 금융위원회에 등록하면 제3자에 대한 대항요건을 구비하는 것으로 인정해 주기만 하더라도 채권을 담보로 하는 담보부사채발행에는 많은 도움이 될 것으로 생각된다.

6. 신용등급 향상을 위한 일시적 신용공여

우량담보의 제공에도 불구하고 담보물의 환가에 소요되는 시간 때문에 사채의 신용등급 향상이 제한되는 문제는 부도시점부터 담보물 환가 완료시점까지의 시차를 금융기관의 일시적 신용공여로 충당할 수 있다면 해결될 수 있는 문제이다. 즉 사채발행기업이 어떠한 이유로든 원리금을 적기에 지급하지 못하는 경우, 신용공여기관이 대신 지급한 후 담보물을 환가한 금원으로부터 우선적으로 회수하는 구조로 담보부사채를 발행하면 사채권자는 신용공여기관이 부도가 나는

47) 질권설정계약을 통해 부득이하게 계좌입금 이외의 방법으로 추심된 금원은 즉시 계좌에 입금할 의무를 부여하여야 할 것이다.

48) 대신 담보부사채발행 이후 사정변경으로 인해 제3채무자에게 대항요건을 갖출 필요가 있는 경우, 이를 구비할 수 있도록 신탁계약에는 사채발행자에게 협조의무를 부과하는 규정을 둘 필요가 있을 것이다.

경우를 제외하고는 사채발행기업의 부도 여부와 관계없이 사채원리금을 약정된 지급기일에 지급받을 수 있으므로 사채의 신용도가 향상될 수 있다.[49] 이 경우 신용공여기관의 지위는 보증부사채의 보증기관과 유사하기는 하나, 보증부사채의 경우와는 달리 실제로 자금이 제공되는 기간이 단기에 불과하므로 이러한 신용공여로 인해 사채만기가 단축될 가능성은 적으며, 나아가 보증부사채보다 저렴한 수수료만으로 신용공여가 가능하므로 발행기업의 비용부담도 절감될 수 있을 것으로 생각된다.

7. 커버드본드 도입에 대한 논의

2007년 말부터 세계금융시장을 강타하기 시작한 서브프라임사태로 장기 외화조달에 차질이 빚어지자 국내 금융기관들은 그 대안으로 커버드본드의 발행을 검토하여 왔으며, 최근에는 금융위원회에 커버드본드발행을 허용해 달라는 내용의 법제정 건의안을 제출하였다.[50] 금융위원회는 최근 이러한 요청을 받아들여 커버드본드 도입에 관한 법률안을 내년 2월 국회에 제출할 예정이라는 입장을 표명하였다.[51]

커버드본드란 유럽금융기관의 전통적 담보부 자금조달방식으로, 투자자는 발행자(대부분 은행)에 대한 상환청구권을 보유할 뿐 아니라 나아가 담보자산(cover pool)에 대하여 발행자(담보제공자)의 도산절차에 영향을 받지 않는 배타적 우선변제권을 보유하는 특수한 형태의

49) 김농규, 앞의 자료, 21면 참조.

50) 머니투데이, "유럽투자자, 韓 커버드본드시장 눈독," 2008. 3. 12. ; 머니투데이, "은행들, 커버드본드 발행 허용해달라," 2008. 6. 13. 참조.

51) "은행 커버드본드 내년 하반기 도입될 듯," 2008. 6. 12. 참조.

담보부사채이다. 즉 커버드본드는 사채와 유동화증권의 특성을 동시에 보유하는 하이브리드채권으로, 그 핵심은 발행자와 담보물에 대한 독립적 이중청구권(dual recourse)이라고 할 수 있으며,[52] 발행근거법률의 유무에 따라 특정 법률에 근거하여 발행되는 법정커버드본드(statutory covered bond)[53]와 근거법은 없으나 담보제공자의 도산으로부터 담보물을 절연시키도록 고안된 거래구조를 이용하여 발행되는 구조화커버드본드(structured covered bond)로 구별할 수 있다. 우리나라의 경우 구조화커버드본드의 발행은 현존하는 법체제하에서도 가능하다. 대법원 판례에 따르면, 위탁자가 자기 소유의 재산에 대하여 수탁자와 관리처분신탁을 체결하여 신탁재산에 대한 소유권을 대내외적으로 수탁자에게 완전히 이전한 다음 다시 수탁자로 하여금 신탁재산 위에 위탁자의 채권자의 채권을 위하여 담보권을 설정하도록 하는 경우 수탁자는 결국 위탁자를 위한 물상보증인의 지위를 보유하게 되므로, 채권자가 신탁재산에 대하여 갖는 담보권은 '정리회사 이외의 자가 정리채권자 또는 정리담보권자를 위하여 제공한 담보'에 해당되어 위탁자에 대한 정리계획이 여기에 영향을 미칠 수 없다고 하고 있기

52) 담보자산만이 아니라 발행자의 총 자산이 책임재산으로 된다는 점에서는 일반 사채와 유사하나, 본래 담보자산(즉 유동화자산)을 소유하던 자산보유자의 도산으로부터 절연된 상태의 담보자산에 대하여 투자자가 배타적인 우선변제권을 보유한다는 점에서는 유동화증권과 유사한 면이 있다. 커버드본드의 개념 및 특성에 관한 자세한 설명은 김필규, "Covered Bond 도입논의에 대한 의견," 한국증권연구원 Working Paper(2008. 7), 1-7면 ; 김형준, "Covered Bond 발행구조," 한국기업평가 보고서(2008. 7. 2), 1-8면 참조.

53) 법정커버드본드는 근거법규 자체에서 은행부도시 타 채권자의 커버풀에 대한 권리행사를 법률적으로 제한하고 있기 때문에 구조화커버드본드에 비해 안정성이 높다. 현재 커버드본드법이 정비된 국가로는 독일, 프랑스, 스페인, 아일랜드, 룩셈부르크, UK 등 20여 개국이 있다. 김형준, 앞의 보고서, 4면 참조.

때문이다.[54] 따라서 금융기관이 보유하는 자산에 대하여 관리처분신탁계약을 체결한 후 이 신탁재산에 대한 질권을 설정하는 방식으로 금융기관이 담보부사채를 발행하면, 사채발행자인 금융기관이 사채원리금에 대하여 상환의무를 부담하는 동시에 담보물인 신탁재산은 사채를 발행한 금융기관의 도산절차로부터 절연되는 소위 구조화커버드본드의 발행이 가능한 것이다.[55]

하지만 EU UCITS(undertakings for collective investment in transferable securities) Directive(1988) 및 EU의 CRD(capital requirement directive)는 각각 커버드본드가 낮은 위험가중치의 적용, 특정 발행자가 발행한 채권에 대한 투자한도의 확대 등의 혜택을 받기 위한 요건으로서 커버드본드가 특정 법률체계에 의해 규제받을 것을 요구하고 있다.[56] 나아가 금

---

54) 대법원 2003. 5. 30. 선고 2003다18685 판결 ; 대법원 2001. 6. 12. 선고 99다1959 판결 ; 대법원 2001. 7. 13. 선고 2001다9267 판결 등 참조.

55) 다만, 이는 현재의 담보신탁에 관한 대법원판례의 입장이 그대로 유지되는 것을 전제로 한다. 하지만 현재 대법원 판례의 입장에 대하여서는 결론의 타당성에 의문을 가지는 견해도 있으므로 대법원 판례의 입장이 바뀔 가능성을 얼마든지 있다. 그러한 경우, 영 · 미 국가에서 발행되는 구조화커버드본드처럼 커버드본드발행자와는 별도로 오로지 담보물을 소유하고 커버드본드에 대하여 보증하는 것만을 목적으로 하는 SPC를 개입시키는 등 보다 복잡한 구조를 이용하여야 할 수밖에 없을 것이다.

56) EU UCITS Directive(1988)의 Article 22 (4)는 커버드본드가 낮은 위험가중치 적용, 특정 발행자가 발행한 채권에 대한 투자한도의 확대 등의 혜택을 인정받기 위한 요건으로 근거법규의 존재 외에도 i) 커버드본드발행인이 여신기관(credit institution)일 것, ii) 발행기관은 특정 공공감독당국의 규제를 받을 것, iii) 적격 담보자산은 법에서 정의한 것일 것, iv) 담보자산풀은 커버드본드의 만기 동안 채권보유자의 청구권을 변제할 수 있을 정도의 충분한 담보를 제공할 수 있을 것, v) 채권보유자는 발행인이 부도에 직면할 경우 담보자산풀에 대한 우선변제권을 가질 것을 요구하고 있다. 한편 CRD는 커버드본드의 정의와 담보자산에 대해 좀 더 구체적으로 규정하여 UCITS의 규정을 보완하고 있는바, CRD가 요구하는 담보적격은 유럽지역의 중앙정부 · 중앙은행 · 공공기관 등이 발행하거나 보증한 자산, 유럽 외 지역 중앙정부 및 중앙은행 · 국제기관 · 공공기관 · 지방정부 등에 대한 대출 또는 이들이 보증한 자산 중 AA-등급 이상인 자산, LTV가 80% 이하인 주거용 부동산담보대출, LTV가 60% 이하인 상업용 부동산담보대

융기관이 발행하고자 하는 커버드본드의 커버풀은 대체로 저당권부 대출채권으로 구성될 예정인바, 구조화커버드본드의 경우에는 저당권부 대출채권을 수탁자에게 이전하는 과정 및 신탁재산인 대출채권에 대하여 질권을 설정하는 과정에서 각 채무자를 상대로 대항요건〔각 대출채권 채무자에 대한 확정일자 있는 통지(또는 승낙) 및 저당권에 대한 부기등기절차〕을 일일이 거쳐야 하는 절차상의 번거로움이 있다. 따라서 금융기관들이 커버드본드의 발행을 통해 조달비용을 최소화하고자 한다면, 구조화커버드본드 발행만으로는 부족하고 커버드본드의 발행을 제도적으로 뒷받침하는 법규의 정비가 필요한 것은 사실이다. 다만, 현재 우리나라의 금융시장의 여건을 고려할 때 커버드본드 제도의 도입이 국내 금융시장에 과연 긍정적 영향을 미칠 것인지 여부는 이 글의 목적을 벗어난 것으로서 이에 대하여는 금융전문가들의 신중한 검토가 필요하다고 할 것이다.

V. 맺음말

유통시장에서의 전체 채권의 월평균 거래규모는 1998년에는 58조 원에 불과하였으나, 2005년에는 285조 원으로 크게 증가하였다. 그럼에도 회사채의 경우 1998년에 31조를 넘던 월평균 거래규모가 2005년에는 약 9조 9,000억 원 정도로 줄어드는 현상을 보이고 있다.[57] 회사채의 거래규모가 감소하는 주된 원인 중 하나는 외환위기 이후 회사

출 등으로 한정하고 있다. 자세한 사항은 김필규, 앞의 보고서, 26-33면 참조.

57) 한국은행, 앞의 책, 210면 통계자료 참조.

채발행이 보증부에서 무보증부로 전환되었기 때문인 것으로 보인다. 무보증사채는 투자자의 위험부담이 너무 커서 투자자의 보호를 위해서는 발행자를 최우량기업으로 한정하는 등 엄격한 제한하에서만 허용될 수밖에 없으므로, 채권발행시장이 무보증사채 일변도로 운용되면 아무래도 회사채발행은 위축될 수밖에 없다. 이러한 상황을 타개할 수 있는 가장 좋은 대안 중 하나가 담보부사채의 발행이지만, 앞에서 검토한 바와 같이 담보부사채신탁법이 안고 있는 문제점들로 인해 담보부사채신탁법은 거의 활용되지 않고 있는 실정이다. 담보부사채신탁법은 담보부사채의 발행을 촉진하기 위하여 제정된 법이다. 그럼에도 담보부사채의 발행에 관한 몇몇 비현실적 법조항이 사실상 담보부사채의 발행을 가로막고 있다면 조속한 개정을 통해 본연의 기능을 할 수 있도록 하여야 할 것이다.

제10장

유럽의 커버드본드제도에 관한 고찰*

정소민**

I. 서론

서브프라임사태로 미국의 자산유동화시장이 침체된 가운데 주택저당증권(mortgage-backed securities)의 발행금리가 높아지면서 주택저당채권(residential mortgage)의 유동화 방법으로 유럽 각국에서 발행되는 커버드본드(covered bonds)에 관한 관심이 높아지고 있다. 커버드본드는 기본적으로 일반 채권(straight bond)의 성격을 가지면서 발행기관이 도산하는 경우, 사채권자들이(covered bondholders) 발행기관이 제공한 분리된 담보자산(ring-fenced cover assets)에 대하여 우선적 청구권(preferential right)을 가지는 담보부증권이다.

---

* 이 논문은 BFL 제30호(2008. 7)에 게재되었다.
** 한국외국어대학교 법과대학 조교수

유럽에서는 커버드본드가 예금과 더불어 저당권부 대출시장의 주요 자금조달수단으로 활용되어 왔다. 독일은 19세기부터 다양한 자산을 활용하여 'Pfandbriefe'라는 커버드본드를 발행하였는데, 2005년 7월 18일 다양한 커버드본드를 통합하여 규율하는 Pfandbriefgesetz(이하 'Pfandbrief법' 또는 'PfandBG')를 제정함으로써 커버드본드 발행에 관한 법제도를 완비하였다. 프랑스 역시 독일과 마찬가지로 19세기부터 'Obligations Foncières'라는 다양한 담보자산을 이용한 커버드본드를 발행하여 왔다. 프랑스도 1999년 6월 25일 기존의 법률을 개정하여 커버드본드를 규율하는 법제도를 정비하였고, 2001년 법령 통합을 통하여 현재는 금융법(Code Monétaire et Financier)이 커버드본드를 규율하고 있다. 이와 같이 유럽 각국은 커버드본드를 지칭하는 고유의 명칭(독일에서는 Pfandbriefe, 프랑스에서는 ObligationsOnciéres, 스페인에서는 Cedulas Hipotecarias 등)을 가지고 있고, 이를 규율하는 법제도도 나라마다 차이가 있다. 한편 영국은 2003년 이래 커버드본드를 규율하는 특별법 없이 독일, 프랑스 등 유럽 대륙에서 발행되는 법정 커버드본드(statutory covered bond)와 유사한 법적 · 경제적 효과를 가져오도록 금융구조를 설계하여 구조화 커버드본드(structured covered bond)를 발행하여 왔고, 2008년 3월에 커버드본드를 규율하는 법령(The Regulated Covered Bonds Regulations 2008)을 제정하였다.

유럽 각국에서 커버드본드 발행시장이 급격하게 성장하고 이에 관한 법제도가 정비된 이유는 커버드본드가 발행기관의 도산시에 분리된 담보자산(ring-fenced cover assets)으로부터 우선 변제를 받을 수 있어 높은 신용평가를 받을 수 있고, 통상 큰 규모로 여러 번 발행될 수 있어 자금조달비용을 크게 절약할 수 있었기 때문이다. 또한 커버드본드는 소요자기자본을 많이 요구하지 않는 높은 신용등급의 유동자산에 해당하여 엄격한 소요자기자본의 제약을 받는 투자자들에게는 커버드본드가 매력적인 투자상품이 될 수 있었다.

현재 우리나라에서도 금융기관을 중심으로 커버드본드를 통한 자금조달 가능성에 관한 논의가 진행되면서 유럽의 커버드본드 발행제도에 관한 관심이 높은 것으로 보도되었다. 이 글에서는 유럽 국가 중에서 법정 커버드본드를 가장 활발하게 발행하고 있는 독일의 Pfandbriefe에 관한 법체계와 2008년 3월 커버드본드에 관한 법령이 제정되기 이전 구조화금융을 통하여 법정 커버드본드와 유사한 법적 · 경제적 효과를 달성하도록 발행된 영국의 구조화 커버드본드의 발행제도를 중심으로 유럽의 커버드본드에 관하여 소개하고자 한다.

II. 커버드본드의 개념

커버드본드는 일반적으로 금융기관(주로 은행)이 발행한 채권(straight bond)으로서 발행기관의 도산시 사채권자에게 담보자산(ring-fenced cover assets)에 관한 우선적 청구권(preferential right)이 부여된 채권이라고 정의할 수 있다.[1)] 유럽 각국이 도입한 커버드본드에 관한 제도는 서로 상이한 점이 있지만, 대체로 집합적 투자에 관한 법령인 유럽연합(European Union)의 UCITS Directive(Undertakings for Collective Investment in Transferable Securities Directive) 제22조 (4)항의 커버드본드에 관한 정

1) Jonathan Golin, Uncovering Covered Bonds, in Covered Bonds beyond Pfandbriefe : Innovations, Investment and Structured Alternatives (Jonathan Golin et al. eds., 2006), pp.12-15. ; European Covered Bond Council, About Covered Bonds, available at http://ecbc.hypo.org/Content/ Default.asp?PageID=311.

의를 따르고 있다.[2)] UCITS Directive가 제시하는 커버드본드는 i) 발행기관이 여신기관일 것, ii) 발행기관이 특별한 공적 감독(special public supervision)을 받을 것, iii) 커버드본드가 이를 규율하는 특별법에 따라 발행되었을 것, iv) 적격담보자산(eligible cover assets)이 법에 규정되어 있을 것, v) 담보자산은 커버드본드의 만기까지 투자자들의 채권을 담보하기에 충분하도록 제공될 것, vi) 발행기관의 도산시 커버드본드 투자자들이 담보자산에 대하여 우선적 청구권을 가질 것이다. 커버드본드를 규율하는 유럽연합의 또 하나의 법령은 신자본요건령(new Capital Requirements Directive)인데, 이 법령에 의하면 다음과 같은 요건을 갖춘 커버드본드를 금융기관이 보유하는 경우 감소된 위험가중치(reduced risk weighting)의 적용을 받는 이점을 누릴 수 있다. 즉 i) UCITS Directive 제22조 (4)항의 요건을 충족할 것, ii) 담보자산(cover assets)은 정부 · 중앙은행 · 공공기관에 대한 채권, 주택 또는 상업용 저당채권(residential or commercial mortgages), 선순위 주택저당증권(mortgage-backed securities) 또는 선박에 의해 담보되는 대출채권 등일 것, iii) 담보자산이 저당채권인 경우 발행기관은 반드시 저당목적물 평가와 감독에 관한 최저 기준을 충족할 것이라는 요건을 만족시킬 때 신자본요건령에 따라 감소된 위험가중치(risk weighting)의 적용을 받는 커버드본드로서 인정받는다.[3)]

2) 유윤주, "주택저당대출자산 유동화 시스템 개선 방안," 연구보고서, 2005. 4, 한국증권연구원, 113면.

3) European Covered Bond Council, About Covered Bonds, available at http://ecbc.hypo.org/Content/Default.asp? PageID=311. 다만, 신자본요건령에서는 예외조항을 두어 UCITS Directive 제22조 제4항의 요건을 충족하면서 2007년 12월 31일까지 발행된 커버드본드의 경우에는 그 커버드본드의 만기까지 감소된 위험가중치의 적용을 받을 수 있도록 하였다(new Capital Requirement Directive, Annex VI, Part I, Point 70).

UCITS Directive 제22조 (4)항과 신자본요건령에서는 커버드본드를 규율하는 특별법이 존재하는 것을 전제로 그 법률에 따라 커버드본드를 발행한 경우만 커버드본드라고 정의하고 있으나, 커버드본드에 관한 법령을 제정하지 않고 구조화금융기법을 이용하여 발행하는 구조화 커버드본드도 커버드본드에 포함시켜 논의하는 것이 일반적이다.[4] 다만, 특별법에 따라 발행되었는지 여부에 따라 크게 법정 커버드본드와 구조화 커버드본드로 분류하고 있다.[5] 한편 커버드본드의 담보자산으로는 주택저당채권(residential mortgage) · 상업용 건물 저당채권(commercial mortgage) · 공공부문 대출채권 등 신용도가 우량한 자산이 이용되고 있는데, 그 담보자산이 저당채권인지 공공부문 대출채권인지에 따라 저당권형 커버드본드(mortgage-type covered bonds)와 공공부문형 커버드본드(public sector-type covered bonds)로 분류하기도 한다.[6]

III. 커버드본드와 유동화증권의 비교

커버드본드와 자산유동화거래(asset-backed securitization)에서 발행되는 유동화증권(ABS, asset-backed securities)은 많은 유사점을 가지고 있

4) 다만, 구조화 커버드본드는 특별법에 따라 발행된 커버드본드가 아니므로 구조화 커버드본드를 보유하는 금융기관은 신자본요건령상 감소된 위험가중치(10%)의 적용을 받을 수 없다. 즉 금융기관이 독일의 Pfandbrief를 보유하는 경우 신자본요건령에 따라 10%의 위험가중치를 적용받게 되나, 영국의 구조화 커버드본드를 보유하는 경우에는 20%의 위험가중치의 적용을 받는다.

5) Jonathan Golin, 앞의 논문, 12-15면 ; Frank Packer et al., The Covered Bond Market, BIS Quarterly Review, 2007. 9, p.44.

6) Jonathan Golin, 앞의 논문, 16면.

〈표 1〉 법정 커버드본드와 유동화증권(ABS)의 주요 차이점[7)]

	법정 커버드본드	유동화증권
발행 동기	자금 조달	위험 경감, 소요자본 경감, 자금조달
발행기관	자산보유자(originator)	특수목적회사 (SPC, special purpose company)
자산보유자에 대한 상환청구권	있음	없음
회계처리	담보자산은 담보등록되어 발행기관의 다른 자산과 분리되나, 발행기관의 재무제표에는 남아 있음	유동화자산은 특수목적회사(SPC)로 양도되어 자산보유자의 재무제표에서 없어짐
발행기관의 소요자본에 미치는 영향	없음	소요자본 경감
적격자산 또는 적격 발행기관에 관한 제한	있음	일반적으로 없음
자산의 관리	일반적으로 동적 자산 (dynamic asset pool)	일반적으로 정적 자산 (static asset pool)
자산의 투명성	제한적(그러나 수탁자 또는 신용평가기관이 정기적으로 관리 · 감독)	일반적으로 투명성이 높음
자산의 조기상환	담보자산이 조기상환되는 경우 다른 자산으로 교체되므로 pass-through 없음	일반적으로 pass-through
Tranching	없음	있음
이자 지급	고정금리가 대부분	변동금리가 대부분

자료 : BIS Quarterly Review, September 2007.

다. 논의의 편의를 위하여 법정 커버드본드와 유동화증권을 비교하기로 한다. 법정 커버드본드와 유동화증권의 가장 큰 유사점은 투자자에게 사채의 원리금 지급을 담보하기 위하여 일정한 담보를 제공한다는 점이다. 한편 가장 큰 차이점은 법정 커버드본드의 투자자보호는

7) Frank Packer et al., 앞의 논문, 45면.

법률에 정해진 바에 따라 이루어지는 반면, 유동화증권의 경우에는 발행기관과 투자자 사이의 권리 · 의무가 계약에 의하여 규율되고 투자자를 어느 정도로 보호할 것인지에 관하여 당사자들은 상황에 맞게 조절할 수 있다는 점이다. 앞의 〈표 1〉은 법정 커버드본드와 유동화증권의 주요 특징을 서로 비교한 것인데, 이를 기초로 둘 사이의 구체적인 차이점에 대하여 논의하기로 한다.

1. 회계 처리 및 자산보유자에 대한 상환청구권

자산유동화거래에서는 자산보유자(originator)가 진정한 양도(true sale)를 통하여 유동화자산을 특수목적회사(SPC, special purpose company)에 양도하고 특수목적회사는 유동화자산을 책임재산으로 삼아 유동화증권을 발행하므로 유동화자산은 더 이상 자산보유자의 재무제표에 남아 있지 않게 된다.[8] 그러나 커버드본드의 발행에서 담보자산은 커버드본드 발행 후에도 계속 자산보유자의 재무제표에 남아 있으면서 커버드본드의 원리금 지급채무를 담보하게 된다.[9] 커버드본드의 투자자들은 자산보유자인 발행기관에 대하여 상환청구를 할 수 있고, 발행기관의 도산시에는 담보자산(cover assets)에 대하여 우선적 청구권을 가지는 이중상환청구권(dual recourse)을 가진다.[10] 그러나 유동화증권의

8) 이 점에서 통상의 자산유동화거래를 부외 자산유동화거래(off-balance sheet securitization)라고도 부른다.

9) 이 점에서 커버드본드의 발행을 부내 자산유동화거래(on-balance sheet securitization)라고도 부른다.

10) Jonathan Golin, 앞의 논문, 18면 ; 장철영, "Covered Bond 시장 및 도입효과에 관한 연구," 주택금융월보(2008. 3), 7면 ; 이다니엘, "해외 커버드본드 현황과 시사점," 월간 하나금융(2008. 5), 28면.

경우 유동화증권 투자자들은 일반적으로 자산보유자에 대하여 상환 청구권을 가지지 못하고, 유동화증권의 원리금 지급채무는 유동화자산에 의해서만 담보된다.

2. 파산절연성(Bankruptcy Remoteness)

커버드본드의 경우, 담보자산은 커버드본드 발행 이후에도 자산보유자의 대차대조표에 계속 남지만, 담보자산은 일반적으로 자산보유자의 파산절차로부터 분리되고(bankruptcy-segregated), 발행기관이 파산하였다고 해서 커버드본드의 원리금 지급채무가 바로 기한의 이익을 상실하지는 않는다. 또한 커버드본드를 규율하는 유럽 각국의 법은 자산보유자의 파산시에 커버드본드 투자자들에게 담보자산에 대한 우선적 청구권을 인정하고 있다. 따라서 발행기관의 파산시 커버드본드 투자자들은 파산재단에 귀속되지 않는 담보자산으로부터 커버드본드의 원리금을 예정대로 지급받을 수 있게 된다. 한편 자산유동화거래에서도 유동화자산은 특수목적회사(SPC)에 진정하게 양도됨으로써 더 이상 자산보유자의 재무제표상에 남아 있지 않게 되어 자산보유자가 파산하더라도 유동화자산은 자산보유자의 파산재단에 귀속하지 않게 된다.[11)]

3. 담보자산과 유동화자산(ABS assets)의 차이점

자산유동화거래에서 유동화자산은 일반적으로 유동화거래의 자산

11) Jonathan Golin, 앞의 논문, 18면 및 33면.

확정일(cut-off Date)에 특정된 유동화자산으로 고정된다는 점에서 고정자산 풀(static asset pool)인 반면, 커버드본드 발행시 담보자산은 일반적으로 담보자산의 연체가 발생하는 경우 또는 담보자산이 조기상환되는 경우 다른 자산으로 교체된다는 점에서 동적 자산 풀(dynamic asset pool)이다.[12)] 담보자산은 유동 · 교체될 수 있기 때문에 이질적인 조건을 가진 자산이 섞여서 존재하게 된다. 그러나 유동화자산은 일반적으로 고정자산 풀에 해당하기 때문에 그 조건이 동질적인 경우가 많다. 이와 같이 담보자산은 동적 자산 풀인 경우가 일반적이므로 커버드본드의 투자자를 보호하기 위하여 담보자산의 관리 및 건전성 유지 등을 위한 보다 엄격한 감시 및 관리제도를 마련하고 있다.[13)]

4. 자산 · 부채관리(asset-liability management) 및 담보자산 감시제도

커버드본드를 규율하는 특별법은 담보자산의 자산 · 부채 비율 및 담보자산 감시제도(pool monitoring requirements)에 관하여 명문 규정을 두고 있다. 일반적으로 커버드본드의 투자자는 발행기관의 도산에도 불구하고 담보자산이 특별법에 규정된 조건을 충족하는 한 커버드본드의 원리금지급채무는 기한의 이익을 상실하지 않고 투자자는 원래의 이행기에 원리금을 지급받게 된다. 한편 자산유동화거래에서는 자산 · 부채관리 및 유동화자산 감시제도는 법에 규정되어 있다기보다

12) Jonathan Golin, 앞의 논문, 19면 ; Frank Packer et al., 앞의 논문, 44면 ; 장철영, 앞의 논문, 8면.

13) Jonathan Golin, 앞의 논문, 19면.

는 전적으로 당사자 합의에 의하여 규율된다.[14]

5. 기한이익 상실사유

커버드본드의 기한이익 상실사유(acceleration events) 는 통상 관련 법률에 규정되어 있는 경우가 많다. 커버드본드 관련 법률은 일반적으로 담보자산이 법에서 정한 일정한 조건을 충족하는 한 발행기관이 도산하더라도 커버드본드의 원리금지급채무는 기한의 이익을 상실하지 않고 원래의 이행기에 원리금의 지급이 이루어지도록 규정하고 있다. 한편 유동화증권의 경우에는 기한이익 상실사유를 일반적으로 관련 계약에서 정하고 있다.[15]

6. 신용보강

커버드본드 발행의 경우, 관련 법률에 초과담보와 기타 신용보강(credit enhancement)에 관한 요건을 명문으로 규정하고 있다. 한편 자산유동화거래의 경우, 신용보강은 전적으로 거래당사자 사이의 계약으로 규정된다.[16]

14) Jonathan Golin, 앞의 논문, 19면.
15) Jonathan Golin, 앞의 논문, 19면.
16) Jonathan Golin, 앞의 논문, 19면.

IV. 독일의 커버드본드의 발행제도

독일은 유럽 최대의 커버드본드(Pfandbriefe) 발행국으로서 2005년 7월 다양한 형태의 커버드본드의 발행을 통합하여 규율하는 Pfandbrief법(Pfandbriefgesetz)을 제정하였다. 독일에서 발행되는 커버드본드는 저당권형 커버드본드(HypothekenPfandbriefe)와 공공부문에 대한 대출자산을 담보로 발행되는 공공부문형 커버드본드(Öffentliche Pfandbriefe), 선박 커버드본드(Schiffs Pfandbriefe) 세 종류가 있다. 아래에서는 Pfandbrief법을 중심으로 독일의 저당권형 커버드본드의 발행제도에 관하여 살펴보기로 한다.

1. 발행구조

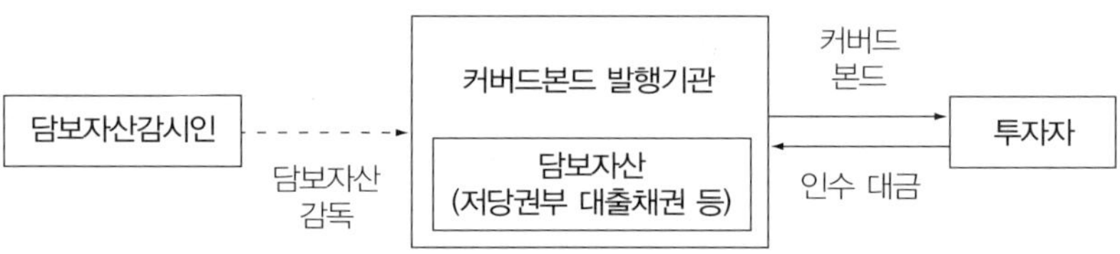

〔그림 1〕 법정 커버드본드 발행구조[17)]

2. 발행기관

Pfandbrief법(Pfandbriefgesetz) 이전에 저당권부 대출채권을 담보자산

17) 이다니엘, 앞의 논문, 30면.

으로 한 커버드본드(Hypotheken Pfandbrief)의 발행을 규율하던 종전 모기지은행법(HBG, Hypothekenbankgesetz)에서는 커버드본드의 발행기관에 '전문은행원칙(specialist bank principle)'을 적용하여 규제하였다. 전문은행원칙이란, 발행기관의 업무범위를 특정 분야로 한정하는 원칙인데, 종전 모기지은행법에 따라 모기지은행은 주택저당대출 · 공공부문 대출 또는 저당대출과 연관이 깊고 위험이 낮은 부동산 컨설팅 · 부동산 평가 등의 업무에 특화하여야 했다.[18] 이는 발행기관의 업무범위를 특정 분야로 한정하여 위험성이 높은 업무에 종사하지 못하게 함으로써 발행기관의 신용도를 유지하기 위한 것이었다. 그러나 은행간 합병으로 전문은행원칙을 고수하기 어려워지는 등의 사정으로 인하여 2005년 도입된 Pfandbrief법에서는 전문은행원칙을 폐지하고 커버드본드를 발행하고자 하는 은행은 연방금융감독당국에 커버드본드(Pfandbriefe) 발행인가신청을 통하여 인가를 받도록 함으로써 커버드본드의 발행기관의 적격성을 규제하고 있다.[19] Pfandbrief법에서는 커버드본드의 투자안전성을 담보하기 위하여 위험관리체계 및 투명성요건 등을 한층 강화한 인가절차를 규정하고 있다. 주요 인가기준을 살펴보면, i) 발행기관의 자본금은 2,500만 유로 이상이어야 하고, ii) 독일 은행법상 여신업무 관련 인가를 받고 여신업무에 종사하여야 하며, iii) 담보자산과 이를 기초로 발행되는 커버드본드 발행업무의 위험을 관리 · 감독할 수 있는 절차 및 체계를 갖추고 있으며, iv) 커버드본드의 발행을 지속적인 자금조달수단으로 이용하려는 사업계획을

18) 유윤주, 앞의 논문, 79면.

19) Bernd Volk, Major Covered Bond Markets : Germany, in Covered Bonds beyond Pfandbriefe : Innovations, Investment and Structured Alternatives (Jonathan Golin et al. eds., 2006), p.146.

가지고 있어야 한다(PfandBG 제2조 제1항 참조). 일반적으로 담보자산의 위험관리는 발행기관이 도산하였을 때 커버드본드 투자자가 커버드본드의 원리금을 이행기에 제대로 지급받을 수 있도록 하는 데 중요한 역할을 한다. 위험관리체계는 상대방의 채무불이행 · 이자율 · 통화 · 시장가격 및 영업상의 위험 등을 모두 고려하여 관리할 수 있어야 하고(PfandBG 제27조 제1항 참조), 발행기관은 사전에 정해진 항목의 위험한도가 초과하였을 때 법에서 정한 구체적인 대처방법을 강구할 수 있는 절차들을 단계별로 마련하여야 한다(PfandBG 제27조 제1항 참조).

3. 담보자산의 분리

담보자산(cover assets)은 자산보유자의 자산으로 남아 있으나 자산보유자의 다른 자산과는 달리 자산보유자의 도산시 파산재단에 귀속하지 않으므로 어느 자산이 커버드본드의 담보자산으로 제공되었는지 명확히 구분할 필요가 있다. 독일에서는 담보자산을 자산보유자의 다른 자산과 분리하여 담보등록(cover register)을 하도록 하고 있다(PfandBG 제5조 제1항 참조). 또한 투자자보호를 위하여 담보자산의 유지 · 관리에 관한 규정을 두고 있는데, 만약 담보등록된 담보자산이 소멸하는 경우(저당권부 대출채권의 상환 등)에는 즉시 이를 대체할 담보자산을 담보등록하여야 한다(substitute cover assets). 결국 담보등록을 통하여 분리된 담보자산만이 자산보유자가 파산하더라도 그 파산절차에 구속되지 않아 자산보유자의 파산 위험으로부터 분리된다.[20]

20) Bernd Volk, 앞의 논문, 142-144면.

4. 담보자산감시인

커버드본드의 신용도는 그 기초가 되는 담보자산의 가치에 크게 의존하므로 담보자산이 관련 법률이 정한 절차에 따라 담보등록이 되고 그 건전성이 유지 · 관리되도록 엄격하게 규율할 필요가 있다. Pfandbrief법에서는 투자자보호를 위하여 담보자산감시인(cover pool monitor)을 임명하여 담보자산을 관리 · 감독하도록 하고 있다.

(1) 임명

Pfandbrief법에 따르면 발행기관은 담보자산감시인과 적어도 한 명의 부(副)담보자산감시인(이하 '담보자산감시인 등')을 두어 담보자산을 감시 · 관리하도록 하여야 한다. 발행기관의 의견을 들은 후 감독당국이 담보자산감시인 등을 임명한다. 담보자산감시인 등은 담보자산관리에 필요한 전문 지식과 경험을 가지고 있어야 하며, 공정한 담보자산의 관리를 위하여 과거 3년 동안 발행기관의 직원 또는 대표자였던 자는 담보자산감시인 등으로 임명될 수 없다. 담보자산감시인 등은 자산관리업무를 수행하면서 발견한 사항이나 정보를 감독당국에 제공하여야 하나, 감독당국의 지시에 구속되지 아니한다(이상 PfandBG 제7조 참조).

(2) 의무

담보자산감시인 등은 담보자산이 관련 법령에 따른 가치 평가기준에 따라 설정되도록 할 의무를 부담한다. 그러나 이렇게 설정된 담보자산의 가치가 실제 가치에 상응하는지 여부에 대하여 조사할 의무는 없다. 또한 담보자산감시인 등은 담보자산이 Pfandbrief법 제5조에 따라 담보등록되도록 하여야 한다. 커버드본드 발행 전에 담보자산감시인은 그 커버드본드를 담보하는 담보자산이 존재하고 Pfandbrief법에 따라 담보등록이 되었다는 사실을 확인하는 확인서를 발급하여야 한다. 담보등록된 자산은 담보자산감시인의 서면 승낙이 있어야만 그 담보등록을 말소할 수 있다(이상 PfandBG 제8조 참조). 담보자산감시인 또는 담보자산감시인로부터 위임을 받은 제3자는 담보등록된 자산 및 관련 서류들을 발행기관과 공동으로 보관하여야 하고, Pfandbrief법이 정한 경우에만 자산 및 관련 서류들을 교부할 수 있다. 담보자산감시인 등은 커버드본드 및 그 담보자산과 관련하여 발행기관이 보유한 기록과 정보를 항상 조사할 수 있다. 발행기관은 담보자산감시인 등에게 담보등록된 담보자산과 관련 커버드본드의 원금상환 및 커버드본드 투자자와 관련 있는 자산의 변동 내역을 알려 주어야 한다(이상 PfandBG 제10조 참조).

5. 담보자산에 대한 우선청구권

담보등록이 된 담보자산은 이를 기초로 발행된 커버드본드의 원리금 채무 등의 지급을 위하여만 압류 및 강제집행될 수 있다(PfandBG 제29조 참조). 즉 커버드본드의 투자자가 아닌 발행기관의 다른 채권자는 자신의 채권의 만족을 위하여 담보등록된 담보자산을 압류하거나 강제집행할 수 없는 것이 원칙이다. 또한 독일 민법 제394조에 따라 담보자산은 압류금지채권으로 해석되어 일정한 예외를 제외하고는 상계도 금지된다. 나아가 담보등록된 담보자산은 발행기관이 파산하더라도 그 파산재단에 속하지 않게 되어 파산절차에 구속되지 않는다. 커버드본드의 투자자는 담보등록된 담보자산으로부터 그 채권을 보호받게 되며, 발행기관의 다른 자산에 관하여 진행되는 도산절차에 영향을 받지 않는다(Pfandbrief법 제30조 제1항 참조). 다만, 담보증권의 투자자들은 지급받지 못한 원리금 금액을 한도로 도산절차에 참여할 수 있다(Pfandbrief법 제30조 제6항 참조).

담보등록된 담보자산(저당권부 대출채권)의 가치(mortgage lending value)가 60%를 초과하여 그 초과부분이 담보자산으로 간주되지 않더라도 그 저당권부 채권도 담보자산관리자(cover pool administrator)의 관리처분권에 구속된다. 담보자산관리자는 그 초과부분으로부터 회수된 금액에서 일정 비용을 공제한 금액을 발행기관의 파산재단으로 귀속시켜야 한다. 파산관재인은 담보자산관리자에게 담보자산 중 커버드본드 투자자보호를 위하여 필요하지 않다고 판단되는 자산(초과담보 포함)을 파산재단에 양도할 것을 요청할 수 있다. 커버드본드의 원리금이 전부 상환되고 관련 비용도 모두 변제된 후 남은 금액은 모두 파산재단에 귀속되어야 한다(Pfandbrief법 제30조 제4항 참조).

감독기관은 담보자산에 대하여 일정한 조치를 취할 수 있고, 커버드본드에 대한 채무불이행이 발생하거나 채무초과가 되는 경우 담보자산에 대하여 별도의 도산절차를 진행할 수 있다(Pfandbrief법 제30조 제6항 참조). 또한 법정 초과담보 외 커버드본드의 투자자를 위해 자발적으로 제공된 담보자산 역시 도산절차에 구속되지 않는다. 따라서 일반적 담보거래에서 담보목적물이 자산보유자의 도산시 도산절차에 구속을 받게 되는 것과는 달리 커버드본드의 경우에는 그 담보자산이 도산절차에 구속되지 않기 때문에 커버드본드의 투자자들은 담보목적물로부터 한층 강화된 법적 보호를 받게 된다.[21)]

한편 담보자산관리자는 감독기관의 서면 승낙을 얻어 담보등록이 된 담보자산의 전부 또는 일부와 커버드본드상의 채무 전체를 다른 발행기관에 양도할 수 있다(PfandBG 제32조 제2항 참조). 이때 감독기관의 서면 승낙이 있으면 도산한 발행기관의 담보자산관리자가 담보자산 및 커버드본드상의 채무 전체를 인수한 다른 발행기관을 위하여 담보자산을 관리할 수 있다. 그러나 이러한 경우에도 담보자산은 양수인인 발행기관의 자산으로 간주되고 양수인인 발행기관에 담보등록된 것으로 간주된다. 따라서 양수인인 발행기관의 담보자산감시인은 위 담보자산에 대하여도 그의 의무와 권한을 행사하여야 한다(PfandBG 제35조 제3항 참조).

6. 담보자산의 적격성

(1) 담보인정비율(Loan-to-Value) 계산방법

담보자산은 커버드본드의 가치를 결정하는 핵심적 요소이다. 따라서 담보자산의 가치를 어떻게 평가할 것인지는 매우 중요한 문제이다. 담보자산의 가치에 관한 평가방법은 계속 개선되어 왔으나, Pfandbrief법 이전에는 표준화된 가치평가방법이 없었다.[22] 그러나 Pfandbrief법에서는 담보자산, 즉 주택저당권부 대출채권의 가치(담보인정비율, Loan-to-Value)를 계산하는 방법을 명시적으로 규정하였고, 모든 발행기관에게 이 방법을 적용하여 표준화하고 있다. 담보인정비율

21) Bernd Volk, 앞의 논문, 151면.
22) Bernd Volk, 앞의 논문, 147면.

을 계산하는 방법은 Pfandbrief법과 담보인정비율에 관한 규정(Loan-to-Value Regulation, Beleihungswertermittlungsverordnung)에서 자세히 규정하고 있는데, i) 담보자산의 가치는 담보자산의 영속적 요소와 지속적 수익을 기초로 계산되어야 하고, ii) 담보자산과 관련된 투기적 요소들은 고려할 수 없고, iii) 담보자산의 가치는 시장가격을 초과할 수 없다고 규정하고 있다(PfandBG 제16조 제2항 참조). 저당권부 대출채권의 가치(LTV, Loan to Value)를 이와 같은 방식으로 계산하여 60%까지에 대하여만 담보자산으로의 적격성을 인정하고 있고, 그 이상의 부분에 대해서는 담보등록이 되어 있다고 하더라도 담보자산으로 간주하지 않는다(PfandBG 제14조 참조).

(2) 담보자산의 적격범위 확대

또한 Pfandbrief법은 담보자산의 적격성 요건을 법률에 명시적으로 규정하고 있다. 종래에는 담보목적물이 유럽연합 가입국, 유럽경제지역(European economic area)과 스위스 내에 위치하여야만 담보자산으로서의 적격성을 인정하였으나,[23] Pfandbrief법에서는 유럽연합 가입국 · 유럽경제지역뿐만 아니라 미국 · 캐나다 · 일본에 소재한 담보자산에 대해서도 적격성을 인정하고 있다(PfandBG 제13조 제1항 참조). 다만, 소재지에 따른 담보자산의 적격성을 넓게 인정하는 대신 다음과 같은 내용을 적격성의 기준으로 추가하고 있다. 즉 발행기관은 장기적 관점에서 새로운 시장에 진입하기 전에 철저한 위험분석을 행하여야 하고, 새로운 시장에서 취득한 저당권부 채권은 시상 진입 이후 2년

23) Bernd Volk, 앞의 논문, 148-149면.

간은 커버드본드의 발행을 위한 담보자산으로 사용할 수 없다(PfandBG 제27조 제2항 참조). 또한 담보인정비율을 계산함에 있어서 새로운 시장에서 취득한 저당권부 채권도 독일에 있는 자산과 동일하게 엄격한 기준을 적용하여야 하며, 담보자산은 법에 요구된 신용기준을 따라야 한다.[24)]

(3) 소위 10% 법칙

Pfandbrief법 이전에는 담보자산 중 발행기관이 도산하는 경우 커버드본드의 투자자에게 담보자산에 대하여 우선적 청구권을 인정하지 않는 나라에 대한 저당권부 대출금액은 우선적 청구권을 인정하는 나라에서 행해진 저당권부 대출금액의 10%를 초과할 수 없다고 규정하고 있었다(소위 10%의 법칙, 10percent rule). 그러나 Pfandbrief법은 10%의 법칙은 EU 회원국이 아닌 국가에만 적용되는 것으로 그 범위를 축소하였다. 따라서 10%의 법칙은 EU 회원국이 아닌 미국, 캐나다, 스위스 및 일본의 저당권부 대출채권인 경우에만 적용되게 되었다.[25)]

(4) 커버드본드의 담보자산 적격성

Pfandbrief법하에서는 종래와 같이 커버드본드(Pfandbriefe) 및 주택저당증권(mortgage backed securities)을 커버드본드 발행을 위한 담보자산으로 사용하지 못하도록 규정하고 있다. 앞서 언급한 바와 같이 커버드

24) Bernd Volk, 앞의 논문, 149면.
25) Bernd Volk, 앞의 논문, 148-150면.

본드의 신용도는 그 기초가 되는 담보자산의 가치에 크게 의존하게 되는데, 이미 발행된 커버드본드를 담보자산으로 하여 다시 커버드본드를 발행하는 경우 그 커버드본드의 신용도 및 가치를 파악하기 위하여 궁극적으로는 그 기초가 되는 최초의 커버드본드의 담보자산의 가치를 파악하여야 한다. 이렇게 여러 단계를 거쳐 가치를 평가하면 담보자산의 투명성 및 가치산정에 어려움이 있고, 발행기관의 담보자산에 관한 관리 책임 등을 희석시킬 우려가 있기 때문이다.[26]

7. 커버드본드의 구조(matching cover)

각 커버드본드의 총액은 항상 적어도 같은 금액과 같은 이자를 가진 자산의 액면가에 의해 담보되어야 하고, 담보자산의 순현재가치는 부채총액보다 2%를 초과하여야 한다(법정 최소 초과담보).[27] Pfandbrief법 이전에는 최초의 만기가 10년을 초과하는 만기일시상환부 커버드본드는 공공부문형 커버드본드로만 발행할 수 있었다. 그러나 Pfandbrief법하에서 발행기관은 주택저당권부 대출채권을 담보자산으로 하여 최초의 만기가 10년을 초과하는 만기일시상환부 커버드본드(Hypotheken Pfandbriefe)를 발행할 수 있게 되었다. 그러나 이 경우에도 담보자산의 총액과 미상환 커버드본드의 총액을 일치시키는 것 등이 고려되어야 한다. 독일 민법상 저당권부 대출채권자에게 10년 이후 조기상환권을 인정하고 있기 때문에 이러한 점들이 담보자산과 커버드본드의 matching시 고려되어야 하나, 실제 10년 이상의 만기를 가진

26) Bernd Volk, 앞의 논문, 150면.
27) Bernd Volk, 앞의 논문, 151면.

커버드본드는 많이 발행되고 있지는 않다.[28)]

8. 발행기관의 도산 이후 커버드본드의 투자자보호

Pfandbrief법에는 발행기관의 도산 이후 담보자산의 관리와 커버드본드 투자자의 법적 지위에 대하여 자세히 기술하고 있는데, 아래에서는 이에 관하여 검토하기로 한다.

(1) 담보자산관리자

1) 임명

발행기관의 도산절차가 개시되면(일정한 경우에는 도산절차가 개시되기 전이라도) 법원은 감독기관의 요청에 따라 1～2명의 담보자산관리자(cover pool administrator, Sachwalter. 자연인)를 임명하여야 한다. 담보자산관리자가 임명되면 담보자산의 관리 · 처분권은 담보자산관리자에게 이전된다. 만약 발행기관이 담보자산관리자가 임명된 후 처분한 담보자산이 있으면 그 처분은 무효로 된다. 다만, 이러한 경우에도 담보자산 중 부동산 물권을 처분한 경우에는 부동산등기부의 공신력을 인정하는 독일 민법 제892조 및 제893조의 규정에 따라 그 부동산 물권의 취득자가 보호된다. 담보자산관리자를 임명한 날 발행기관이 담보자산을 처분한 경우에는 임명 후 처분한 것으로 추정한다. 담보자산관리자는 커버드본드의 상환을 위하여 필요한 범위 내에서 담보자산과 관련된 거래를 행할 수 있고, 법원 또는 그 밖의 장소에서 발행기

28) Bernd Volk, 앞의 논문, 150면.

관을 대리할 수 있다(이상 PfandBG 제30조 제2항 참조).

2) 의무 및 권한

담보자산관리자는 법원의 감독을 받고, 법원이 담보자산의 관리 상황 등에 대한 정보를 요구하는 경우 이를 제출하여야 한다. 법원은 감독기관의 요청이 있는 경우 정당한 이유가 있다고 판단하면 담보자산관리자를 해임할 수 있다. 담보자산관리자는 발행기관이 Pfandbrief법 및 독일 은행법에 따라 행하여야 하는 담보자산의 관리업무를 인수받아 이행한다(이상 PfandBG 제31조 제1항 참조).

담보자산관리자는 업무 개시시점을 기준으로 담보자산의 재무제표와 주석 및 매년 말을 기준으로 연차결산보고서와 설명서를 준비하여야 한다. 연차결산보고서는 감독기관이 선임한 감사인에 의하여 감사를 받게 되고, 감독기관은 필요한 경우 특별감사를 실시할 수 있다(PfandBG 제31조 제5항 참조). 담보자산관리자와 파산관재인은 담보자산의 관리 또는 발행기관의 도산절차와 관련하여 중요한 사항을 상대방에게 통지하여야 한다(PfandBG 제31조 제7항 참조).

(2) 법정 최소초과담보

Pfandbrief법에서는 담보자산의 순현재가치가 부채총액보다 2%를 초과할 것(excess cover)을 요구하는 법정 최소초과담보(statutory minimum over-collateralization)를 규정하고 있다(PfandBG 제4조 제2항 참조). 초과담보는 채무자가 독일연방정부 또는 독일연방정부의 특별기금, EU 회원국 등의 국채 또는 사채, 독일연방정보 또는 독일연방정부의 특별기금, EU 회원국 등이 보증하거나 채무를 인수한 사채, 또는 유럽중앙은행 등에 대한 예금채권 등으로 구성되어야 한다(PfandBG 제4조 제2항 참조). 이와 같이 초과담보를 법적으로 요구하고 있는 이유는 발행기관의 도산시 담보자산관리에 드는 비용을 지급하기 위한 것이다. 이와 같은 법정 최소초과담보에 관한 요건 등이 충족되지 않으면 발행기관은 커버드본드를 발행할 수 없다고 명문으로 규정하고 있다(PfandBG 제4조 제7항 참조).

(3) 자발적 초과담보

법정 최소초과담보인 2%를 넘는 자발적 초과담보(voluntary extra over-collateralization)에 대해서도 커버드본드의 투자자들이 우선적 청구권을 행사할 수 있도록 규정하여 커버드본드의 투자자를 보호하고 있다. 파산관재인이 자발적 초과담보가 명백하게 투자자의 채권 만족을 위해 필요하지 않다고 증명하는 경우에만 파산관재인은 담보자산관리인으로부터 이 자산에 대한 관리 중지를 요구할 수 있다. 그러나 실무상으로 도산시 자발적 초과담보에 해당하는 자산이 명백하게 투자자의 채권 만족을 위해 필요하지 않다는 증명을 하기란 어렵기 때문에 사실상 모든 초과담보자산이 발행기관의 파산 위험으로부터 절연된다고 볼 수 있다. 또한 발행기관은 담보자산 중 부실자산(non-performing loans)을 새로운 자산으로 대체할 수 있다.[29]

---

29) Bernd Volk, 앞의 논문, 151면.

9. 분기별 공시제도

Pfandbrief법에서는 발행기관으로 하여금 i) 발행된 커버드본드와 담보자산의 만기 구조에 관한 단계별 분석, ii) 담보자산의 분포를 금액, 저당목적물의 위치, 사용용도에 따라 분석한 정보, iii) 미상환 커버드본드와 담보자산의 총액을 액면가격, 관련 규정에 따른 순현재가치 및 위험 순현재가치로 분석한 정보, iv) 담보자산에 속한 채권 관련 지급할 총액과 그 채권의 나라별 분포 등 주요 항목들을 분기별로 공시하도록 하고 있다(PfandBG 제28조 참조). 종전 모기지은행법에서는 연간재무제표의 주석에 이러한 항목을 표시하도록 하는 데 그쳤으나, Pfandbrief법에서는 전문은행원칙을 폐지하는 대신 이러한 공시절차를 통하여 발행기관의 신용도를 간접적으로 규제하고 있다.[30)]

10. 커버드본드의 감독

커버드본드를 발행하는 경우 투자자보호를 위하여 담보자산의 분리, 담보자산의 관리 및 건전성 유지 등이 제대로 이루어지고 있는지 감독할 필요성이 크다. 독일에서는 연방금융감독국(Federal Financial Supervisory Authority)과 독립된 수탁자(trustee)가 커버드본드에 관한 감독권을 가지고 있으며, 2005년 도입된 Pfandbrief법에서는 감독기관의 역할이 더욱 강화되었다. 연방금융감독국의 발행기관에 대한 감독권은 Pfandbrief법과 독일 은행법에 근거하며, 발행기관이 Pfandbrief법

30) Bernd Volk, 앞의 논문, 146-147면.

및 관련 법령에 따라 업무를 수행하도록 하기 위하여 필요한 적절한 지시를 할 권한이 있다. 연방금융감독국은 적절한 시기에 직접 또는 위임에 의하여 반드시 2년마다 정기적으로 담보자산을 검사하여야 한다. 또한 6개월에 한 번씩 담보자산감시인이 확인한 담보등록이 되어 있는 자산의 목록을 감독당국에 제출하도록 하고 있다(PfandBG 제5조 제2항 참조).

V. 영국의 커버드본드

1. 서론

영국은 기본적으로 채권자에게 유리한 담보물권법과 도산법 체계를 가지고 있어서 특별법을 제정하지 않고도 구조화 금융을 이용하여 커버드본드를 발행할 수 있었다. 2008년 3월 커버드본드를 규율하는 법을 도입하기 전인 2003년부터 계약법과 커먼로에 근거하여 구조화 커버드본드를 발행하여 왔다. 구조화 커버드본드는 i) 커버드본드를 규율하는 법령이 없이 발행된 담보부 사채로서 ii) 투자자를 보호하기 위하여 그 담보자산을 자산보유자로부터 분리시키고 신용보강을 하는 전통적인 자산유동화거래의 금융기법을 사용하여 발행된 증권이라고 정의할 수 있다.[31] 영국에서 발행된 구조화 커버드본드는 모두 금융기관이 보유한 주택저당채권과 사회주택 대출채권(social housing

31) Moody's Investors Service, European Structured Covered Bonds, Moody's Rating Approach, International Structured Finance Rating Mthodology (2003. 4), p.2.

loans)을 담보자산으로 발행되었고, 아직까지 공공부문 대출채권 등 다른 자산을 담보자산으로 하여 커버드본드를 발행한 예는 없다.[32] 아래에서는 독일 등에서 발행되는 법정 커버드본드에 대비하여 영국에서 발행된 구조화 커버드본드를 중심으로 살펴보기로 한다.[33]

2. 일반적 거래구조

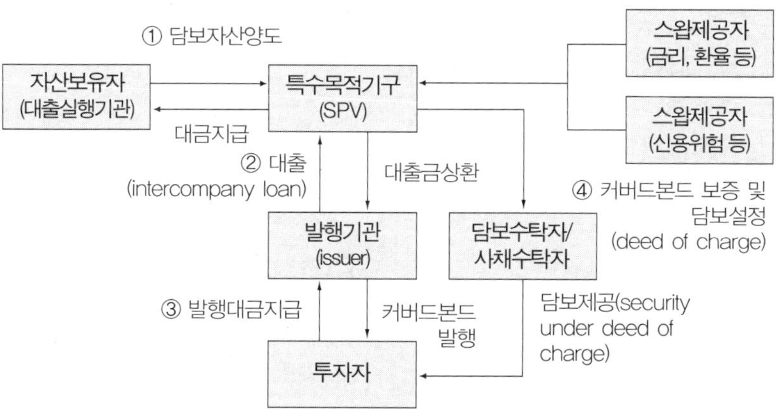

〔그림 2〕 영국의 구조화 커버드본드의 일반적 거래구조[34]

〔그림 2〕를 중심으로 구조화 커버드본드의 일반적인 거래구조를 설명하면 다음과 같다.

32) David Balai, Major Covered Bonds Markets : United Kingdom, in Covered Bonds beyond Pfandbriefe : Innovations, Investment and Structured Alternatives (Jonathan Golin et al. eds., 2006), p.199

33) 2008년 3월 도입된 영국의 커버드본드에 관한 법률(The Regulated Covered Bonds Regulations 2008)에 관하여는 다루지 않기로 한다.

34) Fitch Ratings, Nationwide Building Society Mortgage Covered Bonds, Covered Bonds (2007. 7), p.2.

(1) 자산보유자(대출실행기관)는 담보자산(주택저당채권)을 특수목적기구(SPV, special purpose vehicle)에 양도한다.

(2) 특수목적기구(SPV)는 발행기관(issuer)으로부터 대출(intercompany loan)을 받아 담보자산의 양도대금을 지급한다.

(3) 발행기관은 커버드본드를 투자자에게 발행하여 조달한 금원을 특수목적기구(SPV)에 대여한다.

(4) 특수목적기구(SPV)는 커버드본드의 원리금 지급채무에 대하여 보증하고 모든 담보권자를 위하여 사채수탁자 및 담보수탁자(bond/security trustee)에게 담보를 설정한다.

3. 발행기관 및 특수목적기구

커버드본드는 대출실행기관인 자산보유자가 직접 발행하거나 그 그룹에 속하는 자회사가 발행한다. 만약 자회사가 발행하는 경우에는 모회사는 무조건적 보증을 하며, 그 자회사는 금융기관의 지위를 가지게 되고 금융감독당국(financial services authority)의 감독을 받는다. 커버드본드는 발행기관(covered bond issuer)의 직접적이고 무조건적인 무담보 채무(direct, unsecured and unconditional obligation)로 존재하게 된다. 커버드본드 발행기관(covered bond issuer)은 커버드본드의 발행으로 조달한 금원을 intercompany loan의 형식으로 담보자산을 양수한 특수목적기구(SPV)에 대여하고, 특수목적기구(SPV)는 이 자금으로 자산보유자에게 담보자산의 양도대금을 지급한다.[35)]

구조화 커버드본드에서 담보자산을 양수하고 커버드본드의 원리금

35) David Balai, 앞의 논문, 201면.

지급채무를 보증하는 특수목적기구(SPV)는 거래당사자의 합의에 따라 여러 형태로 설립될 수 있다. 영국에서는 LLP(limited liability partnership)의 형태로 설립되는 경우가 일반적인데, 그것은 LLP가 독립적인 법적 지위(independent legal status)를 가지고 있고 조세목적상 투명하기 때문이다. LLP는 독립적인 법적 지위를 가지고 있기 때문에 발행기관의 파산 위험으로부터 절연된다. 한편 특수목적기구(SPV)가 보증하더라도 커버드본드에 채무불이행 사유(events of default)가 발생하여 보증인에게 지급하라는 통지(notice to pay)가 도달하기 전까지 커버드본드는 전적으로 발행기관의 채무이지 특수목적기구(SPV)의 채무는 아니다.[36)]

4. 발행기관의 도산시 커버드본드의 원리금 지급

보증채무를 이행하라는 통지를 받으면 특수목적기구(SPV)는 커버드본드의 원리금을 지급할 채무를 지게 되는데 담보자산으로부터 나오는 금원은 커버드본드 발행 관련 계약서에서 미리 정해진 지급순위에 따라 분배된다. 구조화 커버드본드에서 그 지급순위는 대체로 i) 수탁자 · 자산관리자 등에게 지급해야 하는 비용(administrative expenses), ii) 스왑 지급채무, iii) 커버드본드의 이자, iv) 커버드본드의 원리금, v) 남은 금액은 커버드본드의 원리금이 모두 지급될 때까지 유보금계좌로 이체되도록 표준화되어 있다.[37)]

36) David Balai, 앞의 논문, 201면 및 203면.
37) David Balai, 앞의 논문, 204면.

5. 담보자산

담보자산은 일정한 적격요건(eligibility criteria)을 충족시켜야 하는데, 그 적격요건으로는 현재 채무불이행 사유가 발생하지 않은 상태일 것, 담보자산의 추가 양도로 인하여 커버드본드의 신용등급에 악영향을 미치지 않을 것, 담보자산으로부터 일정 금액 이상의 현금흐름이 있을 것 등이 요구된다. 담보자산은 커버드본드 발행시점 이후에도 양도계약에 따라 추가로 특수목적기구(SPV)에 양도될 수 있다. 이와 같이 담보자산은 고정자산 풀이 아니고 동적 자산 풀로서 그 구성자산이 계속 변동하기 때문에 커버드본드 투자자들에게 담보자산에 속하는 주택저당채권에 대한 자세한 통계 또는 정보가 제공되지는 않는다. 즉 커버드본드 발행에서 거래 당사자들은 담보자산에 대한 실사를 통하여 담보자산의 적격성 여부를 심사하기도 하지만, 그보다는 양도계약에서 이루어진 양도인의 담보자산에 관한 진술 및 보장(representations and warranties)에 더 의존하고 있다. 만약 담보자산이 적격요건을 갖추지 못하였음이 밝혀진 경우 또는 3개월 이상 연체되었음이 밝혀진 경우, 양수인은 양도인에게 양도계약상 진술 및 보장 위반을 이유로 해당 자산을 그 자산의 잔액을 기준으로 환매할 것을 요청할 수 있다.

6. 담보자산의 양도(equitable assignment)

담보자산에 속하는 주택저당채권은 양도인으로부터 양수인인 특수목적기구(SPV)에 equitable assignment방식으로 양도된다. 영국법상 equitable assignment란 채권을 양도할 때 요구되는 법적 양도의 요건인 확정일자부 증서 또는 채무자에 대한 통지 등을 갖추지 않고 채권을 양도하는 것을 말하는데, 영국법은 equitable assignment를 양도인과 양수인 사이에 지분(equity)을 설정하는 것으로 보고 있다. 즉 담보자산이 equitable assignment방식으로 양도되면 담보자산에 속하는 주택저당채권의 소유권은 법적 양도의 요건(the requirements of a legal assignment)이 충족할 때까지는 양도인에게 계속 남아 있게 된다. 즉 담보자산인 주택저당채권은 커버드본드의 발행을 위하여 보증인에게 양도되기는 하나 채무불이행 사유의 발생, 도산 사유(insolvency events)의 발생, 저당권 등의 효력이 문제되는 사유 등이 발생하여 주택저당채권의 양도사실을 채무자에게 통지하는 등의 법적 양도요건을 갖출 때까지는 양도인의 자산으로 남아 있게 된다.[38)]

7. 담보자산의 건전성 유지

구조화 커버드본드에서도 커버드본드의 신용도는 그 기초가 되는 담보자산의 가치에 크게 의존하게 되므로 담보자산의 건전성을 유지하기 위한 방법을 계약서에 자세히 명시하고 있다. 크게 다음과 같은 네 가지 방법이 사용되고 있다.

(1) 담보자산심사

구조화 커버드본드에서는 담보자산의 유지 및 관리를 위하여 매 계

38) David Balai, 앞의 논문, 203면 ; Fitch Ratings, Nationwide Building Society Mortgage Covered Bonds, Covered Bods (2007. 7), p.3.

산일(calculation date)에 담보자산의 총액이 커버드본드의 미상환 원금 잔액 이상일 것을 요구하는 담보자산심사(asset coverage test)를 하도록 한다. 담보자산심사의 기준을 충족하지 못하는 경우, 양도인은 추가로 담보자산을 제공하여야 한다. 만약 담보자산심사의 기준을 충족하지 못하고 그 위반상태가 직후에 도래하는 계산일까지 치유되지 않는 경우, 커버드본드의 기한의 이익이 상실될 수 있다. 담보자산심사는 일반적으로 채무자가 여신기관에 대하여 가지는 예금채권과의 상계 가능성, 채무불이행 사유가 발생하거나 진술 및 보장에 위배되는 주택저당채권에 대한 양도인의 환매의무가 이행되지 않을 가능성 등을 고려하여 주택저당채권의 잔액을 조정한 값을 구하는 공식을 만들고 이를 적용하여 그 충족 여부를 결정하게 된다.[39)]

(2) 상환심사

상환심사(amortization test)는 발행기관의 채무불이행 사유가 발생하고 보증인인 특수목적기구(SPV)에 지급 통지(notice to pay)를 보낸 후(단, 기한이익상실에 관한 통지를 보내기 전) 커버드본드가 충분한 자산에 의해 담보될 수 있도록 하기 위하여 고안된 것이다. 특수목적기구(SPV)가 보유하고 있는 담보자산이 커버드본드의 원리금 지급에 관한 보증채무를 모두 이행하지 못할 정도인 경우, 즉 상환심사의 기준을 충족시키지 못한 경우 이는 특수목적기구(SPV)의 채무불이행 사유가 되고, 이 경우 사채수탁자(bond trustee)는 커버드본드상 모든 채무의 기

39) David Balai, 앞의 논문, 207면.

한의 이익이 상실되었음을 선언할 수 있다.[40)]

(3) 유보금

특수목적기구(SPV)는 발행기관의 채무불이행 사유 발생시 유동성을 공급하기 위하여 유보금(reserve fund)을 예치하여야 한다. 유보금의 액수는 커버드본드의 신용등급에 따라 달라지나 일반적으로 커버드본드의 한 달간의 이자, 한 달간의 선순위비용(senior fees) 및 추가비용(additional fixed amount)의 합에 해당하는 금액을 유보금으로 예치하도록 한다. 한편 경우에 따라서는 유보금의 예치의무를 발행기관의 신용등급과 연결하여, 발행기관의 후순위가 아닌 단기 무담보 · 무보증 채무의 신용등급이 신용평가기관이 정한 일정한 신용등급을 충족시키지 못하는 경우에 특수목적기구(SPV)는 유보금을 예치하여야 한다고 규정하기도 한다.[41)] 유보금은 지급순위(waterfall provision)에 따라 유보금보다 먼저 지급되어야 하는 금액이 모두 지급되고 난 이후 남은 금액으로 예치되고, 자금관리자(cash manager)는 유보금 잔액을 기록하는 유보금대장을 관리하여야 한다.

(4) 만기 전 테스트

만기 전 테스트(pre-maturity test)는 발행기관의 신용등급이 일정 등급 이하로 하락하는 경우에 만기 원금 일시상환의 조건으로 발행된 커버

40) David Balai, 앞의 논문, 208면.
41) David Balai, 앞의 논문, 208면.

드본드의 원리금의 상환을 위한 유동성을 지급하고자 고안된 것이다. 커버드본드의 만기로부터 6개월 이내의 시점에 만기 전 테스트의 기준을 충족시키지 못하면 특수목적기구(SPV)는 무작위로 선택된 담보자산을 매각하겠다는 청약을 하여야 하고, 이때 양도계약상 양도인은 이를 우선적으로 매수할 권리를 가지도록 하고 있다(이를 흔히 'hard-bullet covered bond' 라고 부른다). 한편 위와는 달리 특수목적기구(SPV)가 커버드본드의 원리금을 모두 지급하지 못하는 경우 미지급 채무의 만기는 자동적으로 연장되어 원래 만기의 1년 후에 미지급 금액을 지급하는 것으로 규정하기도 한다(이를 흔히 'soft-bullet covered bond' 라고 부른다).[42]

8. 구조화 커버드본드에 관한 규제

(1) 커버드본드의 발행규모 제한

감독 및 규제의 관점에서 커버드본드는 상대적으로 안전한 증권이라고 평가받고 있음에도 영국의 금융감독기관은 은행들이 일정 규모 이상의 커버드본드를 발행하는 것에 대하여 제한할 필요가 있다고 판단하였다. 그 이유는 i) 커버드본드 투자자들이 담보자산에 대하여 가지는 우선적 청구권으로 인하여 도산시 무담보채권자들의 법적 지위가 약화된다는 점과 ii) 다수의 보증인이 있는 경우, 한 보증인의 신용등급이 하락하면 다른 보증인에게 그 보증 책임이 전가됨으로써 보증인이 속한 회사 그룹이 전체적으로 약화될 수 있다는 점을 고려한 것

42) David Balai, 앞의 논문, 208면.

으로 생각된다. 영국의 금융감독기관은 구체적 숫자를 제시하지는 아니하였으나, 은행의 총 자산의 4%를 넘지 않는 규모 내에서 커버드본드를 발행하는 것이 무난할 것이라는 견해인 것으로 알려져 있다.[43)]

(2) 위험가중치

영국의 구조화 커버드본드는 신자본요건 지침에서 감소된 위험가중치의 적용을 받을 수 있는 커버드본드의 요건들을 대부분 충족하고 있음에도 커버드본드를 규율하는 특별법이 없기 때문에 법정 커버드본드에 적용되는 감소된 자본 위험가중치의 적용을 받을 수 없다. 따라서 구조화 커버드본드의 투자자는 법정 커버드본드에게 적용되는 10%가 아닌 20%(OECD국가의 여신기관에 대한 채권에 대한 위험가중치)의 위험가중치를 적용하여야 한다.[44)] 다만, 영국도 2008년 3월 커버드본드에 관한 법령을 도입하였으므로 향후 이 법령에 근거하여 발행된 커버드본드는 감소된 위험가중치의 적용을 받게 될 것으로 판단된다.

VI. 결어

커버드본드 발행시장은 유럽을 중심으로 급격히 성장하였으나, 이제 캐나다 · 미국 · 일본 등 다른 나라에서도 주택저당채권의 중요한 자금조달수단으로 인식되기 시작하였다. 커버드본드는 발행기관의

43) David Balai, 앞의 논문, 209면.
44) David Balai, 앞의 논문, 210면.

입장에서 보면 담보자산이 우량한 경우 높은 신용등급으로 발행이 가능하여 조달금리를 낮출 수 있다는 장점이 있고, 우량자산에만 투자할 수 있는 투자자 입장에서는 국채 외에도 높은 신용등급의 커버드본드에 투자할 수 있게 됨으로써 투자의 다각화를 꾀할 수 있다는 장점이 있다. 또한 신바젤협약은 주택저당채권의 보유에 대한 소요자기자본의 수준을 크게 완화하고 있어 금융기관들이 부내 자산유동화거래(on-balance sheet securitization)에 해당하는 커버드본드의 발행을 통한 자금조달에 많은 관심을 가지게 되었다. 현재 우리나라에는 부외 자산유동화거래를 규율하는 자산유동화에 관한 법률만 제정되고 부내 자산유동화거래를 통한 커버드본드의 발행 관련 법제도는 아직 정립되지 않은 상태인바, 유럽의 커버드본드 제도는 향후 우리나라의 법제도 정비에 많은 시사점을 주리라고 생각한다.

제11장

주택저당채권의 해외 유동화 사례분석*

이종구** · 조영희***

I. 머리말

1998년 9월 자산유동화에 관한 법률(이하 '자산유동화법')이 제정된 이후 국내 자산유동화시장이 급속히 발전해 왔음은 주지의 사실이다.[1] 자산유동화거래가 시작된 초기에는 금융기관의 부실채권을 유동화자산으로 한 자산유동화증권이 주종을 이루었으나, 차츰 신용카드채권 등 소비자금융 시장에서 발생한 채권을 유동화자산으로 하는 유

* 이 논문은 BFL 제14호(2005. 11)에 게재된 글을 수정 · 보완한 것이다.

** 금융위원회 상임위원

*** 법무법인 세종 변호사

1) 2002. 2. 10.자, 2005. 2. 15.자 및 2009. 2. 16.자 금융감독원의 정례브리핑 자료에 의하면 1999년부터 2008년까지 이루어진 자산유동화증권(ABS)의 발행총액은 각각 6.8조 원(1999), 49.4조 원(2000), 50.9조 원(2001), 39.8조 원(2002), 39.9조 원(2003), 27.0조 원(2004), 28.6조 원(2005), 23.2조 원(2006), 19.8조 원(2007), 20.6조 원(2008)이다.

동화거래가 급증하였고, 2000년 3월에는 국내에서 N캐피털주식회사가 최초로 자산유동화법을 이용한 주택저당채권 유동화거래를 성사시켰으며, 그 후 S생명보험사가 2002년 12월 국내 자산보유자로는 최초로 해외에서 주택저당채권을 기초로 유동화증권을 발행하는 데 성공하였다. 그 후 S은행 등이 해외시장에서 주택저당채권을 기초로 한 유동화증권을 여러 차례 발행해 왔다.

이 글은 이미 이루어진 바 있는 주택저당채권의 해외 유동화거래의 구조를 소개하고 이에 따른 법률적인 이슈들을 정리하는 데 그 목적이 있다.

II. 거래구조

지금까지 이루어진 주택저당채권의 해외 유동화거래는 다음의 〔그림 1〕에서 보는 바와 같이 국내 및 해외에 각각 특수목적회사(Special Purpose Company)를 설립하여 2단계에 걸쳐 자산유동화증권을 발행하는 구조를 취하였다.[2] 보다 구체적으로는 국내에 자산유동화법상의 유동화전문회사(이하 '국내 SPC')를 설립하고 자산보유자가 보유하고 있는 근저당권부대출채권(이하 '유동화자산'이라고도 한다)을 국내 SPC는 위 유동화자산을 기초로 외화표시 선순위유동화사채(이하 '선순위채') 및 원화표시 후순위유동화사채(이하 '후순위채')를 발행하며, 그중 선순위채는 케이맨 제도나 아일랜드 등 해외에 설립된 특수목적회사

2) 이를 시장에서 흔히 dual SPC structure라고 부르기도 한다.

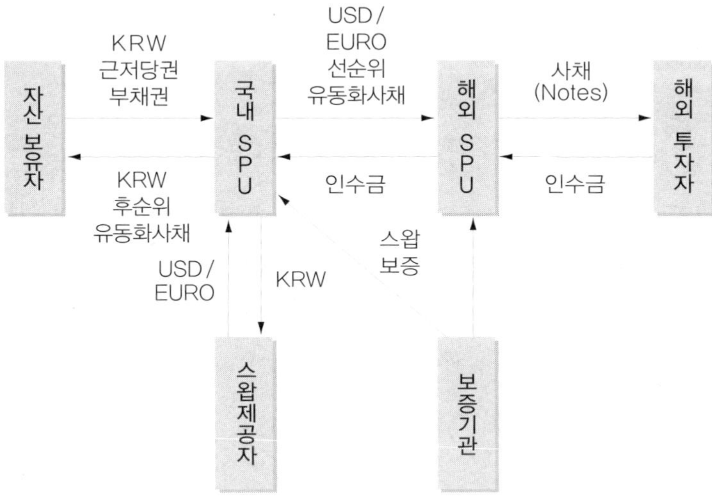

〔그림 1〕 주택저당채권의 유동화거래구조

(이하 '해외 SPC')가 인수하고, 후순위채는 자산보유자가 인수한다. 그리고 자산보유자가 지급할 후순위채의 인수대금은 국내 SPC로부터 지급받을 유동화자산양도대금의 일부와 상계한다.

한편 해외 SPC는 국내 SPC로부터 인수한 선순위채를 기초자산으로 하여 다시 해외 투자자들에게 사채(notes)를 발행하며, 그 발행대금으로 국내 SPC에 대한 선순위채 인수대금을 지급하고, 국내 SPC에 지급된 그 인수대금은 다시 자산보유자에게 유동화자산의 양도대금으로 지급된다.

III. 거래구조상의 특이점

1. Dual SPC 구조

위와 같이 해외 자산유동화거래에서 국내 및 해외에 2개의 SPC를 설립하는 이유는 유동화자산을 비롯한 국내 SPC의 모든 자산 및 유동화회사의 출자지분(이하 '담보자산')을 유동화증권 투자자들에게 실질적으로 담보로 제공하기 위한 것인데, 이러한 담보제공은 해외 자산유동화거래시 일반적으로 투자자들에 의하여 요구되는 발행조건이다.[3)]

그런데 유동화증권이 전전유통 되더라도 담보자산에 대한 담보권을 유동화증권의 소지인들이 향유할 수 있도록 하기 위해서는 국내 SPC가 담보부사채(secured bond)를 발행하여야 하는바, 이를 위해서는 담보부사채신탁법이 정하는 요건 및 절차를 준수하여야 한다. 그런데 담보부사채신탁법은 사채에 붙일 수 있는 물상담보의 종류를 제한적으로만 인정하여 담보물의 종류 및 담보권의 종류가 제한되며,[4)] 담보부사채신탁업을 영위하고자 하는 자는 금융위원회(이하 '금융위')에

3) 국내에서 이루어지는 자산유동화거래에서는 해외 자산유동화거래에서와 같이 유동화자산을 비롯하여 유동화전문회사의 각종 자산을 유동화증권의 지급채무에 대한 담보로 제공하는 경우가 드물다. 이는 자산유동화법이 자산유동화계획에 반하거나 유동화증권을 소지한 자의 권리를 해하는 사원총회의 결의는 효력이 없다고 규정(제19조 제2항)하고 유동화전문회사의 파산 가능성을 최소화하는 각종 법률적인 장치를 마련하여 유동화증권 투자자들을 보호하고 있다는 점에 기인한다고 보이나, 해외 자산유동화거래의 경우, 해외 투자자나 해외의 신용평가기관에서는 이론적으로 발생 가능한 파산의 위험 및 채무불이행시 유동화회사 및 그 자산에 대한 통제를 용이하게 하기 위하여 유동화자산을 비롯한 동 회사의 모든 자산 및 유동화회사의 출자지분에 대하여 유동화증권 투자자를 1순위 담보권자로 하는 담보권을 설정하는 것이 일반적이다.

4) 담보부사채신탁법 제4조 제1항.

등록하여야 하고 이러한 등록을 할 수 있는 자는 자본시장과 금융투자업에 관한 법률에 의한 신탁회사 또는 은행법에 의한 금융기관에 한정하고 있다.[5] 물론 외국에서 담보부사채를 모집할 경우에는 금융위의 인가를 얻어 외국회사와 신탁계약을 체결할 수 있다고 규정하고, 그 외국회사가 국내에 지점이 없을 경우 국내에 대표자를 정하여야 한다고 규정[6]하고 있으나, 해외 금융기관이 해외에서 발행되는 담보부사채의 담보수탁자 역할을 수행하도록 하기 위하여 금융위의 인가를 받아야 한다는 것은 담보부사채 발행을 추진하는 데 지대한 걸림돌이 될 수밖에 없다. 이러한 이유로 해외증권 발행시 담보부사채신탁법에 따라 담보부사채가 발행된 예는 없는 것으로 알려져 있다.[7]

이러한 문제점을 해결하고자 국내 SPC가 위 법에 따른 담보부사채를 발행하지 않고 무담보사채(unsecured bond)인 선순위채를 발행하되, 선순위채 인수계약과는 별도로 선순위채 소지인(이하 '선순위사채권자')을 포함한 국내 SPC의 채권자들[8]을 질권자로 하는 질권설정계약(Pledge Agreement)과 출자지분 질권설정계약(Equity Pledge Agreement)[9]을 체결하여 그 채권자들에게 유동화자산 등에 대한 담보권을 제공하고

5) 담보부사채신탁법 제5조 제1항 및 제2항.

6) 담보부사채신탁법 제11조 제1항 및 제2항.

7) 물론 담보부사채가 해외에서 발행되는 경우 위 법의 요건을 갖추어야만 하는 것은 아니라고 볼 여지도 있으나 이에 대해서 명시적으로 언급하고 있는 판례나 학설은 없는 듯하며, 이러한 상황에서 국내 회사가 국내에 소재한 자산을 담보로 한 담보부사채를 발행함에 있어 그 투자자가 외국에 소재하고 있다고 하여 위 법의 적용이 배제된다고 단정하기는 어렵다고 본다.

8) 선순위사채권자 외에도 국내 SPC의 자산관리자, 업무수탁자 및 국내 SPC와 스왑계약을 체결하는 스왑제공자 등이 대체로 이에 해당한다.

9) 국내 SPC의 자산 외에 국내 SPC의 출자지분을 보유한 사원들도 각각의 출자지분에 대하여 국내 SPC의 채권자들을 질권자로 하는 출자지분 질권설정계약을 체결하여 국내 SPC의 채무에 대한 담보로 제공하는 것이 일반적이다.

자 하는바, 이 경우에는 선순위사채권자가 선순위채를 양도할 때 그 담보권이전의 성립요건이나 대항요건이 자동적으로 갖추어지지 아니하는 문제점[10]이 발생한다. 그런데 해외 SPC를 설립하여 선순위채와 질권설정계약 및 출자지분 질권설정계약에 따라 설정된 담보권을 그 SPC가 유동화 기간 동안 계속 보유하게 하면 그 기간 동안은 선순위채의 양도가 불필요하게 되고, 해외 SPC는 그 보유자산 일체를 담보로 한 담보부사채를 외국법에 따라 발행함으로써, 궁극적으로는 이를 인수한 사채권자들(noteholders)이 간접적으로 유동화자산 등 국내 SPC의 담보자산[11] 및 그 출자지분에 관한 담보권을 취득하는 효과를 누리되 그 양도에 제한을 받지 않도록 하는 것이다.

한편 해외 SPC가 국내 SPC로부터 인수한 선순위채와 질권설정계약 및 출자지분 질권설정계약에 따라 각종 자산에 관하여 취득한 질권을 담보로 하는 담보부사채를 발행함에 있어서는 그 기초자산을 전부 사채권자들을 위하여 담보양도계약(deed of charge)에 따라 다시 담보수탁자(security trustee)에게 이전하는 방식을 취하게 된다.

2. 국내 SPC의 스왑거래

한편 본건 거래의 유동화자산은 원화표시의 고정금리 또는 변동금

10) 예를 들어 부동산 등 등기를 필요로 하는 담보권의 경우 등기절차를 경료하여야 하고, 채권을 담보권의 목적물로 하는 경우에는 담보권이전에 대한 대항요건을 갖추어야 하는 것을 말한다.

11) 이에 따라 국내 SPC가 질권을 설정하는 담보자산은 구체적으로 유동화자산, 국내 SPC 명의의 각종 예금계좌 및 국내 SPC가 당사자인 모든 계약상의 권리이며, 질권설정계약에서는 납입일 이후 국내 SPC가 추가로 취득하게 되는 모든 자산 및 권리에 대해서도 계속하여 질권을 설정하기로 하는 약정을 한다.

리 채권이므로 국내 SPC는 외화표시 변동금리 채권인 선순위채의 각 이자지급기일 및 원금상환기일에 이자 및 원금을 외화로 지급함에 있어 환율 및 이자율의 변동으로 인한 리스크를 사전에 제거하기 위하여 외국환은행(이하 '스왑제공자')과 통화 및 이자율 스왑을 위한 스왑계약을 체결한다.

이와 관련하여 해외 투자자들에게 직접 발행되는 사채가 외화표시 채권이어야 한다는 점에는 별 의문이 없다. 그러나 국내 SPC가 발행하는 선순위채를 원화표시 채권으로 하여 해외 SPC가 스왑계약을 체결하도록 하지 않고 반드시 선순위채를 외화표시 채권으로 발행하여야 하는 이유가 있을까? 이는 조세특례제한법[12]상 내국법인이 발행한 외화표시 채권의 경우 비거주자에게 지급되는 이자에 대한 소득세 또는 법인세가 면제됨으로써 원천징수를 할 필요가 없게 되는 특례를 활용하기 위해서이다. 선순위채에 대한 이자지급시 이처럼 원천징수 의무가 면제되는 것은 결국 자금조달비용을 감소시켜 유동화거래를 성립시키는 데 도움을 주게 된다.

3. 사채의 원리금채무에 대한 지급보증

또한 해외 SPC가 종국적으로 투자자들에게 발행하는 사채에 AAA 또는 이에 상당하는 신용등급을 받아 저리로 자금을 조달하기 위하여 동일한 신용등급을 가진 해외 보증보험기관들[13]로부터 보증을 받는

12) 조세특례제한법 제21조 제1항 제1호에 의하여 내국법인이 발행하는 외화표시 채권의 이자 및 수수료는 그 지급받는 자가 거주자와 내국법인인 경우를 제외하고는 이에 대한 소득세 또는 법인세가 면제된다.

13) Ambac Assurance Corporation, MBIA Insurance Corporation, Financial Security

사례가 상당수 있다. 이러한 보증보험계약을 체결함에 있어서는 해당 보증기관으로 하여금 국내 SPC와 스왑제공자 간의 스왑계약에 따른 국내 SPC의 원화지급채무 및 해외 SPC가 발행한 사채의 원리금지급채무를 동시에 보증하도록 하는 경우가 많이 있는데, 이는 국내 SPC가 유동화자산으로부터 사채의 원리금 및 각종 거래 관련 비용을 지급하기에 충분한 금원을 회수한 후 스왑계약상의 채무를 이행하는 것이 사채 원리금의 적시상환에 가장 중요한 요소이기 때문이라 할 수 있다. 이를 통하여 결국 보증기관은 유동화자산으로부터의 현금흐름 및 선순위채 지급시의 환율 · 이자율 리스크에 대한 포괄적인 신용보강을 제공하게 된다.

Ⅳ. 근저당권부채권 유동화와 관련하여 제기된 법률 문제

1. 근저당권 피담보채무의 확정

민법상 근저당권의 피담보채무가 확정되기 전에 피담보채권이 양도되는 경우 근저당권이 이전되는지에 대해서는 견해의 대립이 있으나[14] 판례[15]는 부정적인 태도를 취하고 있다. 한편 이를 긍정하는 견해는 개별 채권이 양도되거나 대위변제되면 근저당권의 일부가 이전하

Assurance, Inc. 등이 주로 국내 자산보유자들의 해외 자산유동화거래에서 이러한 보증을 제공하고 있다.

14) 이에 대한 자세한 논의는 곽윤직(편)/박해석(집필), 민법주해VII, 박영사, 1992, 29면 ; 김재형, "근저당권부채권의 유동화에 관한 법적 문제," 서울대학교 법학 제43권 제1호(2002. 3), 198면 참조.

15) 대법원 1996. 6. 14. 선고 95다53812 판결 참조.

여 양도인과 양수인이 근저당권을 준공유하게 된다고 본다.[16] 그런데 근저당권부채권의 유동화거래(이하 'MBS 거래')에서 근저당권의 피담보채무를 확정하지 아니하고 유동화전문회사에 해당 채권을 양도함으로써 유동화전문회사가 자산보유자와 근저당권을 준공유하게 되는 경우에는 유동화자산으로서의 담보가치가 감소될 수밖에 없다는 점에서 법률적으로 반드시 피담보채무확정이 요구되지 않는다고 하더라도 유동화거래에서는 그 특성상 근저당권의 피담보채무를 확정할 필요성이 있다. 이를 위해서는 기본계약이 종료되거나 채무자나 물상보증인의 파산 또는 경매신청 등의 사유가 없는 한 채무자의 동의를 필요로 하는데, 수만 건 또는 수십만 건의 근저당권부채권을 유동화하는 거래에서 피담보채무의 확정을 위하여 각 채무자로부터 동의를 받는다는 것은 이에 소요되는 시간을 고려할 때 현실적으로는 거의 불가능에 가까운 일이라 할 수 있다.

따라서 우리 민법하에서 근저당권부채권을 유동화하기 위해서는 근저당권의 피담보채무 확정방법이 주요한 이슈가 되어 왔는데, 2000년 1월 개정된 자산유동화법은 제7조의2를 신설하여 "자산유동화계획에 의하여 양도 또는 신탁하고자 하는 채권이 근저당권에 의하여 담보된 채권인 경우 자산보유자가 채무자에게 근저당권에 의하여 담보된 채권의 금액을 정하여 추가로 채권을 발생시키지 아니하고 그 채권의 전부를 양도 또는 신탁하겠다는 의사를 기재한 통지서를 내용증명우편으로 발송한 때에는 통지서를 발송한 날의 다음 날에 당해 채권은 확정된 것으로 본다. 다만, 채무자가 10일 이내에 이의를 제기

16) 곽윤직(편)/박해석(집필), 앞의 책, 29면 ; 이영준, 물권법, 박영사, 1996, 951면. 그러나 이러한 입장은 현재 피담보채권의 확정 후의 양도에 준하여 취급하는 것이 타당하다는 입장으로 바뀐 듯하다. 이영준, 한국민법론 물권편, 박영사, 2004, 880면.

한 때에는 그러하지 아니하다"라고 규정함으로써 이러한 문제를 해결하였다. 이에 따라 현재까지 이루어진 MBS 거래에서는 예외 없이 모두 위 규정에 따라 채무자에 대한 통지로써 피담보채무를 확정해 왔으며, MBS 거래를 활성화시키기 위하여 제정된 주택저당채권유동화회사법[17] 및 한국주택금융공사법[18]도 동일한 취지의 규정을 두어 동법에 따른 MBS 거래시 근저당권 피담보채무 확정의 어려움을 덜어 주고 있다. 그러나 실제로 위 규정들에 의하여 피담보채무를 확정하는 경우에도 아래와 같은 문제점이 제기된다.

우선 위 규정은 피담보채무를 확정하기 위하여 채무자들에게 통지서를 발송하여야 하는 시점에 관하여는 구체적으로 명시하고 있지 아니한데, 이를 자산유동화계획 등록 이전에 해야 하는지 아니면 등록 후에 하여야 하는지에 관하여 MBS 거래 초기에 거래 참여기관들과 금융감독원 간에 진지한 협의가 이루어진 바 있다. 거래 참여기관들은 만일 피담보채무 확정통지를 자산유동화계획 등록 이후에 할 경우, 이의를 제기한 채무자들에 대한 근저당권부채권을 유동화자산에서 제외시키기 위해서는 그 변경등록이 반드시 필요하게 되어 최초 자산유동화계획 등록 이후 MBS 거래가 종결될 때까지의 기간이 상당히 지연될 수 있다는 문제점을 제기하였다. 그러나 금융감독원의 입장은 확정통지를 자산유동화계획 등록 이전에 할 경우 추후 자산유동화계획의 등록 및 거래종결이 이루어지지 아니하면 기발송된 통지에 따른 확정의 효력을 인정하기 어렵고, 따라서 그 통지의 효력이 소급적으로 소멸되어야 한다는 점에서 채무자에게 법률관계의 불안정을

17) 주택저당채권유동화회사법 제6조의2.

18) 한국주택금융공사법 제27조 제1항.

가져오기 때문에 바람직하지 않다는 것이었다. 결국 이와 같은 금융감독원의 입장에 따라 MBS 거래에서는 자산유동화계획의 등록 이후에 피담보채무 확정통지가 발송되어 오고 있다.

그러나 최초에 지적한 바와 같이 자산유동화계획 등록 이후 통지를 발송하게 되면 채무자로부터 이의제기가 있는 경우 자산유동화계획의 변경등록절차를 거치지 않을 수 없다. 이러한 변경등록은 최초 등록한 자산유동화계획의 효력이 발생하기 전에 이루어져야 하는데, 이와 관련하여 자산유동화계획 등록신청서 제출일로부터 10영업일 이내에 금융위가 이를 거부하거나 그 내용의 변경을 요구하지 않는 한, 해당 자산유동화계획은 그 등록신청서 제출일에 등록된 것으로 자동적으로 간주되어 효력을 발생하게 된다는 점에 유의하여야 한다.[19] 채무자의 수가 수만 또는 수십만 명에 이르는 MBS 거래에서, 자산유동화계획 등록신청서 제출과 동시에 이들 모두에게 피담보채무 확정통지를 발송하는 것은 현실적으로 불가능하다. 설령 신청서 제출 후 1~2일 이내에 모든 채무자에게 통지를 발송한다고 하더라도 그로부

---

19) 이는 자산유동화업무감독규정 제7조에 의한 것으로 동 규정의 내용은 다음과 같다. ① 자산유동화계획의 등록신청 또는 그 변경등록신청에 대하여 금융위가 법 제5조의 규정에 의하여 이를 거부하거나 그 내용의 변경을 요구하고자 하는 경우에는 그 계획등록신청서 또는 변경등록신청서 제출일부터 10영업일(토요일은 제외한다) 이내에 각각 그 사유를 구체적으로 명시한 서면으로 신청인에게 통보하여야 한다. 다만, 단순한 기재사항의 누락 또는 경미한 오류 등에 대하여는 감독원장이 그 보완을 요구할 수 있다. (개정 2003. 12. 31) ② 계획등록신청서 또는 그 변경등록신청서는 제1항의 규정에 의한 통보가 없으면 그 제출일에 각각 등록된 것으로 본다. ③ 제1항의 규정에 의한 등록거부 또는 내용변경 요구의 통보가 있은 경우 당해 신청은 그 통보를 한 날부터 신청을 하지 아니한 것으로 본다. 다만, 그 제출인이 내용변경 요구사항을 반영한 정정서류를 감독원장에게 제출한 경우에는 그 정정서류를 제출한 날에 당해 계획등록신청서 또는 그 변경등록신청서를 제출한 것으로 본다.

터 10일 동안은 채무자들의 이의제기 여부를 기다려야 하는데, 이와 같은 이의를 반영하여 자산유동화계획의 변경등록을 할 수 있는 시점에는 최초 자산유동화계획 등록신청서 제출일로부터 이미 10영업일이 경과하게 되어 자산유동화계획의 효력이 발생됨으로써 유동화자산 목록을 변경할 기회를 상실하게 되는 것이다.

이러한 문제점을 해결하기 위하여 현재 실무상으로는 최초의 자산유동화계획 등록신청서 제출 후 피담보채무 확정통지를 발송하고, 신청서 제출일 후 10영업일이 경과하기 전에 계약서 변경 등의 사유로 한 차례 자산유동화계획의 변경등록신청서를 제출함으로써 최초 제출된 자산유동화계획의 효력이 발생되는 것을 저지한 다음, 채무자들의 이의제기를 반영하여 다시 자산유동화계획 변경등록신청서를 제출함으로써 피담보채무가 확정된 근저당권부채권만이 자산유동화계획상 유동화자산 목록에 반영되도록 하고 있다. 결국 자산유동화계획의 등록신청서를 최소한 3차례 제출하여야 하므로 이로 인한 거래 참여기관들의 업무부담이 현저히 가중되고 있는 것이다. 따라서 MBS 거래의 경우에는 채무자의 이의제기에 소요되는 기간과 이를 반영한 자산유동화계획의 변경등록에 필요한 기간을 고려하여 최초 제출된 자산유동화계획 등록신청서가 10영업일이 경과됨으로써 자동적으로 등록의 효과가 발생하는 것을 방지하기 위한 예외규정을 마련할 필요가 있다고 본다.

한편 근저당권의 설정자와 채무자가 다른 경우 위와 같은 피담보채무 확정통지의 상대방이, 근저당권 설정자가 되어야 하는지 아니면 채무자가 되어야 하는지에 관하여 의문이 있을 수 있다. 그러나 자산유동화법 제7조의2는 '채무자'에게 통지를 발송하는 것으로 명시되어 있고, 실제로도 근저당권을 유지할 이익은 채무자에게 있으며 물상보증인은 피담보채무가 확정된다고 하여 확정 전보다 불리한 지위에 서게 되는 것은 아니다. 따라서 피담보채무 확정을 위한 통지는 채무자에게 보내는 것으로 충분하고 물상보증인에게까지 이를 발송할 필요는 없다고 본다.[20)]

2. 유동화자산에 대한 질권설정과 부기등기

앞서 거래구조상의 특이점에서 설명된 바와 같이 국내 SPC는 유동화자산에 대하여 해외 SPC 등을 질권자로 하는 질권을 설정하고, 해외 SPC는 그 질권설정계약에 따라 취득한 질권을 그 피담보채권을 표창하는 선순위채와 함께 사채권자들을 위하여 담보양도계약에 따라 담보수탁자에게 양도하게 된다.

우리 민법상 이러한 일련의 담보권설정(이하 '질권 등 담보권설정')이 완전한 효력을 발생하기 위해서는 우선 유동화자산이 국내 SPC에 양도될 때 근저당권이전의 부기등기가 이루어진 후, 국내 SPC가 이를 채권자들에게 담보로 제공할 때와 채권자들 중 해외 SPC가 이를 담보수탁자에게 이전할 때 근저당권에 대한 질권 등 담보권설정의 부기등기가 이루어져야 한다.[21)] 그리고 유동화자산의 양도 및 위와 같은 질권 등 담보권설정에 관하여 채무자 및 제3자에 대한 대항요건을 갖추기 위해서는 유동화자산의 채무자에 대하여 확정일자 있는 통지 또는 승낙이 이루어져야 한다.

20) 김재형, 앞의 논문, 200면도 같은 취지이다.

21) 민법 제348조는 "저당권으로 담보한 채권을 질권의 목적으로 한 때에는 그 저당권등기에 질권의 부기등기를 하여야 그 효력이 미친다"라고 규정하고 있는 것이 그 근거이다.

그런데 근저당권이전등기와 관련하여 자산유동화법은 유동화전문회사의 경우 자산유동화계획의 등록이 있을 때에 유동화자산에 관한 근저당권을 취득할 수 있도록 하는 특례[22]를 두고 있으므로 그 부기등기가 이루어지지 않아도 근저당권 취득에 문제가 없고, 이에 따라 실제로도 근저당권이전의 부기등기를 하지 않는다. 그런데 국내 SPC 및 해외 SPC가 유동화자산에 관한 질권 등 담보권을 설정함에 있어서는 위와 같은 근저당권 취득에 관한 특례가 적용되지 아니하므로 결국 유효하게 담보권을 설정하기 위해서는 부기등기를 하여야 하는가라는 문제가 제기된다.

한편 유동화자산의 양도 및 담보권설정의 대항요건과 관련하여, 자산유동화법에서는 자산유동화계획에 따라 채권이 양도되는 경우 그 자산유동화계획이 등록된 때에 당해 유동화자산의 채무자 외의 제3자에 대해서는 대항요건을 갖춘 것으로 보는 특례[23]를 두고 있다. 이에 따라 자산유동화법에 의하여 채권(근저당권부채권을 포함한다)을 유동화하는 거래에서는 일정한 사유(이하 '통지사유')가 발생하지 않는 한 채무자에 대한 대항요건은 따로 갖추지 않고, 통지사유가 발생하면 비로소 채무자에게 채권양도통지를 하도록 하는 것이 일반적이다. 이는 통지에 따른 거래비용도 줄이고 자산보유자의 고객들에게 야기될 수 있는 불필요한 오해를 피하기 위해서이다. 따라서 채권양도통지를 전제로 하는 질권 등 담보권설정의 통지도 채권양도통지가 이루어지기 전까지는 행해지지 않고, 나아가 근저당권에 대한 부기등기 또한 이때 완료하기로 약정하는 경우가 많다. 더욱이 앞에서 언급한 것처

22) 자산유동화법 제8조 제1항.

23) 자산유동화법 제7조 제2항.

럼 국내 SPC가 자산유동화법상의 특례에 따라 근저당권 이전의 부기등기 없이도 근저당권을 취득하므로 근저당권이전의 부기등기를 하지 않는 경우가 대부분인데, 이처럼 근저당권이전의 부기등기를 하지 않은 상태에서는 국내 SPC가 질권설정의 부기등기를 하고자 하여도 할 수가 없는 것이다.

이와 관련하여 근저당권부채권에 대한 질권설정시 근저당권이전의 부기등기는 근저당권에 관하여 질권설정의 효력이 미치기 위한 요건이고 부기등기가 없는 경우에도 피담보채권에 관해서는 질권을 취득한다고 보는 견해와 부기등기가 없으면 피담보채권에 대한 질권설정도 효력이 없다는 견해[24)]가 있는바, 후자의 견해에 따르면 위와 같이 국내 SPC 및 해외 SPC에 의하여 이루어진 질권 등 담보권설정은 전부 무효라는 결과가 된다. 이에 대해서는 명시적인 판례도 없고 이를 구체적으로 논하고 있는 학자도 많지 않으나, 민법 제348조가 "부기등기를 하여야 그 효력이 미친다"라고 규정하고 있는 것은 저당권에 대한 효력을 의미한 것으로 해석할 여지가 있고, 채권에 대한 질권은 채권증서를 교부함으로써 그 효력이 생기며 반드시 대항요건을 갖추어야 하는 것은 아니라는 점에서 저당권부채권에 대한 질권 등 담보권 설정에 있어 저당권에 대한 부기등기를 갖추지 않았다고 하여 무담보채권으로서의 유동화자산에 대한 질권 등 담보권설정의 효력마저 부인할 이유는 없다고 보며, 이것이 현재 이 문제를 논하고 있는 학자들 간에는 다수설이다.

24) 이영준, 앞의 책, 783면 ; 곽윤직(편)/정동영(집필), 민법주해VI, 박영사, 1992, 429면.

3. 채무자에 대한 대항요건불비로 인한 상계리스크

앞의 제2절에서 언급한 바와 같이 자산유동화법에 의하여 채권을 유동화하는 거래에서는 일정한 통지사유가 발생하지 않는 한 채무자에 대한 대항요건을 갖추지 않는 것이 일반적이다. 이러한 경우 유동화자산의 현금흐름에 영향을 미칠 수 있는 주요한 위험요소는 채무자가 자산보유자에 대하여 통지사유 발생 전에 상계로서 대항할 수 있게 되는 경우이다.[25)]

이러한 리스크는 유동화자산양도계약상 유동화자산의 채무자가 상계를 주장할 경우 자산보유자가 상계된 채권액에 상당하는 금액을 유동화전문회사에 지급하기로 하는 약정사항을 추가함으로써 어느 정도 완화된 면이 있으나, 이는 결국 상계리스크에 대한 해결책을 자산보유자의 신용에 의존하는 결과를 가져오므로 신용평가기관이 유동화증권의 신용평가를 함에 있어 유동화자산의 현금흐름뿐만 아니라 자산보유자의 신용도를 고려하지 않을 수 없도록 하는 원인이 된다.[26)]

---

25) 자산보유자가 은행인 경우에는 유동화자산의 채무자가 자산보유자에 대하여 예금채권을 가지고 있는 경우가 흔히 있으므로 대출원리금채무와 예금채권을 상계하고자 할 가능성이 있으며, 은행의 대출거래약정서상 채무자가 상계를 주장할 수 없다는 규정을 두고 있는 경우도 있으나 반드시 그러한 것은 아니다.

26) 이처럼 채권유동화거래에서 자산보유자의 신용도가 유동화증권의 신용도에 영향을 미치게 하는 사유로서 대표적인 것 중의 하나가 자산보유자가 유동화전문회사에 대하여 부담하는 하자담보책임이다. 채권유동화거래에서는 일반적으로 유동화자산양도계약에 각 유동화자산이 일정한 적격요건을 충족하고 있음을 자산보유자가 진술 및 보장하고 추후 이러한 적격요건을 충족하지 못한 유동화자산이 발견되었을 경우 이를 자산보유자가 환매하거나 그 하자에 대한 담보책임을 부담하도록 하는 조항을 두고 있는데, 이는 결국 유동화증권에 대한 신용보강(credit enhancement) 수단이기도 하지만 동시에 유동화증권의 신용도가 자산보유자의 신용도를 넘어서기 어렵게 하는 원인이 되기도 한다.

4. 선순위채 조기상환시 외국환거래법상의 문제

MBS 거래에서 다른 자산유동화거래와 뚜렷이 구별되는 특징은 유동화자산의 조기상환율이 매우 높다는 점이다. 주로 미국의 주택구입자금대출에서 발달된 것으로서 주택에 대한 저당권을 설정하고 장기간에 걸쳐 원리금을 분할상환하는 방식의 근저당권부대출(이하 '장기모기지론')의 경우, 주택금융시장의 금리동향에 따라 채무자들이 이자율 등의 조건이 다른 새로운 대출을 받아 기존 대출을 조기상환하는 경우가 매우 빈번한데 이는 예측하기 쉬운 변수가 아니다. 따라서 MBS 거래에서는 이러한 원금조기상환으로 인한 현금흐름의 변화가 유동화증권의 원리금상환스케줄에 미치는 영향을 최소화하기 위하여 pass-through 방식의 상환구조, 즉 유동화자산의 원금조기상환으로 회수된 현금으로 유동화사채의 원금 일부를 조기상환할 수 있는 옵션을 유동화전문회사가 갖게 하는 경우가 많이 있다. 그런데 이러한 조기상환옵션이 해외에 발행되는 선순위채에 적용될 경우 구외국환거래규정상으로는 만기 1년 미만의 단기자금조달에 해당하여 재정경제부장관의 허가를 받아야 하는 난제가 있었다.[27)]

이러한 문제점은 단기자금조달의 예외를 인정하고 있는 위 규정 단서의 적용을 모색함으로써 해결해 왔다. 위 규정 단서에 따르면 해당기업의 최근 회계연도 부채비율이 한국은행이 발간하는 '기업경영분석' 상 업종별 평균 부채비율 이하이면서(단서 제1호), 국내 또는 국외의 전문신용평가기관에 의한 신용평가등급이 투자등급(적기 상환능력

27) 구외국환거래규정 제7-14조 제3항(2006. 1. 1. 재정경제부고시 제2005-25호로 개정되기 전의 것).

이 인정되는 등급) 이상으로 분류된 경우(단서 제2호) 예외가 인정되고 있었다. 그런데 자산유동화업무 기타 금융산업은 한국은행 '기업경영분석'에 기재되어 있지 아니하므로 발행기업이 금융기관인 경우에는 제1호의 적용이 불가능하게 되어 결국 제2호에 따른 투자등급 이상 신용평가등급만을 받으면 되었던 것이다.

그런데 자산유동화거래의 경우 위 규정을 문면 그대로 적용한다면 해외에 유동화증권을 발행하는 유동화전문회사가 위와 같은 요건을 충족하여야 하지만, 자산유동화업무를 전업으로 하고 그 외 독립된 업무를 영위하지 않는 유동화전문회사에 일반 기업과 마찬가지로 신용평가등급을 요구하는 것은 지나치게 형식적으로 위 규정을 적용하는 것이다. 자산유동화거래를 통하여 자금을 조달하는 자는 자산보유자이므로 위 규정의 적용에 있어서는 자산보유자를 실질적인 발행기업으로 보는 것이 규제의 목적에 비추어 합리적이라 할 수 있다.[28)]

근저당권부채권의 유동화거래에서 조기상환옵션의 필요성을 인정한 재정경제부에서도 위 논리를 받아들여 자산보유자의 신용평가등급이 투자등급 이상인 경우 선순위채의 조기상환옵션이 있더라도 재

28) 이와는 별개로 자산보유자를 발행기업으로 보지 않더라도 유동화전문회사의 유일한 사업인 자산유동화거래에서 발행된 선순위채가 투자등급 이상인 경우에는 유동화전문회사에 대한 신용평가등급과 동일시하여 위 규정의 예외가 적용될 수 있을 것으로 보고 선순위채의 신용평가등급이 투자등급 이상에 해당함을 입증하고자 하였다. 물론 dual SPC 구조의 해외 유동화거래에 있어서 종국적으로 신용평가등급을 받는 것은 해외 SPC가 투자자들에게 발행하는 담보부사채(notes)이다. 그러나 notes의 신용평가시 기초가 되는 현금흐름은 국내 SPC가 자산유동화법에 따라 발행한 선순위채의 원리금 상환을 그대로 반영하는 것이므로 notes의 신용평가를 담당한 해외 신용평가기관에서는 위와 같은 현금흐름 분석을 토대로 선순위채에 대하여 외부에 공개되지 아니하는 신용평가서(이를 'shadow rating'이라고 부르기도 한다)를 제공하기로 하였고 이에 따라 발행된 신용평가서가 재정경제부에 제출되었다.

정경제부장관 신고사항으로 인정하였다. 그러나 이러한 문제점은 2006. 1. 1. 재정경제부고시 제2005-25호로 위 규정이 삭제되어 조기상환옵션이 있는 해외 발행 외화표시사채도 기획재정부장관의 허가를 필요로 하지 않게 됨으로써 해결되었다.

5. 해외 보증기관의 지급보증시 보험업법상의 문제

앞서 거래구조의 특이점에서 언급한 바와 같이 해외 SPC가 발행하는 사채에 AAA 혹은 이에 상당하는 신용평가등급을 받기 위하여 동일한 신용평가등급을 가진 해외 보증보험기관으로부터 사채 원리금 채무에 대한 지급보증을 받는 사례가 많이 있는데, 이러한 경우 해당 보증기관이 국내 SPC와 스왑제공자 간의 스왑계약상 국내 SPC의 원화지급채무에 대한 지급보증도 동시에 제공하는 경우가 있다. 이와 관련하여 해외 보증기관이 국내 SPC와 위와 같은 보증계약을 체결하는 경우 금융위의 허가를 받은 자가 아니면 보험계약을 체결할 수 없도록 규정하고 있는 보험업법 제3조에 위반하여 보증보험계약을 체결하는 것이 되는지의 문제가 제기된다.[29] 보험업법은 '보증보험'에 대하여 별도의 정의를 두고 있지 아니하므로 자국에서 보증보험업을 영위하는 해외 보증기관이 국내 SPC를 피보증인으로 하여 보증계약을 체결하게 되면 문면상으로는 국내에서 보증보험업을 영위하는 경

29) 보험업법 제3조는 "누구든지 보험회사가 아닌 자와 보험계약을 체결하거나 이를 중개 또는 대리하지 못한다. 다만, 대통령령이 정하는 경우에는 그러하지 아니하다"라고 규정하고, 동법 제2조는 '보험회사'라 함은 동법 제4조의 규정에 의한 허가를 받아 보험업을 영위하는 자를 말한다고 규정하고 있으며, 동법 제4조에 의하면 보험업을 영위하고자 하는 자는 보험종목별로 금융위의 허가를 받아야 하는데 보증보험의 경우도 그러한 보험종목 중의 하나이다.

우에 해당한다고 볼 가능성이 있는 것이다.

이에 대한 판례나 유권해석이 없는 상태에서 해외 보증기관이 이러한 국내법 위반의 리스크를 안고 위와 같은 보증보험계약을 체결하기는 어려운 입장이므로 가사 위와 같은 보증보험계약의 체결이 국내에서 보증보험업을 영위하는 것에 해당한다고 해석되는 경우에도 보험업법 제3조 단서 및 동법 시행령 제7조 제1항에 의하여 보험업 허가를 받지 않고도 보증보험계약을 체결할 수 있게 할 필요가 있을 것이다. 이와 관련하여 보험업법 시행령 제7조 제1항은 국내에서 영위되는 보험종목에 관하여 3사 이상의 보험회사로부터 가입이 거절된 경우(제2호)와 국내에서 영위되지 아니하는 보험종목(제3호)의 경우 외국보험회사와의 보험계약체결을 허용하고 있으므로 위 각 경우에 해당할 가능성이 있는지를 검토하였다.

이와 관련하여 해외 신용평가기관으로부터 사채에 대해 AAA의 신용등급을 받기 위해서는 동일한 신용평가등급의 보증기관이 그 지급의 이행을 보증하여야 하는데 국내의 유일한 보증보험사인 S보험사는 해외신용평가기관으로부터 신용평가를 받은 바 없으므로, 이러한 경우 위와 같은 보증보험계약을 체결하고자 하는 의사가 있어도 사채의 목표신용등급 획득이라는 해당 보험계약 체결의 목적을 달성할 수가 없다는 점에서 이를 국내에서 영위되지 아니하는 보험종목에 해당한다고 볼 수 있지 않느냐는 의견이 제기되었다.

그러나 위 규정은 국내에서 영위되지 아니하는 '보험종목'이라고 규정하고 있을 뿐이고 보증보험은 보험업법 제4조에 규정된 보험종목의 하나이므로, 국내에서 보험계약자가 보증보험계약을 체결함에 있어서 국내 보증보험회사의 신용도가 만족스럽지 못하다고 하여 보증보험이라는 보험종목 자체가 영위되지 않고 있다고 주장하기는 어렵다고 할 것이다. 또한 위와 같은 이유로 외국보험사와의 보험계약을 체결하는 것을 허용한다면 위 예외조항의 적용 범위가 지나치게 확대되고 보험업에 허가를 요구하는 현 보험업법의 취지가 몰각된다는 지적도 있을 수 있다.

따라서 위 조항 제2호에 따라 국내 보험사가 인수를 거절한 경우에 해당하게 되는 것이 가장 바람직한 경우라고 판단되어 그 인수거절의사를 손해보험협회를 통하여 확인하는 절차를 취하게 되었다. 그러나 향후 유사한 보험상품의 취급가능성을 고려할 때 이처럼 S보험사가 직접적으로든 간접적으로든 어떠한 보험상품에 대한 인수거절의사를 표시하는 것은 그리 용이하지 않다는 점이 또 하나의 난제였다. 다행히 이러한 답변이 개별 거래에 대한 것이고 향후 동일한 상품의 취급가능성을 배제하는 것이 아니라는 취지에서 협조를 구함으로써 당해 MBS 거래 당시를 기준으로 동일한 상품을 취급하고 있지 않다는 답변을 받을 수 있었다.

V. 향후 MBS 거래의 활성화를 위하여 선결되어야 할 법률 문제

1. 근저당권의 피담보채무 확정을 위한 통지 후 이의제기시 채무자의 이익보호

이미 언급한 바와 같이 근저당권의 확정통지를 발송한 후 채무자가 10일 이내에 이의를 제기하지 않는 한 통지를 발송한 날의 다음 날에 근저당권의 피담보채권은 확정된다. 그런데 실무상으로는 10일이 경과한 후 이의를 제기하는 채무자가 상당수 있으며, 경우에 따라서는 확정의 의미를 명확히 알지 못하여 이의를 제기하지 않다가 추후 해당 근저당권을 활용하여 추가로 대출을 받고자 할 때 피담보채권이 이미 확정되어 추가대출이 불가능하다는 사실을 알게 되면서 이의를 제기하는 경우가 발생할 수 있을 것이다.

이러한 경우 자산유동화법 제7조의2는 통지서 발송 후 10일이 경과함으로써 피담보채무 확정의 효과가 확정적으로 발생하도록(이의제기에 의하여 그 효과가 소급적으로 소멸하지 않도록) 규정하고 있으므로 자산보유자 입장에서는 채무자의 주장을 수용할 의무가 없다. 그러나 근저당권의 채권최고액이 양도된 모기지론의 잔액을 훨씬 상회하는 경우 이와 같은 확정의 효과로 인하여 채무자에게 발생하는 불이익은 상당히 크다고 할 수 있다. 따라서 현실적으로 채무자의 이익을 보호하기 위하여 이러한 문제점을 해결할 수 있는 방안이 필요하며, 자산보유자 또한 고객과의 관계에서 이러한 이해충돌을 완화할 수 있는 방안이 필요한 것이 현실이다.

이 문제를 해결하기 위하여는 입법론적으로 피담보채무가 확정된 경우 확정된 피담보채무액을 기준으로 근저당권 채권최고액이 일정 수준을 상회하는 경우에는 그 감액청구를 인정하는 방안이 필요하다고 본다.[30] 2004년 6월에 입법예고되었던 민법개정안에는 근저당권설정자가 피담보채권 확정 후 채권최고액을 현존 채무액과 이후 1년간 이자, 위약금 및 채무불이행으로 인한 손해배상액의 범위로 감액청구할 수 있도록 하는 조항(개정안 제357조의12)이 포함되어 있었으나, 민법 재산편 부분에 대한 개정안이 국회에서 통과되지 아니함으로써 위 논의는 빛을 발휘하지 못하였는바, 이는 MBS 거래의 활성화라는 측

30) 김재형, 앞의 논문, 202면도 같은 취지이다.

면에서 안타까운 일이라 할 수 있다.

한편 자산유동화계획 등록을 마친 후 자산보유자가 자산유동화법에 따른 피담보채무 확정통지를 발송하였으나 유동화증권의 발행 및 납입이 완료되지 않는 경우도 상정할 수 있다. 자산유동화법은 일단 확정통지가 발송되면 10일 이내에 채무자로부터의 이의제기가 없는 한 피담보채무는 확정된다고 규정하고 있으므로 유동화거래의 납입이 완료되지 않더라도 위와 같은 확정의 효과가 소급적으로 소멸한다고 볼 명시적인 근거는 없다. 그러나 자산유동화법이 이러한 경우까지 예정하고 피담보채무 확정통지제도를 마련한 것은 아니라고 보이며, 실제로 자산유동화법에 따른 피담보채무 확정방법은 채무자의 이익을 어느 정도 희생하면서 자산유동화거래를 활성화하고자 도입된 제도라는 점에서 유동화거래가 종결되지 아니하는 경우까지 확정의 효력을 유지하도록 하는 것은 바람직하지 않은 면이 있다. 다만 명시적인 규정에 근거하여 발생한 확정의 효력이 위와 같은 이유만으로 명문의 근거 없이 소급적으로 소멸한다고 보기는 어렵다는 점에서 이러한 불합리를 개선할 수 있는 명문의 근거를 마련할 필요성이 있다고 본다.

2. MBS Multiple Issuance(MBS의 프로그램화)

자산유동화법은 하나의 유동화전문회사가 등록할 수 있는 자산유동화계획을 1개로 제한하고 있다.[31] 따라서 자산보유자가 일단 MBS 거래를 위하여 근저당권부채권을 유동화전문회사에 양도하고 유동화

31) 자산유동화법 제3조 제2항.

증권이 발행된 후, 추후 발생된 근저당권부채권을 동일한 유동화전문회사에 양도하여 유동화증권을 추가로 발행함으로써 유동화하는 것은 불가능하다. 이처럼 유동화전문회사가 하나의 자산유동화계획에 의한 유동화거래만을 할 수 있도록 제한한 것은 수차례에 걸친 유동화거래로 인하여 발생할 수 있는 유동화자산의 혼장리스크를 제거한다는 점에서는 의미가 있으나, MBS 거래시 해당 유동화자산을 추후 발행되는 유동화증권의 기초자산인 유동화자산과 혼장할 것인지 여부 및 그로 인한 리스크는 어떠한 방법으로 최소화할 것인지 등은 유동화거래의 구조를 고안하는 과정에서 달리 결정될 수 있는 것이며, 이는 더 이상 투자자들을 포함한 시장참여자들에게 생소한 문제가 아니다. 이른바 마스터신탁이나 CP conduit에 의한 유동화거래가 이미 시장에서 이루어지고 있다는 점이 이를 말해 준다.

마스터신탁은 하나의 신탁을 설정한 후 유동화자산을 일정한 방식과 절차에 따라 수차례에 걸쳐 신탁할 수 있도록 하고 이를 미리 정해진 방식에 따라 분리 또는 혼장하여 관리하되 종국적으로는 신탁재산 전체가 시리즈별 유동화증권의 기초자산이 되도록 고안된 구조를 말한다. 또한 현재 자산유동화법의 적용을 받지 않고 이루어지고 있는 자산유동화거래 중에 주식회사 형태의 특수목적회사를 설립하고 해당 회사가 시리즈별로 양수한 자산을 기초로 하여 단기의 기업어음을 계속적으로 차환발행하는 방식의 유동화거래가 관심을 모으고 있다. 이러한 유동화거래에서는 담보신탁을 통하여 시리즈별로 양수한 자산의 혼장위험을 제거하는 방식이 빈번히 활용되고 있는데 이를 흔히 CP conduit 거래라고 부르고 있다. 이와 같은 거래들은 유동화자산의 분리 또는 혼장을 가능하게 하는 법률적 장치들에 대한 연구와 분석 및 이를 계약서에 반영함으로써 가능하게 되었을 뿐만 아니라, 이로 인하여 증가되거나 감소되는 리스크를 평가할 수 있는 역량이 신용평가기관에 축적된 결과라고 할 것이다.

위와 같은 거래들이 시장에서 소화되고 있는 상황에서 유동화전문회사를 이용한 자산유동화거래의 경우 굳이 등록할 수 있는 자산유동화계획의 수를 1개로 한정할 이유는 없을 것이다. 오히려 하나의 자산유동화계획에 따라 근저당권부채권과 같이 안정적인 유동화자산을 여러 시리즈로 양도할 수 있게 하고 투자자의 선호에 맞게 시리즈별로 양도된 유동화자산을 분리 또는 혼장함으로써 시리즈별로 유동화증권을 발행할 수 있도록 하면 매번 유동화증권을 발행할 때마다 유동화전문회사를 설립하고 새로운 자산유동화계획을 등록하여야 하는 번거로움이나 거래비용을 감소시킬 수 있다는 장점이 있다.

따라서 유동화전문회사가 등록할 수 있는 자산유동화계획의 수를 하나로 제한하고 있는 자산유동화법 제3조 제2항은 지속적으로 창출되는 우량자산을 보다 낮은 비용으로 유동화할 수 있게 하고 유동화거래구조의 다양성을 제고할 필요가 있다는 측면에서 그 개정이 요구되는 시점에 와 있다.

3. 단기모기지론의 유동화

MBS 거래에서 저당권부채권의 조기상환이 빈번하다는 특성으로 인하여 pass-through 방식의 원금상환구조가 많이 이용되고 있다는 점은 이미 앞에서 언급한 바와 같다. 그런데 국내 근저당권부채권 시장은 위와 같은 조기상환 외에 MBS 거래의 활성화를 위하여 고려해 보아야 할 또 하나의 특성이 존재하는바, 아래에서 말하는 단기모기지론이 그것이다.

국내 모기지론 시장에서 미국에서와 같은 장기주택담보대출이 활발해지기 시작한 것은 그리 오래된 일이 아니다. 자산유동화법 외에 1999년 주택저당채권유동화회사법 및 2003년 한국주택금융공사법의 제정에 힘입어 장기주택구입자금의 대출이 활성화된 것은 사실이나 모기지론이 반드시 장기주택구입자금의 조달 목적으로만 이루어지는 것은 아니다. 실제로 2000년 이후 주택저당채권유동화회사 및 한국주택금융공사의 주택저당채권 발행을 통하여 금융기관의 장기주택구입자금대출이 활발해지기 전까지 국내 모기지론 시장에서 주류를 이룬 것은 1년 내지 3년 정도의 단기간을 대출기간으로 하여 해당 기간 동안 이자만을 지급하다가 만기에 원금을 일시상환하는 방식(이하 '단기모기지론')으로서, 근저당권을 담보로 하는 것 외에는 만기일시상환방식의 무담보대출채권(term loan)과 그 특성에 있어서 별 차이가 없었던 것이 사실이다. 위와 같은 단기모기지론이 전체 모기지론에서 차지하는 비중은 상당히 높기 때문에 장기모기지론이 활성화되고 있는 현재에도 이러한 단기모기지론을 유동화자산으로 하는 유동화거래가 시도되는 것은 당연한 일이라고 하지 않을 수 없다.

그런데 장기모기지론의 경우에도 pass-through 방식의 원금상환구조나 발행 후 일정 기간 경과시 유동화자산의 조기상환으로 원금상환에 충분한 자금이 축적되면 call-option을 행사할 수 있도록 하는 방식[32]이 다른 유동화증권에 비하여 스프레드를 상당히 감소시키는 것으로 이해하고 있다. 하물며 단기모기지론을 유동화자산으로 하는 경우에는 유동화증권의 만기가 짧은데도 불구하고 조기상환까지 빈번히 일어

32) 주택저당채권유동화회사나 한국주택금융공사가 발행하는 주택저당채권의 경우 이러한 방식이 주로 사용되었다.

나 시장에서 소화되기 어려울 수밖에 없을 것이다. 이 경우 유동화자산 중 만기가 도래하거나 조기상환된 근저당권부채권[33]을 자산보유자가 같은 채무자에 대하여 보유하고 있는 근저당권부채권과 교체할 수 있다면 반드시 유동화증권의 원금을 조기상환할 필요가 없게 되므로 그 가능성을 검토해 보지 않을 수 없다.

그런데 앞서 근저당권의 피담보채무 확정과 관련하여 언급한 바 있듯이 기본계약의 양도에 의하여 피담보채무의 확정 없이 근저당권부채권을 이전하고자 하는 경우에는 채무자와의 합의가 필요하다는 점 때문에, 현재까지 MBS 거래에서는 예외 없이 자산유동화법상 피담보채무 확정절차에 따라 근저당권을 확정해 오고 있다.[34] 그러나 일단 확정된 근저당권을 피담보채권과 함께 양도한 후에는 자산보유자가 동일한 채무자에 대하여 추가대출을 제공하더라도 동일한 근저당권에 의하여 담보될 수 없고 후순위저당권을 별도로 설정하여야 하며, 해당 후순위저당권이 근저당권인 경우 이를 양도하기 위해서는 또다시 근저당권의 피담보채무 확정절차를 거쳐야 한다. 또한 위와 같은 확정절차를 감수하고서라도 후순위저당권을 설정하여 추가대출을 제공한 후 이를 추가로 유동화전문회사에 양도하여 기양도된 유동화자산인 근저당권부채권의 상환과 동시에 후순위저당권의 순위가 승진되는 것을 기대해 볼 수도 있겠으나, 이와 같은 추가대출이 있기 전에 채무자가 다른 제3자로부터 이미 차입을 하여 동일한 부동산에 후순

33) 자산보유자와 채무자 간에 새로운 대출계약을 체결하고 채무자가 그 대출금으로 유동화된 저당권부채권을 조기상환하게 되는 경우도 이에 포함된다.

34) 주택저당채권유동화회사 및 한국주택금융공사도 각각 주택저당채권유동화회사법 제6조의2와 한국주택금융공사법 제27조 제1항에 의하여 동일한 방법으로 근저당권을 확정하였다.

위저당권을 설정하게 되면 그 목적을 달성할 수 없게 될 위험이 있다. 따라서 이에 소요되는 시간과 비용 및 리스크를 모두 상쇄할 만큼 유동화증권의 조기상환 가능성을 배제함으로써 얻게 되는 이익이 크지 않는 한 위와 같은 방식은 택하기 어려울 것이다.

마지막으로 자산보유자 및 투자자 등 거래 참여기관들이 모든 절차상의 번거로움과 법률적인 리스크를 수용할 수 있다고 하더라도 이에 따르는 자산유동화계획의 변경에 수반되는 업무가중을 금융감독원에서 수용할 수 있는지 여부도 고려하여야 할 요소이다.

그 밖에 채무자가 희망하는 경우 유동화전문회사가 상환기일이 도래한 근저당권부대출의 기한을 연장해 주는 방안도 생각해 볼 수 있다. 이러한 만기연장시 다른 대출조건의 변경이 수반되는 경우에는 새로운 대출로 간주될 가능성[35]이 있는바, 유동화전문회사는 자산유동화법상 자산유동화에 관련된 업무 외에 대출업무 등 다른 업무를 영위하는 것이 허용되지 아니하며, 설사 이를 부수업무의 일종으로 본다 하더라도 대부업 등의 등록 및 금융이용자 보호에 관한 법률(이하 '대부업법')상 요구되는 등록을 하지 않고 대부업을 영위하는 것으로 해석될 소지가 있다.

이처럼 우리 민법하에서 유동화자산에 편입된 근저당권부채권의 상환시 그 기한을 연장하거나 자산보유자의 다른 근저당권부채권과 교체하는 것은 위와 같은 법률적인 문제점들과 절차적인 번거로움을 해결하지 않고서는 매우 곤란하다는 점에서 향후 금융거래의 효율성

35) 현재 은행에서 채무자가 상환기일에 변제를 하지 못하는 경우 기존 대출의 만기를 연장하는 방법 외에도 대출계약의 갱신 또는 대환 등의 방법이 사용되는데 이 경우 기존 대출과의 동일성이 인정되는지 아니면 새로운 대출인지 여부는 그리 명확하지 아니하며, 판례는 개별적인 사안에 따라 달리 판단하고 있는 듯하다.

제고를 위해 우리 민법이 나아가야 할 방향이 무엇인지를 생각해 보게 된다.

4. 은행 외 금융기관을 자산보유자로 하는 MBS 거래

현재 국내에서 은행이 창출하는 저당권부채권의 비중은 다른 금융기관에 비하여 절대적 우위에 있으나 보험회사 또한 상당한 규모의 주택담보대출채권을 자산으로 보유하고 있으며, 최근 은행 및 보험회사의 주택담보대출에 대하여 금융위가 피담보채권액의 상한을 중점적으로 규제함으로써 앞으로 여신전문금융회사나 대부업체들의 주택담보대출도 상당히 증가될 것으로 예상된다. 이와 관련하여 은행 이외의 금융기관들이 MBS 거래를 시도하면서 제기되었던 문제점에 대하여 간단히 짚어 보기로 한다.

(1) 보험업법상의 보증금지

자산유동화거래가 유동화자산의 진정양도를 필수요건으로 함으로써 유동화자산에 대한 리스크를 완전히 자산보유자로부터 이전하여야 한다는 점[36]은 자산유동화거래에서 충족되어야 할 기본적인 전제조건이지만, 유동화거래를 통하여 자금을 조달하게 되는 주체인 자산보유자는 여전히 자산유동화거래의 구조적 특성으로 인하여 발생하는 여러 가지 리스크를 부담하게 되는 경우가 많이 있다. 그 예로서 환

36) 후순위유동화사채 등 진정양도에 영향을 미치지 않는 범위 내에서의 신용보강 (credit enhancement)은 논외로 한다.

리스크 및 이자율리스크를 헤지하기 위하여 유동화전문회사가 체결하는 스왑계약이 일정한 사유로 인하여 만기 전에 해지되는 경우 발생하는 비용(breakage cost 등)은 유동화전문회사가 미리 계약상 정한 지급순위에 따라 위 비용을 지급할 충분한 현금이 부족한 경우 종국적으로 자산보유자가 부담하게 된다. 또한 MBS 거래시 유동화전문회사가 진술 및 보장한 사항들(representations and warranties)의 위반이 생기거나 관련 세법 기타 법률의 변경 등으로 인하여 다른 당사자들에게 손해가 발생하고 이에 따라 유동화전문회사에 예상치 못한 비용이 발생하는 경우, 자산유동화업무를 전업으로 하는 유동화전문회사는 그 현금흐름으로 위와 같은 금전채무를 이행하지 못할 가능성이 있고 그로 인한 채무는 결국 자산보유자가 대신 이행하도록 미리 계약서에 규정하는 경우가 적지 않다. 한편 자산보유자는 자신이 보유하고 있는 유동화전문회사의 출자지분을 유동화증권 소지인 등 채권자를 위하여 담보로 제공하기도 하는바, 이는 결국 유동화전문회사를 위하여 담보를 제공하는 경우라 할 수 있다.

그런데 자산보유자가 보험회사인 경우 자산보유자 자신의 계약위반과 무관하게 위와 같이 유동화거래의 특성으로 인하여 부담하게 되는 손해배상채무(indemnification)를 어떠한 성격의 채무로 규정할 것인가가 보험업법 제113조와의 관계에서 문제된다. 동조에 따르면 보험회사는 보험업법의 다른 규정에 의하여 채무의 보증을 할 수 있는 경우 외에는 타인을 위하여 그 소유자산을 담보로 제공하거나 채무의 보증을 할 수 없도록 되어 있는데, 위와 같은 손해배상채무의 성격은 제3자의 채무를 보증하는 경우에 해당한다고 볼 수도 있기 때문이다. 참고로 해외 유동화거래에서 위와 같은 자산보유자의 손해배상채무는 외국환거래법상 보증에 준하여 한국은행에 신고하고 있다는 점에서 위와 같은 채무가 보증채무의 성격을 갖지 않는다고 주장하는 것은 그다지 설득력이 없을 수 있다. 또한 유동화전문회사의 출자지분을 담보로 제공하는 것 역시 실질적으로는 제3자를 위한 것이 아니라 자신의 자금조달을 위한 것이라 하더라도 법률적으로는 제3자, 즉 유동화전문회사를 위하여 담보를 제공하는 것으로 볼 수 있다.

위와 같은 문제점은 물론 유관기관의 유권해석을 통하여 어느 정도는 해결될 수 있을지 모르겠으나, 입법론적으로 보험업법 제113조에서 금지되는 보증의 범위나 보증금지에 대한 합리적인 예외사유를 구체적으로 명시하는 방법에 의해야만 분명하게 해결될 수 있을 것으로 본다.

(2) 대부업자의 자산보유자 적격

자산유동화법은 일정한 종류의 금융기관 또는 금융위가 정하는 요건[37]을 갖춘 자만이 자산유동화법에 따른 유동화거래의 자산보유자가 될 수 있도록 하고 있다. 자산보유자 적격에 이와 같은 제한을 둔 이유는 자산유동화법의 제정 당시로 거슬러 올라가 금융기관이 보유하고 있는 각종 부실채권을 용이하게 유동화하기 위하여 각종 특례를 규정한 것이라는 동법 제정의 취지를 통하여 이해할 수 있겠다. 그러나 자산유동화거래가 이미 우리 기업의 주요 자금조달수단의 하나로 자리 잡게 된 이상, 자산유동화법은 초기의 제정목적에 국한될 것이 아니라 다양한 기업의 수요를 최대한 수용할 수 있도록 개선 · 발전될 필요가 있다.

37) 자산유동화법 제2조 제2호, 동법 시행령 제2조, 자산유동화업무감독규정 제2조.

이와 같은 관점에서 볼 때 자산보유자의 적격 제한의 문제는 이제 전반적으로 재검토할 시점에 와 있다고 할 것이다. 가령 고리대금업의 양성화라는 취지하에 제정된 대부업법에 따라 등록한 대부업체들이 자산보유자로서의 적격을 인정받지 못함으로써 그 보유자산을 활용한 자금조달이 어렵다는 것은 주지의 사실이다. 특히 금융위가 최근 은행 및 보험회사 등 주요 금융기관들에 대하여 주택담보대출 취급시 담보가치를 일정 비율 이하로만 인정할 수 있게 하여 피담보채권액을 제한함으로써 동일한 규제를 받지 않는 금융기관의 경우 주택담보대출에 그 사업역량을 집중하는 경향이 있는바, 이는 대부업체의 경우에도 마찬가지이다.

그런데 대부업체가 근저당권부대출을 자산으로 보유하게 되더라도 이를 자산유동화법에 따라 유동화함으로써 영업자금을 재조달할 수 없어 그 자금 활용 및 조달방법에 있어서 다른 금융기관보다 열후한 지위에 놓일 수박에 없는 상황이고, 굳이 그 자산을 유동화하고자 하는 경우 자산유동화법상의 채권양도 대항요건에 대한 특례 등을 활용할 수 없어 그 거래비용이 상당히 증가될 수박에 없다. 물론 대부업체도 자산유동화업무 감독규정상 그 주식이 상장되거나 투자적격의 신용등급을 받음으로써 형식상 자산보유자로서의 적격을 갖출 수 있지만 이는 금융위 규정이 정하고 있는 적격기준이므로 이러한 적격기준을 충족시킨다 하더라도 정부의 정책적인 고려에 따라서 금융위가 위 적격기준의 적용에 예외를 둘 수도 있으며, 이러한 금융위의 재량권은 현실적으로 자산유동화계획 등록과정에서 나타나게 된다.

물론 대부업자가 금융위의 일상적인 감독을 받지 않을 뿐 아니라[38]

38) 다만 2009. 4. 21.자로 대부업법이 개정되면서 동법 제12조 제4항은 금융감독원장

이에 대한 전반적인 신용도가 그리 높지 아니하므로 그 자산을 자산유동화법에 따라 유동화할 경우 투자자들이 크나큰 리스크를 안게 되는 것이 아닌가라는 정책적인 우려도 있다는 점을 부인할 수는 없다. 그러나 자산유동화거래가 자산보유자에게는 주요한 자금조달수단으로서, 투자자에게는 안정적인 투자수단으로서 자리 잡은 현 시점에서 투자자의 리스크는 투자자에 대한 적절한 정보제공을 통하여 이루어져야 하는 것이지 자산보유자를 일정한 금융기관으로만 제한함으로써 이루고자 하는 것은 바람직하지 않다고 본다. 따라서 사견으로는 대부업체들에 대하여도 자산유동화법에 따른 유동화거래의 자산보유자 적격을 인정하여 자금조달의 원활화를 도모할 수 있도록 하고 이를 통해 금융시장에 실질적으로 자리 잡도록을 뒷받침해 줄 필요가 있다고 본다.

은 대부업자 등의 자산규모 등을 고려하여 대부업자 등에 대한 전문적인 검사가 필요한 경우로서 대통령령이 정하는 경우에는 대부업자 등의 업무 및 업부와 관련된 재산에 관하여 검사하고 그 결과를 시 · 도지사에게 알려야 한다고 규정하면서, 동법 시행령 제7조의2에서 i) 법인인 대부업자 등이 2 이상의 시 · 도지사에게 등록한 경우 또는 ii) 직전 사업연도 말 기준으로 법인인 대부업자 등의 자산규모가 70억 원 이상인 경우라고 규정하여, 금융감독원장이 시 · 도지사의 요청이 없는 경우에도 일정한 대부업자에 대한 검사를 실시할 수 있게 되었다.

제12장

신탁을 이용한 자산유동화에 관한 법적 문제점*

—실무상 제기된 몇 가지 문제 검토—

강율리**

I. 머리말

1998년 자산유동화에 관한 법률 제정과 함께 도입된 자산유동화제도는 주로 대출과 회사채 발행에 의존하던 우리나라 금융시장에 구조화금융(structured financing)의 새 물결을 가져왔다.

일반적으로 자산유동화라 함은, 채권, 부동산 등 재산권을 결집(pooling)한 다음 그 자산을 경제적 담보로 하여 유가증권 기타 채무증서 등 새로운 증권을 발행하고 이를 통하여 자본시장에서 자금을 조달하는 일련의 과정을 의미한다. 기업은 그 보유자산을 유동화를 위한 도관(導管)에 양도하여 유동화함으로써 재무구조를 개선할 수 있고

---

* 이 논문은 BFL 제17호(2006. 5)에 게재된 글을 수정 · 보완한 것이다.

** 법무법인 지평지성 변호사

자금조달의 비용을 절감할 수 있으며 투자자층을 확대할 수 있는 이점이 있고, 자산유동화에 관한 법률(이하 '자산유동화법')을 이용할 경우에는 채권양도의 대항요건 특례(자산유동화법 제7조), 저당권 등 자산이전절차의 특례(자산유동화법 제8조)를 누릴 수 있고, 일정한 세제상의 특례(부동산 취득세 및 등록세 절감, 법인세 감면 등)를 인정받을 수 있다.

한편 자산유동화를 통한 자금조달이 양적 · 질적으로 확대되면서 신탁을 유동화의 도관으로 이용하는 자산유동화의 사례가 빈번해지고 있다. 또한 자산유동화법에 의하지 않고 행하는 이른바 비정형유동화에 있어서도 신탁을 이용하는 경우가 많다. 이는 신탁을 통해 원소유자의 다른 재산으로부터 신탁재산을 분리함으로써 부외(off-balance sheet) 처리를 행함과 동시에, 초과담보(overcollateralization) 및 수익권의 복층화를 통해 투자자에게는 충분한 신용보강을 보장해 주고 위탁자에게는 신탁재산의 운용 결과 발생한 초과수익을 취득할 수 있는 기회를 제공하게 되는 장점 때문이라고 본다.

신탁을 이용한 유동화의 다양한 실무례에 비해 현행 자산유동화법이나 자본시장과 금융투자업에 관한 법률(이하 '자본시장통합법')에는 신탁을 이용한 자산유동화에 관한 규정들이 많지 않으며, 유동화신탁 실무에서 나타나는 여러 법적 의문점에 관한 논의도 충분히 이루어지고 있지 않다.

이 글에서는 신탁을 이용한 자산유동화 실무에 있어 법적 쟁점이 된 몇 가지 문제들을 살펴보고, 이에 대한 법률의 규정과 태도 그리고 어떠한 방향의 법 개정이 필요한지 등에 관하여 검토해 보려고 한다.

II. 신탁형 자산유동화 개관

1. 신탁형 자산유동화의 의의

자산유동화법에 따라 신탁을 자산유동화의 도관으로 이용하는 경우를 보통 신탁형 자산유동화 또는 유동화신탁이라 한다.

자산유동화법 제2조에서는 네 가지 유형의 자산유동화를 언급하고 있는데, 이 중 세 가지 유형에서 신탁회사가 자산유동화를 위한 도관으로 등장하고 있다.

즉, (1) 자본시장통합법에 의한 신탁업자가 자산보유자로부터 유동화자산을 신탁받아 이를 기초로 유동화증권을 발행하여 유동화자산의 관리 · 운용 · 처분에 의한 수익 등으로 유동화증권의 수익금을 지급하는 행위(자산유동화법 제1조 제1호 나목), (2) 신탁업자가 유동화증권을 발행하여 신탁받은 금전으로 자산보유자로부터 유동화자산을 양도받아 그 유동화자산의 관리, 운용, 처분으로 인한 수익 등으로 유동화증권의 수익금을 지급하는 행위(자산유동화법 제1조 제1호 다목), (3) 유동화전문회사 또는 신탁업자가 다른 유동화전문회사 또는 신탁업자로부터 유동화자산 또는 이를 기초로 발행된 유동화증권을 양도 또는 신탁받아 이를 기초로 하여 유동화증권을 발행하고 당초 양도 또는 신탁받은 유동화자산 또는 유동화증권의 관리, 운용, 처분에 의한 수익 등으로 자기가 발행한 유동화증권의 원리금, 배당금 또는 수익금을 지급하는 행위(자산유동화법 제1조 제1호 라목)가 그것이다.

2. 자본시장과 금융투자업에 관한 법률에 따른 상사신탁과의 비교

유동화신탁은 자본시장통합법에 따른 신탁업자가 설정한 신탁이 유동화를 위한 특수목적기구(Special Purpose Vehicle)로 기능하는 것이나, 그 신탁업자가 신탁을 영업으로 하는 회사이고(자본시장통합법 제6조 제8항) 신탁업무수행과 관련하여 보수를 지급받는다는 점에서 상사신탁의 일종이라 할 수 있다. 따라서 유동화신탁에서의 신탁회사도 신탁법과 자본시장통합법의 적용을 받게 된다.

다만 일반적인 민사신탁 또는 상사신탁에서는, 위탁자의 신탁 후 수탁자가 신탁재산에 대하여 배타적인 관리 · 처분권을 가지고 신탁재산을 운용하고 그 결과를 수익자에게 귀속시키므로 수탁자의 자기집행의무가 강조되는 데 비하여(신탁법 제1조, 제37조), 유동화신탁에서는 신탁업자가 관련 당사자들의 합의를 반영한 자산유동화계획에 따라 신탁재산을 양도받고 이를 관리 · 처분하여 받은 수익을 유동화증권의 지급에 사용하기 때문에 신탁회사의 도관으로서의 기능이 보다 강조된다.

이러한 차이점에 기초하여 자산유동화법은 유동화신탁에 있어서 자본시장통합법 중 다음과 같은 일부 조항의 적용을 배제하고 있다.

(1) 자본시장통합법에 따르면 신탁업자는 금전신탁에 한하여 수익증권을 발행할 수 있는데(자본시장통합법 제110조 제1항), 자산유동화법에서는 이를 배제하여 금전 이외의 자산을 신탁하는 경우에도 자산유동화계획에 따라 수익증권을 발행할 수 있도록 하고 있다(자산유동화법 제32조).

(2) 자본시장통합법에서는 금전신탁의 수익자를 보호하기 위해 신

탁자금의 운용방법을 제한하고 있는 데 비하여(자본시장통합법 제105조), 자산유동화법상의 유동화신탁에서는 신탁업자가 자산유동화계획에 따라 유동화자산을 수탁받고 여유자금을 운용하는 것과 관련하여 자금운용방법에 제한을 두고 있지 아니하다(자산유동화법 제16조).

(3) 유동화신탁에 있어서는 신탁법 제2조에도 불구하고 위탁자가 동시에 수탁자가 되는 자기계약을 허용하고 있다(자산유동화법 제16조 제2항).

(4) 신탁법에서는 신탁재산이 금전인 경우 고유 재산 또는 다른 신탁재산에 속하는 금전의 계산을 명확히 하면 족하다고 하여 수탁자의 분별관리의무를 약화시키고 있는 것에 비하여(신탁법 제30조), 유동화신탁에서는 투자자보호를 위하여 신탁재산이 금전인 경우에도 이를 고유재산 또는 다른 신탁재산에 속하는 금전과 구별하여 관리하도록 규정하고 있다(자산유동화법 제16조).

3. 매매형 자산유동화와의 비교

자산유동화법 제2조 제1호 가목에서 규정하는 자산유동화 유형 즉, "유동화전문회사(자산유동화업무를 전업으로 하는 외국법인을 포함한다)가 자산보유자로부터 유동화자산을 양도받아 이를 기초로 유동화증권을 발행하고, 당해 유동화자산의 관리 · 운용 · 처분에 의한 수익이나 차입금 등으로 유동화증권의 원리금 또는 배당금을 지급하는 일련의 행위"에 해당하는 유동화유형을 보통 매매형 자산유동화라 부른다. 매매형 자산유동화에서는 유동화자산을 양수하는 도관이 자산유동화계획에 따라 별도로 설립된 유동화전문유한회사(이하 '유동화전문회사')이며, 유동화전문회사의 형태, 사원수, 업무, 업무처리방법 등에 관하여 자산유동화법에서 자세한 규정을 두고 있다.

매매형 자산유동화와 신탁형 자산유동화의 주요 차이점은 다음과 같다.

(1) 매매형 자산유동화에서는 유동화전문회사가 1개의 유동화계획만을 등록할 수 있는데, 신탁형 자산유동화에서 신탁업자는 그러한 제한을 받지 아니한다(자산유동화법 제3조).

(2) 매매형 자산유동화에서는 양도의 방식에 관한 자산유동화법 제13조의 요건이 충족되어야 하는 데 비해, 신탁형 자산유동화에 대하여는 동 조항의 적용이 없다.

(3) 매매형 자산유동화에서는 유동화전문회사가 본점 외의 영업소를 설치할 수 없고 직원을 고용할 수 없는 형식적인 회사(paper company)이므로 자산관리 등의 업무를 반드시 제3자에게 위탁하여야 하나(자산유동화법 제10조, 제20조, 제23조), 신탁형 자산유동화에서는 그러한 제한이 없다.

(4) 매매형 자산유동화에서는 유동화자산의 매매로 인하여 자산보유자가 유동화자산에 대한 수익, 처분권을 상실하게 되므로 향후 유동화자산으로부터 추가 수익이 발생하더라도 자산보유자가 이에 참여할 수 있는 기회가 보장되지 않지만,[1] 신탁형 자산유동화에서는 수익권의 복층화를 통하여 자산보유자가 추가 수익을 향유하는 것이 허용된다.[2]

---

1) 물론 자산보유자가 유동화전문회사의 사원으로 참여할 경우, 사원의 지위에서 유동화전문회사로부터 배당금을 수령하는 것은 허용된다.

2) 수익권의 복층화란 수익권에 지급우선순위를 부여하여 여러 종류의 수익권(선순위 수익권, 후순위 수익권 등)을 발행하는 것을 말하며, 유동화신탁에서는 보통 유동화증권 투자자가 선순위 수익권을, 자산보유자가 후순위 수익권을 취득한다. 이에 따라 후순위 수익자인 자산보유자는 신탁의 운용에서 발생한 수익으로부터 선순위 수익권에 대한 지급이 이루어진 후 남는 수익을 취득하게 된다.

III. 신탁형 자산유동화와 관련된 법적 쟁점

1. 수탁재산의 범위

자본시장통합법상 신탁업자가 인수할 수 있는 수탁재산은 금전, 증권, 금전채권, 동산, 부동산, 지상권, 전세권, 부동산임차권, 부동산소유권 이전등기청구권, 그 밖의 부동산 관련 권리에 한정된다(자본시장통합법 제103조). 그런데 자산유동화법에서 유동화자산은 채권, 부동산 기타의 재산권을 말한다고 규정하고 있어, 위 자본시장통합법 규정과 차이를 보이고 있다(자산유동화법 제2조 제3호). 따라서 신탁형 자산유동화에서 신탁업자가 인수할 수 있는 재산은 어디까지인지 의문이 제기될 수 있다. 이에 대하여는 다음과 같이 견해가 대립한다.

우선 신탁업자가 수탁받을 수 있는 유동화자산의 종류는 자본시장통합법에 따라 제한된다는 견해가 있는데, 이는 자본시장통합법 중 일부 규정의 적용 배제를 규정한 자산유동화법 제16조에서 수탁재산의 제한에 관한 자본시장통합법 제103조를 명시적으로 배제하지 않았다는 점을 근거로 든다.[3)]

한편 신탁회사가 수탁받을 수 있는 유동화자산은 자본시장통합법의 제한을 받지 않는다고 볼 수도 있는데, 자산유동화법의 신탁 관련 규정은 자본시장통합법에 대한 특별법이기 때문에 자산유동화법 제16조가 자본시장통합법 제103조보다 우선 적용된다는 입장이다. 이 견해에 따르면 자산유동화법 제16조가 자본시장통합법 적용의 특례를 규정한 것은 주의적 규정에 불과하다고 한다.

3) 자산유동화 실무연구회, 금융혁명 ABS, 한국경제신문사, 1999, 28면.

검토하건대, 자산유동화법에서 자본시장통합법 중 일부 규정을 명시하여 그 적용의 특례를 인정하고 있는 것은 그 외의 사항들은 자본시장통합법의 규정을 준수하여야 한다는 취지를 내포하고 있으므로, 자산유동화법이 적용의 특례를 명시하지 않은 사항에 대해 자산유동화법이 당연히 우선 적용된다고 하기는 곤란하다고 생각된다.

수탁재산의 범위가 실무상 문제되는 경우는, 자본시장통합법에 열거된 재산권을 신탁하면서 그에 부수하는 담보권 등을 함께 신탁할 수 있을 것인가이다. 예를 들어 대출채권을 신탁하면서 그 담보인 채권질권(대출금상환재원이 입금되는 계좌의 예금반환채권에 대한 질권)도 함께 신탁하고자 하는데, 자본시장통합법상 금전채권에 대한 질권, 저당권 등 담보권은 수탁재산의 범위에 포함되어 있지 아니하므로 담보권의 형태로는 수탁을 받지 못하는 결과가 초래된다.[4)]

또한 수탁재산인 금전채권의 발생 원인이 된 법률관계에서 비롯된 부수적인 비금전채권(채무자에 대한 통지, 최고권, 채무자와 일정한 사항을 협의할 권리 등)도 자본시장통합법상 수탁재산의 범위에 포함될 수 있을지 의문이 제기될 수 있다.

실무상 금전채권신탁계약에서 정의하는 '신탁원본'에는 금전채권 및 이와 관련되거나 부수하는 제반권리도 포함시키는 경우가 많은데, 이는 담보권이나 비금전채권을 수탁재산에 포함시키지 않고 있는 자본시장통합법의 수탁재산 제한규정에 완전히 부합한다고 보기 어려운 측면이 있다.

향후 자산유동화법 개정시에는 수탁재산의 제한에 관한 자본시장

---

4) 그리하여 실무에서는 담보권의 목적인 재산 그 자체(예금반환 채권의 질권인 경우 그 예금반환채권 자체)를 피담보채권과 함께 신탁하는 방법을 이용하고 있다.

통합법 제103조의 적용을 배제하는 특례조항을 신설하거나, 자본시장통합법 개정을 통해 수탁재산의 범위를 확대할 필요가 있다고 본다.[5)]

2. 진정한 신탁과 관련된 문제

자산유동화법은 매매형 자산유동화의 경우, 유동화자산이 자산보유자의 파산위험으로부터 절연(bankruptcy remote)되기 위한 요건으로서 진정한 양도의 요건을 충족할 것을 요구하고 있다(자산유동화법 제13조).[6)] 그런데 신탁형 자산유동화에서는 어떠한 요건을 갖추어야 자산유동화법에 따른 '진정한 신탁'으로 인정될 수 있을 것인지 침묵하고 있다.

이에 대하여 실무에서는 대체로 사해신탁(신탁법 제8조)이 아니면 유동화신탁으로서 문제가 없다고 보는 것 같다. 이 견해에 따르면 "위

---

5) 원래 자본시장통합법 제103조가 수탁할 수 있는 신탁재산을 제한한 것은 일본의 신탁업법을 그대로 받아들였기 때문인데, 일본의 경우 신탁법 제정 당시 신탁회사의 재산관리능력이 한정되어 신탁회사가 능력 이상으로 신탁재산을 인수하여 관리하는 것이 부적절하다고 보아 수익자 이익보장 차원에서 신탁재산을 제한하였던 것이다. 그러나 이는 우리나라 신탁업의 현실에 맞지 않는 것이므로 자본시장통합법상 수탁재산의 제한은 폐지하는 것이 바람직하다는 의견도 있다.

6) 자산유동화법 제13조는 다음과 같다.
   1. 매매 또는 교환에 의할 것.
   2. 유동화자산에 대한 수익권 및 처분권은 양수인이 가질 것.
   이 경우 양수인이 당해 자산을 처분하는 때에 양도인이 이를 우선적으로 매수할 수 있는 권리를 가지는 경우에도 수익권 및 처분권은 양수인이 가진 것으로 본다.
   3. 양도인은 유동화자산에 대한 반환청구권을 가지지 아니하고, 양수인은 유동화자산에 대한 대가의 반환청구권을 가지지 아니할 것.
   4. 양수인이 양도된 자산에 관한 위험을 인수할 것. 다만, 당해 유동화자산에 대하여 양도인이 일정 기간 그 위험을 부담하거나 하자담보책임(채권의 양도인이 채무자의 자력을 담보한 경우에는 이를 포함한다)을 지는 경우에는 그러하지 아니하다.

탁자가 신탁을 설정함으로써 위탁자의 채권자들을 위한 공동담보재산에 부족이 생기거나 이미 부족 상태에 있는 공동담보가 한층 더 부족하게 됨으로써 위탁자에 대한 채권자들의 채권을 완전히 만족시킬 수 없게 되는 상태"만 아니라고 인정되면 신탁재산이 자산보유자의 파산위험으로부터 절연되는 것으로 보아야 한다. 나아가 대법원이 채권담보의 목적으로 채권자에게 교부한 신탁수익권이 위탁자(채무자)의 회사정리계획에 영향을 받지 않는다는 판시[7]를 한 이래, 신탁의 경우에는 담보목적의 신탁과 그렇지 않은 신탁을 구별할 이유가 없으므로 자산유동화법 제13조의 적용을 논할 필요조차 없다고 보는 견해도 있다.

그러나 신탁이라는 형식만을 갖추었다고 하여 모든 경우에 자산유동화법의 특혜를 받도록 하는 것은 문제라고 생각한다. 적어도 유동화신탁과 일반적인 타익신탁을 구별할 수 있는 기준이 제시되어야 자산유동화법에 따른 유동화신탁이 자본시장통합법상의 일반 상사신탁과 어떻게 다른지 판단할 수 있고, 자본시장통합법 배제에 관한 특례를 인정할 수 있을 것인지를 명확히 판단할 수 있을 것이다. 사해신탁의 법리는 신탁행위가 위탁자와 위탁자의 다른 채권자 사이의 재산적 법률관계에 미치는 영향에 착목하는 것이므로, 자산유동화법에 따른 유동화신탁으로 인정받기 위하여 자산보유자인 위탁자와 수탁자 및 수익자 사이에 어떠한 법률관계가 설정되어야 하는지에 대한 기준이 되기에는 적당하지 않다고 생각한다.[8]

---

7) 대법원 2001. 7. 13. 선고 2001다9267 판결 참조.

8) 한편 진정한 신탁의 요건으로, 자산유동화법 제13조를 신탁에 유추 적용하는 방안도 생각해 볼 수 있다. 그러나 매매에서 양도인과 양수인이 대응관계에 있는 것과는 달리 신탁에서는 위탁자, 수탁자와 수익자가 삼자관계로 얽혀 있기 때문에 자산유동화법 제13조의 양도인과 양수인을 각각 위탁자와 수탁자로 바꾸는 것만으로는 유동화신탁거래의 본질을 제대로 설명할 수 없다. 예를 들어 자산유동화법 제13조 제3호의

유동화신탁의 기준에 관한 최소한의 법적 가이드라인도 제시되어 있지 않은 현실에서, 유동화신탁의 법률관계(특히 신탁재산 관리와 운용에 있어서 위탁자의 지시가 어디까지 허용될 수 있을지, 신탁재산과 관련된 수탁자의 권한 범위와 수탁자의 책임에 대한 제한은 어느 정도까지 허용될지, 신탁과 관련한 위탁자의 담보책임은 어느 정도로 허용될지 등)는 위탁자, 수탁자 및 수익자 사이의 협상력(bargaining power)과 신탁계약에 대한 감독당국의 개별적 행정지도에 따라 그 내용이 제각기 달라지고 있다.

신탁형 자산유동화가 자산유동화의 유형으로 인정되고 있고 이를 이용한 거래도 늘어가고 있는 만큼, 유동화신탁 거래의 안전성 및 법적 예측가능성을 높이고 당사자들의 혼란을 피하기 위하여 유동화신탁의 경우 어떠한 요건하에서 진정한 신탁으로서 인정될 수 있을 것인지에 대한 기준이 제시되어야 할 것이다.

3. 신탁재산의 관리

(1) 신탁재산관리자의 선임

자산유동화법에서는 유동화전문회사에게 자산관리위탁계약에 의하여 유동화자산의 관리를 위탁하도록 의무를 부과하고 있으나 신탁

경우 이를 그대로 유동화신탁에 적용한다면, "위탁자는 유동화자산의 반환청구권을 가지지 아니하고 수탁자는 유동화자산 신탁 대가의 반환청구권을 가지지 아니할 것"이 되겠지만, 신탁에 있어서는 수탁자가 신탁을 통해 유동화자산의 가치에 상응하는 대가를 수취하는 것이 아니라 신탁받은 유동화자산 가치에 대응하는 수익권을 발행하여 수익자에게 교부할 뿐이므로 위와 같은 규정을 그대로 유동화신탁에 적용할 수는 없다. 또한 신탁된 유동화자산의 위험은 수탁자가 위탁자로부터 인수하는 것이 아니라 실질적으로 수익자가 인수하는 것이므로 자산유동화법 제13조 제4호도 변형이 필요하다.

업자에는 그러한 자산관리위탁의무를 부과하고 있지 않다(자산유동화법 제10조). 이는 신탁업자가 실질적인 회사로서 신탁재산 관리, 운용에 전문적인 능력이 있으므로 자산관리를 제3자에게 위탁하도록 강제할 필요가 없다는 전제에서 비롯된 것이다.[9] 그러나 실제로 유동화신탁에서 신탁업자는 신탁재산의 추심 · 관리 · 운용 등 신탁사무를 처리하기 위한 자(이하 '신탁재산관리인')를 선임하여 신탁재산의 관리를 위임하는 경우가 많다. 이는 신탁법 제37조에서 신탁행위로 정하거나 또는 정당한 사유가 있는 경우 수탁자가 타인으로 하여금 신탁사무를 처리할 수 있도록 허용한 규정을 근거로 한다.

그런데 신탁법 제37조는 수탁자가 신탁사무를 신탁재산관리인에게 위임한 경우 신탁재산관리인이 수탁자에 갈음하여 신탁사무를 처리할 수 있고 그에 대하여 수탁자와 동일한 책임을 부담하도록 하는 한편, 수탁자는 신탁재산관리인의 선임 · 감독에 관하여만 책임을 부담하도록 책임을 제한하고 있다. 이와 같이 신탁재산관리인의 역할과 책임이 막중함에도 불구하고, 자산유동화법에서 자산관리자의 자격을 제한하고 있는 것(자산유동화법 제10조)과는 달리 신탁재산관리인의 자격에는 특별한 제한이 없다.

물론 유동화신탁 실무에서는 자산보유자(위탁자)를 신탁재산관리인으로 선임되는 것이 일반적이지만, 입법론으로는 자산유동화법에서 신탁재산관리인의 선임에 관하여 규정하고 그 자격도 자산관리자와 같이 정하여 둘 필요가 있다고 본다. 특히 신탁재산관리인은 수탁자에 갈음하여 신탁사무를 처리하고 수탁자와 같이 선관주의의무, 충실

9) 자산유동화 실무연구회, 앞의 책, 350면.

의무, 분별관리의무 등을 부담하게 되므로[10] 그러한 의무를 부담할 만한 능력을 갖추고 있는지가 중요한 기준이 되어야 할 것이다.

(2) 신탁재산 독립성(파산절연)의 보장

채권을 유동화자산으로 하는 유동화신탁에서 위탁자가 신탁재산관리인으로 선임되는 경우, 신탁재산과 위탁자의 고유재산을 동일한 계좌로 추심하는 사례가 많다. 이에 따라 신탁재산과 고유재산 간의 혼장(commingling) 문제가 발생하는데, 실무에서는 추심 즉시 해당 금액이 수탁자 계좌로 자동이체되도록 조치하는 등의 방법을 통해 혼장으로 인한 위험을 최소화하기도 한다.

한편 신탁재산관리인이 유동화자산인 채권의 추심 이후에도 해당 추심금을 계속 점유 · 관리하다가 파산에 이른 경우, 그 신탁재산관리인의 관리하에 있던 신탁재산이 신탁재산관리인의 파산재단에 속하게 되는지 문제 된다.

자산유동화법은 자산관리자가 파산하는 경우 위탁관리하는 유동화자산이 자산관리자의 파산재단을 구성하지 않는다고 규정하고 있지만(자산유동화법 제12조), 신탁재산관리인에 대해서는 아무런 규정을 두고 있지 않다. 또한 신탁법 역시 신탁사무를 처리하는 자는 수탁자와 동일한 책임을 진다고 규정하고 있을 뿐(신탁법 제37조), 그러한 제3자가 수탁자를 대신하여 신탁재산을 관리할 경우 그 신탁재산에 대해 수탁자가 그 명의로 신탁재산을 점유, 관리하는 때와 동일한 독립

10) 최동식, 신탁법, 법문사, 2006, 247면.

성을 부여할 수 있을지에 관하여는 명확하지 않다.

생각건대, 신탁재산관리인이 신탁사무를 처리하면서 수탁자에게 요구되는 분별관리의무를 준수하여 신탁재산을 관리하고 있다면, 수탁자가 직접 신탁재산을 관리하는 경우와 다를 바 없으므로 그러한 신탁재산이 위탁자, 수탁자 및 수탁자를 대신하는 신탁재산관리인의 파산재단에 포함되지 않아야 할 것이다. 유동화신탁거래의 안전성을 제고하기 위하여 자산유동화법에 이러한 경우까지를 포괄하여 규정하는 것이 바람직하다고 본다.

IV. 유동화신탁 외의 자산유동화에 있어 신탁의 활용

1. 신탁의 수익권을 양도자산으로 하는 ABL

장래 일정 기간 동안 기업의 영업활동을 통해 발생 예상되는 매출채권(이하 '장래매출채권')을 신탁을 이용하여 유동화할 경우, 자산유동화법을 이용하게 되면 신탁업자는 장래매출채권을 유동화자산으로 신탁받고, 수익권 또는 수익증권을 유동화증권으로 발행하여 투자자에게 교부하는 형태(제2조 제1호 나목, 다목), 또는 위 유동화증권인 수익권이나 수익증권을 양수한 유동화전문회사나 다른 신탁업자가 이를 기초로 다시 유동화증권을 발행하는 형태(제2조 제1호 라목)를 띠게 될 것이다. 이와 같이 유동화신탁에서는 위탁자와 수익자가 분리되는 타익신탁 구조를 전제로 하여 장래매출채권 자체를 유동화자산으로 삼게 된다.

그런데 실무에서는 위탁자가 장래매출채권을 신탁하여 수익권을 발급받은 다음,[11] 그 수익권을 유동화자산으로 하여 유동화회사에 양도하는 구조가 많이 이용되고 있다. 이때 유동화회사가 유동화사채를 발행하여 수익권 양도대금을 지급하게 되면 자산유동화법 제2조 제1호 가목의 매매형 자산유동화 형태가 되고, 대출기관으로부터 대출을 받아 수익권 양도대금을 지급하게 되면 이른바 ABL(asset backed loan) 구조 〔그림 1〕로서 자산유동화법에 의하지 않는 비정형유동화의 일종으로 취급된다.[12]

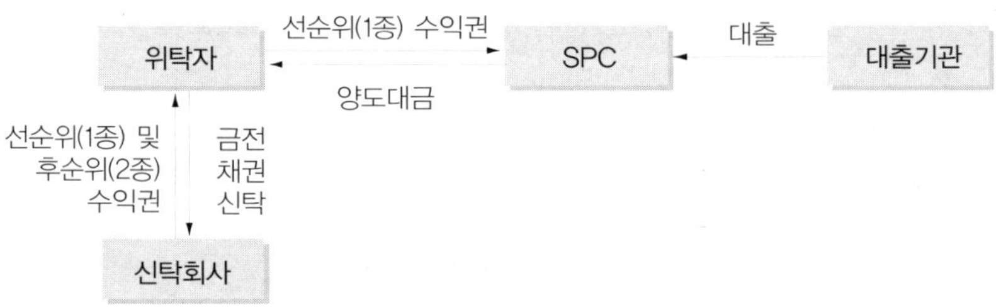

〔그림 1〕 수익권을 양도자산으로 하는 ABL

자산유동화법에 따른 유동화신탁보다 일반 상사신탁을 이용한 회사형유동화나 ABL과 같은 비정형유동화가 많이 이용되는 이유는 무엇일까. 우선 장래매출채권 자체를 유동화자산으로 하여 양도할 경우 해당 장래채권이 양도 가능한지[13]에 관하여 직접적인 심사를 받게 되

11) 즉 위탁자가 수익자가 되는 자익신탁을 말한다.

12) 유동화사채를 발행하는 매매형 자산유동화의 경우 유동화회사는 자산유동화법에 따른 유동화전문회사가 되지만, 대출을 받는 유동화의 경우 유동화회사는 자산유동화법의 적용을 받지 않는 상법상의 유한회사로 설립하게 된다.

13) 장래채권의 양도가능성에 관하여 판례는 양도 당시 기본적 채권관계가 어느 정도 확정되어 있어 그 권리의 특정이 가능하고 가까운 장래에 발생할 것임이 상당 정

고, 유동화자산 양도등록 후에도 일정 기간마다 실제 발생한 채권의 내역을 공시(이를 실무상 '확정보완공시'라 한다)하여야 하는 행정상의 부담이 있기 때문으로 보인다. 또한 유동화전문회사가 발행하는 유동화사채에 비해 신탁업자가 유동화증권으로 발행하는 수익권(또는 수익증권)은 흔하지 않고 이에 대한 시장의 수요가 크지 않다는 점도 하나의 원인이지 않을까 생각한다.

2. 유동화증권 투자자에 대한 수익권 제공

(1) 유동화증권 투자자에 대한 담보 제공 필요성

일정한 채권 자산을 유동화하면서 유동화증권에 대한 신용보강 차원에서 부동산을 담보로 제공하고자 하는 경우, 유동화자산에 대한 지급을 담보하기 위하여 유동화자산에 저당권을 설정하는 방법 외에 유동화증권 자체에 담보를 부가하는 방법이 있을 수 있다. 자산유동화법은 유동화자산이 질권 또는 저당권에 의하여 담보된 채권인 경우 유동화자산 양도등록시에 별도의 담보권 이전절차 없이 유동화전문회사 등이 그 질권 또는 저당권을 취득하도록 하는 특례 규정을 두고 있다(자산유동화법 제8조).

한편 유동화전문회사 등이 유동화증권 투자자를 위하여 유동화자산에 대한 질권이나 저당권을 설정한 경우 이를 금융감독원에 등록하도록 하고 있는데(자산유동화법 제6조 제1항 제2호 다목), 이 경우에는 등

도 기대되는 경우에는 양도할 수 있다는 것을 원칙으로 삼고 있다(대법원 1997. 7. 25. 선고 95다21624 판결 등 참조).

록만으로 질권이나 저당권을 취득하도록 하는 특례를 인정하지 않고 있다(자산유동화법 제7조).[14]

이는 유동화전문회사가 자산유동화계획에 따라 행하는 업무 외에 다른 업무를 행하지 못하도록 하고 있어서(자산유동화법 제22조), 유동화계획에 따라 유동화자산을 양수받고 이를 운용하여 유동화증권을 상환하는 업무만을 행하는 유동화전문회사가 유동화증권 투자자 외의 제3자에게 불측의 채무를 부담하거나 기타 유동화증권 투자자의 권리를 해할 일이 거의 없을 것이라는 고려에서 기인한 것으로 생각된다. 즉, 유동화전문회사가 유동화증권 투자자에게 유동화자산을 별도의 담보로 제공하지 않더라도 유동화증권 투자자에게 손해가 생길 가능성은 낮을 것이므로 굳이 유동화자산 자체의 담보제공에 대항요건의 특례를 인정할 필요성이 적다는 판단이 내재된 것으로 보인다.

그러나 유동화전문회사는 유동화증권 투자자 외에도 자산관리자, 업무수탁자, 신용평가기관 등 다양한 기관들과 법률관계를 맺고 채무를 부담하며, 유동화전문회사로부터 업무를 위탁받은 자산관리자나 업무수탁자 등이 유동화자산을 관리 · 운용하는 과정에서 제3자에게 계약상의 채무를 부담하거나 또는 불법행위에 기한 책임을 부담하는 일이 생길 수 있다. 따라서 유동화증권 투자자는 유동화전문회사로부터 직접 담보를 징구하여 유동화증권 상환에 있어 최우선순위를 확보

14) 채권인 유동화자산의 양도, 신탁에 관하여 대항요건의 특례를 인정하는 것과는 달리, 유동화증권 투자자를 위하여 유동화자산 자체에 질권을 설정하는 경우에 대해서는 대항요건의 특례를 인정하지 않고 있다. 그러나 유동화자산이 다수 채무자에 대한 집합채권인 경우 여전히 특례를 인정할 필요성은 크다고 보며, 유동화증권 투자자보호를 위해 대항요건의 특례를 인정함이 바람직하다고 본다.

할 필요가 생기게 된다.

(2) 담보부사채신탁법의 문제점

문제는 유동화증권 중 다수를 차지하는 유동화사채에 담보를 붙일 경우 담보부사채신탁법의 적용을 받게 된다는 점에 있다. 담보부사채신탁법은 사채에 붙일 수 있는 물상담보의 종류를 동산질, 증서 있는 채권질,[15] 주식질, 부동산저당 기타 각종 저당에 제한하고 있어서, 유동화전문회사가 가지는 지명채권이나 기타 유동화전문회사가 가지는 제반 계약상의 권리를 사채에 담보로 붙이는 것은 어렵다고 본다(담보부사채신탁법 제4조).

또한 담보부사채신탁법은 사채권자의 소집 · 결의사항 · 결의방법에 관한 제반사항을 정하고(담보부사채신탁법 제41조 내지 제58조), 담보의 변경, 담보권의 실행 및 소송행위는 모두 사채권자집회의 결의에 의하도록 규정하고 있다(담보부사채신탁법 제65조, 제71조, 제75조). 물론 담보부사채신탁법에서 위와 같은 규정을 둔 것은 사채권자들의 이해가 걸린 중요사항에 대하여 신중한 처리를 도모하기 위한 규정이라 하겠으나, 사채권자집회의 소집을 거칠 경우 상당한 비용과 시간이 소요될 뿐만 아니라 담보부사채 신탁업자의 기동성 있는 업무처리에 장애가 될 여지가 크다.[16] · [17]

15) 증서 있는 채권질이란 무엇을 의미하는지에 관하여는 학설이나 판례의 입장이 정리되어 있지 아니하며, 실무에서는 증서에 의해 권리를 행사하여야 하는 유가증권을 의미하는 것으로 쉽게 해석하는 경향이 있다.

16) 담보부사채에 관한 모든 주요사항을 사채권자집회를 통해 결정하는 것보다는 신탁계약서에 담보권실행방법, 정산, 담보변경, 일정한 소송행위의 사전위임 등에 관한 사항을 미리 정한 경우 그에 따를 수 있도록 하는 것이 당사자들의 사적 자치

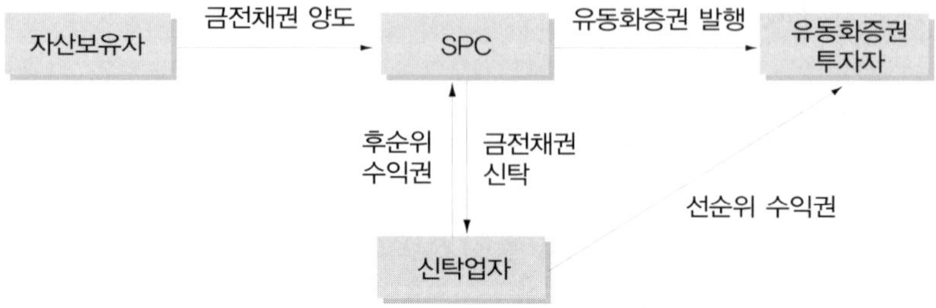

〔그림 2〕 유동화증권 투자자에 대한 수익권 제공

(3) 신탁 수익권의 활용

위와 같은 담보부사채신탁법의 문제점 때문에 동법의 적용을 받는 담보부유동화사채를 발행하는 경우는 극히 드물고 실무에서는 〔그림 2〕와 같이 무담보 유동화사채를 발행하고 유동화자산에 담보 목적의 신탁(이하 '담보신탁')을 설정하여, 유동화사채권자에게 그 담보신탁의 선순위 수익권을 제공함으로써 동 수익권이 실질적인 사채의 담보로서 기능하는 경우가 많다.[18]

이때 유동화자산은 신탁재산이 되므로 수익자로 지정되지 않은 유

를 존중하고 업무의 효율성을 제고하는 길일 것이다.

17) 입법론으로는 담보부사채신탁법을 임의규정으로 선언하거나, 적어도 자산유동화에서 유동화증권에 담보를 붙이는 경우에 대해서는 담보부사채신탁법의 적용을 배제하는 특례를 인정하는 것이 바람직하다고 본다.

18) 금전채권신탁에서는 수익 지급의 우선순위에 따라 보통 1종, 2종, 3종 수익권으로 구분하고, 부동산담보신탁에서는 우선수익권과 수익권으로 구분한다. 선순위 수익자에는 유동화사채 소지인 외에도 유동화전문회사가 자산유동화와 관련하여 수수료 등을 부담하는 관련 당사자(자산관리자, 업무수탁자, 신용평가기관 등)들이 포함될 수 있을 것이다.

동화전문회사의 채권자가 행하는 보전처분, 강제집행 등의 위험에서 벗어날 수 있고, 유동화사채권자는 선순위 수익자로서 신탁재산의 관리, 운용에서 발생한 수익을 지급받아 유동화사채의 변제에 우선 충당할 수 있게 된다.

한편 유동화사채가 양도될 경우에도 유동화사채 양수인이 담보의 효과를 양도인과 동일하게 누릴 수 있도록 보장해야 할 것인바, 이를 위한 방법은 다음의 두 가지로 생각해 볼 수 있다.

첫째, 담보신탁의 선순위 수익자를 최초의 유동화사채 소지인으로 지정하고, 신탁계약 등에 선순위 수익자(유동화사채 소지인)는 담보신탁의 피담보채무인 유동화사채 양도시 반드시 해당 수익권을 유동화사채 양수인에게 양도하여야 함을 규정하여, 유동화사채와 수익권을 사실상 분리하여 양도할 수 없도록 하는 방안이다.[19] 이때 수탁자는 수익권 양도시, 기존 수익권증서를 회수하고 새로운 수익자에게 수익권증서를 새로 발행하는 등 수익권 양수도에 필요한 조치를 취할 의무를 부담한다. 이와 같이 최초의 선순위 수익자를 지정해 두고, 향후 수익자 변경시마다 수익증서 교체를 전제로 하는 방법은 유동화사채의 양도가 빈번하게 이루어지지 않을 것으로 예상되는 경우 이용하기에 적당하다.

둘째, 선순위 수익자를 특정인으로 지정하지 않고, '유동화사채의 정당한 소지인'과 같이 불특정인(그러나 향후 특정이 가능한 자)으로 지정하는 방법이다. 유동화사채의 양도가 빈번하고 사채권자도 다수가

19) 수익자에게 신탁계약과 관련하여 일정한 의무를 부담하도록 하는 것이 가능할지에 대해 의문이 제기될 수도 있으나, 신탁법에서 수익권에 부담이 있는 경우에 대해 규정하고 있고(신탁법 제51조) 수익자가 신탁계약의 당사자로 가입하여 일정한 의무 부담을 용인한다면 특별히 문제될 이유는 없다고 본다.

될 가능성이 큰 경우에는, 유동화사채 양도시마다 수익권증서를 신규로 발행하는 것이 시간, 절차 및 비용의 부담을 가중시키는 결과가 되므로 이 두 번째 방법이 유용하게 된다. 다만 이와 같이 불특정인을 수익자로 지정하는 것이 법률상 허용되는지 의문이 제기될 여지가 있다. 신탁법은 수익자가 특정되어 있지 않거나 아직 존재하지 않는 경우 신탁관리인을 선임 또는 지정할 수 있도록 하고 있으며(신탁법 제18조),[20] 신탁의 한 유형인 공익신탁 역시 불특정 다수인을 수익자로 전제하는 개념임에 비추어 볼 때(신탁법 제65조) 불특정인이 신탁의 수익자가 되는 것도 가능하다고 생각한다.

V. 맺음말을 대신하여—수익권의 증권화에 관하여

자산유동화법에 타익신탁 유형의 유동화신탁을 규정하고 있음에도 불구하고, 자익신탁 구조의 일반 상사신탁에서 발행한 수익권을 유동화자산으로 만든 다음 이를 유동화전문회사에 양도하는 방식이 더욱 많이 이용되고 있는 것은, 신탁업자가 발행하는 유가증권으로서의 수익증권에 대한 자본시장의 수요나 관심이 그다지 크지 않은 데서 비롯된 것이라고 생각된다. 특히 자본시장통합법 제110조에서는 신탁업자에게 금전신탁계약에 대해서만 수익증권의 발행을 허용하고 있고, 집합투자업자 역시 2인 이상에게 투자권유를 하여 모은 금전 등으로

20) 강희철/장우진/윤희웅, "자산유동화법에 의한 자산유동화의 한계와 이를 극복하기 위한 수단으로서의 비정형유동화에 관한 고찰," 증권법연구 제4권 제1호(2003), 219면 ; 四宮和夫, 信託法(法律學全集33-II), 有斐閣, 1989, 336면.

취득한 투자대상자산에 대한 지분적 권리를 수익증권으로 발행하여 판매하는 형태(자본시장통합법 제6조 제5항, 제189조 제1항)이므로 비금전신탁에서의 수익증권은 투자자들에게도 낯선 개념일 수 있다.

그러나 금전신탁의 경우에만 수익증권의 발행을 허용할 논리필연적 이유는 없다고 본다. 부동산이나 금전채권신탁의 경우에도 유가증권으로서의 수익증권발행이 가능해지면, 수익증권의 유통성이 높아져 자금조달목적을 실현하기 쉽고 양도가 간소화되며 나아가 선의취득자 보호와 같은 이점이 생길 수 있어 양도의 효력이 강화될 수 있다.[21] 최근 일본이 신탁법의 전면적 재검토 작업을 진행한 결과 제출한 '신탁법 개정요강 시안'에서도 신탁행위의 정함에 기하여 수익권에 대한 유가증권(즉, 수익증권)을 발행할 수 있도록 한 부분은 그런 의미에서 주목할 만하다.[22]

우리나라도 자산유동화법에 따른 유동화신탁뿐만 아니라, 자본시장통합법에 따른 비금전신탁설정시 자유로이 수익증권을 발행할 수 있게 하는 것이 바람직하다. 다만 비금전신탁에서 수익증권을 발행할 수 있도록 허용한다면, 신탁재산에 대한 평가를 명확히 하고, 신탁재산 운용의 불확실성을 제거하며 수익에 대한 예측 가능성을 확보하기 위하여 신탁업자의 공시의무를 강화하는 방안을 고려해 볼 만하다.

21) 神作裕之, "資産流動化と信託," ジュリスト 제1164호(1999. 10. 1), 66-67면.
22) 최동식, 앞의 책, 504면.

찾아보기 Index

ㅇ

ㅈ

편저자 약력

박 준

1977년 서울대학교 법과대학 법학과(법학사)
1979년 사법연수원 제9기 수료
1988년 미국 하버드 법과대학(LL.M)
현 서울대학교 법학대학원 · 법과대학 교수, 서울대학교 금융경제연구원장

주요 논문

「서브프라임대출관련 금융위기의 원인과 금융법의 새로운 방향 모색」(국제거래법연구, 2008)
「신용스왑 계약상 신용보장의무의 이행」, 「신용스왑계약상 신용보장의 대상과 범위」(BFL, 2009)
「채무자회생 및 파산에 관한 법률 제120조의 해석」(BFL, 2007) (공저)

정순섭

1987년 서울대학교 법과대학 사법학과 졸업
2002년 호주 멜버른대학 Ph.D
2007년 서울대학교 법학대학원 · 법과대학 부교수

주요 저서 및 논문

「금융감독기관의 감독배상책임에 관한 연구」(상사법연구, 2013)
「자본시장법상 불공정거래와 보호법익 : 시세조종과 부당이득을 중심으로」(상사판례연구, 2012)
「금융규제개혁과 금융소비자 보호」(상사판례연구, 2010)
「금융시장환경의 변화와 금융규제체계의 정비(상)」(증권법연구, 2001)
"Legal Aspects of OTC Derivatives : Reducing Legal Uncertainty through Legislative Reform" (멜버른대학 박사학위논문, 2002)
『자본시장법』(공저, 2013)